キリスト教と諸宗教

対決から対話へ

ジャック・デュプイ❖著

越知 健／越知倫子❖訳

阿部 仲麻呂❖監修・解説・註釈

教友社

「こびへつらう者たち（旧約聖書に登場する真の預言者たちによって『偽預言者たち』とみなされているような者たち）による奉仕は、真の従順などではない……。彼らは、周囲の人びとの顔色をうかがい、あらゆる意味で必要以上の衝突を避けながら、事なかれ主義的に立ち振る舞い、あらゆる人からの賞讃を願いつつも自分たちの自己満足のみを追い求めるためだけに生きているような輩だからである。

今日、いや、いつでも、真実を貫くために、周囲からのあらゆる誤解や襲撃に耐え忍ぶことの出来るような情熱に支えられた謙虚で従順な者こそが、教会では必要とされているのだ。事態を静観しているだけ（status quo 現状維持、そのままの状態を保つ態度）の者ではなく。言い換えれば、真に謙虚で従順な人こそが、教会を大切にしている。つまり、彼らは、決して自分たちの安穏とした生活を望む者などではなく、言わば個人的な都合で振る舞う者などではないのである」。――ヨゼフ・ラッツィンガー「自由な決意表明と教会における従順」より引用（フーゴー・ラーナー編『教会――神学的な視点で読み解く』P・J・ケネディー社、ニューヨーク、1963年、212頁所載）。

＊監修者註――1963年のヨゼフ・ラッツィンガー（1927年－）は、駆け出しの教区司祭であり、34歳の若き新進気鋭の神学者としてドイツでデヴューしてから2年後の時期にあたっており（36歳）、ちょうど第二ヴァティカン公会議顧問神学者としても活躍していた。彼は後に枢機卿に就任し、教理省長官としての重責を担い、デュプイの査問に携わることになり、デュプイの死後に教皇ベネディクト16世（在位2005年4月19日－2013年2月28日）となった。

Jacques Dupuis., S.J., *Il cristianesimo e le religioni : Dallo scontro, all'incontro*, Edizioni Queriniana, Brescia, 2001.

Jacques Dupuis., S.J., Phillip Berryman (trans.), *Christianity and the Religions :From Confrontation to Dialogue*, Olbis Books, Maryknoll, NY and Darton, Longdgman and Todd Lid, London, 2002.

目　次

凡例

一．「神のみことば」（The Word of God）とは、ヨハネ福音書や古代教父の用法に則って「イエス・キリスト」のことを指している。例えば、教皇ベネディクト一六世使徒的勧告『主のことば』（*Verbum Domini*, 2010.）8－13項を特に参照のこと（カトリック中央協議会、二〇一二年、二四－三六頁所載）。

二．デュプイが「諸宗教」と言うときに、キリスト教以外の世界的な伝統宗教のことを漠然と指している。例えば、①ユダヤ教、②イスラム教、③ヒンドゥー教、④仏教という四つの宗教のことを総称して「諸宗教」と呼んでいる場合もあれば、古代の異教を指す場合もあり、さらに現代の東アジア圏域の宗教（儒教、道教、仏教、ヒンドゥー教など）を示す場合もある。

三．聖書の訳出部分については、監修者が独自に翻訳を試みているので、特定の日本語訳に依拠しているわけではない。

四．カトリック教会の公文書（公会議の決議事項についての諸文書、教皇および教皇庁の諸文書）の訳出部分については、訳者が独自に翻訳を試みているので、特定の日本語訳に依拠しているわけではない。

五．デュプイによる「原註」は（1）（2）として文中に示し、実際には各章の末尾に記す。訳者（越知）による「訳註」は【1】【2】として文中に示し、実際には章末に記すほか、適宜文中にも［訳註］として示す。監修者（阿部）による「監修者註」は［註1］［註2］として文中に示し、実際には本書末尾にまとめて記すほか、適宜文中にも［監修者註］として示す。

推薦文

今日、カトリック教会は、国・民族・宗教の違いを超えて、すべての人びとと真摯に向き合うことが求められるような時代を迎えている。しかし、どのような心で、どのようなスタンスで、人びとと向き合い、世界と向き合ったらよいのか、必ずしも、カトリック教会のなかでは、合意があるとはいえない。

二千年の歴史のなかで生み出され、構築されてきた信仰箇条や教義の旗を高く掲げて向き合うことに固執する者もいる。しかし、それにこだわれば、教会外の人びとには警戒心が生まれ、壁ができ、対話も途絶えてしまう。

この点で、教皇フランシスコは、大胆である。「私が信じるのは、カトリックの神ではなく、すべての人の神である」と発言し、教義の枠、信仰箇条の枠を超えて、世界の人びとと向き合わなければ……という姿勢を明確にする。その姿勢にこそ、キリストが伝えようとした光の本質があるように、私には思われる。私は、教皇の姿勢に心から賛同するものである。

このジャック・デュプイ師の著作は、その姿勢を、学問的に、神学的に裏付けるものである。結びの言葉は、深く味わうべきである。

「ここで避けなければならないことは、地平を制限しつつ狭くすることによって、望ましくない結果を生む『信仰上の防御姿勢』を頑なに完遂しようとすることである。まさに、より開かれたアプローチと、より肯定的な態度が、神学的にしっかりと構築されるならば、私たちはキリスト教のメッセージのなかに驚嘆すべきほどの新しい広さと深さを発見すると筆者は確信している」。

著者のこの言葉を、最も喜び、歓迎するのは、誰よりも、今の教皇フランシスコではなかろうか。

本書は大著だが、真摯に世界と向き合おうと願う人びとには、貴重な労作である。一読をぜひお勧めしたい。

二〇一八年一月

森　一弘

序論——本書の概要——

ある読者にとっては、一人の著者が同じテーマで三冊もの本を書くということは、あまりにも浅はかな行為に見えるかもしれない。このような誤解を解くためにも、ここで多少の説明を加えておくことが必要となるだろう。

(1) 諸宗教をめぐる第一の著作——『世界の諸宗教と出会うイエス・キリスト』(学術論文集) 一九八七年

もう一〇年も前のことではあるが、筆者は『世界の諸宗教と出会うイエス・キリスト』(*Jesus Christ at the Encounter of World Religions*)(1) という本を著した。この本は、学術論文集の体裁をとっていた。その本では、まず、ヒンドゥー教研究者および神学者たちがナザレのイエスという歴史的人物をいったいどのような視点で捉えているのかを紹介した。そのうえで、キリスト教的な「諸宗教の神学」を構築するために適したモデルとして、当時「神主導的キリスト中心主義」(theocentric Christocentrism) と呼ばれていた視点を提唱した。しかしながら、その本で扱った内容は非常に限られたものであった。

(2) 諸宗教をめぐる第二の著作――『宗教的多元主義にもとづくキリスト教神学の構築に向けて』（神学専門書）一九九七年

その後およそ一〇年の歳月が流れ、とある出版社からの要請もあり、筆者は、もっと大胆な企画を試みた。それは、まさに日進月歩の神学的考察の積み重ねによって生じた新しい状況のなかで、これまでにない斬新でわかりやすい「諸宗教の神学」についての総括的な序説を書き上げる試みであった。その本では、まず最初に、他宗教に対して教会がいだいてきた過去数世紀にわたる公式見解がいかなるものであるのかを精査するとともに、キリスト教神学者たちが実際にいだいてきた見解や神学的な評価をも吟味した。そのうえで、キリスト教と世界の諸宗教との真摯な出合いにおいて提起されることとなった神学的な課題の核心について、簡潔かつ明確な説明を試みた。

この二冊目の著書『宗教的多元主義にもとづくキリスト教神学の構築に向けて』（*Toward a Christian Theology of Religious Pluralism*）[2]では、「三位一体的かつ霊的なキリスト論」（Trinitarian and Pneumatic Christology）と称する「諸宗教の神学」の新たなモデルを提案することができた。このモデルを提示できたおかげで、キリスト教信仰の核心を保つことができた。つまり、全人類にとって「どうしても除外することのできないほどに本質的な（constitutive）」普遍的救世主としてのイエス・キリストへの信仰を堅持することができた。しかも、それればかりではなく、神による全人類のための唯一の救いの計画において他宗教の信奉者が各々の宗教のなかに肯定的な意義と救いの価値を見い出すことを肯定することもできた。[1]

その本によって展開された考察は、大勢の読者から、おおむね好意的に「受け容れられた」ようである。しかし、イタリア語やフランス語や英語の神学雑誌の書評で、複数の神学者たちからは、いくらかの批判的な問題提起がなされたのも事実である。[3]これらの問いかけに対しては、すでに、三篇の小論文を公にすることによって、彼らのさまざまな批判の全体を網羅しながら丁寧に答えておいた。だから、もはや、ここで、それを繰り返す必要はないであろう。だから、この二冊目の本では、信仰の内容に関しても、筆者の個人的な思索に関しても、誤解や曖昧さを招く表現は極力避けるよう細心の注意を払った、と言うだけで充分であろう。

(3) 諸宗教をめぐる第三の著作――本書『キリスト教と諸宗教』(一般書) 二〇〇一年

今述べたように、一九九七年に第二冊目の作品が出版された後に、編集者から同じテーマで新たにもう一冊の本を書くように要請された。つまり、三冊目の本は専門家や研究者を対象にしたものではなく、より一般的で、多くの人が手に取ることができるものにしてほしいとの執筆依頼であった。こうして本書が完成した。

しかし、筆者は本書を、単に二番目の本を手短かにまとめるようなダイジェスト版にはしたくなかった。そこで別の手法を用いて完成させることを考えた。本書の目次を一瞥するとその相違は一目瞭然であるだろう。いくつかの章はまったく新しくなり、改編された章もある。全体としては、主題に直接関係のない神学論争は削除し、脚註もどうしても必要なもの以外はつけなかった。こうして、いっそう読みやすく、手に取りやすい仕上がりとなった。

別段、「諸宗教の神学」の専門家ではなく、たとえ今までこの論争に気づいてはいなくとも、本書が対象とする、より幅広い読者層の方々は、差し迫った問いかけを投げかけられることになるだろう。差し迫った問いかけとは、以下のとおりである。キリスト教と他宗教との関わりについて考えるとき、人類の救いの計画において他宗教のもつ意味はいったい何か。もっと身近な言い方をすれば、ある一つの宗教団体に所属することによって、それがその人にどのような変容をもたらすのだろうか。――なぜ、この私は、キリスト者なのか。自分が生まれついた家庭が、たまたまキリスト教を奉じていたからなのか。そして、イエスの「道」に従って生きる自分が存在しているという事実を、いったいどのように受けとめればよいのだろうか。そのことを、神の御前におけるある種の特権として誇らしく思えばよいのか、それとも重い責任として理解すればよいのか。つまり、恩恵としてか、あるいは責務としてか。もしくは、その両方としてか。そのうえで、日々、道ばたや職場で出くわす相手に対して、いったいどのような姿勢で出会えばよいのか。

今、私たちは新たな状況にさらされた世界のなかで暮らしている。すなわち、多国籍社会、多文化社会、多宗教社会に住んでいる。何世紀もの間、キリスト教は他宗教の人びとに対して否定的な態度をとってきた。そして、他宗教の伝統に対して偏見をいだいていた。この姿勢は、今日もはや通用するものではない。過去の歴史を振り返ってみれば、キリスト者が神および人びとに対してゆるしを請うべきことが厳然として在ることが明白となるであろう。それでは他宗教に対して、今日、私たちのとるべき態度と神学的な評価は、いったいどうあるべきか。

ともかく、本書の性質は、学問的というよりも、むしろ、司牧的なものである。つまり、本書は決して抽象的なものではなく、むしろ具体的な性質を備えている。現代のキリスト者が、全人類に対する神の計画をいっそう詳しく知るとともに、その計画が、私たちの予想をはるかに超えるほどに美しく、味わい深いものであることを発見してゆくための一助となれば、何よりも幸いである。これが、本書を刊行する意図に他ならない。

1　三つの神学的な眺め――①排他主義、②包括主義、③多元主義

神学的な立場にもとづいて言えば、キリスト教神学が他宗教の問題を取り扱う方法には、いくとおりかの常套手段がある。つまり多様な焦点の当て方があるのだが、ここでは三通りの神学的な眺めを紹介しよう。

①第一の神学的な眺め――排他主義[註1]

ともかく、何世紀にもわたって、絶えず議論の的になってきたことは、イエス・キリストにおける「他者の救いの可能性」であった。つまり、「キリストこそが普遍的な救い主である」という明確でゆるぎない信仰が、何よりもキリスト者の思考方式の出発点となっている。その出発点を踏まえたうえで、「他宗教の人びとは、果たしてキリストにおいて救いを得られるのか、否か」という問いかけがなされた。この問いかけに対して、遺憾ながら、何世紀にもわたって、神学や教会の公式の教えも、ともに、往々にして否定的な応え方しかしてこなかった。このことは、キリスト者にとって、恥ずべきこととして認められなければならない。

「教会外に救いなし」(Extra ecclesiam nulla salus) という公理は、五世紀から一五世紀に至るまで、教皇回勅や公会議文書にたびたび登場する。今日、私たちは、どうして、これほどにも長期間にわたって、この否定的な見解が尊重されて生き残ってきたのかを考えておく必要がある。どうして、このような思想が神の啓示の概念に混入したのであろうか。ともかく、旧約および新約聖書をとおして啓示されたメッセージにもとづけば、あらゆる人を創造された神が決して「偏ったまなざしで相手を眺めることはあり得ない」(申10・17)。しかも「神はえこひいきをなさらない方」(ロマ2・11) であり、つまり神は「人を差別なさらない方」(使10・34) である。

聖書において描き出されている神は、後世の教会共同体に属する人びとによって書かれた著作物のなかで、次第に都合よく解釈されてしまったような神などではない。あらゆる人は、神のもとで一致団結するように定められつつ創造されたのである。それにもかかわらず、世界の大部分の人びとが、永遠に神の計画の内に招き入れられなくなることを、果たして神がおゆるしになるだろうか。さらに、人類史において、神による救いの普遍的な計画が実現する機会が奪われてしまうという事態に陥った場合に、果たして神が黙認するだろうか。

②第二の神学的な眺め――包括主義[註2]

いずれにしても、特に一四九二年のいわゆる新大陸発見以降、もはや、神学者にとって、「キリストへの明白な信仰がなければ救われない」と考えたり、教えたりすることが不可能な段階に入ったことは、うなずける。それまでは、一三世紀のかの偉大な神学者である聖トマス・アクィナス[註3]でさえも、イエス・キリストの歴史的な出来事以降は、いかなる人間も、救われるためにはイエス・キリストへの明白な信仰告白が必要であると説いていた。この発想が、現代において、もはや支持されることはあり得ない。

こうして、次第に、「潜在的な信仰（implicit faith）がありさえすれば、充分にイエス・キリストの救いにあずかることができる」という説が、まるで雨後の筍《たけのこ》（物事が相次いで現われてくること）のように登場しはじめた。ここでは、これらの考え方を長々と説明し尽くすことはしない。むしろ、ここで重要なことは、すでに二〇世紀の中ごろまでには、同様の視座が、こうした主題をあつかう神学研究者たちのごく当たり前の方法となり、他宗教に所属する人びとの救いについての神学的な課題を理解する際の教会の標準的な考え方となったことを示すことである。しかし、この視座に潜んでいる根本的な不充分さをも見過ごすことはできない。

福音が宣べ伝えられる以前の人類は、福音を知ることがなかった。それゆえに、そのような人びとの救いの可能性は、神による救いの計画において、ある意味では肯定されるにせよ、厳しい条件つきの特例として認められていたにすぎない。しかし神は、人間全体の救いについて、もっと寛大ではなかったか。先ほど述べたような考え方がまかりとおってしまうのならば、人類の総人口の六〇億人のなかで一五億人にも満たない少数派であるキリスト者たちだけしか救われないことになり、差別が生じかねない。

イエス・キリストにおける救いの可能性という点から見ると、この発想は、果たして普遍的な愛の神にふさわしいのであろうか。あらゆる人を救おうとされる「神の普遍的な救済意志」は、新約聖書においても「神は、すべての人が救われ、あらゆる人が真理を知ることを望んでおられる」（一テモ2・4）と、はっきりと肯定されているが、この視点こそが重要で有効なものではないだろうか。

たしかに、「他宗教に属する人びとの救いは可能か、否か」という神学的な問いかけに対しては、長年にわたって否定的な解答しか出されなかった。しかし次第に制限つきの肯定論が採用され、この状況が前世紀まで引き継がれた。こうして、ようやく第二ヴァティカン公会議（一九六二―六五年）の幕開けに至った。

ともかく、一九五〇年代の初頭、いく人かの神学者たちは「他者」に対して、より積極的で、より開かれた考察を開始した。さまざまな神学的な見解が生み出された。その研究姿勢は、閉鎖的で個人主義的な傾向に決して偏ることなく、より広く社会全体に向けられた方法を提示しつつ展開された。もはや、考察内容も、教会に所属しない人びとそれぞれの救いの可能性に限られるものではなくなった。むしろ、それぞれの信奉者に何らかの形で救いをもたらす諸宗教そのものに肯定的な価値を与える動きが出てきた。考察の仕方そのものが転換されたのである。とりわけ重要なことは、さまざまな分野の神学者たちが宗教的な諸伝統それぞれの価値を見い出し、評価した点にある。

ある神学者たちは、「人間の本性において神的な恩寵が厳然として一定の場を占めている事実」を積極的に強調した。一方、他の神学者たちは、他宗教に所属する人びとの心のなかにも、すでに神による個別的な賜物として形成された『真理ないし恩寵の種子』がまかれているのだから、それゆえに彼らの宗教的な諸伝統のうちにも特別な要素を見い出せる」と述べた。前者の立場では、人間が神との生身の接触を介することなく、自然本性的な認識を遂行できると考える。一方、後者の立場では、神が何らかの方法で、人類の歴史をとおして人びとに御自身を現わすのだから、人間はそれぞれの宗教的な諸伝統において真正な神経験の記憶を語ることができると考える。それゆえに、それぞれの宗教的な諸伝統の信奉者がイエス・キリストにおいて救われるという秘義に何らかの仕方で組み込まれている。言うまでもなく、前者と後者の解釈とのあいだには埋めがたい距離がある。前者においては、もはや人間には自力で何も付け加える余地は残されてはいない。これに対して後者では、神がそれぞれの人びとの宗教的な伝統を通じて救いの手を差し伸べている。言い換えれば、前者では、他宗教の人びとは、それぞれの宗教的な伝統に所属しながらも、救いはそれら宗教的な伝統の外にあることを意味する。一方、後者では、何らかの仕方で、人は自分の所属する宗教をとおして、その宗教において救われる。この後者の解釈は、私たちがここで論じている包括主義的で神学的な眺めが備えている肯定的で開かれた思考方式を想い出させる。

③第三の神学的な眺め――多元主義[註4]

しかしながら、最近になって、研究者たちはこの主題に関する第三の眺め方を提案し始めている。この研究においては、イエス・キリストにおいて、宗教的な諸伝統の信奉者が救われるという秘義が、いかなるものであるのかを論じるだけでは、もはや充分ではない。それゆえに、神の唯一の救いの計画全体において、宗教的な諸伝統そのものが、いかなる肯定的な意味を備えているのかと、積極的かつ詳細に問う。

人類に対する神の計画を充分に知ることができると錯覚することなく、問われるべきことは――神の計画は、往々にして、秘められていたり、謎につつまれていたりするのだが――今日の私たちの世界の宗教的多元主義が、神の計画において肯定的な意義を備えているのではなかろうか。もっと手っ取り早く言えば、人類に対する神の救いの計画は、私たちがこれまで考えていたよりも、はるかに甚大で深遠なものではないかということである。たとえ、大半の人びとがキリスト者になるという、自らに課せられた定めを、いまだに達成していないとしても――かえって、私たちの生きている現実は、逆方向に向かっているように思われるが――キリスト者が、かつて宗教的な諸伝統のことを否定的に偏見のまなざしで眺めていたときのように、今日でも、あらゆる人間がキリスト者となるように神から定められていると考えるべきなのだろうか。いったい、神は「わたしたちの心をはるかに凌駕する」（一ヨハ３・20）お方なのではないとでも言ってしまってもよいものなのだろうか。神の救いの計画は、私たちの小ざかしい神学的な観念をはるかにしのいでいるはずではなかったのか。

ともかく、新しい視座に立つとき、私たちは前代未聞で驚天動地の問いかけを突きつけられる。つまり、私たちは、宗教的な諸伝統の信奉者に接する際に従来とは異なる態度を採るよう要請される。そして、私たちは、宗教的な諸伝統に対して、ますます寛大な評価を下さざるをえない状況に追い込まれる。以前、刊行した『宗教的多元主義にもとづくキリスト教神学の構築に向けて』（*Toward a Christian Theology of Religious Pluralism*）という著書の表題からも察することができるように、筆者は、この著作を第三の眺めのなかに位置づけようと意図した。そして、その著書と本書とが異なるニュアンスで執筆されていながらも、第三の眺めの流れを汲んでいることは、まぎれもない事実である。まさに本書は、神による全人類の救いのための唯一の計画によって意図された宗教的な多元主義という観点から執筆された諸宗教の神学の研究を集成しつつ著したものに他ならない。

2　対決から対話へ（From Confrontation to Dialogue）

筆者は、新たに上梓した本書に、「対決から対話へ」という副題をつけた。言わば、今日の多宗教社会において、さまざまな宗教的な諸伝統のあいだで真の邂逅への機運がすでに醸成されているのか、さらに今後どこまで醸成され得るのかを問いかけるような副題となっている。もちろん、実りある邂逅が具体化してゆくには、まだまだ克服しなければならないさまざまな困難が横たわっていることを見逃すべきではないのだが。

今や、私たちにとっては無縁であるかのように思える過ぎ去った数世紀において繰り広げられてきたさまざまな宗教的な諸伝統のあいだでの闘争の出来事のすべてを、ここで洗いざらいくまなく説明する必要はないであろう。なかんずく、対立抗争に加担した宗教の諸伝統に問われている責任を自覚するとともに、つい先だっての二〇世紀にひきおこされた人間性を蹂躙する犯罪の数々を想い起こせば充分であるだろう。おそらく、二〇世紀という一時期は、人類史上最も残酷な時代であったと言っても過言ではあるまい。

それにしても、何はともあれ、本当に記憶を浄化すること（a true purification of the memory）こそが急務であると断言しておきたい。そのうえで、浄化された生き方の記憶を積み重ねてゆくことが必要である。もはや、いかなる団体であっても、この課題を免れることはできない。近年になって、誰もが、そのことに気づき始めている。ともかく、そのような問題意識が時間をかけて熟してゆくのならば、さまざまな宗教の諸伝統に所属する人びとの生き方が、真実で心のこもった邂逅に向けて鋳直されることにつながる。このことを理解するには、贅言を尽くさずとも一つの具体例を提示するだけで事足りる。――「ショアー」（Shoah）の出来事を想い起こしていただきたい。第二次世界大戦中に、数百万人ものユダヤ人が残虐非道にも殺戮された、あの出来事である。この筆舌に尽くしがたい想像を絶する出来事によって打ちのめされた人びとは、問いつづけた。神はどこにいるのか。この殺戮のときに、神はいったい何をしていたのか。そして、人びとは、いまも、なお、問いつづけてやまない。

ともかく、あの選ばれた民がこうむった「ショアー」（ユダヤ人大量虐殺）の出来事のあとで、それでもなお、「見通しよくあらゆることを配慮する契約の神」について語りつづけることが、いったい、いかにして可能だというのだろうか。それればかりではなく、「私たちが生きているこの世界が、ナザレのイエスによって、決定的に満遍なく、すでにあがなわれ、救われているのだ」というキリスト者のメッセージを、いかにして信じることができるのだろうか。あらゆる弁明を頑として寄せつけないほどに過酷な現実を前にしたとき、信仰者による宣言ですらも、もはや色を失う。

それにしても記憶を浄化するのは、そうたやすいことではない。もはや、いかなる人びとも宗教的な共同体でさえも、問いつづけることを忘れることなどはできないはずである。殺戮されていった人びとの苦しみは、あまりにも凄絶なものだったからである。キリスト者もユダヤ人の殺戮に加担したことを忘れてはなるまい。たしかに、キリスト者は、ユダヤ人の全人口を根絶せしめなかったにせよ、ユダヤ人の文化や宗教的な遺産を完膚なきまでに破壊しつづけたことは事実なのだから。私たちがユダヤ人の苦しみを忘れ去ることこそ、裏切りに等しい行為である。その民族の生活のなかで幾世紀にもわたって積み上げられてきた独特なアイデンティティは、いかなる手段をもってしても抹殺することができない。たとえ誰かがその民族を抹殺し尽くしたいと切望したとしても。だからこそ決して忘れてはならない。今こそ、たがいに分かち合って、対話と協働を深めることで、実りある関わりをいっしょに創り上げる決意をすべきときである。邂逅。そこから、悲惨な記憶はいやされ浄化されてゆくだろう。

それればかりではない。ユダヤ人を敵視する態度だけにとどまらない。その他にも、キリスト者が、数世紀にもわたって、相手の文化や宗教的な遺産に対して否定的な見方をしており、偏見を保ちつづけたという奇妙な伝統を積み重ねてきたことにも心に留めるべきである。そもそもキリスト教がローマ帝国の宗教として認められて、ついに四世紀には国教として確立されるに至って、他の諸宗教に対して否定的な判定をくだし、排除した。キリスト教だけが「真の宗教」だという主張は、前述したように「教会外に救いなし」(Extra ecclesiam nulla salus) という公理としてイデオロギー的に表現される。教会が唯一の「救いの箱舟」と見なされることで、この箱舟の外にいる人びとは失われたも同然であった。

今日でさえも、大半のキリスト教の説教者や神学者たちが用いている神学的な語りかた (theological terminology) には、「他者」を見下すようなニュアンスが相も変わらず色濃く残っている。だからこそ、記憶の浄化 (purification of the memory）はもちろんのこと、神学的な語りかたの見直し（theological language also needs to be purified）も不可欠である。それにしても、キリスト者のなかでは、いまだに「異教徒」・「異端者」・「不信仰の輩」などという言葉が使われているほどである。「非キリスト者」という言葉でさえも、今日では侮辱的に響く御時勢にもかかわらずである。もしも、「他宗教の人びと」が私たちを呼ぶ際に「非ヒンドゥー教徒」あるいは「非仏教徒」という表現を用いたとしたら、あなたは、いったいどのように感じるのであろうか。相手を呼ぶときには、自分の立場を中心にしてはならない。部外者としての見方で眺めてしまってはいけない。むしろ、相手の立場に立って考える必要がある。その相手が自らのことをどのように理解しているのか推察することが、何よりも肝要である。

さらに踏み込んで言えば、私たちキリスト者は自分たちのことを「新しい神の民」などと自負してもよいものなのだろうか。いったいどうして、人びとに対して、「あなたがたは福音には縁のない他者なのだから、福音を宣べ伝えてあげましょう」などと言えるのだろうか。「福音」は、あらゆる人のためのものであるのに。しかし、筆者が憂慮していたことが、現実となってしまっている。つまり第二ヴァティカン公会議が「新しい神の民」という表現を採用したことがイスラエルの民の気持ちを著しく損ねることにつながった（例えば『教会憲章』9項を参照）。

新約聖書では、「新しい契約」（二コリ3・6、ヘブ9・15および12・14）や「神の民」（一ペト2・9－11）としての教会が明確に語られてはいるのだが、教会を説明するに際して、「新しい神の民」という表現は、ただの一度も用いられてはいない。まさに、「新しい神の民」（new people of God）という表現を用いるのは、最近の聖書釈義の仕方が明らかにしてくれているように、言葉の濫用というものだ。新しい神の民としての教会が到来してから、イスラエルが「神の民」としての資格を失ったかのように思わせるからである。

しかし、ほんとうは、新約聖書が述べようとしていたことは、神の民が他の神の民によって取って代わられたということなどではない。むしろ、ヘレニズム文化圏（教会もこの文化圏に入るのであるが）の国々にまでおよぶ教会の拡大を通じて自らの境界を超えていく神の民の成長について物語っているのである。教会を説明する際に用いられる「神の民」や「新しい神の民」という表現は、キリスト教と他の宗教的な諸伝統との関わりに否定的な影響をおよぼす。ましてや、もっと悪いことには、キリスト教およびユダヤ教とのあらゆる関わりにおいて、なおさらに険悪な雰囲気を醸成することにつながる。

あらゆる人びとを「他者」として排除しつづけておきながら、「神の民」という常套句のもとで、ユダヤの民および教会をひとくくりにまとめあげようとすることは、果たして当を得ているのであろうか。二つの流れが異なっているにもかかわらず。イスラエルの民が神から特別に選び出されたことを否定することなしに、イエス・キリストにおいて拡張され、教会において完成を見たこの選びが、果たして「他者」を排除する選びとみなされるのだろうか。それとも逆に、神による選びは、さまざまな異なる方式によって、あらゆる人びとにおよぶのだろうか。したがって、あらゆる人が「選ばれた民」と呼ばれるべきなのであろうか。おそらく、排他主義もしくは教会勝利主義を標榜するような感性に裏打ちされた神の民の教会論では、キリスト教および他宗教の伝統とがお互いに尊敬し合うような関わりを築きあげることは充分にはできないだろう。たしかに、諸宗教同士の対話に従事してきたある神学者は、まさに「この鼻持ちならない神の民よ」と叫んでいる。そして、インド建国の父であるマハトマ・ガンディーが、人びとから「非人」として拒絶され、軽蔑された自国の「不可触賎民」のことを「ハリジャン」(harijan)――これは「神の民」(神の子ら)という意味だが――と呼んだことも忘れてはならないだろう。彼のこの神の民の神学は、伝統的なキリスト教神学よりも、イエス・キリストによる活動形態に近似しているのではないだろうか。ここからもわかるように、「神の民」という表現も、見直されなければならない神学用語の一つである。

これに類似するもう一つの例は、――後に、このテーマを詳しく扱うことになるが――イエスによって宣べ伝えられた神の国とキリスト者の教会が、伝統的な神学では同一視されていることである。しかし、神の国から「他者」を除外するようなかたちで、教会と神の国を同一視することが、果たして歴史上のイエスがいだいていた想いと合致していると言えるのであろうか。

私たちのほうから他者との出会いの積極的な関わりを抜き出してゆくためには、まず、記憶および語りかたの見直しが必要となる。――もちろん、それだけではないのだが。ともかく、過去数世紀にわたって形成されてきた諸宗教とキリスト教との相互関係を、次のように要約することが可能であるだろう。かなりの努力が積み重ねられた結果、近代においては、過去数世紀にわたって根づいてきた対立やあからさまな対決姿勢は影をひそめ、受容的な寛容さが見受けられ、最近になってキリスト教と諸宗教は多かれ少なかれ平和的に共存する方向へと移行している。

今日のように、民族の多様性、文化の多様性、宗教の多様性に満ちた世界にあって、もし私たちが過去の対立を乗り越えて、人びとのあいだに、文化のあいだに、そして宗教のあいだに、より開かれた肯定的な相互関係、すなわち、対話と協働を願うのならば、現在の状況のなかにあって関わり合うあらゆる人びとに質的な飛躍が求められてゆくことだろう。他宗教の人びとや、他宗教の持つ伝統に対しての偏見に満ちた解釈には、もう、うんざりである。傲慢や悪意に基づく頑固な誤解も、もう、結構である。むしろ、私たちの目的は、真摯な実りを豊かにもたらすことにつながる「他者への回心」の道を歩みはじめることである。人びとの真の回心こそが、世界の諸宗教のあいだに平和をもたらし、人びとのあいだに平和を築くうえでの最も必要な本質的条件である。それではこのような相互のあいだの回心とは何を意味するのであろうか。

まず第一に、それは、「真実の共感」あるいは「一体化するほどの内臓感覚」(em-pathy)を意味している。その感覚が、私の都合で人の心を勝手に解釈することではなく、彼らが彼ら自身で感じ取っているように理解することを可能にする。世間の習慣となっているような根強い偏見のように、私たちは彼らを知っているという態度で他者を理解しようとはしない。一言で言えば、相違があったとしても、「他者」を過大評価することなく、あるいは過小評価することもなく、ありのままに相手を受け容れることが重要なのである。諸宗教同士の対話への挑戦――それは同時に恵みでもあるが――、それは「他者」がかかえている差異性を受け容れるところから始まる。まさに、相互の人格的な出会いは、異なる者同士の関わりにおいて実現する。このような交流の豊かさは、異なる者同士が補い合うことによって築かれてゆくものである。諸宗教のあいだの真の交わりにも同じことが言える。しかし、一致は、決して画一化ではない。そればかりか、交わりは服従ではない。諸宗教同士の対話の恵みについては、後で詳しく述べることになるが、それは互いにより豊かに熟成する可能性を備えているものである。

私たちが目指す新しい視座は、決して過去を帳消しにしたり、無視したりすることを意味しない。この研究方法によって、現実にそぐわない過去の神学的な結論を乗り越えることができるようになる。そして、キリスト者が諸宗教の人びとと関わる際に、これまで何世紀ものあいだつづいてきた否定的な態度には、もはや囚われることがない。と同時に、この研究方法によって、ひきつづき教会の活きた伝統――教会そのものが過去の伝承の結果なのではあるが――との関わりを保つこともできる。キリスト教は、まず、口伝えであかしされることで、次いで聖書正典成立後は権威ある伝承として、数世紀をかけて徐々に作り上げられていったのである。諸宗教に対する肯定的な評価もまた、開かれた態度によって相手の価値を認めることをとおして、長い時間をかけてゆっくりと築き上げられてゆくものなのである。もしも、相手に対する配慮が不足していれば軽蔑が生じる。一方、もしも、相手に対する親近感をいだきはじめるのならば正しい評価がなされるに至る。

3. 宗教同士の対話から宗教的多元主義神学へ
(From Interreligious Dialogue to a theology of Religious Pluralism)

キリスト教の伝統を眺めれば、教義的で演繹的な方法を採用して展開される神学の仕方が主流となってきたことが明らかである。つまり、教会の教義的な言明を根拠づけるために、聖書からの引用を都合よく抽出することで、最終的には精緻な神学上の結論を導き出すという方法が採られてきた。このプロセスは、一般的な原則を掲げることから始めて、それを今日の具体的な問題に当てはめて適用することへと向かう。この方法の危険性は、結論が抽象的な基準から引き出されたものであればあるほど、ますます現実から切り離されたものになることにある。

この姿勢を諸宗教の神学に当てはめて言えば、イエス・キリストにおける人類の普遍的な救済に関する教義――それは新約聖書から引用されたいくつかの限られた箇所（使4・12、一テモ2・4―5）に基づく――から出発しながらも、驚くほど簡単に、なぜか他宗教には救いの価値はないという結論を導き出すことになる。他宗教はせいぜい、神的な存在との合一への、漠然とした人間の憧れの表現で、いかなる意味でも救いに関しては不充分であるとされる。他宗教の人びとやその宗教の伝統的な信仰内容に対して、それ自身として理解しようとする配慮は、みじんもない。ちょうど、カール・バルト[註5]が不屈の頑強さに裏打ちされながら言い切ったとおりである。――「私は、救いを先験的に知っている」（I know it a priori）。しかし、バルトが言うように、キリスト教以外の宗教は自己を正当化するために偶像崇拝を推し進める人間たちによる勝手な主張にしかすぎないという暴論を、いったい誰が確かめ得るというのだろうか。そして、どうして自信をもってそのように言い切れるのであろうか。

こうして、諸宗教を理解する際の方法論として、適切なものは、演繹法とはまったく対極にある帰納法であることがわかってくる。その方法論に従えば、まず、原則があってそれを具体的問題に適応するのではなく、現実に今ここで経験している事実から出発し、啓示の光のもとで神学的な省察を加えてキリスト教的な解決を目指す。諸宗教の神学に結びつけて言うとすれば、まさに帰納法的な神学ための「最初の行為」(起動因)が宗教のあいだの真摯な対話に結びつくのであり、そのような対話を通じて出会う「他者」の生活のなかでの一人ひとりの宗教的経験を真摯に受け留めることが重要となる。この出会いが真実で真正なものであるならば、キリスト教を信じる人びとに重大な問いを投げかけずにはおかない。その問いというのはまさに、抽象的なものではなく、真に具体的に、啓示内容の真摯な再解釈に基づく、より詳細な応答を、諸宗教の神学に要請することになる。

そこで、次の点に注目するのは興味深い。すなわち、カール・ラーナー[註6]は、他宗教について限られた知識しか持ち合わせていなかったにもかかわらず——彼は自らの手に余る仕事を後の宗教史家たちに託したのであるが——、まさに各人の人間性の根底に内在する「超自然的存在」の哲学的かつ神学的な分析をもとにして、「真理および恩恵の要素」が世界のそれぞれの宗教的な伝統に存在していることを発見し、それぞれの宗教は神によってそれぞれの場所に据えられていると主張することで、カール・バルトの所説を明らかにまっこうから論駁したのだった(受肉したみことばにおいて「真理および恩恵」の充満が見い出せる。例えば、ヨハ1・14、17を参照)。カール・ラーナーはいかにしてこれを知りえたのか。彼もまたそれを先験的に知っていると主張した。「真理および恩寵の要素」というカール・ラーナーに特有な表現は、一九六一年[(4)]に出版された小編論考のなかで用いられたものであるが、第二ヴァティカン公会議の『教会の宣教活動に関する教令』(9項、一九六五年)でも使用されている。しかしながら、ほとんどの司教たちは、それに気づかなかったのではあるが。

今日、「コンテクスト神学」(contextualizing theology)[2]が脚光を浴びている。この発想は、文化的な適応あるいはインカルチュレーション(adaptation or even inculturation)[(5)]を凌駕する発想である。言わば「解釈学的神学」を土台にして発生してきた神学的なモデルである。帰納法を用いることは、生きた歴史的な現実から出発し、そこから来る問いに耳を傾け、啓示のみことばの光をその問いに投げかけることである。言い換えれば、自らの信仰を考察する際に、自分が生きている現実の具体的な状況から出発し、神のみことばのメッセージの助けを借りながら、その現実を解釈してゆくことになる。基本的に、これは状況適応および解釈を遂行することを意味する。

クロード・ジェフレ[註7]は、「受け継がれてきた伝統によって実証されるキリスト教の原経験と現代人の経験のあいだに見受けられる貴重な相互関係を土台にした、イエス・キリストの出来事の解釈の新しい方法論」[6]を「解釈学的神学」として確定づけた。このキリスト者のメッセージの新しい解釈の仕方は、「キリスト者の原経験を証言している原テクストを信仰の立場に根差しつつ読むことと、今日を生きているキリスト者の実存との相互循環関係」にもとづいて編み出されたものである（原註6に記載された前掲書七五頁）。

どの地域に住むキリスト者であれ、各人が生きている歴史的な状況、すなわち、文化、経済、社会、政治そして宗教において特定の環境に規定づけられている。したがって解釈学的神学とは、現在の状況のなかでの経験と、教会の伝承のもとになる基本的な原経験の証言（the witness of the founding experience）とのあいだを、絶え間なく行きつ戻りつしながら深まるものなのである。「状況」（コンテクスト）と「テクスト」、あるいは「現在」と「過去」のあいだを絶えず行き来しながら螺旋的に積み重なりつつ新たに生じつづけてゆく動きは、いわゆる「解釈学的循環」（hermeneutic circle）［過去の「原経験の証言」と現在の「経験者の経験」とのあいだで絶えざる循環が生じてゆくと、両者が深まりを帯びて未来がひらかれてくるという事態のこと］と呼ばれている。

そこで起きていることは、実際には、二者のあいだの運動なのではなく、三者のあいだの相関行為なのである。すなわち、三者とは、第一に信仰に関する「テクスト」（text）もしくは「素地」（datum 与えられた素材あるいはデータ）であり、第二に具体的な歴史の「状況」（context コンテクスト）であり、そして第三に現時点の「解釈者」[7]

（Interpreter）である。循環運動のイメージは三角形に置き換えて考えたほうがよいのかもしれない。構成要素としての三つの極の一つひとつは、三角形の本質的な要素なのであるが、それは入り組んだ現実の複雑さのなかにおいてこそ見い出されるものだからである。

「キリスト者の記憶」という名目のもとで、「テクスト」という概念は、あらゆる事象にゆきわたる。すなわち、聖書にもとづく客観的な伝統のことである。そして、複雑に絡み合う現実、すなわち、社会、政治、経済、文化、宗教のあらゆる側面を含むものが「状況」（コンテクスト）と呼ばれている。さらに、「解釈者」と言うときに、これは厳密には、個々の神学者を指すというよりも、個々人を奉仕者として活かせしめる教会共同体全体のことを示す。「解釈者」は地域教会と関係づけられる。そして、使徒的な教会との通時的な交わりおよび全教会との共時的な交わりのなかで、自分たちの信仰経験を生きる信仰者の共同体がそれぞれの地域の諸教会である。全教会は、ローマの司教によって愛のうちに一致している共同体である。それゆえ、「テクスト」、「状況」、「解釈者」という三者のあいだの解釈学的な関係は、キリスト者の記憶、キリスト者を取り巻く文化的な現実、地域の教会共同体という三つの要素の相互作用によって構成されている。それぞれの生活状況から具体的な問いかけが「解釈者」に突きつけられてゆく。「解釈者」は信仰に支えられてテクストを読むが、先の問いはその前提となる信仰の在り方に影響を与えている。逆に言えば、具体的な問いかけを身に受けつつテクストを読むことは、キリスト者の実践のために具体的な道標を与えるであろう。「解釈者」の心のなかでテクストと状況、あるいは記憶と文化とのあいだの相互の影響作用が湧き起こる。ひいては、「解釈者」が置かれている地域教会においてテクストと状況、あるいは記憶と文化とのあいだの相互の影響作用が喚起される。

右に述べた原則を諸宗教の神学の研究の仕方を眺める際に採り入れてみると、次のように言える。諸宗教の神学の研究に従事する西洋の神学者、とりわけその試みが成功を収めている神学者でさえも、残念ながら、従来の原理原則にこだわりつづけており、演繹的な方法を頻繁に用いていたことは疑いようもない事実である。彼らは、明確で議論の余地がないと判断する新約聖書の言明から考察を手がけ、そのうえでキリスト教信仰は他宗教の伝統に対してどこまで譲歩できるのかどうかを問いつづけているからである。

キリスト教における啓示の立場を前提とするとき、私たちは他宗教の伝統がそれぞれの信奉者の救いに寄与し得るだけの価値を備えていると見なすことができるであろうか。さらに一歩進めて、啓示の立場を前提とするときに、キリスト者は他宗教の伝統をも救いの道であると考え、さらに他宗教の救いの道を、神がイエス・キリストを通じて開かれた救いの道と同等な救いの道ではないとしても、それでもキリスト教の救いの道とも関連づけられるような本物の救いの道として認め得るのであろうか。西洋の神学者たちは、排他的で演繹的な方法にもとづきながらも、苦渋の努力を重ねた結果として、ようやくこれらの問いかけに対して何らかの肯定的な答えを出すに至った。

すでに想定内のことではあるが、この排他的な演繹的方法——断定的で不適当な方法であると言えるだろう——に対する反動が或る教会において生じてきている。そのような教会では、キリスト教と他宗教の伝統との共存が日々の生活において不可欠なのである。特に、アフリカやアジアにおいては顕著である。これらの地域では、複数の世界的な宗教との共生が日常茶飯事となっている。

しかし最近では、西洋においてさえも——宗教的多元主義が当然のこととして認知されつつある——神学者自身があらゆる意味において帰納的な方法を提唱している。その出発点はさまざまな伝統のあいだで展開される対話の実践であり（対話する両者がそれぞれの経験をもとにしつつも、当然のことながら、それぞれの信仰を堅持して関わる）、その上で、次の段階（二次的な行為）として、それぞれの諸伝統の関係性について神学的に考察する。

神学的な議論のために決して見落とすことのできない基礎として、宗教同士の対話が優先される。従来用いられてきた先験的な研究方法（先に原理・原則を掲げてから、現実の生活を分析して意味づける研究のやりかた）は、現状から出発する方法（帰納的な方法）に変更されることが好ましいであろう。そうしてこそ、肯定的な結果がもたらされる。それゆえ、出会いや対話の実践の幅広い経験が、決定的な契機となる。実際、現実から遠く隔たった神学的な考察は、いかなる成果さえももたらさない。すなわち、「他者」に出会うことなく、彼らに耳を傾けることもないまま相手のことをとやかく言うことや、さらに相手の宗教生活および「堅実な信仰心」を親身になって理解せずに繰り広げられる論議というものは、ヨハネ・パウロ二世が、最初の回勅で認めているように「キリスト者を恥じ入らせることになる」（『人間の贖い主』*Redemptor Hominis*, 6項）。

キリスト者および他宗教の人びとのあいだで積み重ねられてきている活き活きとした出会いは、もはや否定できない事実となっている。ヴァティカンの教導職の慣例的な文書と比べてみても、アジア司教協議会が発布する文書は現状に対して開かれており、はるかに積極的であるという明白な事実から以下のことがわかるだろう。実際に、キリスト者と他宗教の人びとのあいだでは出会いが深められつづけており、人びとは対話の現実を生きているのである。一九七四年、台湾のタイペイで開かれたアジア司教協議会の年次総会のなかで、アジアの司教たちは、独特な言葉遣いで力強く次のように問いかけている。――「神がアジアの民の歴史をとおして、その宗教的な伝統のなかで、相手を探し求めていることを、私たちが認め得ないことなどが果たしてあるのだろうか」。

「状況神学」および「解釈学的神学」の研究方法の原則が、世界の諸宗教の現実を理解する際に、真剣に適用されるならば、「諸宗教の神学」[註8]は、ただ単に、神学的な考察の一つの新しい議論、あるいは研究テーマにとどまることができなくなる。「諸宗教の神学」（theology of the religions）や「宗教的多元主義の神学」（theology of religious pluralism）が論じられてゆくなかで、「の」（英語では of という用語である）という言葉は、単に神学的な考察の新しい一つの対象と関係がある目的語の属格（objective genitive）のみを表わしているにとどまらない。「諸宗教の神学」は、単に神学研究上の新しいテーマとしてあつかわれるだけではない。むしろ、諸宗教同士の対話をとおして営まれる神学の新しい方法としての意味がある。つまり、宗教的多元主義の状況のなかで営まれる新しい神学の方法である。このように解釈学的な「諸宗教の神学」は、神学的な討議の地平を広げるための前向きなきっかけとなる。というのも、そのような神学の試みによって神の秘義の宇宙的な次元が明らかになるとともに、全人類に対する神の計画を深く洞察する道が開けてくるからである。実に、「諸宗教の神学」がいったい何を目指しているのかと言えば、一〇億のローマ・カトリック信者、いや一五億の全キリスト者たちのためばかりではなく、むしろ地球村共同体で生きている六〇億の全人類のための神学を構築することである。

このように、「諸宗教の神学」あるいは「宗教的多元主義の神学」は、神学を遂行するための新しい方法を提示する。その出発点は、種々の宗教を取り巻く現実についての一つのキリスト教的な解釈を目指し、その基礎の上でなされる諸宗教同士の対話の実践である。それは「神学を遂行すること」において新しい一つの道を開くものである。この神学は、諸宗教同士の対話の実践を、必要条件あるいは一つの前提として設定しない。そればかりか、さらには最初の一歩としてさえ見なさない。というのも、その神学の立場では、あらゆる段階において対話的な姿勢を保ちつづけながら考察を深めるものだからである。その神学は、対話を土台としており、そして対話をとおして神学的な考察を積み重ねる「対話的な諸宗教の神学」(Dialogical interreligious theology) と呼べる。

4　本書の輪郭とその展開

キリスト者によって諸宗教に対してくだされてきた過去の否定的な評価と同様の見解が旧約聖書および新約聖書両方にも見い出せるという考え方がある。しかし、そのような見方は、あまりにも一方的な偏見に満ちたものである。たしかに、このような否定的な判断が過去にくだされてきたという事実から、決して眼をそらしてはならないだろう。しかし、そのような発想が生じた状況を考慮し、適切な解釈を施すことが必要となってくるはずである。

それゆえに、以下の二点を明確に区別しておくことが欠かせない。第一点は、宗教的な生活のなかで深められてきた啓示的なメッセージである。第二点は、人間の手による宗教の曲解である。後者は、ちょうど旧約時代の預言者たちによって強く断罪されてきた偶像崇拝に等しいものであるから、断固として拒否されなければならない。この区別を心に留めておくならば、諸宗教に関して、啓示資料に含まれている数々の開かれた姿勢と、いくつかの肯定的な教義の要素を浮き彫りにすることも可能となるのである。諸宗教同士の出合いによって生じる新たな状況については、その肯定的な要素が啓示資料のなかに見い出されることを指摘するだけでは充分ではない。現代という現実において、資料の状況（コンテクスト）を解釈することが必要となってくる。

⑴第1章　聖書の視点

第1章では、新約聖書に焦点を当てて精査する。その試みは二つの部分によって構成される。

第1章の第1項では、歴史上のイエス・キリストがイスラエル民族以外の「異邦人たち」に対して、いかなる立場を採られたのか、また異邦人たちの宗教的な思想および実践について、どのように考えていたのかを研究する。何らかの新しい発見ができないかどうかを考えてゆきたい。イエスの態度は、果たして否定的で断罪的なものであったのか、あるいは開かれた共感に支えられたものであったのか、を問うことになる。

第1章の第2項では、歴史上のイエスから始めて新約聖書をもとにした使徒的な教会の考察へと視点を移し、第1項と同様の問いかけを考察してゆく。ここで取り扱う内容は、教会共同体が「他者」に対して具体的にどのような態度をとっていたのかということと、諸宗教に対する理論的な評価が肯定的なものか、否定的なものか、開かれたものか、排他的に閉じられたものか、などである。

さらに、初期のキリスト教共同体が、諸宗教との対話を進展させたのかどうか、言葉を換えて言えば、宣教の広がりという摂理的な出来事をとおして、他宗教に対する偏狭な態度が開かれた状態に向かって移行した、という点を探る。こうした課題にもとづいて、第1章の表題は「イエス、使徒的教会、諸宗教」となる。

(2) 第2章　現代の視点Ⅰ（公会議）

第2章は、これから構築しようとしている本研究の骨組みとなっている。とくに、二世紀の教父たちによって書かれた「みことばの種子」や「神との契約」という発想は積極的に評価することができる。しかしながら、「救いの箱舟」という教会観は、あまり評価することはできない。このような発想は、結果的に五世紀に至って「教会外に救いなし」という文言にまとめられることとなり、次第に偏狭な解釈として敷衍され、キリスト者以外は何の価値もないという排他主義に陥っていったという事態に結びつくからである。結果的に、偏狭な教会主義的な排他論が影をひそめたときに神学者たちがそれに代わる理論を見つけ出そうとして「福音に取って代わるような事がら」という発想が提唱された。つまり、神学者たちは「含蓄的な信仰（潜在的な信仰）」という言葉を用いることで、イエス・キリストにおける救いを説明する際に、たとえ明確に信仰を表明することがなくとも、この「含蓄的な信仰」という表現だけで充分であるという結論に至ったのである。まさに、賛否両論、行きつ戻りつする議論の紆余曲折の長い道程をたどってみたい方は、『宗教的多元主義にもとづくキリスト教神学の構築に向けて』（*Toward a Christian Theology of Religious Pluralism*）[8] のなかで詳しく展開されている解説を参照していただきたい。

ともかく、この第2章の中心課題は、現代に身を置きつつ、カトリック教会における諸宗教の神学の最初の典型的な展望をまとめることである。そして、諸宗教の神学が、どのようにして第二ヴァティカン公会議の流れに沿って進展したのか、さらに公会議のなかで描かれた諸宗教の神学の正確な意味をあぶりだし、そのような表現の趣旨は何であったのかを明らかにする。それればかりではなく、限界をかかえつつも、諸宗教に対して開かれた姿勢をとりつつ真実を見究めようとする教会の最近の公文書の内容を評価してみたい。したがって、この第2章は、その中心的な内容に基づき、「岐路に立つ第二ヴァティカン公会議」というタイトルになっている。

こうした歩みをたどることによって、いささか駆け足ではあるが、諸宗教に関して十全な理解を成し得ることとなった私たちの時代へとたどり着くことになる。まさに、諸宗教の神学とは、キリスト教以外の宗教が備えている救いの価値をあらゆる角度から検討することに他ならない。そして、諸宗教の神学とは、人類の救いの計画において諸宗教が積極的な意義をになっているかどうか、さらに、諸宗教とキリスト教の関係には積極的な意義があるかどうかを見究めてゆくことである。

イエスにおいて示された「道」と並んで、西欧社会においてさえ、人びとは救いへと導く複数の「他の道」に出合うという事実を、もはや再確認する必要はないであろう。救いへと至る「他の道」の存在を許容するに際して、伝統的な立場に固執する人がいると同時に、諸宗教の神学あるいは斬新な宗教的多元主義にもとづく新たな神学が拮抗していることは、もはや驚くにはあたらない。

⑶第3章　現代の視点Ⅱ（神学）

第3章では、「宗教的多元主義」が多義的な意味内容を備えていることを説明する。それぞれの用法の特徴を明らかにすることで、意味内容の差異を知悉しておくことが大切となってくる。それぞれの用法の特徴を理解することによって、キリスト教信仰とは両立し得ない不適当な紛らわしい理論――「多元主義者」として知られる神学者の多元主義パラダイム[註9]――の弊害をこうむることを回避することができるようになる。こうして、キリスト教信仰の核心を堅持し、人類に対する神の計画において世界の諸宗教を積極的に評価する方向性を見い出そうとする神学的な努力が実ることになる。この第3章は「今日の神学におけるキリスト教と諸宗教」と題されている。この章では、諸宗教の神学についての最新のデータを駆使して論述を推し進めてゆくことにする。

以上、見てきたような第1章から第3章という「肯定的な神学」の後に、「総合の神学」(synthetic theology) として総括することのできる内容を備えたいくつかの章が続く。「組織神学」および「教義神学」という言葉を、あえて用いることなく「総合の神学」という術語を採用することにしたい。

すでに、筆者は神学を遂行するうえで、「教義的」な方法だけでは不充分であることを指摘した。さらに、神の秘義と人類に対する神の計画の秘義が、神学的な「体系化」を超えたところにあることは明らかである。一つひとつの段階、各々の状況において、この秘義に関する知識と理論は、常に限界を持ち、部分的理解に留まり、仮の一時的な理解にしか成り得ないと言えるからである。

こうして、今日の諸宗教の神学のなかで提起されている第一に優先されるべき緊急な神学的な諸問題は、常に総合的な神学という発想のもとでこそ考慮されることがわかるだろう。こうした考え方を真剣に提起し、開かれた姿勢を目指すときに、諸宗教に関するキリスト教神学と宗教的多元主義の立場の相互協調の基礎が築かれることになり、さらには有益な宗教同士の対話につながる歩みを抜き出すことにつながる。

⑷ 第4章　救済史の視点

第4章であつかわれる最初の課題は、「救いの歴史」あるいは「歴史における救い」の広がりを示すことにある。「契約の神と諸宗教」という題のもとに、ヘブライ的伝統とイエス・キリストにおいて啓示された神は、「異邦人」あるいは「他者」とも救いの契約を結んだのかどうか、そしてこの人びともまた「神の民」あるいは「契約の神の民」と呼ばれる可能性があり、そう呼ばれるべきなのかを問う。さらに一歩進めて、神とその民の直接的な関係が今日においても根づいており、この「宇宙的な契約」は今でも効力を持っているのかどうか、またこの契約の主導性は常に神の普遍的な救済意志あるいは神によるわけへだてのない愛のもとにあるのかどうかを問うことになる。

そして「他者」は救いの歴史において一定の場を占めることができるのか、彼らは活ける神との契約の絆を持っているのかどうかという問いかけと並んで、「この終わりの時代に……独り子をとおして」（ヘブ1・1－2）御自身を現わす以前に、人類の歴史をとおして御自身を現わし、啓示する神による「数多くのさまざまな道」についての問いかけも出てくる。ヘブライ人への手紙の著者が、ヘブライ的な伝統のなかで預言者をとおして語られる神の啓示にのみ言及することについては疑問を差し挟む余地はない。にもかかわらず、聖書のこの箇所によって開かれた展望を、人類の全歴史にまで広げることが果たして可能かどうかという問いが生じてくる。もし、すべての人が聖なる契約の歴史および救いの歴史のなかに含まれているとすれば、端緒としては不完全でしかなかったとしても、ある方法で、神は、啓示のことばと救いの行為をとおして、御自身を彼らの歴史のうちに現わしたと結論づけられないであろうか。

(5) 第5章　啓示の視点

したがって第5章では、「多様で豊かな方法によって」というタイトルのもとに、この問いかけに積極的な回答を試みる。つまり、他宗教の伝統のなかに、それぞれの伝統において書かれた聖なる書物に託された記憶のなかに、そしてそれらの宗教的な実践の生きた記憶そのものに目を向けることで、敬われるべき神の救いのことばとわざ、すなわち「神が持つ多様な相貌」の痕跡をたどってみる。

イエス・キリストは神御自身の人類に対する自己顕現の頂点を体現している。人となった神のみことばであるイエス・キリストにおいて、神は決定的な言葉を人類に対して語られ、人類と世界の救いの秘義はイエス・キリストにおいて体現された。イエス・キリストにおける神の啓示は、無比無類であり、聖なる啓示の歴史のなかで、いかなる者の追随をも許さないほどに卓越したものである。すなわち、それは、神から生まれた神の独り子としての、人となった人間イエスの位格的な独自性によるものである。

まさしく、普遍的な救いの価値は、同様にイエスの人間としての生涯によるものであり、特にイエスの死と復活の過越の秘義によるものである。しかしながら、このことによって、イエスの人間としての意識が神の秘義のすべてを尽くしているとは言いがたい。その結果、イエス・キリストにおいて示された神の啓示は、神の秘義をすべて内包していると言うことは不可能であるだろう。またイエスの生涯、死と復活が、神のみことばの救いの力の唯一にして、真の表現であるとは言い切れない可能性もあり得るのかもしれない。

⑹第６章　みことばの視点

第６章は、「神のみことば、イエス・キリスト、世界の諸宗教」という題のもとに、神のみことばがいかなる意味において、イエスの人間性と「一体化」したものでありながらも、今や復活し栄光化されたイエスの人間性を超えて、救いのために働くことができるかを明確に説明する。実に、この章では、「人類の救いの唯一の計画のなかで、神のみことばによって照らされた救いのわざ」と、「歴史的なイエス・キリストの出来事の内に神によって実現された救いの秘義」という二つの事態のあいだの密接な関連性を強調する。それはまた、開かれた諸宗教の神学にとって、みことば自身がもたらす救いのわざの意義と適切さを浮き彫りにしてゆくことでもある。

⑺第７章　仲介者の視点

第７章のテーマである「『かけがえのない仲介者（唯一の仲介者）』と『臨機応変なる諸仲介（複数の参与的な仲介）』」は、第６章の内容をひきつぐ続篇となっている。新約聖書の啓示として明らかにされている、神と人とのあいだに位置するイエスによる「仲介」（一テモ２・５）は、他宗教に働く「複数の参与的な仲介」を決して排除するものではない。言葉を換えて言えば、イエス・キリストにおいて実現された救いの秘義は、異なる複数の仲介をとおして、さまざまな方法によって人類にもたらされることが可能である。このさまざまな方法は、救いの秘義の秘跡的な顕現のさまざまな異なったしるしである。

しかし、この参与的な仲介は、もちろん教会内での仲介――もちろん教会の内において働く仲介もまたイエス・キリストの「仲介」に参与しているものなのではあるが――と同一のレヴェルにおくことは決してできない。キリストの出来事に土台をおき、その頭《かしら》と主《しゅ》がキリストである教会は、より完成された形でのイエス・キリストの救いの秘義の秘跡的な顕現となっている。

ところが、これが唯一の可能な仲介の方法なのではない。たとえそれが不完全な形であろうとも、救いの秘義の真の仲介は、他宗教のなかにも働き、それぞれの宗教のメンバーにとっての救いの「道」または「通路」となることを可能にする。いかなる場合にも、人間の救いの秩序のなかにあって、他宗教に関する救いの働きは、イエス・キリストの出来事において頂点に達する、人類への神の計画の総体のなかに常に位置づけられるものである。

(8)第8章　神の国と教会の視点

第8章では、教会、神の国、諸宗教の三者の関係を詳しく検討する。第8章の題は、この三つをそのまま使い、「神の国、教会、諸宗教」とする。ここでの目的は、イエスによって告げられた神の国が、教会よりももっと許容量の大きなものであることを明らかにすることである。

神は御自分の神の国を、イエスの生涯、言葉、わざの内に、決定的にはイエスの死と復活の過越の秘義において打ち立てた。歴史のなかに現存する神の国は、教会と同一のものとして定義することはできない。神の国とは、世界のなかに、つまり歴史のなかに現存し、働きつづける救いの秘義を現わすものである。そのことは歴史的な現実であり、諸宗教の伝統のなかに生きるメンバーも、キリスト者のかたわらにあって、充分な資格を持って、分かち合うことができる。したがって教会は神の国そのものではなく、教会は神の支配の「秘跡」である。つまり、教会は神の国のしるしであり、その証人である。教会は、世界中に現存する神の国の働きを、つまり歴史のなかに現存する神の国の働きを「よきおとずれ」として全人類に告げ知らせる役目を担っている。

こうして、この章では、全人類、すなわち、キリスト者と同時に諸宗教の立場に立つ「他者」がともに神の国を分かち合うという事実が、諸宗教の神学にとっていかに適切であり重要であるのかを浮き彫りにする。このような考察は、諸宗教同士の対話のための神学的な基盤として、特別な道を示す。

(9) 第9章　対話の視点

第9章は「多元的な社会における諸宗教同士の対話」(Interreligious Dialogue in a Pluralistic Society) と名づけられる。いかなる宗教的な伝統を信条としていようとも、全人類が神の国の一員である。そして、終末的完成に向けて、歴史のなかで神の国が拡大されてゆくようにと人類が招かれてから、キリスト者と「他者」とは存在してしまっているということそのものにおいて、もはや深く関わってしまっていることが明白である。

神の目から眺めれば、宗教的な信条の相違などは瑣末なことにしかすぎない。私たちが相互に歩み寄ろうとするよりも、はるか以前から、すでに実際には協力関係が実現してしまっているからである。諸宗教同士の対話へ向けて努力してゆくことは、キリスト者および諸宗教の伝統を信じる人びとのあいだに横たわる相違を乗り越え、いっそう強く、深い一致をつくりだすことである。つまり、真に人間的で聖なる世界を実現するために協働し、努力を分かち合うことがそれぞれの宗教に豊かさをもたらす対話の実践に他ならないことを、本章で示そう。

(10) 第10章　祈りの視点

第10章は、第9章と結びつく。宗教同士の対話という状況のもとで、キリスト者と他宗教のメンバーとが互いに祈りを実践しつつ分かち合うことは可能であるかどうかを問う。それゆえ第10章は「諸宗教者相互の祈り」と題される。まず最初に、諸宗教対話の際になされる祈りの分かち合いの基本原則となる神学的な基盤がどのようなものなのかを考察する。つまり、いかなる宗教的な伝統が祈りの分かち合いに関わり得るのかを明らかにしてゆく。そして、さらに考察を進めて、一神教かあるいは他宗教か、いかなる宗教的な伝統が含まれるのかを明らかにすることに意を用いながら、この祈りの実践にはいかなる明確な土台が必要であるのかを問う。さらに、宗教同士の相互の祈りを実践に移すためのいくつかの具体的な提案を行ってみたい。

最近では、「諸宗教の神学」の名のもとであつかわれる研究テーマのほとんどが、まさしく宗教的多元主義に啓発されつつ、その影響下で展開されるようになってきているという実情がある。この序論のこれまでの探究の道行きを締めくくるに当たって、キリスト教神学の立場にもとづいて言えば、以下のようになる。

単に宗教の多元的な現状を論じるだけではなく、むしろ確固とした土台にもとづいて宗教的多元主義を語ることが許され得るのかどうかが、何よりも問われている。あるいは、全人類に対する神の計画において現代世界の特徴としての諸宗教の多様性が果たして積極的な意義を備えているかどうか、が問われている。こうした問いかけが孕んでいる特別な意味を慎重に吟味してゆかなければならないだろう。すなわち、多元主義を主張する神学者たちの「多元主義者としてのものの見方（パラダイム）」にやみくもに迎合したりしてはならない。そして、いつのまにか忍び寄ってくる彼らの学説に呑み込まれてしまってはならない。かといって確固とした理念を標榜することのみじんもないような「相対主義」に堕してもならない。むしろ、ここでの問いかけは、神の永遠の相のもとで、つまり神によって今もこの歴史において継続している、全人類に対する唯一の救いの計画のなかで、世界の諸宗教の多様性は、神御自身の目から見ると、私たちがまだ発見していないような隠された積極的な意味を備えてはいないだろうか、ということと関係がある。

筆者が本書を執筆することで強調したことは、人類の歴史のなかで、人間が神を探し求めるよりも前に、まず先に神が人間に対して働きかけていたという点である。イエス・キリストについて何の知識も有していない人びとの場合、たとえ彼らが自覚していなくとも、「聖霊が、救いの過越の秘義（復活秘義）において……あらゆる人が愛される者とされる可能性を与えた」という「神だけが知っている方法」（『現代世界憲章』22項を参照のこと）が、まさに、歴史的には「複数の道」に他ならないのであり、その道によって人びとは神を探し求めることになる。

しかし、そのようにできるようになるのは、実は、神が最初に彼らを探し求めていたことによるのではないだろうか。これこそが、神の道なのではないだろうか。これに関しては、後で明確に述べることにするが、聖書のメッセージの根底に「あらゆる人に向けられた神の賜物」としての世界の諸宗教の価値を見い出すのならば、そのような多様な宗教的な諸伝統が、人類に対する神の計画において積極的な意味を備えているということを暗示しているのではないのだろうか。こうして、「確固とした基盤にもとづく宗教的多元主義」（Religious Pluralism in Principle）には、ゆるぎない根拠が備わっている、と見なされるゆえんがある。

二〇〇〇年三月三一日に、この研究を完了するに当たって、原稿を丹念に調べ、その改善のために有意義な提案を下さった、ジェラルド・オコリンズ師（Gerald O'Collins, S.J. イエズス会司祭、教皇庁立グレゴリアン大学大学院基礎神学専攻科名誉教授）に心からの御礼を申し上げる次第である。

序論　原註

（1）Jacques Dupuis, *Jesus Christ at the Encounter of World Religions* (Maryknoll, NY.: Orbis Books, 1991). The French original, *Jésus-Christ à la rencontre des religions*, was Published by Desclee de Brouwer, Paris, 1989.

（2） Jacques Dupuis, *Toward a Christian Theology of Religious Pluralism* (Maryknoll, NY.: Orbis Books, 1997; reprints: 1998, 1999, 2000, 2001, 2002).

（3） Jacques Dupuis, “La teologia del pluralismo religioso rivisitata,” *Rassegna di Teologia40*, No.5 (1999): pp.669-93: idem, “The Truth Will Make You Free; The Theology of Religious Pluralism Revisited,” *Louvain Studies 24*, No3 (1999): 211-63; idem, “Religious Pluralism: A Provisional Assessement,” unpublished.

（4） Karl Rahner, “Christianity and the Non-Christian Religions,” in *Theological Investigations* (London: Darton, Longman&Todd, 1966), 5: 115-34.

（5） Jacques Dupuis, “Méthode théologique et théologies locales: Adaptation, inculturation, contextualisation,” *Seminarium* 32, no1 (1992): 61-74.

（6） Claude Geffre, *Le christianisme au risque de l'interpretation* (Paris Cerf, 1983), 71.

（7） Jacques Dupuis, *Who Do You Say That I Am ? Introduction to Christology* (Maryknoll, NY.: Orbis Books, 1994), pp.8-9.

（8） See the whole first part, especially, 84-129.

序論　訳者註

【1】 constitutiveという語は、「それなしには物事が構成できない」という意味である。

【2】 「文脈神学」、「文化脈神学」、「状況神学」などの訳語を充てることもできる。なお、最近では、「コンテクスト神学」という訳語が定着してきているが、いまだに定訳ではない。

第1章　イエス、使徒的教会、諸宗教

——聖書の視点——

ドナルド・シニア[註10]およびキャロル・スタルミュラー[註11]は、「聖書に描かれている宣教に関する根拠」(9)を丹念に調べあげた結果、「キリスト教が他宗教とどのように関わればよいのか」という、まさに現代の教会が直面している難問について、「聖書のなかには、いかなる包括的な解決策も含まれてはいない」と結論づける。二人の研究者の意向にもとづいて、この難問を解決するために、聖書から引き出すことのできる何らかの「手がかり」を列挙すれば、以下のようになるだろう。

①聖書に基盤を置く宗教は、イスラエルを取り巻く諸宗教や諸文化に深く根差している。

②イスラエルは、選ばれた民としての宗教的な独自性に支えられた明確な自己意識に裏打ちされていた。だからこそ、イスラエルは、他宗教の体系の在り方そのものが空しい偶像崇拝であるという否定的な判定を下した。

③同様の自己意識および権威主義という感性が新約聖書においても根強く引き継がれている。その感性が受け継がれたからこそ、キリスト者は、しばしば他宗教に対して否定的な判定を下さざるを得なかった。つまり彼らはユダヤ教およびキリスト教以外の宗教体系に対しては、いかなる価値をも認めようとはしなかった。

④聖書のなかに見受けられる、個々の異邦人たちに対する態度は、敵意から賞賛にいたるまで、まさに多様性に

富む。それにしても、興味深いことに、聖書記者のいく人かは、個々の「異教徒たち」の生き方の奥に見い出せる宗教経験に真正さが存することを承認している。

⑤パウロも含めて、いく人かの聖書記者は、「自然発生的な宗教」の可能性を承認していたふしがある。なぜなら、誠実なる神御自身が「創造された森羅万象を遍く秩序づけるとともに美しく活かしめないはずがない」からである。しかしながら、聖書記者にとっては、「爛熟した宗教団体あるいは聖書的ではない諸宗教に対して賞賛を浴びせること」などは、夢想だにしないことだったのであり、まさに問題外だった。

もちろん、諸宗教の神学の研究を遂行するうえで、聖書に見い出せるこれらの手がかりだけでは、不充分きわまりないことは言うまでもない。なぜならば、否定的な姿勢が強いからである。しかし、にもかかわらず二人の研究者が細心の注意を払って抽出したいくつかの聖書的な手がかりは、聖書的ではない諸宗教に対する積極的な評価への道筋を切り開く端緒となることは確かである。たしかに、聖書の研究から見えてくる手がかりが、物事の変化の速度があまりにも加速しつつある現代世界の状況からはほど遠く、物事が絶えず進展してゆく昨今の世のなかでは置いてけぼりを食らっているにしても。

「私たちが議論してきたさまざまな聖書的諸問題からも明らかなように、聖書の記述内容は、キリスト教的ではない諸宗教とも関連し得る可能性を備えている。例えば、以下の諸相において関連性が発見できる。――宗教経験の特質の多面性、創造の際の神の啓示、福音へと身を開いて応える異邦の民が秘めている能力を認めること、人間の諸経験の限界をはるかに超えるような神および神の霊に覚醒しつつ畏敬の念をいだくこと」[10]。

まさに「異邦人」の諸宗教に関する聖書の記述内容は錯綜している。それゆえに細心の注意を払って記述内容を読み解くことが不可欠である。聖書の記述内容を眺めていると、明快な言い回しよりも、むしろ暗示的な表現が好んで多用されていることがわかる。悠久なる時の流れを経るにつれて、聖書の記述内容は、さまざまな状況に影響を与え、あまりにも多様な評価や態度を招来するきっかけとなった。そればかりか、聖書の記述内容は、たとえ一見、相反することがない整合性を保つように思えても、実際は、矛盾に満ち満ちている。

とりわけ、旧約聖書および新約聖書のあまりにも密接で切っても切り離せないほどの有機的な関連性には、最大限の注意を払う必要がある。そして、もちろん両者の連続性と非連続性についても注目すべきである。新約聖書では、使徒的な教会において解釈されたキリストの出来事が証言される。そして使徒的な教会自身の自己理解の仕方が、諸宗教の伝統を評価する際の姿勢に少なからず影響をおよぼすこととなった。教会そのものが直面していた諸宗教とは、まず初めにユダヤ的な宗教伝統だったのであり、次にギリシア的な宗教伝統だった。

ここでとりあつかう対象は複雑な状況を孕んでいるが、正直に言って、聖書に描かれた情報が偏ったものであったことを認めざるを得まい。つまり、聖書には、諸宗教の伝統に対して否定的な評価を投げかけるような情報が見受けられる。あるいは、聖書とは縁のない宗教的な諸伝統に対してのあまりにも侮辱的な言明が散見される。こうして、旧約聖書のなかでは、諸宗教の伝統に属する民の偶像崇拝の愚かさが非難され、さらには、彼らが崇拝しているような複数の神々などは存在するはずがないとして、明らさまな断罪の言葉が繰り返し強調された。この偶像崇拝に対する断罪の姿勢が、諸宗教の伝統を神学的に否定する態度のもとになったのだと思われる。「正統な教会」によって最近とられているより寛大な立場にもかかわらず、キリスト者の教会が他宗教に対して表明するあからさまな否定的な態度のゆえに、神学者たちも、まさにこの非常に用心深い態度のゆえに、聖書を解釈する際にも聖書に見い出せる諸宗教を拒絶する記述ばかりに着目することとなった。

対話への相互理解と開かれた態度が醸成されるにつれて、おのずと新たな局面が現われ出る。この変化した文脈では、聖書のなかで諸民族それぞれの宗教についてどのような評価がくだされているのかという神学的な問いかけが見直されてゆく。つまり、諸宗教を肯定的に評価することで、キリスト教以外の他宗教の諸伝統に対する寛大な神学的な評価をいっそう適切に与えることができる。しかし、いっそう詳しく説明することが肝要となるのではあるが。

　諸宗教の伝統についての長年にわたってつづいてきた否定的な評価は、聖書の記述のうちに見い出される一方的にゆがめられた諸宗教理解に端を発していることを認めなければならない。文脈を踏まえずにテクストが解釈されたばかりに、否定的な言明がなされるに至った。その際、堅持されたことは、「真の宗教」としてのキリスト教の唯一性を弁護する主張に他ならなかった。この主張を擁護するために、聖書のなかに見い出される他宗教伝統に対する否定的な評価が根拠とされてきたように思われる。諸宗教に対する過去の「排他主義者たち」の神学的立場は、聖書テクストの懐疑的な解釈にもとづいて展開された。つまり、聖書的な視座において見い出されるキリスト教の独自の意義を肯定する主張が他宗教を敵視するような排他的な意味合いに解釈されていた。

　この状況——排他主義的な見解を最初に打ち出した著作家たちのように考える風潮——のなかで、他宗教について論じる際に、旧約聖書および新約聖書に見い出されるいくらかの肯定的な要素を強調するだけでは決して充分ではない。むしろ、聖書が成立した時代背景および現代の社会状況などのさまざまな状況を鑑みたうえで聖書資料およびテクストを再考し、再解釈してゆかなければならない。そうすることで、キリスト教以外の他宗教を神学的に再評価しようと努めている現代の状況において、諸宗教に関する刷新された聖書神学の在り方を導き出すことができるようになる。これが、まさに、ジョヴァンニ・オダッソ[註12]が最近の著書『聖書と諸宗教——諸宗教の神学のための聖書的展望』(*Bibia e Religioni : Prospettive Bibliche per la Teologia delle Religioni*)[(11)] のなかで取り組もうとした課題に他ならない。この本の内容については、これから展開されてゆく筆者の考察においても、たびたび引用することになるだろう。

本章で扱う研究範囲は非常に慎ましやかなものである。ここで扱う内容は新約聖書に限定される。とりわけ、諸宗教に関する聖書の議論の文脈のなかで、しばしば無視されたり、また不適切にも諸宗教に関して否定的な解釈がなされてきたいくつかの箇所を集約的に採り上げて論ずるにとどめたい。

それにしても、諸宗教をめぐる新約聖書のメッセージを扱うためには、二つの時期あるいは二つの段階を明確に区別しておく必要がある。

まず、第一段階として、歴史的に活躍したイエス（史的イエス）自身が地上での「宣教活動」を果たす際に出会っていた「異教徒たち」それぞれの宗教的な生活に対して、いかなる態度で接し、どのような心配りを持っていたのかに着目すると同時に、テクストから抽出することができる限りにおいて、異教徒たちが信奉していた宗教伝統に対してイエスがいかなる評価をいだいていたのかを引き出すことである。

次に、第二の段階としては、使徒的な教会共同体が復活のキリスト――神によって「主あるいはキリスト（救い主）」（使２・36）として認められたイエスのこと――における新たな信仰の光のなかで、さまざまな宗教を取り巻く「異邦人」が置かれていた状況を、彼らの宗教のなかにも神的な救い、あるいは人間的なささやかな価値が見い出され得るという見地から、いかに評価していたかを問うことである。

これらの問題に取り組むに当たって、ぜひとも注意を促しておきたいことがある。つまり、新約聖書テクストの記述において保存されてきたイエスの記憶、さらには新約聖書に含まれている使徒的な教会の神学はキリスト者共同体が信じていることがらを直接的に定式化して物語っているのであって、キリスト教と世界の諸宗教同士の神学的な関連性についての理論を構築しようとしているわけではないことである。史的イエスおよび使徒的な教会という用語法に関して、実存的かつ具体的な検討を施すべき余地が残されている。すなわち世界の諸宗教についての神学的見解を進展させてゆくためには、生々しい実際の経験にもとづく長期間にわたる考究の過程が必要である。

第一章は、二つの部分から構成されている。まず、第一項では、「イエスと諸宗教」を論じる。この箇所では、史的イエスが「選ばれた民」であるイスラエル民族に属していない人びとに対してどのような態度をとったのかを考察する。そして、イエスが諸宗教者たちの宗教的生活に対してくだした評価を明らかにする。次に、第二項では、「使徒的な教会と諸宗教」を研究する。この箇所では、キリストにおける過越の信仰にもとづいて、使徒的な教会がキリストにおけるの救いの秘義に対して諸宗教者たちをどのように位置づけていったのか、そしてその結果として、この人びとの宗教的な伝統をキリスト者の視点からどのように評価したのかを問う。

1 イエスと諸宗教

最近の諸研究には感謝せざるを得ない。そのほとんどがユダヤ人の研究者たちによるものだが、史的イエスのユダヤ人としての素性をよりいっそう浮き彫りにする神学の研究が登場しているからである。まさにナザレのイエスは、まことのユダヤ人であった。彼はユダの家系の出身であり、「ダビデの末裔であるとともにアブラハムの末裔」（マタ1・1）に他ならなかった。たしかに福音書全体はイエスがユダヤ民族の宗教的な伝統に深く根差していることを証明している。神がその民と結んだ契約関係をイエスは破棄したりはせず、むしろいっそう確かなものとし、完成をもたらし、純化するためにこそこの世に来たのだと、明確に宣言した。「私が律法と預言を破棄するために来たと思うな。私はそれらを破棄するためではなく完成するために来た」（マタ5・17）とイエスが述べるとおりである。

契約の意義を保存する律法はそのまま残るが、先のものよりもさらに優れた正義の新しい秩序が制定された。

――「なぜなら、私はあなたがたに告げる。もし、あなたがたの正義が律法学者やファリサイ人に優らなければ、あなたがたは天の国に入れないであろう」（マタ5・20）。まさに、イエスは神と民との契約を完成させるべくこの世に来た。このような刷新の意向は、イエスの言動が当時の宗教的な権威者とのあいだに引き起こすことになる対立の直接的な引き金となった。福音書は、イスラエルの宗教的な伝統を刷新しようと志すイエスの願いと、当時の宗教的な共同体のなかで権力を行使していた律法重視の形式主義の立場に立つ特権階級とのあいだに、イエスの宣教活動によって度合いを増してゆく衝突の話を描く。

イエスが意図していたことは、当時の人びとと分かち合うことによって真の宗教的な精神を生き返らせ、神の救いの働きの新しいヴィジョンをもつ人びとの生き方をユダヤ教の宗教界に限定することなく、この枠を超えてより広い世界へと踏み出させることであった。このイエスの意図に関しては、また後で詳しく言及する。

まず、ここで書き留めておくべきことは、イエスの姿勢と宗教的な意向との連続性と非連続性が意味することである。イエスはユダヤ教を乗り越えようとはしなかった。そして、ユダヤ教に取って代わるような新しい「宗教」を創設する意図も持たなかった。イエスが求めたものは、全人類が「霊と真理において」（ヨハ4・23）[12]神への礼拝を志すことである。ここでの私たちの任務は、イエスがキリスト教の教会を創設したのか否かの問題に立ち入ることではない。しかしながら、キリスト教の教会の始まりが、史的イエスに由来しているのではなく、むしろ主と呼ばれる復活したキリストに遡ることを考察することは適切なことであるだろう。

ここで留意すべき最も大切なことは、初代教会が、主の復活後に即座にその起源であるユダヤ教から分離することがなかったという事実である。つまり、数十年の間、初代教会はユダヤ教の流れのなかに留まりつづけ、この流れのなかで徐々に宗教上の独自性の違いを意識するようになった。こうして結果的に初代教会はユダヤ教とは異なった「道」として、母胎としてのユダヤ教から切り離されてゆくことになる。

キリスト教は、イスラエル「出身」ではあるが、次第に異なる「道」として自身を理解するようになった。ともかく、キリストにおける教会の起源がいかなる仕方で理解されようとも、史的イエスが二つの「宗教」——一つはユダヤ教、他はキリスト教——として区別するようなあからさまな意図を持ち合わせなかったことを確言することができる。いわゆる「異教徒」呼ばわりされていた人びとと出会うときに、イエス固有の態度が浮き彫りとなる。つまり、イエスは異教徒たちと出会うことによって、彼らの宗教的な生活を、宗教上の霊的刷新へと促すことを目的としていた。実に、史的イエスが目指していた地平は、一つの宗教として区分けできるような教会などではなく、「神の国」そのものの実現に他ならなかった。神が、イエスの言葉とわざとをとおしてイエスの生き方そのものにおいて打ちたてようとしているのが、まさに「神の国」なのであった。

(1)神の国の地平

イエスの宣教と使命、思考と生活、言葉とわざ——これらの原動力となるものが、まぎれもなく「神の国」[註13]に他ならない。まさに、「山上の説教」で強調されている「幸いな人」という発想そのものが「神の国」の中核をなす。イエスによって語られたあらゆるたとえ話は、すべて「神の国」に行き着く。そして、イエスによる奇跡の数々は、この「神の国」がすでに現存し働いていることを如実に示す。[13] 神がイエスの地上での生活をとおして、この世界に対して開始した支配は、とりわけイエスの死と復活の秘義によって真に現存するに至ったことは確かなのである。

イエスの宣教の特徴は「神の国を中心としていること」であるが、そのことと使徒時代のケリュグマ（宣教内容）によって示される「キリスト中心主義」とのあいだには、必ずしも連続性を見い出せない。福音が示すことは「キリスト中心主義」ではない。そして、何よりもイエス自身にとっては、すでに現存している「神の国」を告げ知らせることにこそ目的が存していたのであり、まさに「神の国」の完成に向けて絶えず宣教しつづけなければならないことが明白だからである。

確かに、「神の国」の起源は神御自身にあり、だからこそ「神の国」はイエスの行動の中心となっている。「神の国」とは、実際、神御自身のことを意味する。なぜなら、神がイエスの人間的なふるまいをとおして御自身を顕現させ、その新たな創造のわざに秩序に与えながら、この世にあって決定的な行動を始めたからである。たしかに、イエスが宣教活動を開始したときに神のわざである奇跡が伴った。その意味で、あたかも単にイエスを神の国を告げ知らせた数多くの預言者のなかの一人にすぎないと考えたり、預言者イエスの信憑性を裏づけるためのものとして奇跡を扱ったりするのは正しくないであろう。

一般的に、イエスに関する最初期の歴史資料のなかに描かれていることは、死に瀕している者たちを復活させる者としてのイエスのわざに関するものであることは、もはや議論の余地がない。つまり、いやしの奇跡および悪霊を追い出す奇跡（これもいやしの一種なのであるが）は、神がイエスをとおして死や罪の破壊的な力を征服し、従属させ、全地に神の愛にもとづく主権を広めたことのしるしであり象徴である。もっと手短かに言えば、奇跡は、「神の国」が人類のまっただなかに現存し、そこで働いていることの最初の結実である。

「神の国」とは、神が人類のなかで主導権を発揮することである。それは神の意向に沿って人間関係を完全に組み直し、人間社会を再構築することを要求する。神の主権を認め、そのもとでの人間関係を特徴づけるべき価値は、次の数語に要約される。すなわち、自由、兄弟姉妹愛、平和、正義、そして愛である。この線に沿って、イエスはその宣教活動をとおして当時の社会におけるこれらの価値を妨害するすべてのものを糾弾した。この事実が当時のさまざまな立場の人びとと争うもとになった。すなわちイエスは、律法学者の圧制的な律法尊重主義、祭司階級による庶民からの搾取、ファリサイ派の人びとの傲慢な偽善などを暴きだし、反省を迫った。イエスは、従来の慣例に従う者ではなく、かえって神に代わって不正を打倒する者であった。すなわちイエスは不正に満ちた当時の社会構造や因襲を受け容れることを断固として拒否した。そしてイエスは、罪びと、徴税人、異教のサマリア人、貧しい人びとなど、言わば当時の社会から軽んじられていたあらゆる人びとと親しくするのを好んだ。これらの人びとに対して、イエスは神の国が到来したことを告げ知らせた。つまり、回心して生活を改めて「神の国」へ入るように招いた。

まさに、イエスは「終末的な預言者」であった。「神の支配」(神の国と同義)は単に告知されたばかりではなく、まさに到来したのである。イエスの使命全体の中心は神の国に他ならなかった。神が地上に使者を送り、その主権を創始する。イエスは神御自身にその中心を置いている。イエスは「神の国」を中心に置いて生きていた。それゆえ、イエスは神を中心に据えて生きている。彼にとっては、「神の国」と神御自身とのあいだにへだたりはない。つまり、イエスにとって「神の国中心主義」と「神中心主義」とは同一の事態として把握されている。イエスが「御父」(アッバ)と呼ぶ神こそが、イエスのメッセージ、生涯、人間的な在り方の中核を占めている。イエスは、決して自分自身を第一に前面に出して語ることはしなかった。むしろイエスは神を宣べ伝えるために、つまり神の国の到来を告げるために、そして自分自身を神の国の奉仕へと捧げ尽くすためだけに、この世に来た。こうして、神こそが中心であり、告知者は二次的なものであることがわかる。

しかしながら、歴史上のイエスは、王権をふるう神との特別で独自の関わり方を深める際に、神を御父(アッバ)と呼ぶことによって、子どもとしての特性を自然体で生きていた。同様に、神の民とともに生きる神によって打ち立てられた契約の宗教の刷新と完成を目指すなかで、イエスは自らの救い主としての召命にも気づいていた。実に、彼の地上での生涯をとおして神の国は刷新されたかたちで完成へと向かって打ち立てられた。

イエスをとおして明らかになった状況にもとづいて言えば、神の国がおよぶ範囲(神の国の展望とも言える)は単に契約の民に属している者だけにかぎられたことではない。むしろ、「異教徒」と呼ばれるような「諸民族」や

「外国人」にまでもおよぶ。神の救い、あるいは神による支配というものは状況に応じて自由に実現してゆくものだからである。しかしながら、イスラエル民族にとっての救いの神という視座から見れば、イスラエル民族以外の「他者」が存在しているという状況は謎に満ちたものであるのかもしれない。ところがイエスにとって、神とは、聖書に書かれているように、人と人とをわけへだてなさらない、あらゆる人のための神に他ならなかった。「神は人を偏った目で眺めない」（申10・17）からである。こうして、イエスは「排他主義」の立場に決して組しなかったことがわかる。つまり、イスラエル民族に所属するひとりひとりの心に刻み込まれたゆるぎない特質としての選民思想に陥る危険性に、イエスははまらなかった。むしろ、イエスが考えていた神の救いとは、全人類に向けられたものであり、つまりあらゆる人におよぶものであった。まさに、あらゆるものへと向かう神による王権とともに救いの普遍的な展望が広がりゆく。

それにしても、福音の証言の視点においては、イエスの歴史的な使命が基本的には排他的なものではないにしても、イスラエル民族に向けられているのも確かなことである。つまり、マタイ福音書15章24節に書き記されているように、イエスが公然と「イスラエルの家の失われた羊のために」のみ私は遣わされたと宣言していたことが明らかである。イエスは十二人の弟子を宣教活動に送り出す際に、十二弟子に対して「決して異邦人のところへは行かずに」、「サマリアの町に決して入ることなく」、むしろ「イスラエルの失われた羊のところへ」（マタ10・5―6）行くよう命令したのである。――これらの聖書箇所が真正なものであるのは、ほぼ間違いがないだろう。(14)

しかし、これらの資料は多分に問題をも孕んでおり、今後もさらなる吟味を要することになるであろう。福音書を読めば、イエスが異邦人との接触を避けてはいなかったこともまたぬぐいきれない事実なのだから。福音書に記された挿話の数々からイエスの考え方が浮上してくる。イエスは、あらゆる人を救う神について考えるとともに、救いの普遍性についても考えていた。以下の項目では、イエスの考え方を示す数々の挿話を詳しく検証してゆこう。

(2) 神の国に入る異邦人たち

まず、最初の挿話として、マタイ福音書8章5節から13節にいたる文脈を採り上げよう。これはイエスのもとを訪れて、中風で苦しむ下僕をいやしてくれるように懇願するカファルナウムの百人隊長のエピソードである。イエスはこの百人隊長の信仰に対して絶大なる賞讃を示した。――「あなたがたによく言っておく、イスラエルのなかでさえ、これほどの深い信頼感（信仰）をいだいている人を私はいまだかつて見たことがない」（マタ8・10）。このようなイエスの言葉に反映されるように、異邦人による深い信頼感を称揚する立場は、マタイに次のように書き記すきっかけを与えた。――「多くの人が東からも西からも来て、天の国に入るのを許される」（マタ8・11―12）。「他者」が神の国へと参入することは、とりもなおさず歴史的な現実の出来事として始まっている。つまり、王子の結婚披露宴のたとえ話（マタ22・1―14、ルカ14・15―24）で物語られている世の終わりの際の出来事などでは決してない。実に、神の国はすでに始まっており、確かに現存している。

しかし、最終的には、解釈者のあいだでの意見はあまりにも分かれてしまっている。ヨアヒム・エレミアス[註14]の視点にもとづけば、イエスは、神の力の終末的なわざとして、異教徒が神の民あるいは神の国に招き入れられるようになるためにイエスが神と協働することを期待していたのだと言える。(15)

一方、ルシエン・ルグラン[註15]はエレミアスの考え方には全面的には同意せずに、以下のように述べる。

「すでにこの世において始まっている終末の現実化に注意を払わなければならない。そして、諸国民の終末的な結集がすでにイエスの使命において始まっており……神の国への参入は信仰および回心（マコ11・15）をとおして行われ、それは単にある特定の民族に属することによって行われるわけではない（マタ３・８）。信仰が現わされるところならばどこにでも、神の国は現存している」[16]。

そして、神の国の普遍性が歴史上のイエスの使命において、すでに働いていることは、宋泉盛[註16]（ソン・チョアンセン）によって明言されている。宋泉盛は「盛大な宴会のたとえ話」（ルカ14・15―24、マタ22・１―14）について次のように解釈する。――イスラエル民族が「主役から外されて」からというもの、異国の地から来た人びと（これは、異邦人と呼ばれている人びとのことである）でさえ宴会の主人から招かれている。その主人は召使いに「街道や路地に出て行き、無理にでも人びとを連れて来て、家をいっぱいにしなさい」（ルカ14・23）と命じている。

「この盛大な宴会は、神の支配についてのイエスのヴィジョンを体現している。それは全世界規模のヴィジョンである。それは、天地の創り主、人間を御自分の似姿に創られた神から受けたヴィジョンに他ならない」[17]。

あらゆる者が宴会に参加することは、まさにすべての人が神の救いに参入するということの象徴である。それゆえに、イエスにとって、救いへと導く信仰や回心は、それまでとは異なる宗教団体に移行してゆくことなどではない。むしろ、あらゆる人が、いのちであり愛であり自由である神へと回心してゆくことを意味する。つまり、あらゆる人は神の国の主である神へと向かうように招かれている。宴会に招かれた人であふれかえった家は、神の国に属する人びとの普遍性を象徴している。――神の国の宴会は、まさに人びとのための宴会となる。宴会には「主役から外された人」も「異邦人」も含まれているのだから。神の国はあらゆる人のための祝宴である。確かに、神から招かれて「宴会場に入るのを余儀なくされた人びと」は、さまざまな信仰形態および諸宗教のことを表わしているのであろう。

「私たちは、神が誰であるのかを明らかに把握するためにも、神の国に関するイエスのメッセージから学ばなければならない。イエスが、私たちの考えや献身を向けてほしいと願う相手は、私たちの宗教伝統の神でもなく、もちろん私たち自身が創作した神でもなく、神の国の主である神である」(宋泉盛『イエスと神の国』38頁)。

イエスが異教徒の信仰に驚嘆するもう一つの具体例は、マタイ福音書15章21節から28節に登場するカナンの婦人のエピソードである。ツロからフェニキアへと赴く「逃避行」の際に、イエスは選ばれた民には属していない人びとと出会った。ここでもまた、イエスはこれらの「異教徒たち」がいだいていた深い信頼感に驚かされた。こうしてイエスは、懇願してきた相手のためにいやしの奇跡を行った。ツロおよびシドンという地名は福音書にたびたび登場する。マタイ福音書15章21節から28節の箇所によれば、イエスはツロおよびシドン地方で、カナンの婦人の悪霊にとりつかれた娘をいやした。その際にイエスはこの婦人による深い信頼感を次のように称讃した。――「婦人よ、あなたの深い信頼感は何と偉大なものなのだろうか、あなたが願うとおりになるように」。「異邦人」のためにイエスによってなされた奇跡は、イエスのなさった他の奇跡とまったく同等の意義があることをはっきりと心に留めておかなければならない。すなわち、これらの奇跡は、神の国がすでに現存し、働き始めていることを意味している(マタ11・4―6、ルカ4・16―22、マタ12・25―28)。「他者」をいやすこと、そして悪霊を追い出す奇跡は、神の国がイスラエル民族のあいだだけにとどまらず他者のあいだにおいても現存し、働いていることを明らかに示す。神の国は信仰および回心をとおして神に近づくあらゆる人に向けて広げられてゆく(マコ1・15)。

カナンの婦人のエピソードに関して、宋泉盛が加える註釈は参考になる。――イエスが、苦しんでいる人に出会ったときに、もはやユダヤ人や異邦人を区別することなどはどうでもよくなってしまった、ということを宋が示してくれるからである。つまり、イエスが自らに課せられたイスラエル民族に対する使命と異邦人への宣教活動を区分けすることにまったく意味がないと気づいていたにちがいない、ということを示唆してくれるからである。

「イスラエル民族のために働くことと異邦人のために働くこと――この二つの役務は実際には一つのものの二つの側面であり、二つは同じ役務および同じ宣教のわざである。人間の苦しみは、ユダヤ人であろうと異邦人であろうと同じ苦しみなのであり……異国の婦人との出会いはイエスが信仰と真理の境を超えるきっかけとなった……このカナンの婦人は、この世界における神の救いの働きに関するイエスのヴィジョンを拡張するうえで重大な役割を果たしている！」(18)

イエスが信じていた宗教的な伝統の埒外で生きていた人びとでさえも、真実かつ真正な信仰をいだくことができた。このような信仰こそが彼らを救う。実に彼らの信仰は、イエス自身の宗教的な共同体においてよく知られていた信仰よりも強く深くなってゆく可能性を秘めていた。前述したローマの百人隊長の信仰のエピソードが、私たちに想い出させてくれることは、驚嘆するイエスの反応である。――「あなたがたによく言っておく、私はこのように深い信頼感をいだく者を、いまだかつてイスラエルの人のなかで見たことがない」（マタ８・10、ルカ７・９）。

カナンの婦人のエピソードやローマの百人隊長のエピソードという二つの物語は、実に、イエス自身が所属していた宗教的共同体の枠外で起こった出来事だった。ここからわかることは次のとおりである。――真正な信仰は、この世界のいかなるところにおいても存在し得る。この世は神の働く場なのだから。宋泉盛は、次のように結論づけている。

「イエスはユダヤ人と異邦人とを隔てていた境界線を超えてしまった。ユダヤ教共同体と異邦人共同体とを分けていた境界、他の宗教を排除し、一つの特別な宗教のなかに神の救いの真理を保持する境界を超えた」（宋泉盛『イエスと神の国』80頁）。

イエスの所属していた宗教的な共同体の一員ではない誰かが――同様に、キリスト者の共同体の一員ではない者の場合もそうなのだが――神による救いの力に対する本当の意味での信頼感をいだいている可能性がある。このことは別段驚くべきことではない。人を救う神はユダヤ人のためだけの神ではないからである。もちろん、神はキリスト者だけの神でもない。むしろ、神はあらゆる人のための神である（ロマ3・29―30）。どんな人であっても神の民になることができる。神によってイエスをとおして打ち立てられた神の国は、イエス自身の生涯において現存し働く。すなわち、神の国はイエスの言葉とわざにおいて証しされる。そして神の国は、イエスの死と復活によって実現する。この世界において、救いの普遍的な現実が確かに存在する。あらゆる人は、いかなる生活状況にあっても信仰および回心をとおして神の国に参入することができる。

(3)神の国の普遍性

イエスによって告げ知らされた神の国と、彼によって始められた運動とのあいだに、いったいどのような連続性があるのだろうか。イエスが創始した運動は、彼の死後には「キリスト者たち」の教会となるように運命づけられていたのではあるが。神の国が本当に普遍的な救いとして実現しているならば、信仰をいだいて回心することによって王としての神へと歩み寄ろうとするあらゆる人たちに意識されているはずではないだろうか。神の支配へと参入する「キリスト者たち」の運動は、イエスの心のなかでもともと想い描かれていた神の国にとって、いったいどのような意味があるのだろうか。――こうした問いかけに答えることはあまりにも難しい。事実、イエスは間接的にしか教会に関して言及しなかったからである。

すでによく知られているように、「教会」という用語は福音書のなかで、たった二回しか使われていない。しかも、二回ともマタイ福音書に出てくる。マタイ福音書16章18節の文脈に見られる「教会の予示」は、過越の出来事の光の下で再編集された。そして、同18章18節の文脈で言われる「教会」は、何らかの特定の意味を備えたものではなく、むしろ端的に「弟子たち」による地元の集まりを指しているにすぎない。にもかかわらず、イエスがわざわざ「十二人」を選び、神の国の福音を告げ知らせる使命を絶やさないために最初の責任を彼らに託したことだけは真実である。キリストの復活の出来事と聖霊降臨における聖霊の賜物をとおして、「十二人」は他者のかたわらにあって「十二使徒」[19]となった。

ともかく、イエスによって創始された「運動」は、正統なものとして権威づけられて制定された教会へと変容するよう運命づけられていた。それにしても、イエスが宣言していた神の国と教会とは、もともと同じものではなかった。むしろ教会とは、神の国に奉仕し、それを育てるのを助けるためのものにすぎなかった。つまり、教会はこの世において神の国の現存の証人となり、あらゆる人に「よき知らせ」をもたらすべく意図されたものだった。

こうして、イエスが自分自身が創始し、後に教会となるよう運命づけられていた「運動」と神の国とを同一視することはなかったことが明らかとなる。むしろ、イエスが「十二人」を宣教活動へと派遣したのは、ひとえに神の国の到来を告げ知らせる（マタ10・5―7）ためであった。何よりもイエスは教会に対して神の国への奉仕に徹するように期待を寄せていた。復活後に宣言されるべき「よき知らせ」はイエスがこの世にあるあいだに宣言していたものと同じである（マコ16・15参照のこと）。すなわち、神の国の到来（マコ１・15）に他ならなかった。教会は教会自身を告げ知らせるのではなく、神の国を告げ知らせるように定められている。

この章の第二項に見られるように、新約聖書神学は歴史上のイエスの地平に立って状況を把握しようとする。周知の事実として理解されているように、共観福音書に着目すれば――すべての用例を網羅することは、ここではできないのだが――、「神の国」という術語がイエスの言葉の端々にあまりにも頻繁に登場することがわかる。共観福音書以外の新約聖書文書では「神の国」という用法はなりをひそめているのだが。キリスト教が始まって数十年が経ち、パウロが数多くの地域教会を創立していた時期の後、使徒言行録の終結部分に書かれているように、パウロがローマで「証言する」に際して、彼は、あらゆる人に「神の国」を告げ知らせ、「主キリストについての事実」を宣べ伝えている（使28・30―31、参照28・23）。つまり、「神の国」と「主イエス」は同じものであった。それまではあまり共通なものとはされていなかったにもかかわらず、「神の国」という表現は、新しい方法で、すなわち、復活した主キリストの主権の国を示しつづけ、その発想がそのまま神の国という言葉によって受け継がれてゆくことになった。この主権は、単に教会ばかりではなく、全世界にまで広げられてゆく。しかし、歴史的なイエスに関して、今日でも強調されなければならないことは、契約の民を超え、さらにイエスと「弟子たち」によって創られた「運動」を超えて、異国の人びと、つまり「異教徒」あるいは異邦人を含めた全世界に拡大してゆくということが神の国の普遍性である。

イエスが考えていた神の国の普遍性を示すいくつかのエピソードが福音書のなかには見受けられる。それらを採り上げてみよう。まず、ヨハネ福音書において、ガリラヤへ帰る途中――おそらくはエルサレムで過越祭を祝った後だったのであろうが――イエスがサマリアを通り、シカルと呼ばれる町に来たときのことであった[21]（ヨハ４・１―６）。ヨハネのこのテクストは、サマリアの婦人と話しているイエスの姿を描写している。このこと自体がすでに弟子たちを驚かせた。そして福音書はそれを指摘するのを忘れなかった。ユダヤ人はサマリア人を異邦人と見なすがゆえに、「ユダヤ人は、サマリア人とは交際しないからである」（ヨハ４・９）。逆にイエスを驚嘆させたことは、この婦人の信仰へと開かれた心と「いのちの水」（ヨハ４・７―15）への渇きであった。イエスはエルサレムでの礼拝に反対するゲリジム山でのサマリア人の礼拝をさえ拒否しなかった。むしろイエスは、婦人に「ゲリシム山でもなく、エルサレムでもなく、御父を礼拝するときがすでに来ている……真の礼拝者が霊と真理において御父を礼拝するときが来ている。なぜなら御父が御自分を礼拝する者を探し求めているからである」（ヨハ４・20―23）と語っている。あらゆる礼拝は、ユダヤ人ばかりではなく、異邦人においても、真の霊の礼拝に道を明け渡さなければならない。

宋泉盛は、イエスはガリラヤに戻るに際してサマリアをわざわざ通らなくてもよかったと指摘している。イエスはペレアを通ってガリラヤに戻れば、サマリアを避けられたはずであった。「それは人間的な必要性からではなく、神の必要性から、つまり人間の出来事ではなく神の摂理にもとづいてイエスは疑いもなくサマリアに通じる道を選んだ」[22]。イエスはサマリア地方を横切って境を超えることを、霊によって余儀なくされたに違いない。ヨハネ福音書の記録にあるように、イエスとサマリアの婦人のあいだで交わされた対話は「神学的な対話」の典型である。「イエスはその対話のなかで主導権を握ることによって、ゲリジム山でもなくエルサレムでもなく、と説きながら、宗教上の人間的な努力の完成としてのヴィジョンに向けて一歩一歩導いて行った」。サマリア人にとっての宗教的な世界観の中心であるゲリジム山でもなく、ユダヤ人にとっての霊的な世界観のよりどころであるエルサレムでもなく、という表現は、神の現存に関する永遠の意味を備えている。両方とも象徴であり、イメージであり、これらは乗り越えられるべきものである。実に、これらは愛なる神のイメージであり、神の国の象徴であるイエス自身においてすでに超えられたのであった。イエスが目指していることは神の国の真の本質をあらゆる人に開示し、明らかにされたイメージと象徴をもって、生き方を変え、いのちを新たにすることである[23]。

サマリア族に属する人びとがはっきりと記述され、信仰と兄弟姉妹愛の模範とされ、これらをとおして神の国が到来する時、イエスの生涯には別の次元があったことを見逃してはならない。イエスが、サマリア人の名前が登場するたとえ話のなかで「善きサマリア人」の態度と、祭司およびレビ人の態度を対照させたのは偶然の一致ではない（ルカ10・29―37）。「ある人がエルサレムからエリコに下っていく途中、強盗に襲われた。強盗たちはその人の着物を剥ぎ取り、打ちのめし、半殺しにしたまま立ち去った」（ルカ10・30）。すると祭司とレビ人が「道の反対側を通り過ぎて行ったのに対し（ルカ10・31―32）、「ところが旅をしていたあるサマリア人が、その人のそばに来て、その人を見て哀れに思い……彼を介抱した」（ルカ10・33―35）。福音書は、さらに続けてその詳細を述べ、そのサマリア人が怪我人を介抱する結果になったことを説明している。結論は、サマリア人こそが「強盗の手に落ちた人の隣人」になったことを告げている。このとき、イエスはこのサマリア人をユダヤ人の模範として示し、そして、「あなたも行って同じようにしなさい」（ルカ10・37）、と述べている。

さらに、イエスがエルサレムへと向かう旅の途中で、ガリラヤとサマリアの境を通られ、ある村で十人の重い皮膚病の患者たちをいやされた話（ルカ17・11―14）も偶然の一致ではないであろう。「そのうちの一人は、自分がいやされたことに気づき、引き返して来て、大声で神をほめたたえ、イエスの足元にひれ伏して感謝した」（ルカ17・15―16）のはサマリア人ただ一人であった。そしてイエスは「神を賛美するために帰ってきたのは、この一人の異国人のほかに誰もいないのか」と尋ね、それから、サマリア人に向かって、「立って行きなさい、あなたの深い信頼があなたを救ったのだ」（ルカ17・18―19）と言った。

こうして、イエスにとって、救いへと至る信仰は「異教徒」あるいは「異邦人」でさえも、はるか遠くから来るものではなく、実に彼らのなかで働いている、というのは明白である。類比的に、他国人でさえ決定的に神の国に属することができ、神の国に呼ばれているということが、イスラエルの選ばれた民の枠を超えて広がってゆく。その際、選ばれた民に民族的に属していることは無関係である。この態度は「イスラエルの家の失われた羊のため」（マタ15・24）だけに遣わされたというイエスの明確な声明と鋭い対照を示している。

もう一つのエピソードは、誰もがそれを正しく理解しようと努めているが、さらに挑発的であり、選ばれた民に属するか否かということに関係なく、あらゆる人を迎える神による歓待と同様、神の国と世界における神の救いの働きの境界のない普遍性を確証するものである。それは、「私たちのグループに属さない人」が「イエスの名によって」（マコ９・38―39）悪霊を追い出しているのを、イエスの弟子たちが止めさせようとするエピソードである。「物を言わせない悪霊にとりつかれた」ひとりの少年を弟子たちがいやすことができなかった話（マコ９・14―29、マタ17・14―21、ルカ９・37―43）に続くエピソードであるが、ここで採り上げるに値する。イエスの弟子たちが、物を言わせない悪霊にとりつかれているひとりの少年をいやすことに失敗し、異邦人が「イエスの名によって」悪霊を追い出すことに成功している。これは皮肉なこと、というよりは、むしろ衝撃的であり挑発的でさえある。「異邦人の悪魔払い師」がイエスの名によって悪霊を追い出すということは、神の国と救いの働きに属することの境界は、特権を持つ民の境界には合致しないということを示している。神の国と救いの働きには、境界がない。異邦人が悪霊の追放に成功したことに対して憤慨した弟子たちは、「イエスの名がイエスに従うものに限定されることなく、イエスの共同体に狭められることもなく、イエスの働きが影響をおよぼす範囲には制限がないことを、理解していなかった(24)」。

イエス――そして教会――に従う者は、誰が「神の民」に属するか、どこでどのような方法で神はその救いの働きを行うのかを決める権威に干渉すべきではないであろう。このような力はイエスに属するもので、イエスに従う者に属するのではない。この異邦人の悪魔払い師は、ヨハネの報告によれば、弟子たちが持っていなかった神への信仰を持っていた（マコ９・28―29）。「ヨハネはイエスに、『先生、私たちはある人があなたの名によって悪霊を追い出しているのを見たので、それを止めさせようとしました。なぜならこの人は私たちの仲間ではありませんでしたから』と言った」（マコ9・38）。異邦人の悪魔払い師がこのような信仰を持っていた理由は、神はユダヤ人そしてキリスト者の神であるばかりでなく、あらゆる人の神でもあるからである。イエスがそのために生き、そのために死んだ神の国は、彼の共同体の内にも外にも同様に顕現する。意識的にか無意識的にかは問わず、イエスの名によって悪魔を追い出していたこの異邦人の悪魔払い師は、神の国のためのイエスの使命におのずと参加していたのである。イエスが、この悪魔払い師を止めさせてはならない理由を弟子たちに説明したとき、弟子たちはさらなる驚きのなかに招かれた。「止めさせてはいけない、私の名によって奇跡を行いながら、すぐに私をののしる者はいない。私たちに反対しない者は、私たちの味方である」（マコ9・39―40）。それがユダヤ人であれ、サマリア人であれ、または異邦人であれ、イエスに従う老若男女の共同体に属していない人であっても、それは問題ではない。イエスはその生涯と使命をとおして、人類、宗教、伝統の境を超えてゆく。イエスの生き方に照らし合わせてみると、私たちは、イエスの名が独占的に主張される共同体の外にいる人びとや民族の、イエスおよび救いをもたらす神との関係のほうがよりよいものなのだと理解すべきではないだろうか。「私たちに反対しない人は、私たちの味方である」（マコ9・40、ルカ9・50）。

実に、イエスの全生涯、選択、行動は、宋泉盛の言葉でいうと「中心から遠くへ向かう遠心力」と呼ばれるものを示す。この点に関して、宋泉盛は「イエスは宗教的な権威者が持っている権力から抵抗されればされるほど、この権力を中心とした共同体から排除されている男女や子供たち、そしてイエス自身の宗教的な共同体の外にいる人びとへと引き寄せられていった。宗教的な権威者にとっては救いの枠外にいると考えている人びとが、神の国のために働くイエスの役務の中心的な場所を占めるようになった[25]」と述べている。

霊の力のなかで、イエスは、人間の共同体、特に宗教的な共同体を、伝統的な宗教の枠にもとづいてではなく、神の国の要求と挑戦の上に立って再建するという新しい方法での役務を開始した。「私たちキリスト者、神学者そして教会は、民族と諸国民の世界、キリスト者共同体と同様、他宗教の共同体のなかに働いている神の救いの行為に、私たちの目と心と教会の扉を開かなければならない」（225頁）。

⑷神の国と諸宗教

これまで、ごく一部の聖書箇所を眺めてきたが、イエスの考えのなかでは契約の民に属していない老若男女が、神の国への信仰と回心をとおして神の国に入ることができ、充分にそのメンバーになることができる、とされていることがわかった。神の国が示す神は「決して人をわけへだてすることがない」（申10・17）。イエスの奉仕の仕方が示しているように、神の国というものは、人種や民族や宗教という人間的な境界線を超えてゆく。しかしながら、それでも諸宗教の伝統それ自体のなかにある価値について、いかなる結論が導き出されるのかを問わなければならない。イエスは「他者」の宗教的な伝統に関する神学を提案してはいない。イエスの最も深い教えは、弟子や友人との親しいグループにのみ向けられたものではなく、いかなる文化的あるいは宗教的なグループに結びついているかは問題ではなく、あらゆる人に開かれたものであることを明らかにしようとした。これこそが、イエスによる「幸いな人」の説教（マタ５・３―12、ルカ６・20―23）に関する注意深い研究と、その一部を形成している山上の説教――または、平地での説教――について（マタ５・１―７およびマタ５・29、ルカ６・17―49）の研究からその全貌を現わしてくるものである。この「幸いな人」についての説教は、イエスの教えの中核をなしていることは疑う余地がない。

しかし、ある聖書釈義学者は、イエスの弟子たちとイエスに従う者のための生活上の心構えであると考え、一方で、他の釈義学者は――この方が正しいように思われるのだが――「幸いな人」の説教のなかに、神の国に入ることを望む人びとに対して、普遍的なかたちであらゆる人に開かれている神の国の基本理念を見ようとしている。

さらに、ある解釈者たちは、そのテクストのなかに現われているように、山上の説教はイエスによって一つの集会でなされたものと考えている。他の解釈者たちが考えたように、異なる場所で異なるときに、あるときは個人に、あるときはさまざまなグループに対して、イエスによって「語られた言葉」を編集したものであると言うほうが、より正しいように思われる。宋はこの第二の見解をさらに推し進めている。[26] 彼は、山上の説教の聴衆のなかに、マタイ福音書5章1節ではっきりと示されている「群集」を含め、さらには「大勢の弟子たちや全ユダヤ、エルサレム、ツロとシドンの海岸地方から来たおびただしい民の群れが、イエスの教えを聴き、また病気を治してもらうために集まっていた」（ルカ6・17）という箇所にもとづいて大群衆をも含めて考えている。この観察は、イエスの人がらに魅了されるとともに、その深い教えを聴こうとして集まってきた聴衆についてのイエス自身の考えに重大な結果をもたらす。実に、その教えは友人や弟子、種々の人間的な基準によって選ばれた人びとにのみ向けられたものではなく、むしろ、教えを聴きたいと思うあらゆる人、各々の生活環境のなかでの「神の国の価値」の実践のために、神の国をもたらす神によって定められているあらゆる人に向けられたものであった。

宗教的であろうとなかろうと、誰にでも開かれた集会であることを念頭に置きながら、イエスの心のなかにあった幸いな人びとについて考察することにしよう。「貧しいあなたがたは幸いである、神の国はあなたがたのものである」（ルカ6・20）。「幸いな人」に関して述べるルカの言葉の冒頭に置かれているのは、神の国が何よりもまず貧しい人びとのためであることを明確にしている。そして「貧しいあなたがたは」という第二人称の呼びかけは、マタイの表現としての「霊において貧しい人は幸いである、天の国はその人のものだからである」（マタ5・3）という言い方よりももっとイエスの言葉に近いことを示している。その視点については、一つの発想から別の発想への変化があるのだろうか。イエスによる、貧しい人びとへの好意が、明らかに誹謗を生みだす性質を含んでいたため、イエスの死後に「霊的な貧しさ」として冷却化されたものと考えるべきなのだろうか。あるいは、金持ちさえもが含まれる、あらゆる人が到達可能な神への「開かれた心」ということにまで語気を和らげたのだろうか。または、マタイの句は、全体として特権的な宗教グループへの順応を提案したものなのだろうか。このように考えるのは当を得ていないと思われる。逆に、この二つの発想には連続性があると考えられる。それは、真に貧しい人はまた単純な人であるからである。この人びとは神と神の国に対して開かれている。マタイとルカの両方において、イエスは、かなりの人数の貧しい人、権利を奪われ、その唯一の生きる力として神を求める人びとに話しかけていたのは明らかだと思われる。疑いもなく、そのなかには数多くの「異邦人」も含まれていたはずである。

イエスは説教のなかで、耳を傾ける人びとに向けて説いている。「義に飢え渇く人は幸いである、彼らは満たされるであろう」（マタ５・６）。ルカによれば、「今飢えている人は幸いである、あなたがたは満たされるであろう」（ルカ６・21）と述べられている。マタイのテクストの文脈におけるイエスの説教では、特権階級の立場のなかで敬虔さと義の厳守を自負する人びとが決して「正義のために飢え渇く人である」わけではない。彼らが神の国に入る権利を持っているわけではないのである。多少のニュアンスの差があるにせよ、マタイの文脈でもルカの文脈でも、「幸いな人」とは共通して貧しい人びとのことを指している。ルカの場合は、神の国が貧しい人に対して優先的に強調されていることによって、幸いの原点に戻り、マタイの場合は、貧しい人に代わって正義を求める人も含む、幅広い範囲で正義を求める人、言い換えれば、貧しい人にとって有利な選択をする人、貧しい人が苦しむ不正な社会構造に対して闘う人びとが幸いな人に加えられている。貧しい人に代わって行う正義のためのこの努力のなかに、イエスは個人的な宗教的献身とは別に、私たちのまっただなかにある神の国の顕現を見ている。そのことは「幸いな人」に関する他の箇所にも見受けられる。

実に、ただ一つの幸いとは、すなわち、貧しさ、まなざしの単純さ、神のみむねに対する開かれた心、神の国およびあらゆる人への奉仕などであることがキリスト者の共同体において指摘されてきた。この幸いは、信仰と回心に開かれた善意あるあらゆる人が到達できるものである。

前述したように、不正や貧しさに対するイエスの態度は、これらについて旧約の預言者が述べた範疇を超えているのは明らかである。預言者が、貧しい人や抑圧されている人びとに代わって彼らの権利を擁護して語り始めるとき、彼らは、神がこの人びとの側にいることを明確に示す。すなわち、貧しい人びとの側に立ち、彼らに加えられる不正に対して怒る神を預言者が示す。しかしイエスは、貧しい人びとのための「優先的な選択」を示すばかりではなく、つまり単に「彼らの側に立つ」ばかりではなく、むしろ自分が貧しい人と等しくなり、彼らとともにいることを好む。すなわち、単に貧しい人のために何かをするだけではなく、むしろ貧しい人に属し、貧しい人とともにいる。イエスによる、この貧しい者たちへの帰属およびともにいる姿は、彼らのための神の特別な愛がその頂点に達することを示す。すなわちイエスのこの態度は貧しい人びとに対する神の想いを示すばかりではなく、彼らに対する神の全身全霊の関わりと、貧しさそのもののなかに身を投じる姿をも示す。

イエスのわざをとおして告げ知らされた神の国、つまりこの世界において神によってイエスをとおして始められた神の国は、いまや全人類のもとに到達している。こうして、人がいかなる人種、あるいは、いかなる宗教的な伝統に属していようとも、地上の全人類のための「よき訪れ」が見受けられる。世界中のあらゆるところ、あらゆる宗教から来るあらゆる人のあいだでなされる神の国の分かち合いが、イエスのメッセージの中心である。すなわち、それが、イエスが他の国々の宗教的な伝統について最も明白に開示したことである。イエスの神は全人類の神であり、この神の王国はあらゆる人のためのものである。

2　使徒的教会と諸宗教

前述したように、歴史的に活躍したイエスが考えていた「地平」〔Horizont. 監修者註―物事の存在・認識・行為とが実現してゆく躍動の場のこと〕とは、神がイエスの生き方と働きをとおしてこの世に打ち立てた神の国の普遍性である。それは、信仰と回心をとおしてあらゆる人が神の国に向けて自分を開いてゆく地平でもあった。初期のキリスト教の使徒的な共同体が考えていた地平は、イエスの復活とあふれるばかりの聖霊の経験であった。使徒たちは宣教活動の際に、神が十字架にかけられたイエスを復活させたと理解し、イエスを「主であり救い主」（使２・36）であるとした。このことが教会の基盤となる信仰である。イエスの死と復活の過越の出来事は、彼らの宗教的な状況ばかりではなく、他の宗教的な伝統に属する人びとも含めて、全人類の状況を理解するための新しい見方を提供した。イエスの死と復活の過越の秘義は、全人類のために神によってイエスをとおしてもたらされた救いを現わしている。

しかし、イエスの死は、歴史におけるある限定された状況のなかで起きた出来事である一方、彼の復活は、歴史の一定の時代に起きてはいるが、それは歴史を超えた、本質的に超越した出来事である。神によって「救い主」とされた後に、イエスは「超歴史的な存在」となった。キリスト教の教会にとって、このようにイエスは今やあらゆる人にとっての救いの秘義を理解するための鍵である。このことが使徒の信仰の基盤であり、それによってキリストは救いの秩序のなかで神と人間のあいだの「仲介者」となる（一テモ２・５参照）。復活したキリストにおいて、神は御自分と人類との関係に新しい秩序を設け、その結果は、異なる状況にあるあらゆる人にも到達する。過越の信仰を基盤として形をとりつつあったイエスの弟子の共同体は、はっきりと意識して、イエス・キリストにおける神との救いの関係を生きることになった。そして、過越の出来事という救いの意義が全人類のためであることを確信するに至る。この確信が、教会の使命と神の普遍的な救いの計画のなかでの教会の役割についての自己理解を決定づける。この点について、オダッソは、次のように述べる。

「復活された主の光のなかで、洗礼を受けた人びとの共同体が、イエスの内に自分たちの共同体の存在の規範を見い出すのと同じように、真正な神経験を特徴づける基盤的な価値をイエスをとおして会得することができる……新約聖書が、イエスの御父との関係と、人類へと宣教を行う際のイエスの経験を証明していることを叡智をもって理解するのと同様、上記のこれらの価値のより真正な領域をいかに認めるのかを知ることは……復活した主の超越的な出来事のなかにあらゆる人が参加するようにと招かれていることを意味している」[27]。

使徒的な教会は、信仰共同体として特別な仕方で、復活したキリストの内に神と結びつくことによって救いの関係性を意識して生きていた。実に、このことは、契約の神によって特別に選ばれたものとしての意識を持つようになったイスラエルの民が身に覚えていた最初の誘惑に似ている。すなわち、神の救いに対して自分たちの立場を独占的なものとして見る誘惑である。その結果、自分たちの本来の普遍的な召命の意味を忘れてしまった。「異邦人」に対してどのような立場を採るかについての新約聖書の原資料は、実際、複雑で相反する内容のものを含む[28]。

ここでまず強調しておきたいのだが、初代教会のイスラエルの民に対する関わりかたとしては、数十年間はよく交流しており、その伝統や信仰生活や礼拝を分かち合っていた。しかし、ある時期に、もともとは母娘の関係にあるこの二つの宗教に痛みの伴う別れの瞬間が訪れた。ここでは、この分離の理由が果たして人間的で文化的な特徴のゆえか、あるいは宗教的な理由によるものか、または信仰上の理由からか、といった詳細な議論に立ち入らない。

ところが実際に、イスラエル民族と深い関わりのあった初代教会つまり「イエスの道」と呼ばれるばかりでなく「キリストの集まり」とも呼ばれていた集団とのあいだに徐々に亀裂が生じたことを認めなければならない。使徒言行録は、イエスの弟子たちがアンティオケイアで、初めて「キリスト者」（使11・26）と呼ばれたことを想い起こす。二つの信仰共同体のあいだに生じた対立の流れは、聖書学者がマタイ福音書およびヨハネ福音書の記述のなかにすでに芽生えていたと認めているある種の「反ユダヤ主義」によって示されるように、徐々に発展した。

しかし、非常に助かることには、こうした別離の現実だけがすべてではない。この章の第２項における私たちの関心は、イエスの過越の出来事が、特権的な立場に安住しようとする初期のキリストの教会を決して孤立させることなく、むしろイエスの過越の出来事が、イエス・キリストが存在する事実の普遍的な真実の意味を発見するよう初代教会を後押しし、その結果、他宗教の人びとのなかにある過越の要素に含まれる有効な救いの現存を見い出すよう、鍵となる新約聖書のテクストをとおして示すことにある。後ほど言及するように、新約聖書のなかには、「独占的な道」として、あたかもキリスト者の共同体のメンバーのみ、つまりイエスの御名によって洗礼を受けた人のみがイエス・キリストにおいて神の救いを受ける、と解釈することができる箇所もある。

ところで、この箇所がどのように理解されるのかを示されなければならない。すなわち、それは肯定的になされるべきであって、決して「独占的」、あるいは「排他的」なやり方によってではない。同様に、「他者」の宗教的生活とキリスト者が信奉している宗教的な伝統のなかに存在し、働いている肯定的な価値を見い出すのを助ける箇所が新約聖書のなかにもあることを示すのも大事なことである。説明を要することは、イエスの過越の出来事における救いの力が、いかに他宗教の伝統を受け継ぐメンバーたちに到達するかということである。新約聖書に記されているように、使徒の教会の神学は、他宗教の伝統の持つ意味について、その信奉者の救いのために何を提供しなければならないのであろうか。

(1)心に刻まれた律法

罪の普遍性について、ローマの信徒への手紙1章にあるパウロの現実主義はよく知られている。パウロは異教徒の上にくだされる神の怒りについて宣告する。なぜなら宇宙をとおして常に進行している神の啓示を認めなかったからだと述べている（ロマ1・18―32）。しかしながら、ただちに、ユダヤ人が受けていた特別な賜物にもかかわらず、彼らにも同じ断罪がなされ、同じ審判のもとで裁かれることにも気づくべきである（ロマ2・1―11）。

実際、パウロは、初めから、いかなる宗教的な状況にいようとも、あらゆる人は等しく神の審判の対象となり、それぞれの生活に従って裁かれると考えている。「すべて悪を行う者には、ユダヤ人を初めとしてギリシア人であれ、苦痛と嘆きがあり、すべて善を行うものには、ユダヤ人を初めとしてギリシア人の上にも栄光と名誉と平和がある。なぜなら神は不公平な方ではないからである」（ロマ2・9―11）。パウロはこの箇所で、今まですでに何度も述べてきたように申命記（10・16―18）のなかで、特別な激しさを持って記述されている、神の偉大な原理を規範として採り上げている。

しかしながら、次の箇所は詳細に吟味されなければならない。なぜなら、オダッソも述べているように、この箇所は「地上に存在する宗教の神学的な考察に対して特別に実りある地平を開くからである。特にこのテクストの分析は、異邦人が新しい契約の現実、すなわち、キリストの復活による救いの力によって到達しうる状態のなかにいることを明らかにしているという言明を含んでいる」[29]。その箇所とは、異邦人の心に刻まれた律法に関するものである（ロマ2・14―16）。異邦人は聖書的な啓示を受けていないにもかかわらず、彼らは「律法」に従って生きることができる。彼らは、それを「自然に」、すなわち、自発的にする。彼らは、実に、自分たちの心に刻まれた律法の働きを持っていることを示している（ロマ２・15）。心に刻まれた律法は、新約聖書におけるアガペー、つまり愛そのものを含んでいる。これは、「自然法」とか直観、あるいは内的な感受性という意味で理解されるべきではない。反対に、これは、有名なエレミヤ書31章31節から34節を想い出させる。そこでは、新しい契約が告知され、「私は彼らのなかに私の律法をおき、そして私はそれを彼らの心に書き記す」（エレ31・33）。

この点について、オダッソは以下のように述べる。「律法を持っていない異教徒でさえ、もし彼らが自分の深い望み、想いに従って生きるなら、言葉を換えて言えば、もし彼らが真正な相互愛によって本質的に霊感を受けた生活を送るなら、それは、『救い主であり主である』イエスにおいて完成された、新しい契約による神の約束へと到達することを示している」（322頁）。彼らは新しい契約、イエス・キリストの救いの秘義が彼らに至り、そして彼らはある種の方法で神の霊によって内的に活かされる。

異邦人の使徒と呼ばれるパウロが、エレミヤ書（４・４）で語られているユダヤ人についての「心の割礼」を異邦人に適用しているのは、すばらしい。「あなたがた自身、主の割礼を受けなさい。あなたがたの心に割礼を授けなさい」。心の割礼は真の回心と同意語である。パウロは、いまや心に刻み込まれた律法の働きを持っている異邦人に対してこれを適用し、「割礼を受けていない人が律法の定めを守るなら、彼らの無割礼は割礼として見なされるのではないだろうか。外見上のユダヤ人が真のユダヤ人なのではなく、また身体に施された外面的な割礼が本当の割礼でもない。ユダヤ人を真のユダヤ人とするのは内面的なものであり、また真の割礼は、律法の文字によらず、聖霊によって施されるものである。そのようなユダヤ人は、人間からではなく神から誉れを受ける」（ロマ２・26―29）と述べる。こうした文脈に含まれている意味は明らかで、パウロにとって、イエス・キリストにおいて顕現した救いの恵みは、秘義的な方法で、「律法を守っている」異邦人に至る。たとえ彼らがこのことを知らなくとも、彼らは不完全な仕方で、より厳密に言えば、復活した主における信仰によって変容されてはいないが「霊のまっただなかに」存在している。

オダッソは、「諸宗教に関する神学的な考察のために」[30]という論考において、ローマの信徒への手紙2章12から16節および2章25から29節でパウロが述べていることの結果を強調する。第一に「異教徒」と異邦人の宗教的な生活の具体的な状況についてパウロが言っているあらゆることにもとづいて、彼らは救いの信仰に至ることができる。すなわち、イエス・キリストにおける明確な信仰、それは神によって完成された救いの秘義であるが、この信仰がなくとも、少なくとも「絶対者に対する基本的な選択」をとおしてそれが可能であることは明らかである。しかし、これがすべてなのではない。異邦人の宗教的な生活をある種の「自然宗教」に引き下げることはできない。この点に関して、オダッソはベルナルド・ストックル[註17]の論考から引用して次のように言う。

「伝統的な意味における神の自然的かつ超自然的な知識のあいだの神学的で抽象的な相違を土台にして、聖書の枠外の諸宗教の特異性と、旧約および新約の両聖書の聖書的な宗教性の特質を対置させて解釈するのは正しくない。なぜなら、創造が『キリストに向けて企図されたもの』である限り、それは初めから超自然的な方向性を持っているからである。……全宇宙に向けられた異教徒の宗教が人間的に意義のある価値を提供していることは……救いに直接関係のない『運動の第一原因』の影響以上のものであることは明らかである。すなわち、ここでは、キリストの真の恵み、救いに関する真正なる超自然的な交流がものごとの奥深い根底において表現されている」[31]。

オダッソは、さらに、パウロおよび新約聖書全体のなかに、「諸宗教に対する肯定」と「諸宗教に対する否定」

のあいだの緊張関係があると考える。ローマの信徒への手紙の１章18節から31節および２章12節から17節、さらには２章25節から29節の文脈にこのような緊張関係が示される。しかし、このような緊張関係は、新約聖書の本質的な展望を、その視界に留めながら理解されるべきものである。そこでは、神がキリストの死と復活とともにもたらした、救いの決定的な勝利の特徴が宣言されているからである（ロマ５・12―21）。そしてオダッソは、ローマ書２章についての考察をとおして、パウロによって描かれた構図が、教会と諸宗教とが真に対話するための可能性をもたらすものであることを明確にしていると述べる。この対話は、必然的に相互の利益を実現する。

もし、キリストの霊が主を求める人の内に現存するならば、諸宗教者がその生き方、その掟と教義によって正しい道を進むことができる。つまり『あらゆる人を照らす真理の光を反映するキリスト教以外の諸宗教に対する教会の態度についての宣言』（*Nostra Aetate* ２項）にもとづいて、キリスト者は他宗教の信奉者が自分自身の信仰に対して、より照らされた理解とより真正なあかしに向かってゆく、宗教的な領域、問いかけ、経験を宣言しつつ生きていることを見い出せる（333―334頁）。

(2) 知られざる神

使徒言行録のなかで、まず第一にリストラで（14・８―11）、次いでアテネのアレオパゴスの前で（17・22―31）なされたパウロのものと見なされている異邦人への宣教は、異邦人の信心深さを認めたという点でパウロの異邦人への開かれた態度を証明している。リストラでは、パウロは彼の話を聞いていた足の不自由な男が「いやされるにふさわしい信仰を持っている」ことを認めたうえで彼をいやした（14・８―11）。いまやイエス・キリストにおける信仰にとって代わられた、ギリシア人の宗教について話すとき、パウロは次のように言う。「神は、過ぎ去った時代には、すべての国の人が、それぞれ自分の道を歩むままにしておかれた。しかし、神は、御自身を証ししないでおられたのではない。神は恵みを垂れて、天が雨を降らせ、実りの季節を与え、食物を施して、あなたがたの心を喜びで満たしておられる」（14・16―17）。これはロマ書（1・18―32）のなかで語られている宇宙をとおしての神の啓示と呼応している「自然」をとおしての神の顕現が、すでに神的な啓示であることを示している。

アテネでのパウロの説教は（使17・22―31）この上なく積極的である。ここでパウロはギリシア人の信仰心を称え、彼らが知らずに礼拝している「知られざる神」を彼らに宣言する。この箇所については、いかなる問題が提起されようとも――その問題の一つにパウロにこの説教の起源があるのか、あるいはルカにあるのかという問いがあるが[32]――ともかく、この箇所のメッセージは、それぞれの国民の宗教には、それ自体で価値があり、しかしそれらの宗教の完成はイエス・キリストにおいて見い出されることを確実に示しているようである。これらの宗教はキリスト教信仰への肯定的な準備となっている。

「アテネの人びとよ、私はあらゆる点で、あなたがたを宗教心に富んでいる方々だと見なしている。私はあなたがたの拝むさまざまのものを、つらつら眺めながら歩いていると『知られざる神に』と刻まれた祭壇のあるのを見つけた。私はあなたがたが知らずに拝んでいるものを、いま、告げ知らせよう」（使17・22―23）。次いでパウロは、世界とそこに含まれるものすべてを創られた唯一の神について話す。「神は死すべき全人類にいのちの息吹とあらゆるものを与えてくださった方である」。そして、「神は一人の人から、あらゆる民族を起こし、地上にあまねく住まわせ、それぞれに決まった時代と国々の境をお定めになった。これは、人に神を求めさせるためであって、もし人が探し求めさえすれば、神を見い出すだろう」（使17・25―27）。この箇所は、宇宙をとおして、神はあらゆる人に対して御自分を啓示し、この宇宙によって人びとは神を知ることができるという、ローマ書1章の教えと結びつく。

しかし、ここでパウロはさらに、一歩を進め、神があらゆる人に近い存在であることを示す。「事実、神はわれわれ一人ひとりから遠く離れてはいない」（使17・27）。この箇所を確認するために、パウロは紀元前六世紀のギリシアの預言者エフィメデスによって提案された表現に言及している。「神の内において私たちは生き、動き、存在する」。そして次に紀元前三世紀のギリシアの作家であり詩人であるアラトスを引用している。「なぜなら、われわれもまた、神の子孫である」（使17・28）。いかなる修辞学的な用法や善意への訴えをも超えて、このことはギリシアの伝統（プラトンやアリストテレスなど）のなかに真正な「神の探究」を認識することにまで発展してゆく。

パウロがイエスの復活について話したときに対話がそこで中断する事実（使17・32）を変えることはできなかった。しかしながら、この中断によって、パウロのアプローチが失敗したと判断することはできない。なぜなら、ルカは、「しかし、パウロに従って信仰に入った人もいた。アレオパゴスの一員であったデュオニュシオスやダマリスという婦人、その他の人びとであった」（使17・34）と付け加えているからである。アテネでのパウロの成功は限られたものであったにせよ、アレオパゴスでのスピーチは、ギリシア人の信仰心への積極的なアプローチを土台にした宣教方針の始まりでもあった。使徒言行録17章における異邦人の宗教に関する展望は、詩人であり神学者である人びとにおいて、知られざる神に出会う素地が作られ、この神との出会いを待っているギリシア世界に私たちを導き入れる[33]。

オダッソは、アテネにおける説教は、異邦人への宣教の仕方の「パラダイム転換」であるとして、特に社会の知識階級への宣教のあり方を示していると言う。「あなたがたが知られざる神として礼拝しているものを、私はあなたがたに知らせよう」（使17・23）。疑問の余地なく、これは一つの肯定的な展望であり、説教のなかで意義のある役割を果たしていることは正しく認識されなければならない。それは説教のなかでの命題であり、24節から29節に広げられる証明（Probatio）に発展してゆくテーマの告知を含んでいる。このように、説教全体の意味を解く解釈の鍵となっている。異邦人は「知られざる」状況のなかで礼拝している。このような「無知」は基本的に、哲学思潮の奥底に何がしかの宗教性が内包されていることを物語る。しかし、このことは、復活の経験のなかに生きる者が持つ神経験の「知識」の欠乏を意味する。

オダッソは次のように述べている。「教会は復活と啓示の交流の場である。復活された方の啓示の光の外には、復活の希望における分かち合いはない。しかし、啓示の光は、死からイエスを復活させた方の霊の力をとおして、世界と歴史のなかにすでに働いていると理解している」(347頁)。人間存在の宗教的な内奥において、人間は強烈な霊の価値の経験を発展させるために、このような真正な方法において、神聖な世界との出合いに道を開いてゆける。このことは、キリスト者が、神の福音を受け容れることによってのみ、人間の心に灯される啓示の光を持っているという事実を取り去るものではない。

このことから理解されるように、アレオパゴスでのパウロの説教は、キリスト者が諸宗教を理解するに際しての疑問の余地のない重要な貢献をしている。まず最初に、このテクストは、人間の宗教経験の肯定的な価値を理解するのを可能にする。神を「求めること」は、それ自体で、すでに神の賜物である。神は求められることによって御自身を現わす。神の探究は、哲学の領域のレヴェルでなく、信仰の経験のなかに含まれている。

さらに、カール・ラーナーが卓越した仕方で示しているように、(34) 宗教経験は一つの宗教のなかで生きられ、概念的には区別されたとしても、現実的には決して分離され得るものではない。パウロの説教は、他宗教の人びとの生活とその宗教自体の限界または部分的な逸脱さえも無視してはいない。実にそれは、さらに深いレヴェル、すなわち、教会が宣言する役務を負っている復活された主における信仰のレヴェルから見れば、諸宗教がまだ不完全であるように映るのではあるが。教会は、世に存在する神の国と決して同一視することはできないが、復活された主の「福音」の宣言をとおして神の国の現存への証しびととなるよう呼ばれている。教会は、また、人類の宗教的な歩みと人びとの諸宗教の伝統のなかに現存する福音の価値、すなわち、「真理と恩恵の種」(「教会の宣教活動に関する教令」*Ad Gentes*, 9項）を、霊のなかで明確に認めるように招かれている。

(3) わけへだてなさらない神

使徒言行録のなかに見受けられるペトロの伝承を考慮に入れれば、ペトロに関する出来事が明らかとなる。そのなかではパウロと同様に、ペトロも自分の宗教的な伝統の境界を超えてゆくことを学ばねばならなかった。それは、いわゆるカイサレイアの百人隊長コルネリオ一家への宣教と言われるペトロに関する複雑なエピソードである（使徒10・1―11、10・18）。パウロと同様にペトロは、彼の話に耳を傾けようと彼を招いた人びとの文化と宗教に正面から向き合わねばならなかった。

ルカによると、初めにコルネリオは「信心深く、家族一同とともに神を畏れ敬い、民に数々の施しをし、絶えず神に祈っていた」（使10・2）と書き留められている。この「イタリア隊と呼ばれる部隊の百人隊長」の賞賛に値する宗教的な態度は、「異教徒」の宗教的な生活の価値に関する問題を提起せずにはおかなかった。しかしながら、違いは宗教ばかりでなく文化にも及んでいた。自分自身の伝統に反して、ペトロは、「他者」の習慣が神を汚すとか不浄であると決めるのは、一つの民族や宗教的なグループのメンバーではないことを学ばねばならなかった。

それが、ペトロが百人隊長に請われる前に見た不思議なヴィジョンを理解させることになる。「神が清めたものを、清くないなどと言ってはならない」（使10・15）。食物の浄不浄は誰が決めるのか。それは伝統か、共同体か、あるいは宗教的な権威者か、このような類のものが決めるのではない。天と地を創られた神（創1・1参照）こそが決めるのである。ペトロは、百人隊長が彼を招く前に天から受けたヴィジョンの意味を少しずつ理解しなければならなかった。そして、同様にペトロが浄不浄で分けていた動物は、異邦人とは関係がなかったのではないだろうか。神が清いと呼ぶ人びとをペトロはどうして不浄と呼ぶことができるのだろうか。ペトロは旅のあいだにずっと熟考しつづけなければならなかった。いかなる場合にも、彼を受け容れてくれる家に到着すると、ペトロはいつも、「御存知のように、ユダヤ人が他国人と交際したり、彼らを訪問したりすることは許されていません。しかし神は私に、どのような人のことをも、清くないもの、穢れたものと呼んではならないと、お示しになりました」（使10・28）と述べている。このようにペトロはユダヤ教の持つ境界を超えて、神の考える領域に入って行った。そこでは、ローマ人の百人隊長コルネリオとその家族を含めて、あらゆる人が清い者として考えられた。いったん境界を超えると、ペトロは別の視点から物事を見るようになった。コルネリオの家族への説教の初めに、ペトロは、「私は神が人を差別なさらないことが、よくわかりました。神を畏れ敬い、正しい事を行うものは、いかなる民も神に受け容れられるのです」（使10・34―35）と述べている。ルカは意図的に、申命記（10・17）ですでに述べられている原則をペトロの唇をとおして明言させている。

これはすでに、パウロがローマの信徒への手紙（2・11）で、「神は不公平な方ではない」と言っているのと同じである。明らかにこの原則は、全人類、つまりすべての民は平等であり、すべて神によって同等に創られ、同じ目的や運命に方向づけられているという、神の考えの領域に入ってゆくために、人間とその伝統によって作られた境界を超えてゆくための、第一の指針として使徒の教会に貢献してゆく。民族や文化や宗教などの種々の相違などは、神における全人類の起源と共通の運命に比べれば、大したことではない。まず何よりも重要なことは、「神を畏れ敬う人」にとっての正義である（使10・22）。

パウロが主要人物として登場する前述のエピソードと同様に、ペトロのエピソードは、使徒の教会全体が多大な努力とその働きをとおして、異邦人の宗教的な生活とその宗教的な伝統に対して肯定的な態度へと開かれてゆく道程を私たちが価値あるものとして眺めることを助ける。そうした視点に関して、宋は次のように註釈する。

「もはや、いまからは、一つの宗教によって諸宗教に属する人びとの救いの条件が明文化されることはない。これからは浄不浄によって世界が割れることはない。これ以上、清いとか清くないとか言って人びとが分かれることはないのである。神に関しては、人がどこの出身か、何者かに関係なく、あらゆる人びとを尊重する唯一の神のみが存在するのである。「救い」に関しては、一言で言えば「神は一つの国民を他の国民より厚遇するような不正なことはしない」。キリスト教神学の多くは、そして特に宣教学は、ペトロによって経験された神に関しての言説（theo-logical）の新しい方向を基盤として書き換えられるべきではないだろうか[35]」。

ツロとシドン地方のカナン人の婦人のエピソード、アテネのアレオパゴスでの説教、そして百人隊長コルネリオの話など、これらの話題のなかで、異邦人が、パウロやペトロやイエス自身にとって、真理と救いの境界を超え、すべてが神によってイエス・キリストにおいて創られているとともに救われたという意味での神の領域に入る機会となった。いったんこの境界を超えると、彼らは共同体の内であるか外であるかにかかわらず、神が御自分の霊をとおして世界のどこにでも現存しつつ働かれることをおのずと認識するようになってゆく。

⑷すべての人の救いを望まれる神

これまで述べてきたすべてのことは、歴史上のイエスの考えと初期の使徒たちの教会共同体の神学のなかにおいて、異邦人あるいは異教徒の宗教的な生活を肯定的に評価する動きと、彼らが信奉している宗教的な伝統に対して開かれた神学を構築するための確固とした方向性が見い出されることを示す。このような「他者」に対する肯定的な態度は、いかなる観点からしても人類の普遍的な救い主としてのイエス・キリストの本質的な唯一性について、新約聖書とキリスト教信仰の中心的な確証を決して弱めることはない。信仰の確証に疑問が投げかけられることがないにしても、それは、現代の状況のなかで、聖書解釈の基準と使徒的なる教会の歴史的な文脈のもとでの歴史にしたがって正しく解されなければならない。まさに、これがいまから探究すべき、残された課題なのである。

人類は、キリストの内に救いを見い出すのであり、キリストは「道」（ヨハ14・6）そのものであり、「唯一の仲介者」（一テモ2・5）かつ救いをもたらす「唯一の御名」（使4・12）である。こうして、キリストの唯一性に関する新約聖書の確証は、排他主義者的な意味での狭い救いの神学に発展する道として理解されるべきではない。この確証は、絶対的でもなければ、相対的でもない。それは、聖書全体のメッセージのなかに統合されており、その文脈のなかでこそ解釈されるべきである。端的に言えば、宗教的な多元主義とは相容れないどころか、イエス・キリストにおける信仰は、この多元主義をあつかう際において、受容とともに開かれた姿勢を要求する。

巧みな語り手としての福音史家ルカは、ユダヤ人の宗教的な共同体の内部における対立の話題を記録している。この話は、イエスのわざとともに始まり、死と復活の後は弟子たちのわざをとおして語り継がれていった。イエスのわざは、イエスが彼の民と分かち合っていたその宗教性の真の精神を生き返らせ、自分自身の宗教界ばかりでなく、その外においても同様に、神の救いのわざの新しいヴィジョンを鼓舞することであった。祭司や律法学者や長老からなる衆議会でのペトロの説教の場面において、ルカはペトロに次のように言わせている。「救いはこの方以外によっては得られません。人間につけられた名のうちで、われわれを救うことのできる名は、この世において、他にはないのです」（使4・12）。ペトロによるこの宣言は、文脈を抜きにして抽出され、人はキリスト教に改宗し、キリスト教の共同体のメンバーにならなければ救われない、と主張したキリスト者にとっての古典的な典拠となってしまった。このような宣言は、イエスがその全生涯にわたって、そのわざを果たすなかで彼自身が理解していたことと矛盾する主張なのではないだろうか。そして、他宗教が、キリスト教の影響の外に生きている人びとに対して行ったことを過小評価することになるのではないか。問題は、ペトロが衆議会で説教したことを、歴史的な状況から切り離し、時系列的に関係のない真理として理解してしまったという事実にこそ、ある。実際、もしこれが諸宗教への否定的な判断のための出発点として用いられるならば、それこそテクストの濫用である[36]。

同様に、もし、改宗させるための擁護と支持を得るためだけに、キリスト教がこの文脈を採り入れるなら、それもまた濫用である。宋泉盛は、これについて以下のように述べている。

「事の真相は、この限られた事例のなかで、ペトロや他の弟子たちの心を占めていたものが、諸宗教同士の対話やキリスト教への改宗ではなかったということである。この話のなかに私たちが見い出すものは、ユダヤ人が他のユダヤ人に話しているという事実である。ここで語りかけられているのはユダヤ人、特に使徒言行録4章では、神殿の権威ある者たちが聴き手となっている。問題となっているテクストの直接の状況は、ペトロが述べたことにもとづいて、もし私たちが理解しようとするならば、この状況は私たちの心にしっかりと刻み込まれなければならない[37]」。

この状況は、ユダヤ人のあいだでの、あるいはユダヤ人同士の出来事である。それは弟子たちにとって、このような奇跡を行ったのが、いかなる権威によってなのかを知ることにある。この力は弟子たちに属するものではなく、神ただひとりに属する。この視点は、キリスト教信仰の本質への批判的な考察を引き出そうと願う人と他宗教の伝統の率直なキリスト教的な評価に重要な意味を持っている。ユダヤ人の舞台としての、ルカによってペトロに帰されるこの話が、非ユダヤ人の舞台に置き換えられるならば、結果は、聖書的なテクストに反する解釈となってしまう。使徒言行録4章の背景では、この「議論」はユダヤ人のあいだのみで行われたものである。ユダヤ人とキリスト者のあいだの緊張や対立ではなく、むしろユダヤ人の宗教的な既存の権力制度と、民のあいだの緊張や対立である。このテクストはキリスト教が神の救いにあずかる絶対的かつ独占的な立場にあることを主張するために濫用されるべきではない。言い換えれば、以下のようになる。

衆議会での宗教的な権威者と使徒たちとの対立は、既存の宗教的な権力とその外にいる人びと、つまり宗教的な権力を持っている人びととその権力のない人びと、もしくは支配者と被支配者、さらには特権階級と特権を持たない人びとのあいだの対立である。このことはキリスト者の教会によって認められた唯一の救い主としてのイエスのイメージから、罪びとの友であるとともに、貧しい人びとや抑圧されている人びとに希望と未来をもたらすものへと、共観福音書が明確に主張するイメージへと、完全なまでに焦点の変更を迫る。(38)

宋泉盛は次のように結論づける。もしこれが真実なら、人類の救いにおけるキリスト者の教会の卓越した役割を主張するために、「人が救われるためには、これ以外の名はない」という箇所のテクストを用いるキリスト者、およびあまりにも狭く排他的であるとしてそれを拒否する人びとは両方とも誤りであることが明らかとなる。両者ともに、この話の核心を理解してはいない。ルカの物語のなかに力強く現われていることは、かつての政治的かつ宗教的なユダヤ人内部の対立である。「どのような権威によって」、「または誰の名によってこれをしたのか」(使4・7)と祭司長は尋問する。私たちが心に留めておかなければならないことは、使徒と宗教的な権威者のあいだの宗教的な対立に含まれる政治的な本質である。

ペトロや他の弟子たちにとっては、過去・現在・未来において全ユダヤ国民のあいだには唯一つの名しかなかった。それはいやしの奇跡を行い、ユダヤ教の真の精神を取り戻し、そして苦しむ人びとに希望を与えることのできる方ただ一人である。その名はイエスである。イエスの死と復活の直後においては、使徒たちはいまだに、イエス自身が生存中に行ったように、ユダヤ人の宗教的な共同体のメンバーとして話し、行動していた。そこではいまだ、ユダヤ教から分離されるような、キリスト者の教会の一員としての自覚をするうえでの「キリスト者」ではなかった。彼らはその民のあいだでイエスのわざをつづけるために霊から力を受けてイエスに従う人であった。端的に言えば、ルカの物語のなかでのペトロは、ユダヤ社会のなかの宗教的な指導者に、「救いはこの方以外によっては得られません」、「人間につけられた名のうちで、われわれを救うことのできる名は、この世において他にはないのです」（使4・12）と述べている。衆議会における証言の際に、ペトロが「この人以外の名はない」というキリスト教の神学的な見解を発明したわけでは、決してない。

この神学は、イエスの時代より後の、相当に時間が経過してからのものである。もし、それが絶対的で独占的なものとして理解されるなら、イエス自身はそこから身を引いただろう。イエスは他の信仰を持っている人に対立するものとして自分の名が使われることを好まなかったであろうし、まして他宗教の信仰の立場の創立者や信奉者に対立するために自分の名が呼ばれることを好まなかったであろう。簡単に言えば、このような神学は、しばしばキリスト者の教会によって、排他的で絶対的な意味で理解されたが、それは神の国の主宰者としての神をないがしろにし、いのちをもたらす神につつまれつつも自分たちの信仰を生きている他の人びとの宗教経験や諸宗教的な伝統のなかに、神の眼から見た場合の肯定的な価値を認めるという、神の国に関するイエスの使命を正しく評価してはいない。

使徒の教会が救いの秩序のなかでイエス・キリストの本質的な唯一性を確証しなかったと、誤って結論づけるべきではない。しかし、異なる状況のなかで、どうあろうとも排他主義への傾向を避けながら、使徒的な教会によって信仰の確証が定められたのは、いかなる条件のもとでなのかを明らかにすべきである。テモテへの第一の手紙は、全人類の救いの秩序のなかで、復活したキリストの代替不可能な役割についての、使徒的な教会による熟慮された肯定的な証言である。このテクストは、キリスト者の共同体に、「すべての人のため、諸王とすべての高い地位にいる人びとのため」の典礼的な祈りを薦めている（一テモ2・1―2）。それは次のように述べている。「このように祈るのはよいことであり、またわれらの救い主である神の御前に喜ばれるものである。神はすべての人が救われて、真理を深く悟るようになることを望んでいる。神は唯一であり、神と人とのあいだの仲介者もまた、人であるキリスト・イエスただ一人である」（同2・3―5）。

このテクストのなかに見られる、使徒たちの信仰によって、復活されたイエスに帰される「仲介」の正確な意味についていくつかの考察がなされるべきである。まず、第一に、人間キリスト・イエスが「仲介者」と呼ばれているが、「私たちの救い主」である方は、人類の救いの第一の決定的な源として、復活したキリストを超えて存在する神である。イエス・キリストは御父と入れ替わることはない。イエス・キリストが、その全生涯と地上での使命のすべてをとおして、完全に御父と「結びついて」おられ、御父に向けられ、御父を中心にしていたように、復活において御父から新しく受けた仲介者としての働きは、御父との結びつきのもとに完全に従っている。全人類に向けられた「普遍的な救済意志」は復活したキリストに帰されるものではなく、神に属するものである。この普遍的な神の救済意志こそが世界の救いの中核となる「絶対的な要素」なのである。それは、人類の救いにおける信仰の確証の正しい理解のための、まさに焦点である。普遍性に関するこの確証を強調することは、すでに、旧約聖書のなかで肯定されている神の公平さ（申10・17）、百人隊長コルネリオへのペトロの証言のなかで強調されている、「神は人を差別しない」（使10・34）という明言であり、ローマの信徒への手紙のなかでのパウロによる証言としての「神はえこひいきをしない」（ロマ2・11）などの基本的な原理である。二人の使徒にとって、この原則は、二人が属する民と宗教の境界を超えて働く神の救いの現存を認識する基盤として役立っている。テモテへの第一の手紙で強調されている復活したキリストの「仲介」は前述の確証と矛盾するどころか、それを補っている。

この点について、聖書テクストは復活したキリストの仲介の働きが、救いに関する神の普遍的な救済意志にその基盤を持つことを示す。言わば、この神の救済意志の具体的で目に見える表現であるとともに、しるしである。実に、神の救いの計画の重大さが、神御自身によって人類に与えられたことをあかしするとともに、明示している。神は効果的な方法で全人類の救いを望んでいる。そのことは、「ガル」(gar) というギリシア語の前置詞の用法によって示されるように、神の意志とキリストの仲介のあいだの関係をとおして示される。すなわち、「神は、すべての人が救われることを願っている……なぜなら神は唯一であり、神と人とのあいだの仲介者もまた一人である」(一テモ２・５)。救いの普遍的な仲介者であるイエス・キリストの本質的な唯一性は、他の人びとの宗教的な生活と彼らの持つ宗教的な伝統について、歴史上のイエスと使徒の教会について記録した新約聖書のなかで積極的に確認されている事柄を無効にすることはない。

実に、諸宗教の伝統のなかにおいて、すでに働いている救いの力は、イエスの死と復活の過越の秘義をとおして「超歴史的な出来事」となった、復活したキリストの普遍的で効力のある現存によるものであると説明できる。他の救済者と世界の他宗教の伝統のいかなる肯定的な価値をも排除して認めないという、キリストの仲介に関する独占的で排他的な解釈は、聖書的または神学的な基盤をもっていないと思われる。

救いの普遍的な仲介者としてのイエス・キリストの本質的な唯一性が肯定される他の新約聖書の箇所についても、同様の検証がなされなければならないであろう。その一つの例としては、ヨハネ福音書がイエスに言わせている一節である。「私は道であり、真理であり、いのちである。誰も私を通らずに御父のもとへは行くことはできない」(ヨハ14・６)。御父へと至るための「道」としてのイエス・キリストの仲介は、他宗教の伝統がその信奉者に、イエス・キリストの本質的な道が働いている可能性があるその方法を介して、救いの「小道」——その道は隠されていて不完全ではあるが——を提供できないという意味にはならない。まして、他宗教の伝統の創立者や救済者が、神によって神への唯一の道として定められたキリストをとおして実現される救いに向かって、それを「指し示す者」として、それがたとえ無意識的で未完成な道であったとしてもその役割が無効であると、言っているのではない。後で詳しく述べることになるが、キリストの唯一の仲介は、他宗教の伝統のなかに現存しつつ働く「参与的な複数の仲介」――その意味、および救いの力はキリストから得るのであるが――に対抗するものではない。

これが、復活したキリストによって初代教会に託された「偉大なる委託」あるいは「普遍的な使命」が、あたかもイエス・キリストの福音を聴かなかった人、そしてキリストに従わなかった人は誰も救いにあずかれない、というような独占的かつ排他的な意味に理解されてはならない理由である。福音書のテクストと使徒言行録（マタ12・18―20、マコ16・15―18、ルカ24・47―49、ヨハ20・21―23、使1・8）は、それをこの意味で理解していない。こうして、さまざまなテクストが、弟子たちに託された使命の種々異なる側面を強調することを示さねばならない。例えば、ルカにおいて、「証人となること」（ルカ24・48、使1・8）、ヨハネにおいては「罪を赦すこと」（ヨハ20・23）が、「マルコの結論部」では「すべての被造物への福音宣教」（マコ16・15）となっていることなどである。マルコは「信じて洗礼を受ける者は救われ、信じない者は罰せられるであろう」（マコ16・16）と述べている。このことは、洗礼を受けない者は救われないと言っているのではない。むしろ、信仰なしには救われないと言っているのである。マタイにおいて、テクストの正確な翻訳によれば、「すべての国民のあいだに弟子を作り、彼らに（弟子にであって、国民にではなく）洗礼を授け、彼らに教え……」（マタ28・19―20）という文脈がある。このテクストを註釈する際に、少なくとも、救いのためにあらゆる人が洗礼を受ける特別の必要性について、神学的な結論を引き出すことには注意を要する。救いのために絶対に必要なものは、信仰である。そして、そのような信仰は、いのちと神の国の主宰者としての神に対する信仰として理解されている。イエス・キリストへの確固とした信仰は、神からの特別な賜物である。「神に対する信仰」が救いの本質（esse）なのであり、「イエス・キリストへの確固とした信仰」（bene esse）はそれに属するものである。前者は後者への予想を含みながら働き、それは根本的に後者へと方向づけられたものとして留まる。そうでなければ、イエスの福音は、あらゆる人への「福音」となることもなく、そうなる可能性もなくなってしまうだろう。

結論としては、聖書のメッセージが、歴史上のイエスのふるまいと初代教会の考えのなかにあって、世界の諸宗教について、いかに読まれるべきか、理解されるべきか、あるいはいかに読まれるべきではなく、理解されるべきでないかについてのいくつかの重要な考察をすることだけで充分であろう。

第一に、イエスによって言われたこと、行われたことのすべてが、あたかも「キリスト者」と関係があるかのように、福音に関して直接かつ独占的に「キリスト教的な読み方をする」のを慎むべきである。このような読み方は、歴史的な見方の欠如から来る重大な誤りにつながり、時代錯誤の誹りを免れないであろう。このような独占的なキリスト教の理解の仕方の典型は、前にも言及した、山上の説教、特に「幸いな人」についての読み方である。この箇所は、他の人びとと何の関係もなく、単にキリスト教的な生活のよりどころとして読まれるべきではない。むしろ、あらゆる人に開かれた、各々の宗教への従属から解き放たれて、神の国の憲章として読まれるべきである。それによってあらゆる人が神への信仰と回心をとおして真に神の国の一員となることができる。

第二として、同様に重要なことは、聖書の記述が肯定的であって、排他的には書かれていないところを、排他主義的な傾向を持って読むことは慎むべきであるということに関係がある。イエスを基盤として建てられたキリストの教会が、神の国とキリストにおける救いに対して代替できない機能を持っているというのは、救いと恩恵の独占権を持っているという意味ではない。イエス・キリストは神と人間のあいだの唯一の仲介者であると言うのは、必ずしもイエス・キリストの外には「真理と恩恵」（『教会の宣教活動に関する教令』９項）による救いの価値および種子、さらにはキリストの仲介に結びついている「参与的な仲介」などはない、という結論には至らない。キリスト教神学は、たびたび、肯定的にではあるが決して排他的ではない聖書の主張を、排他主義の意味のみで解釈してしまう、という罪を犯してきた。救いに関する代替不可能な教会の役割は、神学者によって、そして時には公式な教会の教えによって、「教会外に救いなし」として教会外の救いの一切の可能性を排除するようになった。信仰を肯定する真の意味をこのように誇張することは、キリスト教と他宗教のあいだの関係に、そして実にキリスト教的なメッセージそのものにも大きな害をおよぼした。

第三は、より直接的に、他者の生活および宗教経験、そして彼らの宗教的な伝統に関する聖書的な資料をいかに解釈するかということにある。諸宗教に関する議論において、今日でさえ、それらを「自然的な賜物」として、あらかじめ減少させようとする傾向がある。すなわち、神によって与えられたいのちや真理や恩恵という「超自然的な賜物」を「人間自身の先天的に持っている神についてのある種の自然的な知識」と人間の内に刻まれている本能的な「自然法的な現実」にしてしまおうとする傾向である。前述した一つの例は、パウロのローマ書による、「異教徒」あるいは異邦人の「心に刻まれた律法」がそうである。このような、恵みを減少させようとする傾向は、人類への神の計画のなかでの他宗教の伝統とその意義への評価に対し、いまだに否定的な影響を与えつづけている。オダッソから借用した記述は、このような偏見のある態度が、地上のすべての人びとへの「神からの贈りもの」としての世界の諸宗教の本質を認めることから、神学や神学者を遠ざけている、としている。「諸宗教の神学における聖書的な展望」についての探究の結論として、オダッソは以下のように言う。

「諸宗教は、神の計画のさまざまな表現であるということは現在までに定説となっている。実に、旧約および新約の両聖書のテクストによって明らかにされた展望から理解されているように、諸宗教は地上におけるあらゆる人に対する神の贈りものであり、したがって、智慧に満ちた救いの働きの現存の一つのしるしである。

それゆえに、神の計画の表現としての諸宗教は、必然的にキリストの復活に結びついている。正確には、復活は神の救いの計画の決定的な成就を現わしている[39]」。

第１章　原註

（9）D. Senior and C. Stuhlmueller, *The Biblical Foundations for Mission* (Maryknoll, N.Y: Orbis Books, 1983), 344-47.

（10）*Ibid.*, 346

（11）Giovanni Odasso, *Bibbia e religioni : Prospettive bibliche per la teologia delle religioni* (Rome: Urbaniana University Press, 1998)

（12）Cf. among others, J. Guillet, *Entre Jésus et L'Eglise* (Paris, Seuil, 1985)

（13）Jacques Dupuis, *Who Do You Say That I Am ? Introduction to Christology* (Maryknoll, N.Y.: Orbis Books, 1994), 42-46. Within the abundant literature on the question, the following titles may be consulted: G. R. Beasley-Murray, *Jesus and the Kingdom of God* (Exeter: Paternoster Press, 1986); N. Perrin, *The Kingdom in the Teaching of Jesus* (London; SCM Press, 1963), and *Rediscovering the Teaching of Jesus* (London SCM Press, 1967); Rudolf Schnackenburg, *God's Rule and Kingdom (London: Burns and Oates, 1968); J. Fuellenbach, *The Kingdom of God, The Central Message of Jesus' Teaching in the Light of the Modern World* (Manila: Logos Publications, 1993); and *The Kingdom of God; The Message of Jesus Today* (Maryknoll: * N.Y: Orbis Books, 1995) ; J. Schlosser, *Le Règne de Dieu dans les dits de Jésus*, 2 vols. (Paris: Gabalda, 1980); N. F Fisher, *The Parables of Jesus : Glimpses of God's Reign* (N.Y: Crossroad, 1990); W Willis, ed., *The Kingdom of God in Twentieth-Century Interpretation* (Peabody, Mass.: Hendrickson, 1987); /C. S Song, *Jesus and the Reign of God* (Minneapolis: Fortress Press, 1993) ; G. Iammarrone, *Gesu di Nazaret Messia del Regno* (Padua: Messagero, 1996).

（14）L. Legrand, *Le Dieu que vient: Lc Mission dans la bible* (Paris: Desclée, 1988), 69-92. Cf. also J. Jeremias, *Jesus' Promise to the Nations* (London: SCM Press, 1958).

（15）Jeremias, *Jesus' Promise to the Nctions*, 71.

(16) Legrand, *Le Dieu que vient*, 85.

(17) Song, *Jesus and the Reign of God*, 26.

(18) C. S. Song, *Jesus in the Power of the Spirit* (Minneapolis: Fortress Press, 1994), 77-78.

(19) Cf. Guillet, *Entre Jesus et l'Eglise*.

(20) On the universality of the Reign of God in the thought of Jesus, C. S. Song, *Jesus and the Reign of God*, 3-38, and Jesus in the Power of the Spirit, 196-226.

(21) It should be noted that while the apostolic church certainly evangelized Samaria (cf.Acts 8:5, 14-17), the story of the encounter between Jesus and the Samaritan woman in John seems to be a "retrojection" of that evangelizing activity.

(22) Song, *Jesus in the Power of the Spirit*, 103.

(23) *Ibid.*, 103-6.

(24) *Ibid.*, 207, cf. 200-226.

(25) *Ibid.*, 222.

(26) *Ibid.*, 214-20.

(27) G. Odasso, *Bibbia e religioni: Prospettive bibliche per la teologia delle religioni*, 315-16.

(28) Cf. J. Dupont, *The Salvation of the Gentiles* (New York: Paulist Press, 1979).

(29) Odasso, *Bibbia e Religioni*, 317; cf. 317-34, which is being cited here several times.

(30) *Ibid.*, 329-34.

(31) B. Stoeckle, " Die ausserbiblische Menschheit und die Welt-Religionen," in *Mysterium Salutis*, ed. J. Feiner and M. Lohrer (Einsiedeln: Benziger Verlag, 1967), 2; 1069-70.

(32) Within the vast literature, the following may be mentioned: J. Dupont, "La rencontre entre Christianisme et Hellénisme dans le discours à l'Aréopage," in *Commission Biblique Pontificale, Foi et culture à la lumière de la Bible* (Leuman [Turin]: Elle Di Ci, 1981), 261-86 ; L. Legrand, " The Missionary Significance of the Areopagus Speech, in *God's Word among Men*, ed. G Gispert-Sauch (Delhi: Vidyajyoti Institute of Religious Studies, 1974), 59-71; idem, "The Unknown God of Athens: Acts 17 and the Religion of the Gentiles," *Vidyajyoti* 45 (1981): 222-31; idem. "Aratos est-il aussi parmi les prophètes ?" in *La Vie de la parole : De l'Ancien au Nouveau Testament : Etudes d'exégese et d'herméneutique bibliques*

offertes à Pirre Grelot (Paris: Desclée, 1987), 241-58. In addition, Odasso, *Bibbia e Religioni*, 335-55; Song, *Jesus in the Power of the Spirit*, 80-94.

(33) L. Legrand, " Jésus et l'Eglise primitive : Un éclairage biblique," *Spritus* 138 (February 1995) : 64-77;cf.75-76.

(34) K. Rahner, "Christianity and the Non-Christian religions," in *Theological Investigations* (London: Darton, Longman&Todd, 1966), 5: 115-34.

(35) Song, *Jesus in the Power of the Spirit*, 98.

(36) Acts 4:12 cannot be isolated in Lucan theology from complementary texts ,especially Acts 17:22-34, where Paul displays a very positive attitude toward Greek religiosity. See H. Flender, *St Luke, Theologian of Redemptive History* (London: SPCK, 1967), on the complementary texts ("doublets") which are interpreted in tandem in Lucan theology and cannot be understood separately.

(37) Song, *Jesus in the Power of the Spirit*, 244.

(38) *Ibid.*, 245.

(39) Odasso, *Bibbia e Religioni*, 372.

第2章　岐路に立つ第二ヴァティカン公会議

――現代の視点Ⅰ（公会議）――

すでに、序論のなかであらかじめ示しておいたように、ここで私たちは一挙に時代を超えて、一世紀から二〇世紀へと目を移すことにしたい。これまで、教会の歴史の大部分を特徴づけている他宗教の諸伝統への具体的な対応とそれについての楽観的また悲観的側面をもつ神学的な評価の変遷を簡単に示してきた。いよいよ、ここでは、現在の流れに身をおいて考えたいと思う。

誰もが知っているように、第二ヴァティカン公会議（一九六二―六五年）は、カトリック教会の歩みのなかで、過ぎ去った世紀のなかで最も重要な教義的な出来事であった。しかし、公会議は神学者たちの準備と、特筆すべき努力なしに、突如として天から降ってきたものではなかった。この章の目的は、教会の未来にとって摂理的であるこの出来事を、その歴史的な状況のなかに位置づけることである。――公会議は、聖書解釈学、教父学、神学、典礼刷新の動きによって、どこまで革新的に準備されたのか。特に他宗教についてはどのような理解の深まりがあったのだろうか。公会議の出来事に先立つ数世紀のあいだ、カトリック神学者によって諸宗教についていかなる神学的な考察が提起されつつあったのだろうか。諸宗教の伝統の存在意義に関して、公会議によってなされた評価の正確な意義とは何か。その意義は客観的な正しい方法においてどのように解釈され、評価されるべきなのか。公会議の出来事以降、教会の公式な教義にいかにして公会議の教えが反映されたのか。公会議後三十数年を経て、この教義は教会の実際の生活と、最近になって丹念に構築されつつある諸宗教の神学のなかに、どのように受け容れられたのだろうか。次の章で、この件に関する神学的な議論の現在の進行状況に目を向ける前に、これらの問いがしっかりと吟味されなければならない。

私たちは、簡潔にではあるが、過去の数世紀、他宗教に関する神学的な展望がキリストのメッセージを聴いたこともなく、受けたこともない人びとの個別の救いの可能性に関わるものであったと述べた。この問題を検討するなかで、この構図はキリスト教との関わりのもとに、諸宗教自身についての考察へと拡大されている。

以下の三項では、諸宗教についての神学的な考察のなかで、今では古典的となった三つの主要なパラダイムの区別、すなわち、「排他主義」（あるいは「教会中心主義」）、「包括主義」（あるいは「キリスト中心主義」）、そしていわゆる「多元主義」（あるいは「神中心主義」）に注目したいと思う。

本章で採り上げる公会議前の諸宗教に関するカトリック神学については、その神学の大部分がほとんど包括主義の傘によって覆われている。しかしこのことは、カトリック神学者の誰もが、カール・バルトの「弁証法神学」に影響されている排他主義のパラダイムを支持していないという意味ではない。影響を受けているこれらの人びとにとっては、他宗教は自己義化への偶像崇拝的な人間の試み以外のなにものでもなく、イエス・キリストへの信仰のみが人を救う、と主張せざるをえない。しかし彼に同調する人びとはその法則を認めるまれな例外である。排他主義はむしろ、「福音主義」と言われるプロテスタントのグループのあいだにおいて現在も根強く広がっている。

当時のカトリック神学者の大部分は、他宗教とキリスト教のあいだの肯定的な関係を認めていた。彼らは、昔の伝統が提示したように、エウセビオスの表現を借りれば、他宗教のことを「福音への準備」と見なすべきかどうか、そしてそれはいかなる意味でそうなのかを模索した。信仰への障害となることは論外であり、諸宗教をイエス

・キリストによる神の啓示へと人びとを導く「何ものか」として見ることはできないのだろうか。諸宗教はそれ自身の内に、神に結ばれるべき人間の内奥から溢れ出る熱望の表現を持っていたのだろうか。諸宗教は、そのもの自体のあるべき姿として、テルトゥリアヌスの言葉にあるように「魂というものは、おのずとキリストへと向かう」（Anima naturaliter Christiana）[註18]ものなのだろうか。諸宗教は、キリストによる啓示に向かう「踏み石」としての要素を本性的に持つのだろうか。端的に言えば、「恩恵は自然を破壊することなく、かえって、それを完成させる」という自然的な法則によって、自然が超自然に対して持っているのと同じような関係を、諸宗教はキリスト教に対して持つのだろうか。果たして、「可能性」としての関係が「現実」の関係になるのだろうか。果たして、願望としての関係が完成としての関係に変わるのだろうか。影としての関係が現実の関係となるのだろうか。

さらに他の神学者たちは、他宗教がイエス・キリストにおいて、その宗教のメンバーの救いの秘義に「何らかの貢献」をしなかったのか、もしするとしたらどのような貢献であったのかを自問した。イエス・キリストにおいて救われた他宗教の人びとは、彼らの宗教の内にあって救われたのか、あるいは彼らの宗教の外で救われたのか。あるいは、他宗教にもかかわらず、他宗教自身の持つ徳によって何らかの秘義的な仕方で救われたのか。他宗教はその信奉者がイエス・キリストにおいて救われるという救いの秘義のなかにあって——もしそうならば——今やいかなる肯定的な役割を果たすのだろうか。他宗教は救いの決定的な「手段」あるいは「道」と呼ぶことができるのだろうか。もしそうであるならば、どのような意味においてなのだろうか。「福音なしの救い」は存在したのだろうか。

これらの問いかけは、「宗教的多元主義の展望」と私たちが呼んだもののなかに、より最近になって、さらに広い展望が神学者たちに開かれるまでの、公会議前の時期において神学者の注意を占有し始め、その後も神学者の関心を喚起しつづけることになる力強い呼びかけである。他宗教とキリスト教のあいだの肯定的な関係の可能性、他宗教がその信奉者の救いの秘義において持つ肯定的な役割に至る結論は、しかしながら一つではなく、多様なものであった。あまりに単純化しすぎるという危険性はあるが、この多様な立場は、実際には、二つの対照的な展望を現わすものとして、二つに分類できる。

①「成就（成熟）の理論」

まず、第一の立場は、以下のような見解を主張する。――人類のさまざまな宗教は、神聖なもの（the Divine）との一致への人間の内的な熱望、それは世界の内にあって多様な文化および地理的な領域におけるさまざまな表現をとおして現わされる一つの願望である。この展望においては、イエス・キリストとキリスト教は、万人に共通する神への渇望に対する神の人格的な応答を意味する。あらゆる他宗教が、端的に「自然的な宗教」であり、「人間は本来的に宗教的な存在である」（Homo naturaliter religiosus）とされている。しかし、神を求める人間に対する神の応答としてのキリスト教は唯一の「超自然的な宗教」を構成している。このキリスト教優位主義の立場は、しばしば「成就の理論」（Fulfillment theory）と呼ばれている。この理論によれば、イエス・キリストにおける救いは、各自の宗教的な伝統を介して、一人ひとりの内に表現される人間的で宗教的な熱望に対する神の応答として他宗教のメンバーにも到達するが、このような他宗教の伝統はそれ自体、この救いの秘義には何の役割も果たすことはない。

②「キリストの包括的な現存の理論」（他宗教におけるキリストの現存の理論）

キリスト教優位主義とは対照的なもう一つの立場によれば、人類のさまざまな宗教は、救いの歴史のなかで、神が先導する介入にもかかわらず特別な役割を担う。歴史におけるこれらの状況における神の介入は、しかしながらイエス・キリストにおける決定的な救いの出来事に秩序づけられる。この意味において、他宗教は「福音の準備」としてキリストの出来事以前に肯定的な役割を演じた。いまでも、諸宗教はそれ自体のなかに在るイエス・キリストの救いの秘義の働く現存のゆえに、そしてまたイエス・キリストの救いの秘義に秩序づけられた諸宗教を介しての道のなかに、肯定的な価値を持ちつづけている。この第二の説は、あまり適切な表現ではないが、「他宗教におけるキリストの現存」もしくは「キリストの包括的な現存」の理論と称される。救いの秘義は確かに唯一である。しかし、あらゆる他宗教の伝統は、神の救いの計画のなかにそれぞれの場所を持つがゆえに、この唯一の秘義に関係づけられる。その独自の道のなかで各々の宗教はこの唯一の秘義に秩序づけられているか、または、この秘義へと向けられた摂理的な準備として存在している。いかなる宗教も純粋に自然的な宗教ではない。すべての宗教のなかには、その民の歴史において、神の介入が歴史的に見い出され、そしてイエス・キリストにおける救いの秘義の実存的な現存が認められる。あらゆる宗教は、超自然的である。

公会議前のカトリック神学を代表する二つの立場につけられた呼び名から明白なように、議論は、教会の内外における救いに関するもともとの教会論的な課題から、各々の宗教的な伝統のなかに所属する人びとの具体的な状況下にあって、それが意識的であれ無意識的であれ、イエス・キリストにおける救いの問題へと移行した。すなわち、もともとの教会中心の視点から、より明確にキリスト中心の視点へと移行したのである。したがって直接的な問いかけは、もはや「救いの箱舟」すなわち、教会外にいる人びとに何が起こるのかではなく、イエス・キリストと彼の秘義がいかにイエス・キリストを知らない人びとに届くのかという問いに変わった。

この章は次の三つの主要な部分から成り立っている。第1項「第二ヴァティカン公会議以前における諸宗教の神学」では、(1)「成就」と(2)「キリストの包括的現存」に関する公会議前の神学について採り上げる。第2項「第二ヴァティカン公会議は、果たして一つの分水嶺なのか」では、(1)(2)諸宗教の伝統的な価値に関する公会議の教義を吟味する。第3項「第二ヴァティカン公会議後における教導職による見解」では、この公会議の教義が「受容」され、その結果として、いかなる発展をしたのかを吟味するために、(1)(2)公会議後の公文書のなかに見受けられる公会議の教えを順を追って考察してゆきたい。

1　第二ヴァティカン公会議以前における諸宗教の神学

(1) 成就の理論——ダニエルーおよびド・リュバック

①ジャン・ダニエルー枢機卿

ジャン・ダニエルー枢機卿[註19]は、西欧における「成就の理論」の第一人者と見なされている。彼は、一九四〇年代前半から一九七〇年代にかけて、この主題に関して広範囲の著述を公にした(40)。ダニエルーが世界の宗教的な諸伝統を眺める際の理解の仕方は、まぎれもなく、キリスト教信仰にもとづいていた。それは、まさに、イエス・キリストにおいて実現した人類の救いのための神の計画の視点であった。これを背景に、ダニエルーは、過去において出合った、そして現代においては、より頻繁に出合いつづける諸宗教について、キリスト教が言わなければならないことは何なのだろうか、と問いかけている。

彼の思想を先導している一本の糸は、人類に対する神の段階的な顕現の流れ、すなわち、歴史神学であった。ダニエルーの説によると、救いの歴史は正確に言うならば、ユダヤ–キリスト教伝統に限定されている。この歴史はアブラハムとモーセをとおしてイスラエルの民への神の人格的な啓示から出発し、選ばれた民の歴史全体をとおして継続し、それはイエス・キリストにおいて頂点に達し、彼の救いのメッセージは教会に託された。歴史における神の人格的な顕現に先立つすべてのことは、それがすでに人類に対する神の一つの計画のなかに刻み込まれているとしても、せいぜい救いの「先史時代」として定義されるにすぎない。「先史時代」という術語は、今日では、ユダヤ―キリスト教伝承の外にある、世界の諸宗教に見い出されるあらゆる宗教経験にも適用されうる。

それでは、世界の諸宗教の厳密な意義と価値は何なのだろうか。いかなる意味において諸宗教は「福音の準備」となっているのだろうか。ダニエルーは自然と超自然とを区別するように、宗教と啓示とのあいだをも鋭く峻別する。「非キリスト教的な宗教」は自然理性の秩序に属し、ユダヤ―キリスト教的な啓示を超自然的信仰に属するものとしている。これら二つの動向は異なる秩序に属する。超自然的な意味での「普遍的な契約」は、たとえそれが現実の具体的な秩序の枠内において発動しているにせよ、あるいはすでに歴史における神の人格的な顕現として秩序づけられているとしても、自然をとおしての神の顕現に等しい。この普遍的な契約は創造における、神の絶えざる継続的な現存を示し、そして、それは「地上のすべての肉的な生きものと神のあいだに永久につづく契約のしるし」として、特に創世記におけるノアと虹の話によって象徴される（創9・8―17、特に9・16）。

パウロがローマの信徒への手紙のなかで、神は自然をとおし、あらゆるものの創造主として御自身をすべての人間に対して顕わされた、と書いたときにパウロの心にあったのは自然のなかにおける神の忠実さそのものである（ロマ1・19―20）。パウロはこれに加えて、人間が、神によって創られたもののなかに神を認めなかったがゆえに、咎めを受けるべきであったと、大まかに述べている（ロマ1・20―21）。彼らは多神教と偶像崇拝の犠牲者となった。ダニエルーはここに、非キリスト教的な宗教のなかで生きている人びとの状況が描写されていると見ている。彼らに届く神の知識は、それが創造された世界をとおして彼らに届くのか、あるいは、個人としての良心の声をとおしてなのか、どちらにせよ、ともかく自然の秩序の知識であるとしている。彼らが神を創造主として認識する限り、彼らは神に関する有効な自然の知識を得た。しかしながら、彼らが自分たちの創造主を認めなかったので、彼らの心は暗くなり、そして神不在の世界の枠内に留まることになった。前者においては、彼らはたとえ彼らの知識が自然の秩序に限定されたものとして留まったとしても、彼らは神を知ったことになる。後者の場合、彼らは「栄光に輝く不滅の神と、滅び去る人間の形をした偶像を取り替えてしまった」（ロマ１・23）。

世界の諸宗教のなかには、私たちが歴史的にそれらを知っているように、真理と虚偽、光と闇、正しい行為と邪悪な道、などが混在している。それらは「普遍的な契約」に適ったものであることを示しながら、「普遍的な宗教」の秩序に属している。この契約は人類と世界のための神の計画の一部ではあるが、それは歴史における神の人格的な啓示のための単なる予備的な土台としての役割のみを果たす。そのことが、まさに救いの「先史時代」と呼ばれるゆえんである。普遍的な契約が歴史的な契約にとって必要不可欠な土台として機能する限り、前者と後者のあいだにはある種の連続性がある。しかし、歴史における神の自由な介入によって新しい秩序が開始され、この新しい秩序は連続性よりも大きいとさえ言える非連続性を生み出す。

疑いもなく、普遍的な契約という制度のもとで生きていた人びとのなかには「神の目にかなった人びと」がいた。この人びとは旧約聖書のなかに記されている[41]「聖なる異教徒」として理解され、この人びとの信仰はヘブライ書で讃えられている（ヘブ11章）。聖書はこのような人が何人いたのかを数字では示してはいない。しかし旧約聖書、およびローマ書でのパウロの見解としては、諸国民が陥った悪習について強い調子で記している。いずれにせよ、もし世界の諸宗教のなかに「福音への準備」が見い出されるとするならば、それはイスラエルの歴史における神の人類に対する肯定と、最終的には救いの歴史の頂点であるイエス・キリストの出来事の本質において「予備的な層」として最善の姿で現わされる。

ともかく、「普遍的な宗教」――この言葉は一神教であるユダヤ教やキリスト教やイスラム教を除く世界のあらゆる宗教に用いられる術語ではあるが――は自然の秩序をとおして得られる神の知識に関する人間の労作以外の何ものでもない。このように普遍的な宗教は、過去においても、現在においても、救いをもたらす信仰にまで導くことはできない。それは人びとの生活における神の恵みに満ちた介入によってのみ得ることができる。普遍的な宗教それ自体のなかには救いの力はなく、大目に見ながら解釈したとしても、それは一つの絶対的な存在に対する個としての人間の熱望の異なる文化圏におけるさまざまな表現を現わしているにすぎない。実に救いの歴史の領域において、これらは「二度にわたり時代から置き去りにされた」(doubly anachronistic)ものとなり、まず、はじめにユダヤ教によって、次により決定的にキリストの出来事とキリスト教によって取って代わられた。これらは歴史上の過渡期の「時代遅れの生き残り」である。「それらに属するものは永続する罪である」[42]。

端的に言えば、それらは、ユダヤ教とは対照的に、いまだにその救いの効力を持っている唯一の「超自然的な宗教」としてのキリスト教に対立するものとしての「自然的な宗教」である。キリスト教は救いの普遍的な手段であり、規範としての道でもある。もし救いが教会外にある「非キリスト者」に対して可能であるならば、それは常に「限定された状態であり」、そこからは救いの秩序における「非キリスト教的な宗教」の肯定的な役割に対していかなる重要性も引き出されることはない。

ダニエルー自身の引用が、このことを概観するために、より有益であろう。キリスト教の唯一性について、彼は以下のように記している。――「キリスト教は神を求める人間の労作から成り立っているのではなく、人間を超えた力で人間のなかに成就する神の力においてこそ成り立っている。人間の努力は単に神の先導による呼びかけに応答するだけである。その他のことはキリスト教の超越性の第二のしるしにすぎない」。

ここで私たちは、キリスト教の特殊な要素、唯一無比の超越性に対する決定的な理由としての根本的な区別を指摘しておきたい。それは、神の独り子、私たちの救い主イエス・キリストのことである。自然的な宗教は、人間が神に向かう自然的な傾向を備えていることを証言する(そして、このことが自然的な宗教に真の価値があるかどうかをはかる尺度である)。人間を御自身に引き寄せるために人間のかたちを選んだイエス・キリストにおいて、神が人間

のほうへと歩み寄られたという現実がキリスト教の指し示す内容である。(43)

ダニエルーによって提唱された成就の理論は深い影響をおよぼした。後に見るように、「ダニエルーの思想の流れ」は教会の中枢部に強い印象を与え、第二ヴァティカン公会議後の文書のなかにもいまだに見い出される。

②アンリ・ド・リュバック枢機卿

ところで、アンリ・ド・リュバック〔註20〕は、いくつかの「仏教の立場」とキリスト教の比較研究をとおして諸宗教の神学の発想に辿り着いた。この研究のなかでド・リュバックは、優越感なしに、共感と深い透明さを持って、二つの異なる世界観のなかにあって解放に向けて歩む人間の道の外観上和解不可能な二つの概念を指摘した。(44)

研究活動の初期に、ド・リュバックは超自然的な秘義に関する著書を出版した。まず、第一に、伝統の歴史的な研究を公にし、次いで体系的な学術論文を仕上げた。(45)これらの二つの研究は、キリスト教と他宗教の比較研究、および、教義と神秘主義の両面から、前者が後者を超える単一性、唯一性を強調するための準備となった。いまや古典的な研究となった初期の著作としての『カトリシズム』のなかで、ド・リュバックは、キリスト教が人類の宗教史のなかで示した「絶対的な新しさ」について述べている。

「キリスト教は世界のなかに、まったく新しいものをもたらした。キリスト教の持つ救いの概念は、キリスト教の誕生を取り巻いていた当時の諸宗教が持つ救いの概念との比較において独特であるばかりでなく、人類の宗教史上にあっても、唯一無比の出来事を構成している……諸宗教のこの調和のなかで、キリスト教のみが唯一、ただ一度で、しかも確固として、人間一人ひとりの超自然的運命と人類全体のための共通の運命を確かなものにした。この運命のために全世界の歴史は準備されているのである。最初の創造から最後の完成まで、唯一の神の計画が成就される」[46]。

ダニエルーがそうであったように、ド・リュバックにとっても、世界の宗教とキリスト教の関係は、この二つを分離させることなく、自然と超自然の区別を持つ構造として捉えている。超自然は、神の側からの完全な恩恵であるが、神との一致への人間の自然的な願望を満たす。超自然と自然はイエス・キリストにおいて深く結ばれている。

イエス・キリストにおいて、彼をとおして、超自然は自然に取って代わることはないが、それを満たしつつ変容する。この二つの関係は世界の諸宗教とキリスト教の関係と同じである。この二者間においては、決して競争はあり得ない。イエス・キリストにおける神の恩恵の受肉として、キリスト教のみが超自然的な宗教である。このことは、他宗教には何の真理もよいところもないということではない。実に「恩恵は自然を破壊しない」。にもかかわらず、人間の本性が創造されたもの、罪あるものであるのと同様に、世界の諸宗教も同時に、「みことばの種子」と偽りの要素、神の痕跡と罪の痕跡の両方を含んでいる。世界の諸宗教と競争することなしに、キリスト教は彼らの肯定的な価値を明らかにし、それを引き受け、浄化し、変容させる[47]。

キリスト教と世界の諸宗教との関係、特にキリストにおける救いが非キリスト者に届くその方法について、ド・リュバックは彼の著書『逆説と教会の秘義』[48]のなかで短い章を当てて説明している。ド・リュバックが独自の主張として評価している「成就の理論」によると、キリストの秘義は、人間がいだいている神へと向かう一致の願望に対する神の応答として他宗教のメンバーにも届く。しかしそこで、他宗教の伝統は、それ自身としては救いの秘義のなかで何の役割も果たすことはない。

ド・リュバックによると、肯定的な救いの役割を諸宗教に課すことは、諸宗教をキリスト教と競争させることになり、それによってキリスト教の唯一無比な本性を曖昧にしてしまう。ピエール・テイヤール・ド・シャルダン（Pierre Teilhard de Chardin）の文章を引用しつつ、ド・リュバックは、神の救いの計画は一つの秩序ある計画以外にはあり得ない、そしてそれは一つの「軸」、つまり単一の柱を持っていなければならないと見ている。この主柱がキリスト教であり、救いの唯一の道である。他宗教にそのメンバーの救いの秘義の役割を与えることは、実に救いに並行する多様な道を作ることを意味し、それによって神の計画の単一性を破壊するものである（148―149頁）。ド・リュバックは次のように書いている。

「もし客観的に、平行に走る救いのいくつかの道が存在するならば、もはや霊の収斂はなく、霧散の状態に直面する。そのとき、不当にも『神の計画』と呼ばれるものの単一性が欠けてしまうこととなる。だから、単一の軸はあるべきである。もし、神の計画について、私たちが人類の救いに注意を払うならば、もし私たちが歴史の現実を信じつつ一致への熱望を持ちつづけるなら、私たちは一つの軸と教会にいのちを与える主の霊、すなわち、あらゆるものを引き寄せつつ一致させる力を探し求めることから逃れることはできない」。

ド・リュバックへの答えとして、神の計画の一致が実に一つの柱を必要としているなら、ピエール・テイヤール・ド・シャルダン[註21]自身によれば、それは第一義的にキリスト教自身でも教会でもなく、イエス・キリスト自身である、とされている。テイヤール学派の概念は明確にキリスト中心的である。教会は「反映的にキリスト化された[49]」世界の一部である。一方で、神の国の終末的な完成はあらゆるものの普遍的なキリスト化へと方向づけられるであろう[50]。テイヤールがキリスト化された宇宙を宇宙進化の最終点と見なしていることを示すには一つの引用で充分である。彼は、以下のように述べている。

「キリストはアルファ(初め)であり、オメガ(終わり)であり、原理であり目的、土台石でありくさび石、御自身そのもので完全なる充満であるとともに、あらゆるものを満たすものでもある。彼こそが、あらゆるものを完成させ、あらゆるものに一貫性を与える唯一の方である。すべて造られたものの霊の普遍的な一致が汗と涙の内に成し遂げられるのは、その内なるいのちと世の光であるキリストに向かってこそなのであり、まさにキリストをとおして実現する。彼は世界を完成させる頂点であるとともに、輝きに溢れる尊い一貫性を備えた唯一の中心である」[51]。

他宗教の伝統に、その信奉者の救いにおける肯定的な役割を与えることは、キリストと彼が創立した宗教に対して必然的に対抗させることになるのかどうかは疑わしい。すべてはイエス・キリストの秘義に関係があるのだが、救いの秘義の仲介となる非並行的なさまざまな道は存在しえないのであろうか。

ともかく、成就の神学にとっては福音なしの救いは存在しないし、まして、これから議論することになる「無名のキリスト教」のような発想が一切ないのは確かである。ド・リュバックによって提案された「成就の理論」は、その後の神学と、そして教会の公文書作成にも多大な影響をおよぼした。章が進むにつれて、第二ヴァティカン公会議公文書のなかに、まさに彼が他宗教について用いたいくつかの表現を見い出すことになるであろう。

(2)キリストの包括的な現存――ラーナーとパニカーの相違点

「成就の理論」と他宗教の伝統のなかに「キリストの秘義の現存」をみる理論のあいだのへだたりは実に計り知れない。成就の理論は、人間性と神性、非人格と人格、人間の自己解放の要求と神による無償の救い、などの克服できない二つの対として理解される二分法の上に構築されている。後者、すなわち「キリストの秘義の現存の理論」は、これらの対照的な要素を区別するが、自然を恩恵から切り離すことを拒否する。その目的は、人間の自己超越の追求と、私たちに出会おうとする神の試みのあいだの二分法を乗り越えることにある。

「成就の理論」と同様、「キリストの包括的な現存の理論」は、第二ヴァティカン公会議に向かう時期に、あるいはその周辺の数年間に作り上げられた。この神学は、他宗教の伝統をより大きく開かれた目で見ることと、普遍的な救い主イエス・キリストの秘義の働く現存を他宗教のなかに見るという点で成功を収めた。この理論によれば、他宗教の伝統に立つメンバーは、彼らの宗教的な忠誠と真摯な宗教の実践そのものによって救われるのではなく、その忠実さと実践を介してキリストにおいて救われる。したがって、それはキリストなしの、あるいはキリストから離れての救いではないにしても、福音なしの救いはあり得るということである。他宗教の伝統のなかにイエス・キリストの秘義の働く現存は、その宗教の信奉者には隠され、知られないままに留まるが、しかしそれが現実ではない、ということではない。しかし、「キリストの包括的な現存の理論」と呼ばれる学説の提唱者のあいだには相違があり、この現存について各々の研究者が独自の異なる理解の仕方をいだいている。

①カール・ラーナー

カール・ラーナー（Karl Rahner）が物議をかもし出す言葉としての「無名のキリスト教[52]」（anonymes Christentum）と名づけたのは、まさに他宗教の伝統のなかに働くキリストの秘義の隠された、知られざる現存についてである。ラーナーのこの理論は神学的人間学、すなわち、具体的で歴史的な条件のもとで、神によって創られ、神との一致に向けて運命づけられている、人類についての哲学的な神学の分析の上に構築されている。具体的で歴史的な個としての人間の内に本来的に備わっている「超自然的な実在」は、形而上学的に考慮された人間本性それ自体のなかに本来備わっている神のヴィジョンに対する「従順なる潜在能力」とか「自然的な願望」と言ったものと同一視することはできない。

具体的には、私たちが自分自身のなかにもつ現実の超自然的な秩序は、神における自己超越に対する単なる受身的な働きというよりも、より多くのものを私たちの内に持ち込んでいる。私たちは具体的かつ活動的にこのような自己超越の現実化に向けて方向づけられている。「超自然的な実在」は、神の恩恵の自由な先導によって私たちの内に築かれ、神に向かう私たちの意識的な行動を駆り立てる本質的な構造となっている。それは「範疇的」あるいは「主題的」な秩序のなかに歴史的に具体化するように運命づけられている、個としての人間（human person）の一つひとつの行動のなかに本来備わっている神についての「超越的な経験」である。それは超自然的に高められた超越性の未完成な「範疇的な仲介」を体現する、人類の宗教的な伝統のなかに確かな具体性を達成する。こうしたことが、キリスト教的な秘義において個としての人間のなかにあるその根源とその特定化された役割を同時に見い出す場である。イエス・キリストにおける神の自発的なる交流の出来事であり軌跡でもある。

イエス・キリストにおいて、神は恩恵と赦しの内に、人類への自己譲渡を歴史的に、決定的に完了した。個としての人間は、神を探し求めることのなかで主導性を持っていない。イエス・キリストにおける神の自己譲渡が、私たちが神を探し求めることの源泉となっている。

ここで、ブレーズ・パスカルによる祝福に満ちた言葉に多少手を加えて紹介しておこう［註22］。「あなたが私のことを探し求めてくださらないのならば、私がまっさきにあなたを見つけることなどできはしないのですから」。キリスト教的な啓示の優れた視点としてのイエス・キリストにおいて頂点に達する救いの歴史は、世界の歴史の流れと共存するものである[53]。この全歴史をとおして、各々の人は神が与える恩恵を経験し、その恩恵を受けるために自発的に自分自身を開いてゆかねばならない。このことは各自の自覚によって主題的に把握されていようとなかろうと、恩恵の供与と贈与は常にイエス・キリストの内に含まれるかたちで具体的かつ実存的に行われる。人間は実存的に救いの秘義をあらかじめ期待して求めている。しかし、キリスト教的な啓示の外にあっては、イエス・キリストにおけるこの神の恵みの授与を経験することはヴェールに包まれている。その主題化は人類の宗教的な伝統の具体的現実のなかで、部分的にはすでにさまざまな多様なかたちのもとで存在し得るが、まだ未完成のままで、ぼんやりとした姿として留まる。この「匿名性」は、イエス・キリストという明確な智慧のかたちを伝えるキリスト教的なメッセージによってのみ理解可能となる。ラーナーが以下のように述べているとおりである。

「含蓄的で匿名のキリスト教が存在する……すなわち、言葉や秘跡をとおしての救いの歴史の現実の全体的で具体的で歴史的に明白で内省的な経験をいまだ持っていない人において、その人とイエス・キリストを含めた救いの具体的な歴史のあいだの関係がまだ無名であるとともに、いまだに真の関係がないという意味で。このような人は、この真実で実存的な関係を持っていない。なぜならば、絶対的で歴史的な現存と自己交流の神に向かう恩恵のなかでの自己の志向性への従順さに到達してはいないので、いまだに含蓄的にしか真実を持っていない。彼は無条件に自己自身の存在を受け容れることによって、この従順を行使する……この不充分な状況とともに並行するかたちで、キリスト教の充満性がある。それは、信仰、福音の言葉を聴くこと、教会の信仰宣言、秘跡、ナザレのイエスに直結していることがらを認識したキリスト者が自覚的な生活を送ることを意味している(54)」。

ラーナーによれば、「無名のキリスト教」(anonymes Christentum) あるいは「匿名のキリスト者」(anonymes Christen) とは、他宗教の伝統に所属するメンバーが、その伝統を真摯に実践する生き方のなかにあるものとして説明される。キリスト教的な救いは、これらの伝統を介してはっきり意識されないままで他宗教のメンバーに届く。この主張は、個人の宗教的な生活の社会的な特性の上に土台を置く。そして個人にとっての宗教的な生活は、それが生きられている宗教的な伝統や共同体から切り離すことはできない[55]。このように私たちは、他宗教の伝統のなかに恩恵によって生まれ出る「超自然的な要素」を認めなければならない（121、130頁）。

イエス・キリストにおける信仰について、救い主であるキリストに従ってゆくという義務が、神から与えられて定められた個々人の良心に課されていない限り、各々の宗教的な伝統を介して、その真摯な実践のなかに救いの秘義の仲介は効力あるものとして留まる。このような人にとっては、福音はまだ「公布されてはいない」。しかしながら、人は自分の宗教的な伝統のなかにあって、意識することなしに、イエス・キリストにおける神の自己譲渡に対して自分自身を開いてゆくことはできる。無名のキリスト者とは、言わば、無意識のキリスト者のことである。この無名のキリスト者と明確な自覚を持ったキリスト者のあいだの相違点は、「部分的にはキリスト者であること」への主観的な意識（一方にはそれが欠け、他方にはこれが存在する）による。

しかしこの点について、一つの問題が提起されるようになった。無名のキリスト者と自覚的なキリスト者の二者のあいだの相違は、単に「キリスト者であること」への意識が一方にはあって、他方にはそれが欠けているということだけで片づけられるものなのだろうか。つまり、無名のキリスト教から明確なキリスト教への移行は、いままでずっと知らずにいたことに正式に気づくようになるということだけで済まされるものなのだろうか。この二者のあいだにあって、イエス・キリストにおける救いの秘義の道には、いかなる相違も存在しないのか。そして仲介の新しい在りかたはないのか。キリスト者であることへの気づきは、確かにキリスト教本来の救いの秘義の仲介の一部ではある。しかし、この仲介は、このような単なる気づきにまで縮小され得るのだろうか。この仲介は、福音の呼びかけの受諾、教会の秘跡生活、教会共同体のなかでの信仰宣言を必然的に伴わないのか。

もしラーナーの著作のいくつかがこの点に関しての問題を解決していないと映るならば、以前に引用した著書『キリスト教信仰の基礎』があらゆる曖昧さを取り去ってくれるだろう。無名のキリスト教と明確なキリスト教は、必然的に救いの異なる存り方と、イエス・キリストの秘義の仲介の異なる道を辿る。明確なキリスト教における仲介は、「信仰において、福音の呼びかけに耳を傾けること、教会の信仰宣言、秘跡、そしてナザレのイエスと直結していると意識して自覚的にキリスト者としての生活を送ること、などに明確な意識を持つこと」を意味する。

これに対して、無名のキリスト教は、断片的で未完成で根本的に欠けているままの現実の状態に留まる。無名のキリスト教は、それ自体が明白なキリスト教の部分となるよう推進するダイナミズムを内に宿している。[56] それにもかかわらず、救いの秘義が、異なる仲介をとおして両者に現存する。それがイエス・キリストの秘義であり、その活きた現存が一方には隠されていて無意識であり、他方には顕在的であるとともに意識的である。

それでは、「無名のキリスト教」とは、いったい何を意味するのだろうか。この表現は、自覚的にキリスト教信仰が公言されているキリスト教共同体的な意味における、いわゆる「キリスト教」というよりはむしろ、イエス・キリストの秘義の普遍的な現存に直接言及している。一方、「無名のキリスト教」とは、キリストの出来事においてその頂点となる神の自己交流に自分自身を開いている限りそれが隠された道ではあっても、つまりイエス・キリストにおける救いは、人間が歴史的にいかなる状況にあっても個としての人間に至ることを意味している。「無名のキリスト教」は同様に、救いの秘義が、復活された主の単なる眼に見えない働きによってではなく、その人が属している宗教による仲介をとおして実に秘義的な方法でその人にまで至ることを意味する。このように、一方には無名の暗示的なキリスト教があり、他方に明確なキリスト教がある。この二者のあいだに見受けられる距離にもかかわらず、両者は実に救いのキリスト的な秘義との結びつきをもたらす。

②ライモン・パニカー[註23]

ライモン・パニカーの諸宗教の神学に関する最初の著書は『ヒンドゥー教における知られざるキリスト』[57]と題されるものであった。「諸宗教の伝統におけるキリストの現存」の理論は、まさにこの本に負うところが大きい。諸宗教の伝統を一般的に話しているのではなく、ヒンドゥー教に特定化してパニカーは次のように述べる。――「ヒンドゥー教にはキリストの生きた現存がある」(前掲書、p. ix)。この現存は、信仰深い真摯なヒンドゥー教徒の私生活においてばかりではなく、客観的で社会的な宗教現象としてのヒンドゥー教のなかにも存在する。

パニカーは彼のこの考察に確信を持って、ダニエルーとド・リュバックを採り上げ、彼自身がいかに「成就の理論」を理解していたかを述べた後、成就の理論のいかなる形をも超える彼の確固とした立場を表明した。パニカーは言う。「キリストは到達点としての目的ばかりではなく、初めでもある……キリストはヒンドゥー教の存在論的ゴールばかりでなく、ヒンドゥー教に真の霊感を与えるものであり、キリストの恩恵は隠されてはいるが、ヒンドゥー教の全面的な発展へ向けて導きを与え、それを押し進める力となっている」(前掲書、p. x)。

キリストは、あらゆる真正なる宗教経験の唯一の源泉であり、ヒンドゥー教とキリスト教のあいだの「存在論的な邂逅点」である。なぜなら、実に、キリストはキリスト教に属しているのではなく、神にのみ属しているからである。キリスト教とヒンドゥー教は異なるレヴェルではあるが、等しくキリストに属する」(前掲書、20−21頁)。

それゆえ、ヒンドゥー教はキリスト教における救いの計画のなかに場所を占める。この占めている場所を確実なものとするために、パニカーはヒンドゥー教とキリスト教に関する「特別な弁証法」を展開する。――「ヒンドゥー教はキリスト教において頂点に達する一つの宗教の出発点である」。それは「可能性におけるキリスト教」である。そこにはすでに「キリスト教の現実の象徴」が含まれる(前掲書、58−60頁)。しかしながら、これは、単に「自然的な延長」が一つのものから他のものへと結果的に導いてゆくとか、この弁証法が旧い契約と新しい契約のあいだにある関係に似ているというのではない。なぜならヒンドゥー教とキリスト教の両方が同じ方向に向かって動いているとしても、一つのものから他のものへの移行は死と生の秘義、過越、回心を意味する。ヒンドゥー教は、「変容し、浄化するために洗礼の活きた水のもとに降りなければならない」。そしてヒンドゥー教は「何か別のもの、つまり他の宗教の立場」に転向することで浄化するのではない。むしろ「ヒンドゥー教のよりよいかたち」となるであろう。なぜなら「キリスト教における復活の秘義は決して異常な現象などではないからである」（前掲書、60―61頁）。

キリストがヒンドゥー教のなかにおいて前もって働いていた。つまりキリスト教的な啓示がヒンドゥー教の内において「少なくとも部分的に現実を開示してゆくこと」になっている。――「キリスト者のなすべきことは、究極的にはヒンドゥー教のなかにキリストを運び込むことなどではなく、キリストをヒンドゥー教の人びとの前に示し、ヒンドゥー教がキリストを発見してゆくことを助けることである」（前掲書、45頁）。

パニカーにとっては、イエス・キリストの秘義は、キリスト教信仰の立場の人によってのみ実感できるものであり、他宗教の伝統、特にヒンドゥー教においては隠れた方法で現存しているものである。キリスト教とそれ以外のところでの秘義の現存、という二つの立場については、おそらく単なる理論的な仕方だけで割り切って理解してはならないだろう。パニカーは次のように述べる。――「私たちは、凝り固まった自己充足の個体ではなく、水にたとえれば氷や蒸気の姿があるように、たとえレヴェルは異なっていても同じ唯一の宗教の一部分である。たとえ立場が異なっていたとしても、私たちはあらゆる立場の根底的な姿を、まるで覆いをとるようにして発見しなければならない」（前掲書、21―22頁）。「なぜなら私たちは同一であるから。だからこそ、私たちを分け隔てている無知のヴェールを取り除かなければならない」（前掲書、21―22頁）。しかしながら、パニカーがこの方法で自分自身を表現することは、カール・ラーナーの「無名のキリスト教」に対して不当になされた批判と同様の危機的状況に身をさらしているように思われる。キリスト教とヒンドゥー教のあいだの区別を、果たして無知という「ヴェール」あるいは単に意識があるかないかの問題に還元してしまうだけでよいのであろうか。

ともかく、この著書のなかでは、ヒンドゥー教に見い出される隠れた存在としてのキリスト（救い主）は、その人間としての存在の仕方において復活の秘義によって変容される、復活前のイエスと人格的に同じものとして、キリスト教的な伝承によって理解されている信仰上のキリスト（救い主）であることは明らかである。しかしながら、この状況はパニカーの、より最近の著書[58]のなかでは変化してきている。

一九八一年に、英語版の『ヒンドゥー教における知られざるキリスト』の新たな改訂増補版が世に出た。この著書の題名には副題がついており、書名も一層長くなり、『ヒンドゥー教における知られざるキリスト――エキュメニカルなキリストの公現に向けて』となっている。著者は長い序文をつけており、第一版の基盤となっている直観は改訂版においても有効であるとみなす一方で、新しい光のなかでこの直観を見直そうとしている。彼は次のように説明している。――「私はヒンドゥー教にとって知られざる原則について話したり、キリスト教にとって知られざる神の領域について話しているのではない。私が話しているのは知られざる現実である。それはヒンドゥー教の深奥に見い出される、キリスト者がキリストと呼ぶ者であり、この方はヒンドゥー教にとって門外漢などではなく、いのちの原理として存在している[59]」。

パニカーは、さらにつづけて次のように述べる。「この本で述べているそのキリストは、人がこの現実をいかなるかたちで表現し、概念化しようとも、この方は真に信仰を持っているキリスト者の生きた愛の現実である」（『ヒンドゥー教における知られざるキリスト』改訂増補版、22頁）。

それでは、ここで言うキリストとは何を表わしているのだろうか。パニカーにとって、キリストとは、最も力ある象徴――しかし歴史的なイエスに限定される象徴などではない――この象徴は、十全な人間、充満としての神的存在、そして秘義そのもの（前掲改訂増補版、23頁、26―27頁）と呼ばれる充満としての宇宙的現実の象徴なのである。この象徴は、また別の複数の名前を持つ。例えばラーマ・クリシュナ、イシュヴァラ、プルーサ（前掲改訂増補版、27頁）などである。キリスト者は彼のことを「キリスト」（救い主）と呼ぶ。なぜならイエスをとおしてキリスト者は、決定的な現実のうちで信仰に辿りついたからである。これらの各々の名前は、しかしながら、各々がキリストの知られざる領域を示すことによって（前掲改訂増補版、30頁）、それぞれの秘義を言い表わしている（前掲改訂増補版、29頁）。

ここで一つの新たな問いが生じる。私たちはいかにこの「現実」あるいは「秘義」――キリスト（救い主）の象徴――が歴史的なイエスとの関係性を備えているのか、という問いかけである。結果はどうであれ、パニカーの思索が展開したのは、まさにこの点においてである。すなわち、このことによって、キリスト（救い主）の秘義と歴史上のイエスとのあいだに、ある種の区別が導入されたのかどうかが問われる。しかし、この区別をもってしても、もはやイエスは救い主キリストであるというキリスト教的な確信に充分な説明を与えるとは到底思えない。

事実、この主題についてパニカーが考えていたことは、『ヒンドゥー教における知られざるキリスト』の新版が出版される前に英語版で出版された『宗教同士の対話』のなかで、より明確に示される。パニカーはここで信仰と信心（faith and blief）のあいだの区別を導入している。彼によれば、信仰とは、個としての人間の根本的な宗教経験であり、その人の本質となる要素のことである。それとは対照的に、信心とは、その人の属する宗教的な伝統のなかで採られるこの人間の根本的姿勢の特別な表現のことである。パニカーが「秘義そのもの」と呼ぶ信仰の内容は、人間を捉える超自然との生きた関係である。これは、あらゆる宗教に共通する。パニカーはこの秘義を、宇宙のなかで人間によって経験される超越を意味する「宇宙的な神人交流の実在」（cosmotheandric reality）と呼ぶ。

信心の内容は、信仰が具体的な表現を伴って現われる多様な宗教的な神話によってできている。キリスト教には、「イエス神話」があり、他宗教には他宗教の神話がある。これらの神話は、同じ価値を有している。キリスト教では秘義そのものにキリストという名を与え、このことは他の名前ももちろん可能であることを意味する。異なる多くの宗教的な伝統は、信心のレヴェルでは異なる一方、信仰のレヴェルで一致しているように見られる。宗教内部における対話、そして、宗教同士の対話は、信仰を括弧に入れる（epoche）ことを要求できないが、信心を括弧に入れることは要求できる。パニカーは異なるさまざまな宗教伝統における信心について、相互に豊かになることを望んでいる――実に、既存の枠組みを超越する信心である。

もしこの簡潔な描写が、パニカーの思想――それは疑いもなく複雑なのであるが――を忠実に説明しているとすれば、歴史上のイエスがキリスト教信仰のなかで占める場所が問題となってくると思われる。使徒たちの教えが証明しているように（使2・36）、最初のキリスト者にとって、歴史的なイエスは信仰のキリスト（救い主）と同一人物とされたのであった。イエスは御父によって高く挙げられたことによってキリスト（救い主）になった。イエスはまたパウロによって述べられた秘義そのものでもある（ロマ16・25、エフェ3・4、コロ2・2、4・3、一テモ3・16）。このように、事実上、イエス御自身が信仰の対象となっているのである。歴史上の文脈におけるイエスと信仰上のキリストを切り離すことはできない。それにもまして、パニカーは、秘義とイエス神話とを峻別する。すなわち、信仰上のキリストと歴史上のイエスを区別する。キリストは信仰の対象となり、イエスは信心の対象となる。イエス神話を信仰から峻別して信心の対象に引き下げてしまうことは、ナザレ出身者に対するキリスト者の信仰宣言とは相容れるのかどうか。信仰の内容を、結果的には具体的な対象のない超越者との無色透明な関係に引き下げてしまうことにはならないだろうか。

パニカーは、キリスト者のみが「イエスは道である」と意識していると注意深く述べる。これは簡潔明瞭なことである。しかしイエスが救い主キリストであるということは、その事実に気づいていない人びとにとってさえ、ある種の実際的な意味において、救い主イエスがあらゆる人にとって道そのものであることを、付け加えなければならないのではなかろうか。イエスがキリストであるという確固とした秘義が、キリスト教と他の宗教の両方の内に存在することを維持しなければならないのではなかろうか。この秘義のなかに、この秘義をとおしてキリスト者ばかりではなく、他の人びとも救いの秘義に出会い、それを受け容れるのではなかろうか。ともかく、こうして、他の宗教的な伝統のなかに存在するキリストの現存の理論が共通して理解される道となる。私たちがこの項目に「ラーナーとパニカーとの相違」という副題をつけてまで注意を促したのはこの理由による。キリスト教と他宗教の伝統のなかに普遍的に現存するキリストの秘義は、神によるイエスの復活をとおしてキリストとなった歴史上のイエスの分離できない存在の秘義である。(60)

第二ヴァティカン公会議前後の数年間の諸宗教の神学における新しい展望と発展の研究――簡潔であり、すべてを尽くしたとは言えないにせよ――は終点に近づいてきた。この研究から、公会議の時期にあって働き、諸宗教の問題の討議に影響を与えるようになる二つの重要な思想の流れが生まれた。この二つの流れは、他宗教が救いの歴史におけるキリストの出来事へと方向づけられているとする、共通点を持つ。この意味において両方とも「成就の理論」〔註24〕(fulfillment theory) と呼ぶことができるが、ある相違を伴って鋭い対立をなしていることも忘れてはならない。

第一は、自然と超自然、人間の側からの探究と神の賜物といった弁証法を維持している。第二は、人間の歴史における神の啓示とその人格的なかかわりの多様な様相を必然的に巻き込む過程として、神の救いの歴史の開示を眼に見えるものとするため、このような二分法を克服しようとしている。前者にとっては「キリスト以前の宗教」は、キリストの出来事の到来とともに準備としての価値を失う。後者にとっては、救いの秩序におけるキリスト以前の宗教の肯定的な役割は、少なくとも福音の「公布」が個々人に届いたと理解されるまでは、キリストのあらゆる秘義に本質的に繋がっていることによってそのままに留まる。

本章の第２項で取り組むのは、公会議期間中の神学者たちのあいだにあった二つの流れが、この議題についての公会議期間中の議論にいかに影響を与え、彼らがいかにそれを成功裡に発展させたのかを吟味する作業である。

2　第二ヴァティカン公会議は、果たして一つの分水嶺なのか

こうした神学論争が行われている頃に開かれた第二ヴァティカン公会議は、これら二つの意見のどちらに軍配を挙げたのであろうか。複数の理由により、どちらかに軍配を挙げることは当然のこととしてあり得ない。

第一の理由としては、公会議の展望は、教義の論争ではなく、むしろ、より司牧的な色合いが強いからである。他宗教に関して、公会議が目指したことは、他宗教とキリスト教のあいだの、相互理解、評価、対話、協力などの新しい姿勢を養うことにあった。このような姿勢を養うため、当時のカトリック神学者のあいだで諸宗教の神学についての議論において特別な立場を選択することは必ずしも必要ではないように思われた。公会議は意識的にそのような選択をする意図は持ってはいなかった。これに対して次の事実も付け加えなければならない。すなわち、公会議への出席者は、それぞれ、大きく異なる神学的な背景を持って参加しており、このような神学的な問題となると意見や視点が大きく分かれた。したがって、その意図したことは、他宗教のメンバーに対するキリスト者と教会の態度の変化を求めて、公会議参加者の大多数を結集することにあった。このため、難解なる神学的な議論に入ることによって危機的な状態に陥ることを避けた。

第二ヴァティカン公会議そのものを公会議の歴史のなかに位置づけることはさらに重要なことである。フィレンツェ公会議（一四四二年）は、「教会外に救いなし」という公理について厳しい見解を確立した。それから一世紀後のトリエント公会議（一五四七年）は、「望みの洗礼」の教えによって、教会外にいる人びとのためにも救いの可能

性はあると公式に宣言した。その後、教会文書は、多少の警戒心はあったが、このような可能性を再確認した。しかし、過去数世紀の間、公会議、あるいはその他の機会に、教会文書は諸宗教自身に対してはっきりとした立場を採ることはなく、ましてや、いかなる肯定的な評価を下すこともなかった。第二ヴァティカン公会議が教会の公会議史上初めて、用心深く慎重にではあったが、他宗教を肯定的に採り上げた。ここでは、この件に関する公会議文書の成り立ちを説明することはできない。だから、基本的に、公会議はキリスト教とユダヤ教とのあいだの緊迫した関係に、新しい風を吹き込む助けとなる文書を教会一致についての宣言文に追加しようとすることを意図していたと言うことだけで充分であろう。

非キリスト教的な宗教が大多数を占める地域から出席していた数多くの司教たちの強い要望があり、その文書で採り上げている範囲をユダヤ教のみに限らずに、他宗教も追加し、広範囲なものにした経緯があった。つまり、一九六四年の教皇パウロ六世による非キリスト者のための委員会事務局の設立、同年に出版された対話に関する回勅『エクレジアム・スアム』(*Ecclesiam Suam*)――この文書には非キリスト者との対話が含まれていた――一九六四年の教皇のインド訪問、さらには教皇が偉大な人間性と暖かさをもって語りかけた非キリスト教の立場の指導者との会合、これらすべての行為が西欧社会の狭い境界を超えた、より広い視点への刺激となった。そして、ユダヤ教との関係のみならず全世界の諸宗教との関係という点からも、『キリスト教以外の諸宗教に対する教会の態度についての宣言』(*Nostra Aetate*, 以下では『宣言』と略記する場合もある)を完成させる際の刺激となり、この宣言と『教会憲章』(*Lumen Gentium*)の内容にユダヤ教と並んで他宗教も含めることになった。

この二つの文書は他宗教と教会との関係を、それぞれ反対方向から採り上げる。『教会憲章』16項は、教会に方向づけられている「非キリスト教的な宗教」のメンバーの異なる道について直接的に触れることから始める。まず、教会が最も近い結びつきを持つユダヤ教、次に「アブラハムの信仰を受け継ぐ」と宣言しているイスラム教。これらにつづいて「全人類にいのちの息とすべてのものを与えた知られざる神を探し求める人びと」にも言及する。

『宣言』（*Nostra Aetate*）はこれとは逆に、まず一般的に人間の宗教性（「伝統的な宗教」のなかに現われている）に触れ、次いで「文化の進展に結びついている宗教」、すなわちヒンドゥー教や仏教やその他の宗教に言及し（2項）、さらにイスラム教、そして最後にユダヤ教について、となっている。ユダヤ教に関しては文書のなかで最も長いページを割いている。この「宣言」は、教会とここで問題となっているさまざまなグループとのあいだに実在する密接な関係と深い結びつきを示している。各々のグループには一つひとつ大きな相違がある。アブラハムの信仰にその根を持つ三つの宗教は、単一の家族のなかにその起源を持っているが、教会が最も深い結びつきと最も深い関係を持つのは、神が特別な契約を結んだ「その民の道によって旧約の啓示を受けたイスラエルの民」である。しかしながら、『宣言』のなかに見い出せる公会議の意図は、教会に向かって方向づけられている他宗教のメンバーの「方向づけの段階」を示そうとはせず、むしろ、分離を克服し、友好関係を培うようにあらゆる人に熱心に勧めようとする（5項）。これらの関係は、あらゆる人がそれぞれの宗教への特別な忠誠を保ちながらも、「人間に共通する、相互の友好に役立つことがらを」（1項）土台にしていなければならない。この文書の目的は、教義的な話題に触れずに、むしろ具体的で司牧的な目的をもつことが明白である。

このことは、諸宗教の問題についての公会議の意図が純粋に実践的であり、いかなる教義的な意味をも否定すると言わんとしているのではない。なぜなら、公会議は、開かれた司牧へのアプローチを、ある種の教義的基盤の上に築き上げねばならなかったからである。旧い偏見と過去の否定的な評価は解体されなければならない。そしてそれは、他宗教の肯定的な価値とそのなかに神の賜物を認めることによってのみなしうる。したがって公会議は非キリスト者それぞれの教会への方向づけについて語ることだけでは満足できなかった。第二ヴァティカン公会議は、教会の公会議史上、初めて肯定的な仕方で諸宗教について語った。しかしながら、教会にとっての非キリスト教的な宗教という視点で諸宗教について語らなければならなかった。それでは第二ヴァティカン公会議は、諸宗教の伝統そのもののなかにある肯定的な価値をどこまで認めたのだろうか。もしそれを認めたとして、人類に対する神の計画のなかで、いかなる意義を諸宗教の伝統に帰したのだろうか。他宗教に対するキリスト教の関係をいかに理解したのだろうか。恩恵はキリスト教から他宗教に対して一方的に流れるのだろうか。あるいは、一方通行ではなく両者が相互に恩恵を与え合うのだろうか。

(1) 宗教的な諸伝統のなかに含まれる肯定的な価値

「キリスト者としての立場に立っていない者（非キリスト者）」と彼らの宗教についての公会議の教えを評価するにあたり、二つのことをはっきりと区別しなければならない。一つは、他宗教の伝統に属する個人の救いの問題と関係があり、もう一つは、これらの伝統が、神による人類に対する計画のなかで持っている意義と、これらの宗教がそのメンバーの救いに果たす決定的な役割に関係がある。

最初の問題は新しいものではない。すでに述べたように、教会外における個人の救いの可能性は、第二ヴァティカン公会議のずっと以前から教会の伝統によって認められてきた。もし公会議がこの点について何か新しいことを付け加えたとするならば、司牧的な憲章としての『現代世界憲章』（*Gaudium et Spes*）によって最もよく例証されているように、世界を全体として大きく見るという楽観主義の内に見なければならない。以前の教会公文書のなかで――確固として、しかし警戒心を持って――この救いが、神の無限の慈しみと神の審判に任されている一つの可能性として肯定されていたことが、いまや第二ヴァティカン公会議によって未曾有の確信を持って語られている。すなわち、「信仰なしには神を喜ばすことができない」（ヘブ11・6）というほどの福音を知らない人びとは、自分たちの過失ゆえに裁かれることがなく、神のみが知る方法で救いに導かれるのである（『教会の宣教活動に関する教令』7項）。公会議はこの事実を簡単に述べるに留めなかった。

公会議はさらに、このことが神の霊の普遍的な働きをとおして、いかに具体的に起こるのかを説明している。この点に関する最も明白な箇所は、『現代世界憲章』に見い出され、そこで公会議は次のように述べている。「キリストはあらゆる人のために亡くなられた（ロマ8・32参照）、そしてあらゆる人間が神聖な同じ一つの運命に招かれて以来、私たちは、神のみが知る方法で、過越の秘義とともに、聖霊がすべてのものを一つに結ぶ可能性を与えてくれることを信じつづけるように」（22項）。

第二の問題は、より重要であるとともに、より複雑である。公会議の展望が「成就の理論」を超えて、救いの秩序のなかで、諸宗教の伝統に恒久的な役割を与えるところまでたどり着くかどうかを見極めるために、私たちは公会議文書のなかの、個々の「非キリスト教徒」の救いに関してばかりではなく、この人びとが実際に宗教的な生活を行っている宗教的な伝統（宗教的な共同体）のなかに秘められている肯定的な価値に関係のある箇所にも注意を向けなければならない。今から考察する主なテクストは（公会議公文書出版の順序に従って）、『教会憲章』（*Lumen Gentium* 16―17項）、『キリスト教以外の諸宗教に対する教会の態度についての宣言』（2項）、そして『教会の宣教活動に関する教令』（3項、9項、11項）である。各々の項目において公会議は三つのテーマについて展開して述べている（1項）。教会外にいる人びとの救い（2項）としては、「非キリスト者および彼らの宗教的な伝統のなかに見い出される真正な価値（3項）、これらの価値に対する教会の評価と、その結果として諸宗教およびそのメンバーに対しての教会の姿勢、の三つである。

『教会憲章』16項は、救いに対する神の援助の手は、諸宗教に属している人びとばかりでなく、「本人の側に落ち度がないままに、まだ神をはっきりと認めてはいないが、神の恩恵に支えられて正しい生活をしようと努力している人びとにも、神はその摂理に基づいて救いに必要な助けを拒むことはない」と肯定している。さらに「彼らのもとに見い出されるよいもの、真実なものはすべて福音への準備であって、ついにはいのちを得るようにとすべての人を照らす方から与えられたものと考えている」とつづけている。私たちは、ただちにヨハネ福音書1章4節を想い出すと同時にヨハネ1章17節や1章9節をも連想する。この最後の箇所に関しては、今後たびたび採り上げることになるが、そうした言及はテクストのなかでは曖昧なままに留まっていることに注意を促しておきたい。この引用箇所の最初の部分では、肯定的な価値は個々人の精神、つまり心の存り方に帰されており、その人びとが属しているいかなる宗教やグループにも帰されてはいない。この箇所は、さらにつづけて、教会の使命はイエス・キリストにおけるすべての人の救いへの福音を告げ知らせることにあるとし、「教会はその働きをもって、人びとの心や考えのなか、あるいは各民族に固有な風習や文化のなかに見い出される、すべてのよいものが滅びないよう心を配るだけでなく、神の栄光を讃え、悪霊を狼狽させ、人間を幸福にするために、それを改め、高め、完成させようとする」（『教会憲章』17項）としている。そして、公会議が人びとの精神、心の正しい存り方から、人びとが属する宗教伝統と文化のなかに秘められている肯定的な価値の容認へといかに容易に移行するかが述べられている。

主観的な心の存り方と客観的な価値との連続性が『教会の宣教活動に関する教令』の3項と9項に見い出される。「人類の救いのための、この普遍的な神の計画は、ただ人間の心のなかにおける言わば内密な方法や、たとえそれが宗教的なものではあっても、人びとが神を求めるためのさまざまな創意工夫によってのみ実現されるものではない」。ここでもまた「宗教的な創意工夫」は諸宗教の伝統に属する客観的な要素とみなされているようである。このような「創意工夫」は、しかしながら「神のおはからい（摂理）の寛大な計画によって、ときには真の神に至るための方向づけ、または福音への準備となることもあり得るにせよ、それは照らされ、また、ため直されることが必要である」（3項）。この同じ教えが『教会の宣教活動に関する教令』9項にも採り上げられている。公会議は、教会の宣教活動を「神の隠れた現存のように、すでに諸民族のもとに現存した真理と恩恵」をキリストにおける完成へと純化し、高め、導いてゆくものであると説明している。

同様に、「人びとの心と精神に、あるいは諸国民のそれぞれの儀式や文化のなかにまかれた種子のように、すべて善なるものは、単に滅びないのみならず、神の栄光のため、また悪魔を辱め、人間を幸福にするために、矯正され、高められ、完成される」（9項）としている。「非キリスト教」の世界のなかにある善を認めることから、『教会の宣教活動に関する教令』11項は、キリスト者の使命とは何なのか、については次のように結論づけている。人びとの民族的かつ宗教的な伝統のなかに「含まれているみことばの種子を、喜びと敬意を持って見い出すように努めなければならない」。そして真摯な対話をとおして、「諸国民のあいだに寛大な神がどれほどの富を与えたかを発見するのである」、とされている。

『キリスト教以外の諸宗教に対する教会の態度についての宣言』は、人間存在の秘められた究極的な疑問に応えるために、すべての宗教的な伝統に共通する、あらゆる人間の共通の起源と歩むべき方向と努力など、より広い背景をもとに教会と世界の諸宗教との接点を見い出そうとした（な1項）。この宣言の諸宗教に関する一般的評価および、そこから導き出される帰結として、教会が諸宗教に対して身につけるべき姿勢は次のように表明されている。「カトリック教会は、これらの諸宗教のなかに見い出される真実で尊いものを何も排斥しない。これらの諸宗教の行動と生活様式、戒律と教義を、まじめな尊敬の念をもって考慮する。それらは、教会が保持し、提示するものとは多くの点で異なっているにせよ、あらゆる人を照らす真理の光を示すことも決してまれではない。しかし、教会はキリストを告げているし、また絶えず告げなければならない。『道、真理、いのち』（ヨハ14・6）であるキリストにおいて、人は宗教生活の充満を見い出し、神はキリストにおいて万物と御自分とを和解させた（二コリ5・18以下参照）からである。したがって、教会は自分の子らに対して、キリスト教の信仰と生活を証明しながら、賢慮と愛をもって、他の諸宗教の信奉者との話し合いと協力をとおして、彼らのもとに見い出される精神的で道徳的な富、および社会的で文化的な価値を認め、保存し、さらに促進するよう勧告する」（2項）。

諸宗教の伝統が持つ真正な価値の存在について、この『宣言』は前の二つの文章よりも力強く表現している。つまり、「行動と生活の様式……戒律と教義……すべての人を照らす真理の光もまれではない」ことについて明らかにしている。ヨハネ福音書1章9節には明確な言及はないが、暗示的な言及があることは確かであり、右に引用した『教会憲章』16項と比べると、より一層明らかである。今後も採り上げることになるが、ヨハネ福音書1章9節のテクストは、諸宗教の神学にとって根本的に重要な箇所である。不幸にして、公会議はこの箇所を暗示的な意味合いに留め、その建設的な結果までは考慮に入れなかった。

それにしても、公会議によれば、他宗教のなかに不完全にではあっても、「真理」が真に現存していることを認め、それによって他宗教に対する尊敬の姿勢が教会のなかに芽生え、他宗教の精神的で文化的な価値の向上を願うようになった。もちろん、一方では教会の使命は、イエス・キリストにおける宗教生活の充満を宣べ伝えることにあり、教会を必要とするとしている。

諸宗教に関する公会議の教義的な評価は、公会議の真意に従ってその正確な意味を明確に定義することなしに、初期の伝統から採られたさまざまな表現のなかにある記述的な言明からなっている。例えば、「みことばの種子」はどのように理解すべきなのか、一度も言及されてはいない。これは、宇宙または「自然的な理性の秩序」の非人格的な原理であるストア哲学の「ロゴスの種子」なのか、あるいは、永遠に神の内奥に存在する「すべての人を照らす光」（ヨハ1・9）であり、人類の全歴史をとおして人間のあいだに種子を蒔きつづける、いわゆるヨハネの冒頭の「人格的なロゴス」なのか。後で見るように、「みことばの種子」をめぐる理解の相違は非常に異なる諸宗教の神学を生み出すことにつながる。公会議はこの点に関して、その真の意図を私たちのあいだに疑問形のまま残している。諸宗教に関する一般的で全体的な評価は、むしろ肯定的ではあるが、いまだにある種の曖昧さのなかで、葛藤しているのが現実である。

(2) 均衡のとれた批判的な評価に向けて

他宗教に関する公会議の教義は、その影響を断固として最小限に留めようとすることから、あくまでも最大限に引き出そうとする広範囲な、種々異なる解釈に直面した。ある人びとは他宗教に含まれている肯定的な価値を自然の産物に留めおくように解釈した。彼らの目には、［訳註―この肯定的な価値が］パウロによるローマの信徒への手紙の第1章（1・20）で、創造をとおして神の智慧に至る可能性があると肯定したその仕方で、公会議はこの肯定的な価値を非キリスト者によっても得られる神の「自然的」な知識以外のなにものでもないと言明していると言えよう。一方、別の人びとは、対照的に公会議の最も力強い表現を用い、諸宗教には自然的な実体に減じることのできないものが、「福音の準備」として含まれていると主張する。彼らはむしろ、公会議は他宗教の信奉者にとっての救いの「道」あるいは「小道」または「手段」になり得ると考えていると思われる。

これら二つの解釈のはざまにあって、一方には欠如があり、他方には誇張もしくは過大視があり両方とも間違っていると思われるが、公会議の教義的な趣旨の正しい解釈はどうあるべきなのだろうか。それは、両者の中間に見い出されるべきであると思われる。

公会議は単に古典的かたちでの「成就の理論」を踏襲したのか。あるいは逆に、諸宗教の伝統のなかに「キリストの救いの秘義の現存」という公会議独自の理論を打ち立てたのか、という問いが生ずる。このようなかたちでの問いについては「白か黒か」という単純な論法では答えは出ない。一方で、他宗教に対する教会の姿勢を表現する言葉の多くは、成就の理論において親しまれている要素としての、救う、いやす、回復する、高める、完成へ導く、などの言葉によって説明される。他方では「真理と恩恵の要素」（『教会の宣教活動に関する教令』）――この表現は、すでに述べたように、公会議の直前にカール・ラーナーによって書かれた論文から借りたものだが[61]――は、他宗教の伝統（教え、典礼、生き方、またはその信条、儀式、行動の掟）のなかに、「神のある種の内密な現存」を見い出し、これは先の視点とまったく逆の方向へと向かうものになっている。

ポール・ニッター[註25]にとって、「第二ヴァティカン公会議は、他の信仰に対するローマ・カトリック教会の姿勢の分水嶺を作った」のである反面、「真理と恩恵が諸宗教のなかでどのような効力を持っているのかについての理解には曖昧さが残っている[62]」。彼によれば、この曖昧さは、「神による救いの意志とカトリック思想史の全体をとおして明らかである教会の必要性とのあいだの緊張関係に由来している」。このジレンマは、公会議によって言明された教会の「必要性」はいかに理解されるべきかについて議論するときに吟味されなければならない。ここでは、多くのカトリック神学者に対して、このような教会の「必要性」が他宗教の持ついかなる救いの価値をも先験的に除外してしまう必要がないと答えることで満足しておこう。

諸宗教に関する公会議の教えの均衡のとれた評価の仕方は、肯定的であると同時に批判的に捉えなければならない。カール・ラーナーの見方によると、公会議の主要な成果は、諸宗教自体と教会の肯定的な関係に向けて、非キリスト者の個々の救いの問題を乗り越えたところにある。しかし、一方で、個々人に対する神の実際の自己譲渡における超自然的な救いは、公会議によって非常に積極的に、楽観的に採り上げられたのに対して、この同じ積極性、楽観主義が諸宗教そのものと教会の結びつきを宣言するなかでは、はっきりと表明されなかった。この点に関しては、「神学者にとって、この根本的で基本的な問題は、未解決のまま残された」とされている。そして「この宣言は、非キリスト教的な諸宗教に関する適切な神学的特質を定義せずに残している」。非キリスト者はその属する宗教生活そのものの外に救いを得るのか、それともその内で得るのか。このような諸宗教は、何らかの仕方で救済的なのか、否か。この問題に対してはっきりとした答えは与えられてはいない。(63) 公会議が言明することの多くは、肯定的な答えを提案するものではあるが、結論となると曖昧模糊とした言い方になる。

諸宗教に関する公会議の教義のいくつかの他の限界も指摘されており、そのなかの一つは、特筆に値する。例えば、モリエ[註26]は、一般に公会議の教えが強力なまでに「教会中心主義」寄りの展望をもっていると考えており、特に『キリスト教以外の諸宗教に対する教会の態度についての宣言』に顕著なこの展望について述べている。教会のなかには豊富で有り余るほどのよさがあるとされているので、他宗教のなかに同様のよさを見つけた場合には「部分的なよさにすぎない」という物言いで肯定するしかない。しかし、他宗教のなかに存在する真理の光は、教会によって所有されている光の十全さに関連づけられていなければならないのだろうか。あるいは、この『宣言』は、他宗教のなかに、教会のなかには見い出せないような真理の光の存在をも認める準備があるのだろうか。教会の考え方には、いまだに「自己中心性」つまり「教会中心主義」(64) が残っている。このような展望が容易に「成就の理論」に結びつく。この理論によると、他宗教による真理の探究はキリスト教の神探究から見れば、部分的な要素しか持ち合わせていないとするかぎり、他宗教はキリスト教をとおしてこそ完成に至るというのだが、まさにその発想そのものが時代遅れの考え方なのではなかろうか（モリエ「『キリスト教以外の諸宗教に対する教会の態度についての宣言』についての講演」135頁）。

公会議が大切にした他宗教との対話を理解し直すに際して、他宗教のなかにキリスト教が持っているのとは同等ではない真正な人間的価値を認めることを前提していないのかどうかが問われなければならない。このことを認めることによってのみ、対話は活き活きとした意味のあるものとなる。実に、対話とは、互いのギヴ・アンド・テイクのやりとりとして定義づけられ、双方向的な関わりかたである。第二ヴァティカン公会議の際の教会は、果たして他宗教から何かを受け取ることを認めているのであろうか（前掲講演録、139―143頁）。第二ヴァティカン公会議における教会中心主義的な視点の影響は、教会自身が考えているような関係性から離れて、他宗教そのものが持つその独自性や一貫性や自己理解とそれらが持つ価値がそれ自体として考慮されていないところにある。

私たちはすでに他の箇所（デュプイ『世界の諸宗教と出会うイエス・キリスト』一九八九年）で、他宗教の伝統に関する公会議神学の持つ「教会中心的な視点」の限界と沈黙の充分に可能な理由を考察し、以下のように述べた。

「『キリスト教以外の諸宗教に対する教会の態度についての宣言』の表題そのものがこれを現わしている。ここで提起される問題とは、人間の宗教的な伝統とイエス・キリストの秘義との縦の関係を直接に問うことなのではない。それは、これらの宗教的な伝統とキリスト教あるいは教会の横の関係の問題なのである。最初の問いは、これらの伝統のなかに実在するキリストの秘義の隠れた現存、および、これらの伝統を介して、この同じ秘義のある種の仲介を認めることに役立ったと言えるかもしれない。しかし第二の問いは、もちろん当然のこととして、こうした方向には進まなかった。その理由は、これらの諸宗教の伝統のなかにある価値と、肯定的な要素を公会議が言明したにもかかわらず、その宗教に属するメンバーの救いの正当な道――これは必ずキリストの秘義との関わりの内にあるのだが――として、これらの伝統を認める方向には進まなかったことに原因があるのではなかろうか[65]」。

諸宗教の教えに関する第二ヴァティカン公会議の沈黙と限界と並んで、約四〇年が経過した今日、私たちは、公会議公文書を再読して感じる幻滅とある物足りなさを正直に述べなければならない。公会議は当時の時代背景のなかに位置づけなければならないことも事実ではあるが、しかしながら公会議の教えは、やはり今日でも「受け容れられるべき」ではなかろうか。私たちは、すでに、宗教同士の対話の現代的な状況のなかで、諸宗教に関する「神学的な言語の浄化」の必要性を述べた。公会議によって採用されたある表現が、今日の新しい状況において、そぐわないということが否定されるはずはない。

ここで、明白な一つの例を紹介しておこう。信教の自由に関して述べている『信教の自由に関する宣言』(*Dignitatis Humanae*)という文書は、「カトリック教会において存在するこの唯一の真の宗教性」について語っている(1項)。これはキリスト教が、カトリック教会のなかにおいて最も完全なかたちで存在するという意味での「唯一の真の宗教」という物言いであり、他のキリスト教グループのなかにはそれが不完全なかたちで部分的にのみ存在するという意味である。公会議によって確認された真理と恩恵の要素(『教会の宣教活動に関する教令』9項)の現存が、今までにも増して神学的に認識されている現代の状況のなかで、過去の護教論からの古い表現(時代遅れの神学的小冊子としての『真の宗教』*De vera religione* の発想にもとづいている)が公会議のテクストのなかに用いられることが、ほんとうにふさわしかったかどうかが問われてくる。キリスト教に現存する啓示と救いの手段の十全性について語るように、神の救いの真理とよさが何らかの仕方でキリスト教の外にもまた現存することを考慮することは可能ではなかったのではなかろうか。幸いにも公会議後の神学は他の人びとと彼らの属する宗教的な伝統に向けて発展して行ったのではあるが、公会議は、その繊細な感覚をまだ持ってはいなかった。

3　第二ヴァティカン公会議後における教導職による見解

第二ヴァティカン公会議の教義のなかにはある種の曖昧さが残されている。ここでの私たちの任務は、公会議後に教会の教導職が、教会の教えに何かより多くの光を投げかけたかどうかを調べることにある。特に諸宗教そのものの肯定的な評価に向けてさらなる一歩を踏み出したのかどうかを問う必要がある。神の人類に対する計画のなかに諸宗教の役割をはっきりと認めることにより、教会の狭い教会中心主義的な展望がより広い視野に開かれてゆくような道を整えたのであろうか。これらの疑問とこの疑問に関連する他の諸問題をも念頭に置きながらも、公会議からすでに四〇年以上が経過しているのだが、その経過における諸宗教に関する教会の公式の教えを吟味しておこう。ここでは特に重要な教えの内容のみを採り上げる。

(1) 教皇パウロ六世による見解

回勅『エクレジアム・スアム』（*Ecclesiam Suam*）は、第二ヴァティカン公会議の第二会期および第三会期の間（一九六四年八月六日）に教皇パウロ六世[註27]によって公布された。この回勅には、公会議によって意図された教会の刷新に関する「対話」の視点が登場する。教皇は、救いの歴史は神と人類の対話の継続であり、教会の役割はこの対話を広げてゆくことにあると述べている。そこで教会は自身を、次の四つのレヴェルにおいて、全世界との対話を開始する特別の立場に立つものとして認識していた。――遠くの地点から始まり徐々に中心に向かう同心円を描きながら、教皇は順を追ってこの四つを区別する。全世界と教会の対話、他宗教との対話、他のキリスト教グループとの対話、最後に円の中心にあるカトリック教会内での対話、である。第二の円、すなわち、他宗教のメンバーとの対話は、基本的には私たちが敬愛する唯一の神を礼拝する人びとから構成されるが、そこには、ユダヤ教やイスラム教ばかりでなく、アフリカやアジアの偉大なる宗教の信奉者も含まれる。

教皇は教義を基礎とした宗教間対話の基盤と条件を構築するに当たっては大変強い警戒心を持っている。そして次のように述べる。

「私たちは当然のことながら、こうしたさまざまな宗教的な表現をそのままで受け容れることはできない。また、このすべてが、それぞれのあり方で同じ価値を持つとでも言うかのように、そしてまたこれらの宗教が、自分の信者たちは、神自身があらゆる誤りを免がれた完全かつ決定的な信仰の形式、これによって御自身が知られ、愛されまた奉仕されるのを望みたもう形式を啓示されたかどうか、追求しないでもいいと公に認めているとでもいうように、無関心で済ますこともできない。それどころか、誠実であるためには、私たちは真の宗教は一つしかなく、それはキリスト教であるとする自分の確信を明らかにし、またキリスト教がそのようなものとして、神を求め、また崇めるすべての人から認められるようにという希望をもたなければならない[66]」。

にもかかわらず、教皇は言う。「私たちはキリスト教以外のさまざまな宗教の持つ種々の精神上あるいはモラル上の価値を尊敬をこめて認めることを拒否しようとは思わない。私たちは、こうした宗教とともに……共通のものであり得る理想を守り、その実現を促進したいと思う。こうした共通の理想を対象として私たちの方では話し合うことができる。そして私たちは誠実な相互の尊敬のもとに、こうした話し合いが好意的に受け容れられるところでは、機会を空しくすることはないであろう」（『エクレジアム・スアム』16項）。

諸宗教の道徳的で精神的な価値への尊敬にもかかわらず、「唯一の真の宗教」としてのキリスト教の排他性がはっきりと主張され、一九六五年の公会議そのもの（『信仰の自由に関する宣言』1項を参照）のなかでも、この同じ立場が継承されている。諸宗教に関して公会議によって作り出された精緻で微妙なニュアンスは、キリスト教の排他性を主張する教皇（あるいは教皇庁）の言明を和らげることはできなかった。

この主張を再確認する重大な機会は、現代世界の福音化に関する一九七四年の世界代表司教会議（シノドス）のまとめとして出された『福音宣教』（*Evangelii Nuntiandi*）とともに訪れる。福音化に関する他のテーマのなかにあって、この会議は宗教同士の対話についても触れ、この視点のなかで、宗教同士の対話にとって必要な基盤として役立つであろう非キリスト教的な宗教に対するキリスト教側からの評価についても触れている。率直に言って、教皇パウロ六世の使徒的勧告『福音宣教』（一九七五年一二月八日）は、むしろ諸宗教に対して消極的な評価を下していると言わざるを得ない。公会議文書によって宣言された非キリスト教的な宗教に対する教会の評価を思い起こした後で、教皇が次のように自身の見解を表明しているからである。

「自然宗教の最も高められたかたちを前にしても、カトリック教会は……福音化をとおして宣べ伝えるイエスの宗教性が、真に人類を神の生きた現存とわざを伴う神の計画のなかに包み込まれてゆくと考える。これによって人類が人間の方に身をかがめてくる神の父性の秘義に出会うことを可能にする。言い換えれば、私たちの宗教をとおして、神との真正な生きた関係が作られる。かつてそうであったように、他の宗教は、彼らの腕を天に向かって伸ばしたとしても、このようなことをもたらすことはできない[67]」。

人間の渇望への応答としてイエス・キリストの内に「人類の方へと身をかがめてくる神」に対して、「天に向かって腕を伸ばすイメージ」あるいは「自然宗教の最も高められたかたち」という発想を対置させつつ、イエスのみをとおして神との真正な生きた関係を真実に打ち立てるイエスの宗教性との差異――これらすべては、教皇が古典的なかたちで「成就の理論」を採り上げていることを明らかにした。ここでは、公会議のより洞察力に富んだ要素が消え去っている。回勅『エクレジアム・スアム』を発布した際には「対話の教皇」と呼ばれたパウロ六世であったにもかかわらず、この回勅『福音宣教』では宗教同士の対話については何一つ言及していない。

(2) 教皇ヨハネ・パウロ二世による見解

世界の諸宗教と教会との関係についてのキリスト教側の理解の基盤として、『キリスト教以外の諸宗教に対する教会の態度についての宣言』は個としての人間と民族のあいだに存在している二重の共通性を採り上げた。一つは、その共通の起源が神にあること、もう一つは人類に対する神の救いの計画による、神における共通の運命（『宣言』1項）、という二点である。公会議が示唆しているように、この神の計画はイエス・キリストをとおして神によって完成される。しかし、そこでは、この救いの計画と時代をとおして人類のあいだで働かれる神の霊の普遍的な現存と行為との関連については、何も述べられてはいない。

「諸宗教の神学」に対して、教皇ヨハネ・パウロ二世[註28]が成し遂げた唯一の貢献は、非キリスト者の宗教的生活と彼らが属する宗教的な伝統における神の霊の現存を肯定することを強調した点にある。教皇は、すでに最初の回勅『人間の贖い主』（*Redemptor Hominis*）（一九七九年三月四日）において「非キリスト者」の「堅固な信心」のなかに、「真理の霊の働き」を見ていた。そして、「時として非キリスト教信者奉者の強い確信は——神秘体の目に見える領域の外に働く真理の霊の結果なのではあるが——神から啓示され、教会から宣言された諸真理をしばしば疑い、道徳の原則を緩め、道徳的放縦主義に道を開きがちなキリスト信者を当惑させてはいないだろうか[68]」（『人間の贖い主』6項）、と問いかける。したがって、宣教の姿勢は常に、「人間のなかに存在するもの」（ヨハ2・25）である。つまり、最も深く、最も重要な問題に関して、人の霊の内奥にもたらされたもの、それらに対する周到な評価の気持ちをいだき始めることが肝要なのである。それは、「自分の想いのままに吹く」（ヨハ3・8）霊によって人の内側にもたらされたすべてのものを尊敬するという姿勢にもとづく。ヨハネ福音書3章8節は、教皇の筆致において、しばしば繰り返し引用された。もう一つはローマの信徒への手紙8章26節で、パウロが私たちの内にあって祈る聖霊について言及している箇所である。教皇は、このパウロの言葉をキリスト者であろうとなかろうと、あらゆる人が捧げ得る真正な祈りに適用する。

「ある人びとにとって、聖霊は偉大な知られざる者であるときでさえ、常に現実のなかにおいて活ける神として留まる。私たちは、人間の霊が祈りのなかに、この知られざる方に自分を開くとき、どこにいようとも人間の限界と弱さを知りながら、同じ霊のこだまを聴かせてくださり、私たちがどのように祈るべきかを知らないときでさえも、私たちに代わって『聖霊御自身が、言葉に表わせない呻きをとおして、私たちのためにとりなしてくださるのである』（ロマ8・26）と述べている。私たちの内で祈ってくださる神の霊の取り次ぎは、キリストの贖いの秘義の結実であり、その内においてすべてを包み込む御父の愛が世に示されているのである[69]」。

これらのテクストをとおして、同様の教えが次第に現われ始めた。すなわち、聖霊は世界に、他宗教のメンバーの内に、他宗教の伝統そのもののなかに現存し、働いている。たとえそれが知られざる神に向けられたものであったとしても、真正な祈り、人間の価値と徳、諸宗教の伝統のなかに隠されている智慧の宝、そして真の対話と他宗教メンバーとの真正な出会いがもたらされる。このように、霊の働きの現存の結実はたくさんある。

ここで、アシジで行われた「世界平和祈念の日[70]」（一九八六年一〇月一七日）の二か月後の一九八六年一二月二二日に、教皇ヨハネ・パウロ二世による、ヴァティカン聖省スタッフに向けてなされた重要な講話を紹介せずにはいられない。この講話は、人がどんな生活環境にいようとも、すべての人を一つに結ぶ、創造と贖いにおける人類の一致を基盤とした「一致の秘義」について語っていた。「根源的、根本的、決定的であるこの一致に賛成するとき、相違はそれほど重要なことではなくなる」(「講話――正義と平和」3項)。ある一つの点について教皇は、上記の文書のなかで、公会議のどの文書よりもより明白に語った。それは、他宗教伝統のメンバーの宗教的な生活のなかに、聖霊の働きの現存があるという点である。実に、教皇はアシジにおいて、「すべての人に知られる相違や分裂を超えて、私たちを結ぶ一致のすばらしい表明があったこと」を見ている。彼は次のように述べている。

「すべての真正な祈りは、私たちがどのように祈るべきかを知らないときでさえ、私たちのためにとりなしてくださる聖霊の働きの下にある。聖霊は言葉に表わせない呻きをとおして私たちのなかで祈り、そして人の心を読み取る方は、聖霊の想いが何であるかを御存知である(ロマ8・26―27を参照)。実に、すべての真正な祈りは、一人ひとりの心のなかに秘義的に現存する聖霊によって呼び起こされたものであることを主張しつづけるのである」(前掲「講話」11項)。

霊による救いの計画に関する最も明確なテクストは、聖霊についての回勅『聖霊――いのちの与え主』(*Dominum et Vivificantem*)(一九八六年五月一八日)のなかに見い出される。そこで教皇は、キリストの出来事以前に存在した聖霊の普遍的な働きについて明確に述べている。すなわち聖霊は、はじめから世界のいたるところで、そしてキリストの出来事の後、今日においても、教会の目に見える神秘体の外においても働いていると述べている。キリストの出来事以前に、霊の働きは、神の救いの計画によって、キリストに向かって秩序づけられ、定められていた。今日、教会外でも、この働きはキリストにおいて完成された救いの出来事の結果として継続されている。教皇は、神の恩恵のキリスト論的な内容と聖霊に関する神学の領域をこのように説明している[71](『聖霊』53項)。霊の普遍的な現存とその働きというテーマは、回勅『救い主の使命』[72]（*Redemptoris Missio*）（一九九〇年一二月七日）にも再登場しており、繰り返されている。このテクストは、霊の現存が個々人ばかりではなく諸宗教の伝統そのものにも影響を与えることを明確に述べ、次のように表明している。

「聖霊は特別な方法で、教会とそれに属する人びとに自らを現わす。しかし、聖霊の現存と活動は普遍的で、決して空間や時間によって限定されるものではない……聖霊は……人間の存在と宗教についての問いかけ、すなわち、偶然の状況によって引き起こされた問いかけではなく、人間の存在そのものから起こってくる問いかけの源泉そのものである。聖霊の現存と働きは単に個人に影響を与えるばかりでなく、社会と歴史、民族、文化と宗教にも影響を与える」（『救い主の使命』28項）。

しかし、神の霊の現存の働きを、諸宗教の伝統のメンバーばかりでなく、その伝統そのもののなかに認めるということが、これらの伝統の意義と価値についてのこの回勅の採り上げ方に積極的に影響を与えたのかどうかと問われると、答えは明確ではない。すなわち、結論は出されていない。

この点に関して、回勅が大胆に述べていることは、次の二つの文章に現われている。一つは、キリストにおける救いは、教会外にいる人びとにもある恵みの力によって得られるようになる。「この恵みは、教会との秘義的な関わりを持っているのだが、彼らを教会の正式の一員とするのではなく、彼らの精神的、物質的な状況に適した方法で光を与える」（『救い主の使命』10項）。もう一つは、「キリストの唯一で普遍的な仲介」を強調しながらも、この文書は「種々のさまざまな仲介が除外されることはない。それらは、キリスト御自身の仲介によってのみその意味や価値を受け取るのだが、キリストの仲介と同等のものであるとか、キリストの仲介を補うものであると理解されることはあり得ない」（『救い主の使命』5項）、と述べる一方で、「これらの種々異なる参与的仲介」という救いの秩序のなかでの可能性を認めている。このテクストのなかで熟考された「参与的な仲介」には、他宗教のメンバーの利益のために、この人びとが属する伝統も含まれているのかどうかは明白には述べられてはいない。この問題については、後で再び採り上げることにしよう。

実に、神の霊が諸宗教の伝統のなかに現存すると何度も繰り返し確認しているにもかかわらず、最近のいくつかの宣言のなかでは、教皇ヨハネ・パウロ二世は、教皇パウロ六世が『福音宣教』（53項）のなかで、「非キリスト教的な宗教」に下した評価を想い出させるような仕方で、「成就の理論」を採り上げている。つまり、使徒的書簡『紀元二千年の到来』（*Tertio Millennio Adveniente*）（一九九四年一一月一〇日）のなかで、教皇は次のように述べている。

「イエスは単に預言者のように神の名において語るのではなく、彼は肉となった永遠のみことばとして語る神御自身である。キリスト教を他のすべての宗教から区別する根本的な要素はここにある。他のすべての宗教は、初めの時代から言われつづけてきたように、人間が神を求める宗教である。キリスト教はその出発点をみことばの受肉の内に持っている。それは単に神を求める人間の側の探究ではなく、神が御自分の子供たち（人間）に語るために人間としてこの世においでになり、そして人間に御自分が歩んでこられた道を示された。受肉のみことばは、このように、人類のすべての宗教のなかに求められている現存の充満である。この充満は、神御自身によってもたらされ、すべての人間の期待を超えたものである。それは恩恵の秘義である。キリストにおいて、もはや宗教は盲目的なかたちでは神を求めない（使17・27）。しかし、御自分を啓示された神に対する信仰の応答であり……キリストは世界中の宗教の熱望の充満であり、唯一、決定的な完成である」[73]（『紀元二千年の到来』6項）。

このテクストは、イエス・キリストとキリスト教のなかに他宗教の成就を見ている。すなわち、それは、諸宗教の伝統のなかで表明される人間の普遍的な神探究への応答として、受肉した独り子の内での神の自己交流において成就される。言い換えれば、人類の自然的で宗教的な渇望と出合う神の啓示と恩恵という意味においてである。古典的なかたちでの「成就の理論」がここに再び引き合いに出された。ここには、それがいかに不完全なかたちではあっても、他宗教の伝統そのもののなかに、人類に向かう最初の神の先導を認める余地はなく、信奉者の救いの秘義の内に、その宗教的な伝統の持つ積極的な役割を認める余地もない。まさに、キリスト教的な「道」こそが「神が人間に向かう唯一の道」とされている。

私たちはここにきて、教皇庁の諸宗教対話評議会および福音宣教省との協働成果として出版された『対話と宣言──諸宗教同士の対話とイエス・キリストの福音の宣言をめぐる若干の考察と指針』（一九九一年五月一九日）のなかに見る諸宗教の伝統の持つ積極的な役割を確認する段階に辿り着いた[74]。「諸宗教の伝統に対するキリスト教からのアプローチ」（『対話と宣言』14─32項）と題される文脈──他宗教のメンバーとその伝統に関する教会の初期の公式文書──は、イエス・キリストにおける救いの内にあって、諸宗教の伝統が果たす役割について、教会文書のなかでこれまで言われていたことを超えてゆく重要な箇所を示している。

「この一致の秘義によって、救われるすべての人が、異なる方法ではあっても、聖霊をとおしてイエス・キリストによる同じ救いの秘義にあずかるということが出てくる。キリスト者は信仰によってこのことを知っているが、他の人びとはイエス・キリストが自分たちの救いの源であることを知らない。救いの秘義は、神の知っている方法で、キリストの霊の目に見えない働きをとおして彼らにおよぶ。具体的にいえば、他の諸宗教の信奉者たちは、自分たちの宗教的な伝統に含まれるよいことを誠実に実践することや自分たちの良心の声に従うことによって、積極的に神の招きにこたえ、イエスを自分たちの救い主としてまだ承認していなくとも、イエス・キリストにおいて救いを受ける」[75]（『対話と宣言』29項）。

これが書かれた状況や背景を考え合わせると、理由がないわけではないが、疑いもなくこの記述は慎重なものである。[76]にもかかわらず、ここではその宗教のメンバーの救いの際に宗教伝統の持つ「参与的な仲介」を、教会の権威が初めて認めたのであるから、ためらいながらもそこに門戸が開かれたように思われる。この言明をもって、私たちは「成就の理論」から、「諸宗教の伝統そのものの内にイエス・キリストの秘義が働く現存の神学」へと決定的な移行を見たように思う。[77]

第二ヴァティカン公会議と公会議後の文書に関する私たちの概観は、教会の教えが、一枚岩でもなく、単なる小片でもないことを示すのに、ある程度の成功を収めた。一つの文書から他の文書へ、異なる展望と同様、異なる暗示と意味の色合いが、互いに多少かけ離れているのが見い出される。最近の諸宗教に関する公式の教えは、より発展したり、後退したり、曖昧になったりと常に変動している。諸宗教に関して、最近の回勅における単一の神学的な視点が継続的に存在していると主張するのは間違いであろう。むしろ、さらに種々の展開があるようにと門戸を開く異なる立場があると認識したほうがよいと思われる。この言明、あの主張などの正確な意味や重要性を決めるのは容易なことではない。ともかく、右記の短い検証からは、次のような結論を引き出すことが可能なように思われる。

公会議の言明の関連箇所は、論争の対象となっている問題を脇に押しやることなく、他宗教に対してある種の心の開きを示し、そこには限界はあるが、それに先立つ教会の公式文書には例を見ないものとなっている。公会議は、他宗教の伝統の内にそのメンバーの救いの道を公式に認めることはなかった。しかし公会議は、人間の価値を肯定的に捉えたばかりでなく、「諸民族のあいだの隠れた神の現存を介して」（『教会の宣教活動に関する教令』９項）、「真理と恩恵」の要素を諸宗教の伝統の内に認めたとき、暗示的にではあっても、救いのための道を認める方向に移行した。

公会議後の回勅については、ある種の曖昧さによって特徴づけられる。教皇パウロ六世は、公会議前の伝統のなかで理解されていた「成就の理論」を明確に踏襲した。そして、教皇ヨハネ・パウロ二世は、原則的には、諸宗教の伝統自身の内に、神の霊の普遍的な働きの現存を強調し、この点に関してはより積極的で、より広い展望に向けて偉大なる特徴を示している。しかし、それにもかかわらず、公会議前の「成就の理論」についての理解を明確には乗り越えてはいない。

『対話と宣言』というヴァティカンからの唯一の公式文書だけが、他宗教のなかで、その伝統の実践をとおして、その宗教のメンバーに神の恩恵と、イエス・キリストにおける救いが与えられることを、慎重にではあるが確かなものにした。これが、公式の教義によって私たちがたどり着くことができる頂点であり、さらなる進展はない。次の章の役割は、この点に関して神学的な議論が継続していること、特に第二ヴァティカン公会議以降のキリスト者のあいだでの議論、そして極端な立場を採る議論も含めて、実質的にはいままでの思索よりも広くかつ多様性のある議論を示すことにある。現在行われている神学的な議論の根底にある意見の全体像が吟味されなければならない。

第２章　原註

（40）　Cf. J. Danielou, *The Salvation of the Nations* (Notre Dame, Ind: University of NotreDame Press, 1962), *The Advent of Salvations* (New York: Paulist Press, 1962), *The Lord of History: Reflections on the Inner Meaning of History* (London: Longmans, Green, 1958), *Holy Fagans in the Old Testament* (London: Longmans, Green, 1957), *Gospel Message and*

Hellenistic Culture (Pahiladelphia:Westminster Press, 1973), The Faith Eternal and the Man of Today (Chicago; Franciscan Herald, 1970).

(41) Cf. Danielou, *Holy Pagans in the Old Testament*.

(42) Cf. D. Veliath, *Theological Approaches and Understanding of Religions: Jean Dnielou and Raimundo Panikkar: A Study in Contrast* (Bangalore: Kristu Jyoti College, 1988), 76

(43) Danielou, *The Lord of History*, 115-16, 118-19·

(44) H. de Lubac, *Aspects du Bouddhisme*, 2 vols. (Paris: Seuil, 1951-55), idem, *La rencontre du Bouddhisme et de l'Occident* (Paris; Aubier, 1952).

(45) H. de Lubac, *Surnaturel: Etudes historiques* (Paris: Aubier, 1946), idem, *The Mystery of the Supernatural* (London: G. Capman, 1967).

(46) H. de Lubac, *Catholicisme: Les aspects sociaux du dogme* (Paris: Le Cerf, 1952), 107-10.

(47) As early as *Le fondement théologique des missions* (Paris: Seuil, 1946), de Lubac wrote: "In the many diverse religions… a similar trend emerges, a similar yearning is expressed which, under the divine light, we are able to discern. Borrowing the language of the Bible and the fathers of the church, we may say that every soul is naturally Christian. Not in the sense that it would already possess an equivalent or, as it were, a first 'stage' of Christianity, but because in the depth of that soul the image of God is shining, or rather, because the soul itself is that image, and, longing as it is to be reunited of the world, if, being truly supernatural, it transcends all human endeavor, it must also gather in itself the human longing of the whole world"(71-72). And he added in a note: "Christianity does not come to add something to the human religious, except as the solution adds to the problem, or the goal to the race…It comes to straighten out (the human religious endeavor), to purify it, to transform it so that it may reach its goal. Christianity is the religion that effectively unites man to God"(n.1).

(48) H. de Lubac, *Paradoxe et mystère de l'Eglise* (Paris: Aubier-Montaigne, 1967). Cf. the chapter entitled "Les religions humaines d'apres les Pères," 120-63.

(49) Cf. P. Teilhard de Chardin, *Comment je vois* (1948), n. 24, cited by de Lubac, *Paradoxe et mystère de l'Eglise*, 145.

(50) Cf. U. King, *Towards a New Mysticisme: Teilhard de Chardin and Eastern Religions* (New York: Seabury Press, 1980).

(51) P. Teilhard de Chardin, *Science and Christ* (New York: Harper and Row, 1965), 34-35.

(52) The theme has been formulated by K. Rahner in various essays contained in the *Schriften zur Theologie*, 16 vols. (Einsiedeln: Benzieger Verlag, 1961-84). English edition in *Theological Investigations*, 21 vols.(London: Darton, Longman&Todd, 1961-88). It has been reformulated in a more synthetic way in *Foundations of Christian Faith*: *An Introduction to the Idea of Christianity* (London: Darton, Longman & Todd, 1978).

(53) K. Rahner, "History of the World and Salvation History," in *Theological Investigations*, 5:97-114.

(54) Rahner, *Foundations of Christian Faith*, 306.

(55) K. Rahner, " Christianity and the Non-Christian Religions," in *Theological Investigations*, 5:128-29.

(56) K. Rahner, "Anonymous Christians," in *Theological Investigations*, 6:390-98.

(57) R. Panikkar, *The Unknown Christ of Hinduism* (London: Darton, Longman&Todd, 1964).

(58) Especially in the revised and enlarged edition of *The Unknown Christ of Hinduism*, entitled *The Unknown Christ of Hinduism: Towards an Ecumenical Christophany* (London: Darton, Longman&Todd, 1981); also *The Intrareligious Dialogue* (New York: Paulist Press, 1978); idem, *Salvation in Christ: Concreteness and Universality: The Supername* (Santa Barbara, Calif, 1972). In "A Christophany for Our Times" (*Theology Digest* 39, no.1 [1992]: 3-21), Panikkar rejects the accusation, made against him by some theologians, of distinguishing a universal Christ from the Jesus of history. The clarifications made in that article notwithstanding, there remain some ambiguous formulations.

(59) R. Panikkar, *The Unknown Christ of Hinduism: Towards an Ecumenical Christophany*, 19-20.

(60) Further precisions on other recent developments in Panikkar's theology of religions are left for subsequent chapters.

(61) K. Rahner, "Christianity and the Non-Christian Religions," in *Theological Investigations*, 5:115-34.

(62) P. F. Knitter, *No Other Name ? A Critical Survey of Christian Attitudes toward the World Religions* (Maryknoll, N.Y.: Orbis Books, 1985), 124.

(63) K. Rahner, "On the Importance of the Non_Christian Religions for Salvation," in *Theological Investigations*, 18:288-95.

(64) H. Maurier, "Lecture de la Déclaration par un missionaire d'Afrique," in *Les relations de l'Eglise avec les religions non-chrétiennes*, ed. A.-M. Henry (Paris: Cerf, 1966), 119-60, cf. 133-34.

(65) J. Dupuis, *Jesus Christ at the Encounter of World Religions* (Maryknoll, N.Y.: Orbis Books, 1991), 98.

(66) *AAS* 56 (1964): 655; J. Neuner and J. Dupuis, eds, *The Christian Faith in the Documents of the Catholic Church* (2001), n. 1029. 邦訳『エクレジアム・スアム』中央出版社、3章16項より引用。

(67) Text in *AAS* 68 (1976): 41-42; Neuner and Dupuis, eds., *The Christian Faith in the Documents of the Catholic Church*, n. 1036.

(68) Text in *AAS* 71 (1979): 257-347; Neuner and Dupuis, eds., *The Christian Faith in the Documents of the Catholic Church*, n. 1037.

(69) Message of John Paul II to the inhabitants of Asia (Manila, February 21, 1981), n. 4. Text in *AAS* 73 (1981): 391-98; Neuner and Dupuis, eds., *The Christian faith in the Documents of the Catholic Church*, n. 1040.

(70) The texts on the Day of Prayer have been published by the pontifical commission "Justitia et Pax," in *Assise: Journée mondiale de prière pour la paix (27 october 1986)* (Citta del Vaticano, 1987). The text of the pope's address is found on pp.147-55. It is also found in *Bulletin* (Secretariat for Non-christians) 64, no. 2 (1987): 54-62.

(71) Text in *AAS* 78 (1986): 809-900; Neuner and Dupuis, eds., *The Christian Faith in the Documents of the Catholic Church*, n. 1048.

(72) Text in *AAS* 83 (1991): 249-340.

(73) Text in *AAS* 87 (1995): 8-9.

(74) Text in *Bulletin* no. 77: 26, no. 2 (1991): 210-50.

(75) In *Bulletin*, ibid. 223; Neuner and Dupuis, eds., *The Christian Faith in the Documents of the Catholic Church*, n. 1059.

(76) For a critical study and an account of the genesis of this document, in addition to a theological comparison between the encyclical *Redemptoris Missio and Dialogue and Proclamation*, cf. J. Dupuis, "A Theological Commentary: Dialogue and Proclamation," in *Redemption and Dialogue*, ed. W.R.Burrows (Maryknoll, N.Y: Orbis Books, 1993), 119-58; idem, "Dialogue and Proclamation in Two Recent Documents," *Bulletin* no. 80: 27, no. 2 (1992): 165-72.

(77) The Document of the International Theological Commission entitled "Le Christianisme et les religions" (1997) is not taken up in this chapter, because it does not form part of the church's magisterium. It will occasionally be mentioned in subsequent chapters. The text has been published in French under the title *Le Christianisme et les religions* (Paris: Centurin-Cerf, 1997). An English translation is found in *Origins* 27 (1997-98): 149-66.

第３章　最近の神学におけるキリスト教と諸宗教

――現代の視点Ⅱ（神学）――

「教会と非キリスト教的な諸宗教との関わり」について集中的に焦点を当てて考察がなされたのが第二ヴァティカン公会議であった。教会のもつ自己の独自性とその固有の使命についての譲れない制限をつけた上で、教会は他宗教との互いの尊敬と協力を育むことを望んだ。議論に際して、前もって譲ることのできない要素が教会側にはあった。それは、人類が救いを見い出すことができるのはイエス・キリストの「唯一性」においてであり、またイエス・キリストにおける救いの普遍的な秘跡としての代替不可能な教会が持つ役割である。

伝統的なキリスト教信仰についてのこれらの根本的な要素によって設けられた制約のなかでは、従来の教会の立場とは異なる視点としての諸宗教の神学にもとづくような立場と議論する余地は非常に狭められてしまったように思えた。「教会外に救いなし」という古い公理の厳密な解釈は（一九四九年に教皇ピオ一二世が施したように）明確に斥けられた後、そこには二つの道が残された。――これはすでに前章で扱われ、公会議のあいだにカトリック神学の立場として提案された。この二つの道に関して、公会議は公式にはどちらも採用しなかった。しかし、ともかく、いままでよりは、より肯定的な見方のほうに傾き、少なくとも神学的な議論に余地を残した。

これに関する神学的な議論は、実際ある程度の期間、公会議が考えていた以上にはるかに広い範囲で行われた。

当時のカトリック神学者に広く支持されていた立場を超えて他に目を移して時代を遡ると、そこには種々のキリスト教的な伝統に立脚する神学者たちによって支持された幅広い意見を見い出すことができる。これらの意見の両極端には、一方に、カール・バルトの「弁証法神学」があり、他方、これと対立する「革新的な神学」がある。近年、この種の幅は狭くなるどころか、議論は進展しつづけ、かえってその幅を広げている。今日、諸宗教の神学に関する議論は、神学的な議題の主要部分を占め、このテーマに関する著作は留まるところを知らずに溢れかえっている。

この議論について、今日置かれている状況について、これからこの章で考察したい。私たちの意図は、これまでの諸宗教の神学への構築に対する努力を支配してきた主な「パラダイム」と宗教的多元主義の実体を解明することにある。言い換えれば、現在提案されている諸説に従って、キリスト教も含めた種々の宗教が互いにいかに関わり合っているかについて、その基盤となる展望や明確な原理を確定することにある。

この議論を始める前に、いくつかの術語の正確な意味について明らかにする必要がある。ここで言う、「パラダイム」(paradigm)という術語は、意図的に「モデル」(model)という術語とは対立的な意味で使うことにしたい。後者も、またこの章では、しばしば使うことになる。その区別が大事である。簡単に言えば、次のようになる。「モデル」は描写的で、完全に、あるいは明確に定義することなしに、ある事実や現実のさまざまな側面に注意を向けさせる。そしてその結果として、種々のモデルは互いに排除することなく、むしろ互いに補い合い、関連する現実を総合的に見るために結び合わされる必要がある。これに対置されるものが、「パラダイム」が関わるケースである。「パラダイム」とは、物事を理解する原則である。つまり現実を解釈する総合的な鍵のことである。これらは互いに対立し、排除しあうものである。例えば、プトレマイオスとコペルニクスの世界観を同時に是認することは不可能である!(後で採り上げるように、これら二つの比較は適切である)。したがって、もし一つのパラダイムが役に立たないと判断されれば、それを捨てて他のパラダイムに「転換」することになる(新しいパラダイムへと乗り換えてゆくこととなる）。私たちの現在のケースにおいては、二つのパラダイムのあいだには、ある意識された矛盾があり、あらゆる「パラダイム転換」には必然的な結果として、先のパラダイムの否定が伴うということを念頭に置くことは重要である。

　最近の多くの著者はこれについて三部分からなる分類の手法を用いる。彼らは三つの基本的な展望――①教会中心主義、②キリスト中心主義、③神中心主義――を挙げ、それぞれに該当する三つの立場として、それぞれ、①排他主義、②包括主義、③「多元主義」[78]を区別している。これらの区別は、二度のパラダイム転換を生み出す。この主題に関するさらなる議論はより新しい分類を生み出す原因となっていることも付け加えなければならない。後で採り上げるように、これらは右記の定義の意味において、新しいパラダイム転換を提案しているわけではなく、異なる宗教それぞれの価値を評価するための新しいモデルを提案しているのである。これらの、より最近の展開とこの展開が生み出した見解の新しい分類については後で評価されなければならない。

　この章の課題は、諸宗教の神学がどのような圧力のもとで二重のパラダイム転換、すなわち、第一の転換として「教会中心主義」から「キリスト中心主義」へ、つづいて第二の転換として、「キリスト中心主義」から「神中心主義」へ、という二回の転換が行われたのかを説明することにある。同様に、より最近の議論において、異なる宗教の評価への新しいモデルがいかにして加えられていったかを示すことにある。この新しい議論は、はじめは諸宗教の神学についてのすべての議論の中心にあったキリスト論的な問題――正しいか誤りかは別として――が多くの人にとっては急激に議論の縁に追いやられてしまうように見えることを明らかにする。したがって、この傾向についても議論する必要があり、それはキリスト者の立場から、キリスト論的な問題はいまもこの議論の中心であることを示さなければならない。最終的には、そのための適切なモデルはキリスト教も他宗教も含めて諸宗教の総合的な神学として追求されなければならない。

1　パラダイム転換（Paradigm Shifts）

(1)「教会中心主義」（Ecclesiocentrism）から「キリスト中心主義」（Christocentrism）へ――第一の転換

第一のパラダイム転換については、簡単に述べるにとどめる。私たちはすでに、バルト学派による、宗教に対する否定的な断定、諸宗教に関しては断固とした態度をすでに想い起こした。カール・バルトの弟子である、例えば、ヘンドリック・クラメル(79)〔註29〕は、彼らが実際の宣教活動において出合った諸宗教について「弁証法神学」を適用した。救いは教会において宣言されているイエス・キリストへの信仰をとおしてのみ得ることができるがゆえに、「非キリスト教的な宗教」はせいぜい自己義化のための無益なる人間的な試みにすぎない。

エルンスト・トレルチ〔註30〕やアーノルド・トインビー(80)〔註31〕のような宗教史家によって提示された革新的な立場に対して、猛烈に反対したのはカール・バルトだけではない。ほかにも例えば、エミール・ブルンナー〔註32〕は相違こそあるが、この点についてはカール・バルトに非常に近い見方をしている(81)。

プロテスタントの新正統主義者たち（Neoorthodoxy）のすっかり過去のものになった排他主義の立場は考慮される必要はない。今日でさえ福音派の流れのなかにある程度生き残っているものではあるが、最近の著書で明らかなように、ネトランド(82)〔註33〕、クラーク〔註34〕とウインター(83)〔註35〕がおり、また組織レヴェルとしては一九七四年に開かれた、世界福音主義国際会議から出された「ローザンヌ規約」、一九八九年同じ組織から出版された「マニラ宣言」などがある。

「マニラ宣言」は、「救いがキリスト以外に見い出されるとか、信仰をとおしてキリストの働きを明確に受け容れなくても救いを得られる、ということにはその根拠がない」(84)と述べている。

まったく同様な立場を採る人に、カトリックの著者もいる。一つの例として、ストラーレン[註36]がいる。彼は最近の著書で、「教会は救いを得るためには、人は福音を受け容れ、偽りの神を捨て、御自身をイエスにおいて現わしたアブラハム、イサク、ヤコブの生ける神に向かわなければならないと常に教えてきた」(85)と述べている。救われるためには、イエス・キリストにおける明確な信仰が必要であると言っているのと同じである。このような言明は、排他主義的なパラダイムを想い起こさせるが、これは教皇ピオ一二世の下で教皇庁から出された一九四九年の書簡のなかではっきりと拒否されている(86)。

「教会中心主義」から「キリスト中心主義」へのパラダイム転換は、事実、大きな意義のある転換であり、重大な結果を引き起こした。それは諸宗教の神学（包括主義対排他主義）ばかりでなく、神学全体にその影響をおよぼした。教会は教会を根本的に「脱中心化」し、そのことはイエス・キリストの秘義を教会自身の軸に、「再中心化」することを意味する。実に、教会ではなくイエス・キリストがキリスト教の秘義の中心であり、教会はこの秘義から生まれ、この秘義との関係のもとでのみ存在理由があることになる。極端な例として「教会外に救いなし」という公理が生まれた背景としての、最大の「教会中心主義」的な傾向を神学がもし避けたいと願うなら、このような「教会の脱中心化」と「イエス・キリストの再中心化」は不可欠である。狭い「教会中心主義」的なアプローチは、より広い「キリスト中心主義」にその場を譲らなければならない。

諸宗教の神学のために、「排他主義」から「包括主義」へのパラダイム転換は、救いに関してイエス・キリストの持つ役割と教会の役割を明確に区別することを主張する。イエス・キリストと教会は決して同じレヴェルのものではないし、決して同じレヴェルに置かれてはならないものである。

新約聖書において、イエス・キリストは神と人間とのあいだの「唯一の仲介者」である（一テモ2・5、ヘブ8・6、9・15、12・24）。救いの秩序のなかで、教会にいかなる役割が与えられていようとも、イエス・キリストの役割と同じものとして位置づけることは決してできないし、同じ必然性を教会に帰することは決してできない。このことは、あまりにも狭い「教会中心主義」的な視野を超える必要性を明確に指し示している。

誤った展望である「教会中心主義」の上に諸宗教の神学を構築することはできない。キリストの秘義から生まれ、キリストの秘義に全面的に結びついている教会は、他の人びとの救いを計る物差し、つまり基準になることはできないのである。脱中心化された展望のなかで、諸宗教とそのメンバーとの関係において教会にはどんな役割があるのか、この問題は後で採り上げることとする。

(2)「キリスト中心主義」から「神中心主義」（Theocentrism）へ——第二の転換

諸宗教の神学に関する最近の議論を眺めれば、第二のより「革新的なパラダイム転換」を主張し、それを進展させようとする研究者が数多くいることがわかる。包括主義者にとって、「キリスト中心主義」は、多元主義とも呼ばれる「神中心主義」の展望と対立している。ここで採り上げられている術語の意味とパラダイム転換は明確に説明されなければならない。パラダイム転換においては、前のパラダイムは拒否されるのが常である。したがってここでは、伝統的にはキリスト教信仰として理解されていた、救いの秩序におけるイエス・キリストの中心性が拒否されることになる。

こうした著者たちは、神学的な展望の中心に教会を据えるという見方ばかりではなく、そこにイエス・キリストの秘義を据えることも断念したいと考える。この新しい展望においては神のみを中心に据えることになる。「多元主義」という術語は、イエス・キリストの単一で普遍的で本質的な仲介の代わりに、中心である神に導いてゆく数多くの「道」または救済者を据えるという意味をもつ。キリスト教も含めて、種々の宗教は神へと通じる多くの道であり、それぞれ異なるが、同じ価値と有効性を持っている。そのおもな理由は以下のとおりである。

もしキリスト教が真摯に他宗教との対話を求めるなら――対話は同じ立場でのみ追究できる――まず初めに、救いの「本質的な要素」としてのイエス・キリストの人格とそのわざに対する唯一無比のいかなる主張をも断念しなければならない。いかにも、この立場は、種々の解釈の可能性を開く。ある人びとによると、普遍的な救いがイエス・キリストの人格とそのわざに依存しているという意味で、イエス・キリストは救いの「本質」ではないが、人間と神との関係の最も完全な象徴、さらに理想的なモデルとして「規範的なもの」として留まるとされる。

他の人びとは、イエス・キリストは本質的でも、規範的でもないと主張する。規範としてのイエスの立場を採る代表者としては、トレルチとパウル・ティリッヒ[註37]の名前を挙げることができる。[87] そして、「プロセス神学者」(process theologians) の一人であるジョン・B・カブ[註38]やオグデン[88][註39]の名前を挙げることもできる。その他の人びとにとっては、イエスは「本質的」でも「規範的」でもない。この極端な立場を採る第一人者としては、間違いなくジョン・ヒック[註40]の名前が挙げられる。

ヒックの立場は、革新的という意味で理解される神学的な多元主義の代表格と言われるので、ここでそれについて少し説明するだけの価値はある。[89] ヒックは、キリスト論において「コペルニクス的革命」を主張している。それは伝統的な「キリスト中心主義」の展望から、新しい「神中心主義」の展望への動きを伴う、特別な意味でのパラダイム転換からなる革命であるとされている。

「コペルニクス的革命」という表現は、ことの由来としては、いまや時代遅れとなり捨てられた宇宙を説明する一つの体系から、実際的に、現実に呼応する他の体系への移行として採り入れられたものである。これはプトレマイオスの宇宙理解の体系がコペルニクスの宇宙理解の体系によって取って代わられたときに起こった移行である。何世紀ものあいだ、太陽が地球の周りを回っていると信じられていたが、ついにガリレオやコペルニクスによって実際は地球が太陽の周りを回っていることが発見された。同様に、何世紀もの間、他宗教がキリスト教を中心に考察されてきたが、今日、実際にはキリスト教も含めてあらゆる宗教は神を中心に考察されなければならないという意味である。このようなパラダイム転換の発想に当てはめて、ヒックは、いまや必然的に、キリスト教ばかりではなく、イエス・キリスト御自身の唯一無比性に関するいかなる主張も断念せざるを得ないと考えている。

ヒックは排他主義と「多元主義」の中間の立場としての包括主義、例えばカール・ラーナーのような立場を示す神学的な著作を決して無視しない。しかし、それでもヒックは、人間性の救いのためのイエス・キリストの出来事の「本質的」な意味と、他宗教の伝統の価値――この他宗教の伝統はさまざまな人間文化の歴史への神の介入および、そのメンバーのための「恩恵の要素」と救済のための媒体を示すが――を結び合わせる包括的で開かれたキリスト中心主義の上に、諸宗教の神学を構築しようとする最近の数多くの（特にローマ・カトリック教会の立場）神学者のすべての努力を真剣に考慮する価値はない、として除外する。実にこれらのあらゆる努力は、旧式な科学によってある種の扱いにくい現象をプトレマイオス体系に無理に押し込めようとする無駄な努力によって造られた「周転円」にたとえられる。このプトレマイオス体系にもとづく周転円が最後には崩壊し、コペルニクス革命の余地を生むことになった。キリスト論におけるコペルニクス革命はヒックが発展させようとしたものであるが、すべての包括主義的なキリスト論をあたかも役に立たない時代遅れのプトレマイオスの周転円と同様のものとして拒否する。

こうして、今や諸宗教の神学の流れのなかで生き残っている唯一のものは、「神中心的な多元主義神学」であるだろう。この神学は、あらゆる現象の意味を明らかにし、いかなるキリスト教の特権的な主張をも認めない。例えば、イエス・キリストに付与されている普遍的な役割などを超え、最終的にはまったく同等の立場で行う宗教同士の対話を樹立しようとする。

さらにヒックの考えていたことは、そのスローガンが証しする、ある種の戦闘的な態度を誇示する思想学派の誕生を促したことも書き留めておこう。コペルニクス的な革命によるパラダイム転換に伴って、たいていの人はジュリアス・シーザーが「賽は投げられた」と言ってルビコン河を渡ったという話を想い起こすはずだ。この場合の「ルビコン河を渡る」とは、排他主義者の主張ばかりではなく、キリスト教およびイエス・キリストの規範性をも含めて、いかなる主張をも捨て、諸宗教のあいだに同じ意義と価値を認めることを明確に意味している。[90]もしイエス・キリストの内に何らかの普遍性があるとすれば、彼のメッセージが一般の男女の熱望を引きつけるものであったことのみで事足りる。もちろん、他宗教の救済者もこの種の同じ魅力を持っているということができる。

2　さらなるモデルとそれを超えるもの

(1)「神の国中心主義」(Regnocentrism) および「救済中心主義」(Soteriocentrism)

「神中心主義」パラダイムへの主な反論の一つは、西半球の一神教や預言的な宗教に近い、絶対的な真実在(Absolute Reality) の概念の無批判的な仮定に関係がある。しかし、それはまったく東洋の神秘主義の伝統からは遠くかけ離れたものである。多様な宗教の相違にもかかわらず、あらゆる宗教が同じ神の下にいかに結集されるかを示そうとして、神について予想される観念(アイディア)が、あらゆる宗教に押し付けられる。このような反論は、「神中心的な多元主義」に対してさらに進んだモデルを提案するよう要請するが、しかし、それは単に同じパラダイムの上に立つ、形を変えた新しいモデルでしかない。

ヒックは新しく「実在中心」[91]（Reality-Centeredness）のモデルを提案している。すなわち、すべての宗教はそれぞれ異なる方法で、彼らが「中心的な実在」（Central Reality）あるいは「神的な絶対性」（Divine Absolute）として眺めているものへと方向づけられているという説である。この普遍的な探究を分かち合うことによって、すべての宗教伝統は、それぞれの相違をかかえながらも同じ価値を持っている。一つの宗教が他の宗教に優るわけでもなく、特別な神の啓示の権限を持つわけでもない。「究極的な実在」は最終的に神的な存在が（一神教の伝統で考えられているように）人格的でもなく（非一神教で考えられているように）非人格的でもないという事実を意味する。キリスト教について、前に用いた「神話」という概念は、ヒンドゥー教のブラフマン（Brahman）、イスラム教のアッラー（Allaha）、ユダヤ教のヤーヴェ（Yahweh）、キリスト教のアッバ[92]（Abba）のように異なる宗教のなかで、異なる形で知られていることは考慮されず、究極的で神的な存在の観念（the idea）にも応用される。「天におられる私たちの父よ」という祈りについて語ることは、キリスト教の秘義の中心にあって、それは「実在」（the Real）そのものであることを意味している。

ヒックは、したがって、いまや人間の知識と神聖な現実のあいだのいかなる交流も否定する。彼は、宗教的な言語が形式的でうわべだけの機能しかもっていないと考えている。実在そのもの（the Real an sich）について私たちは実に何も知らない。私たちの意識は単にその現実の現象のみにアクセス可能なのである。しかしながら大切なことは、すべての宗教は――彼らの特徴となる言語が何であれ――愛と慈悲とを養う最高の実在（the supreme Reality）を探すために、人びとが自分自身から出て行くよう鼓舞するものであり得る。神に当てはめてみると、「神話」という概念は神中心のモデルを中心からはずして「実在中心」への道を開く。この救済論的な鍵としては、すべての宗教は、人が自己中心的な態度から「実在中心」へと変容させる力を持っているということである。一神教であれ多神教であれ、すべての宗教伝統は「脱神話化」のプロセスを通らなければならない。それによってどのような宗教も「実在そのもの」への特権的なアクセスを持っているという主張は見られなくなるであろう。

神中心的なパラダイムに向けられた反論に直面した後に、ポール・ニッター（P. Knitter）は、より実際的で具体的な方法で対処した。彼は神中心的なモデルが、「神の国中心主義」（regnocentrism）または「救済中心主義」（soteriocentrism）と呼ぶモデルに取って代わられることを提案している。[93] ニッターは、あらゆる宗教は救いと人間解放のメッセージを提供すると考えている。目的が理解され追求される道は多様でも、あらゆる宗教はその信奉者のための救いの道となり得る同じ可能性を共有している。この道を評価する規準は、奴隷状態や抑圧の原因になるのでなく、むしろ、人びとの解放に対して実際どれだけ貢献しているのかによる。このことは、特にキリスト教の言語においては、あらゆる宗教は世界における神の国の現存の目に見えるしるしに向けられているという意味になるであろうが、それは非常に限られた水平的な仕方の理解である。すなわち、あらゆる宗教は人びとのあいだにある神の国の成長のためにいろいろ異なる角度から貢献することができるのであり、そうすべきである。

最近、ニッターは解放のモデルをさらに発展させた。彼は二重の関心事、すなわち、解放の実践と宗教同士の対話を密接に結びつけている。[94] 彼が主張する救済（soteria）は、「環境――人間のよりよき保全」（eco-human well-being）のために種々異なる宗教伝統の世界的な責任とその献身の協働を呼びかける。諸宗教の神学は、もはやキリストの出来事を中心に据えたものではなく、歴史を通じて築き上げ、終末の時代における完成を目指した神の国の上に構築されると説く。注目されるべきものは、もはや過去のものではなく未来に関わることである。神と神の国が、キリスト教も含めて諸宗教が共通の方向として共に向かってゆく歴史の到達点である。

神の国のモデルのことを、神中心的なモデルの新しい形としてニッターは理解していた。この説には、他宗教の信奉者がすでに歴史のなかにおける神の国のメンバーであり、キリスト者とともに終末の完成に向けて神の国の成長を助けるという利点がある。この点については、後でまた採り上げなければならない。しかしながら、このようなモデルは、一神教的な宗教にふさわしい神の概念に言及しつづけるという事実以外は、伝統的なキリスト教信仰にとって、キリスト論的なパラダイムからのパラダイム転換を主張しないし、主張することもできない。もしそれを主張するのであれば、次の三つのことを無視することになる。すなわち、神の国がイエス・キリストとキリストの出来事において歴史のなかに突入したこと。次に、他宗教のメンバーが歴史的に現存する神の国を分かち合うのは復活されたキリストをとおしてであること。そして最後に、あらゆる宗教のメンバーが集められる終末的な神の国は、主イエス・キリストが最終的に自分の御父に返す神の国（一コリ15・28）であること。「神中心主義」と「キリスト中心主義」は本質的に異なるパラダイムなのではない。さらに、「神の国中心主義」と「キリスト中心主義」も異なるものではない。それは逆に、同じ現象の分離できない側面なのである。

⑵「ロゴス中心主義」（Logocentrism）および「聖霊中心主義」（Pneumacentrism）

キリスト中心的なモデルに取って代わる可能性のあるものとして、今日、提案されているモデルのなかには、世界と歴史における神のみことばの普遍的な働きの現存と神の霊の普遍的な働きの現存があり、これについては説明が必要である。これらのモデルのなかに、ロゴス（Logos）とプネウマ[95]（Pneuma）、すなわち、神の「みことばと霊」（the divine "Word and Spirit" of God）――これはリヨンの聖エイレナイオス[註41]が、神がその仕事を果たすうえでの「神の両腕」（the "two hands of God"）として表現したものであるが（『異端駁論』第四巻七章四項 *Adv. Haer.* IV. 7. 4）――この二つは歴史性と特異性を超越し、その固有の独立した働きは、イエス・キリストにおける神の救いの計画に代わり、二つの救いの計画の本質を構成する自立し、独立するものとして見られ、キリストの出来事から切り離される傾向がある。

神のみことば（ロゴス）に関しては、啓示されたメッセージそれ自身が歴史をとおして働くみことばの普遍的なわざの証人と見られている。旧約時代から新約時代を経て発展してゆく救いの歴史の流れが初代教会の歩みにつながり、その後に登場した護教論者（Apologists）の伝承がこれに類似している。結論は、いかなる出来事、いかなる状況においても、救うのは「神のみことば」であって、つまり、正確には「肉となった神のみことば」なのである。すなわち「イエス・キリスト」ではない。

この説に沿って、アロイシャス・ピエリスは書いている。[註42]「啓示し、救い、変容するのはみことば自身である」。「救い主」（The Christ）は称号であって、称号そのものは何かを救うことはできない。イエスに関して、イエスとは、「キリスト者が人間的な五感、すなわち、見て、聴き、手に触れることによって、イエスの内にみことばを認める者である」[96]。

同様に次のように言うこともできる。救うのはみことば自身であり、イエスは唯一彼自身の内にみことばがキリスト者によって認められる。この同じ線に沿って、モラリは、[註43]使徒言行録４章12節で「救いはこの方以外によっては得られない。人間につけられたあらゆる名のうちで、われわれを救うことのできる名は、この世において他にはないのである」と言うとき、救う力を宿しているといわれる「名」によって意味するものは何か、シンボルとしての（イエスの）名か、あるいはイエスにおいて啓示された神の「言い表わすことのできない神性の名」、したがってイエスのなかにこだまする永遠のみことばの筆舌に尽くしがたい力なのかを問う[97]。

この問いに対して、モラリは、すべての神の顕現は常に啓示と救いをもたらす神のみことばからのものだと答えている。それはイエスの場合と同様である。「神から生まれた」とか「独り子」という資格は、「御父の意志への忠実さと神が彼にもたらした啓示をとおしての根源的なメシア（救世主）としてのイエスに適用される」（『アジアにおけるインカルチュレーション』44頁）ものであろう。ここでもまた、救うみことば自身は私たちキリスト者がみことばに出会うイエスから切り離されているようである。このようにロゴス中心のモデルは、みことばにおいて構築され、人間イエスはそこから切り離されているように思われる。そして救いの二つの計画に通じる扉があり、一つはキリスト者がイエス・キリストにおいて出会う神のみことばをとおしてであり、もう一つは「他者」が出会うものとしてのみことば自身をとおしてである。

確かに、ヨハネ福音書の冒頭によれば、イエス・キリストへの受肉以前における、ロゴスの普遍的な現存（ヨハ1・1―4）が肯定されるべきである。彼（ロゴス）は、「あらゆる人を照らすまことの光」（ヨハ1・9）である。しかし、このロゴスの予知された現存と行動は、新約聖書のヨハネ福音書の冒頭で語られる受肉されたみことば、つまりイエス・キリストのうちに、人類の普遍的な救い主を見ることを妨げるものではない（ルカ2・11、ヨハ4・42、フィリ13・20、エフェ5・23、一テモ1・10、テト1・4、2・13、3・6）。

神のみことばによって予知されていた働きは、神の人類に対する計画が頂点に達するイエス・キリストの出来事に関係がある、とキリスト教の立場は伝統的に理解してきた。受肉を予定されていたみことばと受肉のみことばは単一の分けることのできない現実である。「ロゴス中心主義」の立場と「キリスト中心主義」の立場は互いに対立するものではなく、この二つは歴史において開示される救いに関する単一の神の計画にあって、互いに前後して関連があり、その中心に立っているのが受肉のみことばであるイエス・キリストの出来事である。

神の霊による普遍的な救いの計画が、イエス・キリストの歴史的出来事から独立したものとして見られる傾向があるとき、同様の説明がなされる。この例として、キリスト中心の狭い展望が必然的に導いて行く狭い路地を避けるために、新しい諸宗教の神学が霊中心のモデルの上に構築される必要がある。この方向に沿って、ニッターは、キリスト論的な立場に対立して、「聖霊論的な諸宗教の神学は、包括主義とか排他主義とか多元主義というような範疇を形作っているキリスト教の議論を取り除くことができる」と言っている[98]。

そして次に、一定の時間と空間に起きた歴史のなかの特殊性によって、避けがたい限界を持つキリストの出来事の救いの計画とは違って、霊の救いの計画は空間や時間に縛られるという制約がない。あらゆる束縛から自由である霊は「おもいのままに吹く」（ヨハ３・８）からである。神の霊は人間の歴史において常に普遍的に現存しており、今日もキリスト教の境界の外でも働いている。他宗教の伝統に属する人びとに救いの信仰への従順を「呼び起こし」、宗教伝統そのものの内に、神がその宗教の信奉者に語られることを「注ぎ込む」のは、この聖霊である。

キリスト者は、イエス・キリストにおける受肉の神の独り子の救いの計画をとおして救いを得、他の人びとは神の霊の直接的な自立の働きによって救いを得る、とは考えられないであろうか。神の両腕のあいだの、この位格的な区別は、二つの救いの通路を意味しており、救いに関する異なった二つの計画において神の救いの現存が人びとに到達することの拠り所である。実に、ニッターは、「聖霊の息吹のもとに形をとってゆく神の国は恩恵の全包括的な現われとしてみることができる。したがって、恩恵の一つの救いの計画は、イエスにおける受肉のみことばをとおして知られるもう一つの計画からまったく区別されるという意味である」と書いている[99]。

端的に言えば、聖霊は人間のいのちそのものとの交わりにおいて神が必要とする始点であり、聖霊の直接の行動――これはイエス・キリストの厳粛な出来事を迂回するものであり――はキリスト教的な諸宗教の神学の異なるモデルへの道を開き、そのモデルとはもはやキリスト中心ではなく、霊を中心としたモデルである。

神がいつ、どこで、御自分を啓示し、人びとと交流しようとも、その「始点」が聖霊であるというのは確かなことである。実にそれは、三位一体の神の秘義と世界における神の顕現の秘義のあいだに存在する必然的な応答によるものである。聖霊の内在的な現存は、常に、そしていかなる状況においても、神の救いの恵みの現実である。しかしながら、聖霊中心のモデルはキリスト論的モデルから切り離すことはできるのであろうか。答えは、否である。

人間の全歴史をとおしての聖霊の普遍的な働きは、歴史的なイエス・キリストの出来事の前後においてはっきりと確認されなければならない。

しかし、キリスト教信仰は、聖霊の働きとイエス・キリストの働きとを区別はするが、この両者は互いに補足し合うものであって、決して切り離すことはできない、と教える。「聖霊中心主義」と「キリスト中心主義」は、したがって互いに並行して存在する、二つの区別された救いの計画として解釈することは不可能である。この両者は、救いの唯一の計画のなかで、互いに補足し合う要素であって、分離不可能な両面として解釈されるからだ。

もし、聖霊がイエス・キリストの出来事の前に歴史のなかで現存し、働かれたとしても、それは救いの歴史の中心に位置しているイエス・キリストの歴史的な出来事との関連においてである。聖霊の特別な役割は、イエス・キリストの出来事の前でも後でも、イエス・キリストの死と復活の過越の秘義において、人びとがそれを分かち合うことの保証を与えることであると解される(『現代世界憲章』22項)。このように、イエス・キリストの出来事は常に絶え間なく、聖霊の力によって動かされている。それはいかなる時代にも現存し働いている。ともかく、聖霊の直接の影響は、イエス・キリストにおいてその頂点に達する神の救いのわざの現存に説明を与える。「キリスト中心主義」と聖霊論は、救いの一つの計画の内において結ばれている。

(3)西欧的な諸範疇を超えて

前述の議論は、諸宗教の神学に関する最近の論争の大部分が、相互に矛盾する三つの展望に支配されてきたことを示している。その議論は、狭い「教会中心主義」から「キリスト中心主義」へ、次にそこから「神中心主義」へというパラダイム転換の可能性と必要性を軸に展開していた。それにつづく他のモデルも、単に神中心または多元主義パラダイムに対する代替策にしかすぎなかった。

しかしながら、多くの神学者は、一定の枠内でなされている諸々の議論そのものが、各人の問いかけに対して決して満足のゆく結果を出していないのだと断言している。つまり、西欧的な思考方法という範疇そのものが限界をかかえているのである。その際に、神学者たちの頭のなかを占めている懸念は、西欧での議論の展開の中心となっていることがらが二者択一に終始することそのものにある。相反するかに見える両方の立場を含めて総合的に考えようとする東洋的な思考方式とはまるでかけはなれている（似てもつかない）思考方法が西欧には存している。もし私たちが諸宗教の神学を、互いの反駁と対立ではなく、調和と一致の上に築こうとするならば、現在の西欧式の思考方法を捨てなければならない。

このことは暗に、「キリスト中心主義」に対抗して現われた「神中心主義」パラダイムという発想そのものが不適切になりつつあることを示している。端的に言えば、イエス・キリストの唯一性に賛成か反対かという議論はやめなければならない。こうして、ようやくにして各宗教伝統の特殊性と単一性を発見すると同時に、宗教的多元主義の肯定的な意義を見い出す位置にまで身を置くことができるようになる。現在提案されている宗教的多元主義は、神の秘義の深さとそれに応答してきた人間文化のさまざまな道に根差している。たしかに宗教的多元主義は、克服しなければならない困難をかかえている。そして、何についても安易な寛容を余儀なくされるような歩みをせざるを得なくなりかねず、まだまだ乗り越えねばならない点があるとはいえ、それ以上に、人類に注がれる神の秘義の溢れるばかりの豊かさのしるしとしての意義がある。また、諸宗教が互いに照らし合い、「互いに養い合い」そして宗教伝統自身の「変容」へのすばらしい機会としても受け容れらべきものである。[100]

特にアジア大陸出身の大多数の研究者は、最近の「キリスト中心主義」、さらにいわゆる宗教的多元主義についてさえ、不適切な姿勢であると非難すべく問題提起をかかげてきた。いくつかの例をあげてみよう。

ピエリスは、「私は自分自身が、上記の三つの範疇（排他主義、包括主義、そして多元主義）が意味をなさないというアジアの動きに傾いている」[101]と述べている。フェリックス・ウイルフレッド[註44]は、「唯一性」という発想そのものが西欧的な問題提起の仕方であるとし、次のように言っている。

「いかなることをめぐった問題になっているかというと、それは主に西欧方式の議論、すなわち、教義主義と唯一性の主張を相対化しようとする反動的な自由主義にある。この言語は……その前提と認識論上の背景を持っていて、それが他文化圏で推測が可能かどうかは明確ではない。インド的な展望、そして伝統的な枠組みから見る限り、唯一性の言葉を用いる必要性は起きて来ない」[102]。

唯一性を主張するキリスト教側の主張と、他宗教伝統とのあいだの論争を乗り越えようと努める宗教的多元主義の見方は、諸宗教の神学に関する最近のアジアの研究集会に好意的な反響をもたらしている。例えば、「宗教的多元主義に関するインドのキリスト教神学に向けて」[103]というテーマのもとに、一九八九年一二月二八日から三一日にかけて開かれた、インド神学協会第一三回年次集会の際に出された声明がある。この声明は、諸宗教に関する議論のなかで現在使われている範疇の限界について指摘し、これらの範疇の限界は、「単一の宗教文化社会と単なる学問的なる思弁的な視点」から論を進めることで、他の人びとの信仰に「理論的なアプローチ」をしているにすぎないと述べている。私たちは異なる展望からこの問題にアプローチする。すなわち、活きた出会いと生きた対話からである。このようなアプローチにおいては、キリストは私たちにとっては「御父への根源的な道」として留まる。しかしながら、「われわれの持つ信仰の展望から」この問題にアプローチをつづける一方で、私たちはまた、「私たちの周りに存在するすばらしい宗教の多様な目的と意味、そして救いに到達するための役割と機能を理解」しつづける。

東洋の神学者によって提唱された新しい展望に対して、西欧の神学者のあいだからも肯定的な応答があった。ミヒャエル・A・バーンズ[註45]は、前述した三つのパラダイムのように頑固な形にはめ込もうとする方法から脱出するための突破口を見つけ、乗り越えなければならないと言っている。これに対する答えは、キリスト中心主義から神中心主義への位置づけの転換のなかに見い出すことはできない。それは宗教的多元主義を超えたものである。宗教同士の出合いの影響のもとに、諸宗教の神学は、「多元主義者からポストモダン論[104]」への転換期にある。これは、神学者が「組織的（systemic）であることなく体系的（systematic）であること」を学ぶことを要求する。各々が宗教的な独自性を保持しながらも、「対話のための神学[105]」の構築ではなく、「対話の神学」の構築に従事専念しなければならない。「このような神学構築のために第一に必要なことは、あらゆる対話は厳密には、不均衡、換言すればパートナーのあいだの相違のなかに成り立つ、ということを受け容れることである。こうして共同体または共有体が築かれ、これがすべての信仰の出合いを統括する現象なのである[106]」。

他の著者たちは、包括主義と多元主義、言い換えれば、「キリスト中心主義」と「神中心主義」という、これら二者のあいだのジレンマを乗り越えなければならないということで意見が一致している。ジョセフ・オーガスティン・ディ＝ノイヤ大司教[註46]は、包括主義と多元主義は、諸宗教のあいだの相違を最小限にし、そこから宗教同士の対話の重要性をも低く見ると指摘する[107]。問題の所在としては、「対話のなかの神学」であって、「対話のための神学」ではない。一方で、宗教同士の対話は、包括主義者の論法のように、他宗教の共同体の教義のなかに「キリスト教の教義に似ている何かを探し出すために使われる」ことがあってはならず、かえって「他宗教の共同体の持つ教義を、人間が生きていくうえでの核となる、それ自身一貫性のある独立した教えとして受け容れる」べきである。他方で、宗教的な組織についての多元主義的な説明は、「宗教同士の相違を説明しようとするなかで、その相違の意義を小さくしようとするもの」である。諸宗教の神学における「現在の袋小路」から抜け出す道は、宗教それぞれの持つ信仰の視点からの主張の正当性と同様に、実際に異なる宗教的な共同体が人間生活に対して異なる目的を提供するということを公正に認めることにある。他宗教の目的をキリスト教神学がそれ自身の理解に基づいて解釈するのは当然であり正当である。そしてこの逆のこととしての、他宗教がそうすることも当然であり正当である。いかなる時であっても、一つの解釈にこだわるあまりに、他の宗教に対して決して排他的になってはならない。

このような状況のなかで、ひとりの最近の著者、ジェームズ・L・フレデリックス[註47]は、「諸宗教の神学」の構築への努力の一時停止を提唱している。実際、今日必要なことは、「宗教の比較研究」である。[108] 諸宗教の神学の議論の軸となっている主な三つの中心的なパラダイム（排他主義、包括主義、多元主義）は、これらの三つが多様な宗教伝統に対して特異な区別とそれぞれのなかにある内的な連続性を真剣に認めて採り上げない限り、現在行われている諸宗教の議論は無効であるという事実の上に彼自身の立場を築いている。諸宗教についてのキリスト教神学の真正性（validity）は、二つの規準から評価がされるべきである。一つは、キリスト教的な伝統への忠実さであり、もう一つは、キリスト者が「他者」との肯定的で実りある関係を促進する力を持つところにある。彼の見方によると、古典的な三つのパラダイムは、あるものは規準の一つに当てはまるし、あるものは規準の両方に当てはまらない。これが、正式な諸宗教の神学を構築しようとする見せかけの主張は断念されるべきであるという理由である。フレデリックスは以下のように述べる。

「キリスト教史におけるこの時代に、キリスト教信仰者が自己の信仰を超えて膨大な宗教的多様性の世界を見るとき、非キリスト教的な宗教の意味に関して完全に満足のゆく説明はもはや得られない。諸宗教の神学についての議論に関する調査によると、この結論は広範囲の支持を得た。諸宗教の神学に対する三つのパラダイムのすべては、私たちが討議してきた二つの規準によって作られた標準には合わない。この理由によって、諸宗教の神学についての問題はしばらくのあいだ討議されるべきではない」（『諸々の信念を乗り超える信仰』165―166頁）。

互いに同意するには至っていないが、さらに一歩進めた声に耳を傾けてみよう。包括主義と多元主義の相反する主張を克服するためにいかなる方法が採られるべきかについて、種々異なる視点があるにもかかわらず、「絶対主義」と「相対主義」の両方を避ける必要があるという、ある種の合意が現われつつあるように思われる。多様性が事実としてだけでなく、原理としても真剣に受け取られ、歓迎される必要がある。人類に対する神の救いの計画のなかで、それが持つ位置が強調されなければならない。自分の信仰への忠実さと他の人の信仰への忠実さに心を開くことは両立することであり、他の人の信仰の独自性と対立することではなく、彼らと出会うことによって、それぞれの宗教の独自性の確信が育ってゆくことが示されなければならない。諸宗教の神学は、究極的に、宗教伝統の多様性の神学、または宗教的多元主義的な神学でなければならない。真のキリスト者であるために、このような神学がどのようなモデルを追求すべきかを示すという課題が残されている。

3　包括的多元主義モデルに向けて（Toward a Model of Inclusive Pluralism）

(1)キリスト論的な問い

上述のことから明らかなように、これまで分析されてきたパラダイム転換の核となる課題は、キリスト論的な問題なのである。「教会中心主義」から「キリスト中心主義」へ、という第一のパラダイム転換の問題は、キリスト者の教会そのものが持つ役割をイエス・キリストとの関係に帰したという点にある（イエス・キリストとの関係は、そこに秘義の根源があるということである）。「キリスト中心主義」から「神中心主義」への第二の転換において問題となっていることは、キリスト教信仰が人間に対する神の救いの計画において、伝統的にイエス・キリストに帰している普遍的で本質的な仲介をどのように理解すべきか、という点である。

したがって問題となっている点は、キリスト教がイエス・キリストに帰している普遍的な意義と本質的な役割である。多元主義者によれば、イエス・キリストへの信仰を持っているとは、人がナザレのイエスという人間的な人格において神の自己譲渡の奥深さを発見したことを意味する。しかしそれは、この歴史的な人物が、場所や時間の状況にかかわらず、あらゆる人間にとっての本質的な道を現わしているという意味にはならない。言葉を換えて言えば、イエス・キリストを信じるということは、キリスト者として私がイエス・キリストをとおして救われるという意味であって、彼が世界の救世主であるという意味ではない。イエスはキリスト者にとっての道ではあるが、他の複数の道が存在するということは、イエス・キリストが他の人びとにとっては必要ではないことをも意味する。

このように見てくると、神中心的なパラダイム転換は、まったくのところキリスト論的な問題の周囲をめぐっている。それを採択するか拒否するかは、まず最初に、キリスト教の主流から実質的に離脱する「修正主義的なキリスト論」を受容するか、拒否するか、にかかっている。神中心の視点を提唱する人たちが、こうしたパラダイム転換の支持基盤を、宗教的多元主義の文脈のなかで「修正されたもの」と考えるのか、もしくは「再解釈されたもの」と考えるのか、という考察をする際の出発点をキリスト論に置いていることは偶然の一致ではない[109]。彼らにとって、このような再解釈による新たなキリスト論を主張するには以下のような理由が必要だったと思われる。

①新しく生み出された歴史的意識。

②人間の経験の内容と状況の不可分性。

③神の秘義経験の相対性、神の秘義はあらゆる表現を超えて留まり、決してすべてを言い表わすことはできない。
④ナザレのイエスの歴史的な出来事の特殊性と偶有性。
⑤使徒的な教会のキリスト中心的なアプローチに対峙するイエス自身による神中心的な見方。
⑥イエス自身の自己理解と彼に関する信仰宣言のあいだのまったき非連続性。
⑦新約聖書成立後期のキリスト論における「神話的」あるいは「比喩的」な言語と聖書成立後の伝承におけるその連続性[110]、などである。

基本的に、ここで問われている問題は、対話の昨今の状況を考えたとき、イエス・キリストの普遍的な存在意義への新約聖書の明確な証言――これは否定されはしないが――には再吟味と再解釈が必要ではないかという点にある。この証言はメッセージの本質に属するものなのか、あるいは、初期のキリスト者が、その経験を言葉にしたときの文化的な言語表現、あるいはその経験自体がなされたそのときの状況によるものなのか。今日、私たちが他宗教とその信奉者について知っていることに照らしてみて、いまでも全人類の救い――多くの人びとは彼について聞いたこともなければ彼を認める場にもいなかったのであるが――は特異な歴史的な個人、つまりナザレのイエスに依存すると言えるのであろうか。さらに革新的な問いとしては、これは私たちの昨今の対話の経験に対立するものなのではあるが、いかなる権威がいまだに新約聖書の証言を「信仰の規範」として維持しているのか。これらの問題のいくつかは後で採り上げるであろう。

一方で同時に、諸宗教の神学を背景にしたキリスト論的な議論を眺めるに際し、二つの考察の仕方を提示すべきではなかろうか。まず、一つ目の考察として、多くの神学者たちによって構築されてきたキリスト中心主義的な展望はもはや支持されるものではなくなっている、という仮説がより一層明確に説明される必要がある。従来、キリスト中心主義と神中心主義は矛盾するパラダイムとして主張されているのではあるが、果たしてほんとうに相反するものなのであろうか。なぜならば、キリスト教信仰の立場を理解する際、すでに、神論およびキリスト論的な選択肢が同時に並び立つかたちで含まれてしまっているからである。事実、キリスト教伝承のキリスト中心主義は、神中心主義に対立するものではない。それはキリスト者の教会が、神の位置にイエス・キリストを置いたことが決してないことからもわかる。ここで肯定されることは、目的ではなく道として、また神を求めるあらゆる人間のゴールとしてではなく、人間に向けての神の救いのわざの普遍的な「仲介者」（一テモ2・5）として、神が救いの計画のまさに中心にイエス・キリストを置いたということのみである。キリスト教神学はキリスト中心主義か神中心主義かという二者択一のジレンマに対峙するものではない。それはキリスト中心であることによって神中心であり、その逆もまた真なのである。このことは、イエス・キリストは神が人間に出会うための「仲介」であると言うに等しい。人間イエスは疑いもなく、しるしと象徴の秩序に属している。「主でありメシアであること」（使2・36）が本質的に構成されるのは彼においてであり、神の救いのわざは、ある人びとには知られないままであるのに対して、ある人びとは自覚しつつ、さまざまな方法で人びとに届く。

第二の考察は、キリスト中心的あるいは神中心的なパラダイムを基にした、ある種のキリスト論と関係がある。最近のすべてのキリスト論は、過去にそうであったように「先在」［監修者註―「神のみことば」（ロゴス）が世界の創造に先立って、永遠の次元において神とともに存在していること。ラテン語ではprae-existentiaであり、英語ではpreexisting「である」する神の独り子としての位格的な独自性という意味で「神から生まれた」という説明の仕方を工夫する方向に向かっている。すなわち「上から」出発するのではなく、むしろ、人間としてのイエスと彼の歴史的な出来事から出発する、いわゆる「下から」のキリスト論によって近年のキリスト論の大勢が占められている。しかし、たとえ「下から」出発したとしても、キリスト論的な考察は、信仰そのもののダイナミズムをとおして「高次元の」キリスト論に向けて進展してゆかなければならない。あるキリスト論者たちは、しかしながら、この存在論的な上昇を拒否し、したがって「低い」キリスト論の立場にのみ留まっている。この「高次元」のキリスト論と「低い」キリスト論の区別を使えば、諸宗教の神学の包括主義あるいはキリスト中心のモデルは、「神から生まれた」神の独り子としてのイエス・キリストの位格的な独自性がはっきりと認識されている「高い」キリスト論と一致することは明白である。対照的に、多元主義または神中心のモデルは、イエス・キリストについての右記のような実存的な言明を疑問視し、究極的には否定することにつながる「低い」キリスト論にこだわりつづけている。キリスト教の伝統においては、しかしながら、イエス・キリストの唯一性にとってふさわしい基盤は、神の受肉のみことばとして、人間となった神の独り子としての彼の位格的な独自性の上に置かれていることがはっきりと認められている。他のいかなるキリスト論も、救いの秩序におけるキリストの普遍的な仲介の権威の強力な説明を提供することはできない。多元主義の立場を重んじる神学者がキリストの唯一性と救いの普遍性を拒否したような、この種の論理は、たしかに受け容れやすいものの見方ではあるにせよ、疑問の余地が残る。

それでは具体的に、諸宗教の神学におけるキリスト中心的なパラダイムと神中心的なパラダイムのあいだの選択は、実存的な「高い」キリスト論[註48]（“high” Chistology）と、意図的に「機能的」なレヴェルを優先する「低い」キリスト論（“low” Chistology）のあいだの選択による。このような選択は重大な結果をもたらす。伝統的なキリスト教信仰がイエス・キリストにおける人格とその働きの秘義に関して払った犠牲は莫大なものである。最近の幾人かの著者は、多元主義者によって設けられたこの二つのパラダイムのあいだの選択を拒否したばかりでなく、実際、これを擁護できないという彼らの見解を表明したことは驚くに値しない[註49][111]。

『神学と宗教的多元主義』と題したガーヴィン・デコスタによる著書は、この点について特筆に値する。著者は、伝統的なキリスト教信仰の基本的な二つの公理（axioms）を想い起こしている。一つは、「神の普遍的な救いの意志」（一テモ2・4）、もう一つは、「イエス・キリストの仲介の必然性」（一テモ2・5）である。デコスタは、この二つの公理に対する対照的な対応が三つの基本的立場としての、排他主義、包括主義、多元主義に対する説明になることを示している。排他主義は、第一の公理をないがしろにし、第二だけに頼り、多元主義は第二は害になるものとして、第一だけに頼る。包括主義だけが同時に両者を説明し、保持することに成功している。諸宗教についてのキリスト教神学の中核であるべきこの二つの決定的な公理の一つだけを偏って強調することは、支持できない神学的な立場に行き着くことにつながる。

この著者によれば、残されているのは包括主義のモデルである。デコスタは、包括主義者の立場だけが、諸宗教についてのキリスト教神学にとって不可欠であるキリスト教信仰の二つの伝統的な公理を引き受け、それに調和をもたらすのに適していることを示している。包括主義において、イエス・キリストは神の決定的な啓示と本質的な救い主であると明確に言明されている。さらに包括主義は、人間の歴史における種々の文化のなかでの神の顕現と他宗教伝統に見い出される効力ある「恩恵の要素」の真摯な認識に門戸を開いている。この「恩恵の要素」とは、その伝統のメンバーのための救いの価値のことである。イエス・キリストにおいて決定的方法で啓示された神（そしてその救いの秘義）は、他宗教の伝統のなかにも現存し働いておられる。これがどのように行われるのかについては、これから明確にしてゆくことにしよう。

⑵解釈のための鍵となる三位一体的なキリスト論（A Trinitarian Christology as Interpretative key）

これまで述べたことから、宗教的多元主義の神学は互いに対立するものとして理解されている包括主義者と多元主義者の、両方のパラダイムを超えたところに向かわなければならない、ということは明確である。包括的なキリスト中心主義はキリスト教神学と妥協できない反面、それは真の神中心的なパラダイムと結び合わされ、この両側面は単一の現実のなかで互いに補い合うものであることを示さなければならない。この主旨に沿って私たちは、「包括的な多元主義」（または「多元的な包括主義」）を諸宗教の神学のモデルとして深めてゆきたい。

宗教的多元主義に関するキリスト教神学は、キリスト教信仰と他宗教の信仰の相互作用の上に構築されねばならない。この意味で相互の信仰の神学でなければならない。諸宗教の神学の基盤としての対話の必要性は、キリスト教的なエキュメニズムの分野における、種々の教会とキリスト教共同体の相互関係を特徴つける対話の状況を考慮することによって、少なくとも部分的に明らかになると思われる。非カトリック教会とキリスト教共同体の不完全ではあるが教会性（ecclesiality）を認めることは、キリスト教的な一致を探究するなかで新しい問題への道を開く。真の教会から離れて行った、あるいは分離させられた個々のすべてキリスト者と教会共同体が、キリストの一つの真の教会に「帰って行く」という一致は、教会と教会共同体のあいだの有機的な一致の再構築を求める「全世界規模のエキュメニズム」（global ecumenism）へ道を譲った。この一致のなかでは、キリストによって望まれた一つの教会の秘義が、さまざまな異なる方法と様式で存在し、働く。

同様に、相違を認める一方で、キリスト教と他宗教のあいだの関係の「エキュメニカルなエキュメニズム」（ecumenical ecumenism, キリスト教諸教派へと開かれた諸教会一致推進主義）は、もはや現実的な救いは一方にあり、他方は単に「踏み石」（stepping-stones）であるとか、「絶対性」（absoluteness）は一方にあり、他方にあるのは可能性でしかない、または真理と恩恵は一方にあり、他方のある種の賜物は完全に無効もしくは無益である、と言ったような矛盾と対立の関係で見ることはできない。第二ヴァティカン公会議との関連で以前述べたように、「一つの真の宗教」という見方は、いまや地位を失ったのである。今後のキリスト教と他宗教との関係は、神の秘義と人間存在の出会いのさまざまな様式のあいだで、普遍的な現実の有機的な全体性のなかで、相互依存関係として考えられなければならない。

疑いもなくカトリック教会は、イエス・キリストによって望まれた教会の秘義が自分たちのなかに「確固としたかたちで実在」(subsist) し(『教会憲章』8項を参照)、他教会のなかにはそれは不完全な状態で、つまり「一時的なかたちで現存」(exist) するという立場を保持しつづけるであろう。同様に、ローマ・カトリック教会によるキリスト教信仰の立場としては、イエス・キリストにおける神の顕現と啓示の「充満性」――これと同じ秘跡性の充満は他には見い出せない――を保ちつづけるであろう。

にもかかわらず、この両者(ローマ・カトリック教会および他の諸教会)は神と人間との関わりのあらゆる動きをともに構築してゆかざるを得ない状況に置かれている。つまり、両者は相互いに関わりつづけるとともに、相互に依存してゆかねばならない現状に置かれている。宗教的多元主義に向かうキリスト教神学が、互いに対立しているパラダイムとして理解されているような「キリスト中心的包括主義」と「神中心的多元主義」のあいだの矛盾を克服する方途を探っているのは、まぎれもない事実である。

この矛盾を克服するモデルを探究するときに、前にも指摘したように、物事を安易に二分割して解釈しようとする誤りに陥る関係者がいたことを想い出す必要がある。互いに補足し合うものとして見られなければならなかったモデルが、実際には対立するパラダイムにされてしまっていたのである。キリスト教神学において、「キリスト中心主義」は、もし正しく理解されるならば、「神中心主義」に対立するものとして見られてはならない。むしろ、両者は互いに必要な条件なのであり、互いに支え合うものであることはすでに述べた。すでに議論されたいくつかのことがらの対応関係についても同様のことが言える。それらは、「キリスト中心主義」対「救済中心主義」(soteriocentrism)、「キリスト中心主義」対「神の国中心主義」、「キリスト論」対「史的イエス論」、「キリスト論」対「ロゴス論」、「キリスト論」対「聖霊論」などである。これらすべての対応関係は、実は分けることのできない全体であり、全体的な現実の相互関係を示す側面として、つまり、補足し合う要素として見なければならない。これらの対応関係は、もしもそのまま単純に眺めてしまうと、あからさまな対立を生じさせることになりかねない。

宗教的多元主義についてのキリスト教的な解釈という視点から、私たちが探究している必須のモデルは「三位一体的なキリスト論」という言葉が最もふさわしい表現であろう。このようなキリスト論は、一方ではイエスと彼が父と呼ぶ神との相互の位格的な関係性を明確にする。そして、他方で、イエスと彼が遣わす霊との関係を十全に示すであろう。これらの関係性は、イエスの本性と働きの秘義に本来的に備わっている独自のものである。キリスト論は、これらの三位一体内の位格の相互浸透による関係性にもとづいて理解されなければならない。しかしながら、この必要性は宗教的多元主義の神学を背景にしている場合には、より緊急性を持つことになる。実に、「キリスト中心主義」が「神中心主義」と相容れない、排他的で、閉じられたパラダイムのなかで誤って展開されたことが、キリスト論の位格内領域（interpersonal dimension）に適切な注意を払うことに失敗するという過失の原因となったと考えられる。以前、筆者は、他の箇所で次のように書いたことがあった。

「キリスト論の立場は、非人格主義（没人格的発想 impersonalism）によってしばしば誤りに陥ってきた。この欠点を是正するためには、秘義の位格的な関係性としての三位一体の神の在り方が常に示されるように工夫しなければならない。神および人間の両方に関わるキリスト論は、ともすれば抽象的な表現に陥りがちとなる。歴史のまっただなかにおいて人となった神の独り子のキリスト論のみが、真であり唯一のキリスト論である。したがって、位格的な三位一体内の相互関係が、キリスト論的な秘義のあらゆる面を満たしていることを示さなければならない[113]」。

それでは、宗教的多元主義の神学のための「三位一体的なキリスト論」の持つ意味とは、一体いかなるものなのだろうか。神性に関しては、イエス・キリストの御父との互換の可能性は決して考えてはならないことを明確に示す必要がある。イエス御自身が常に「神中心」の立場で生きていたにせよ、キリスト者にとっての信仰箇条（ケリュグマ）[註50]においては、常にイエスのことをキリスト（救い主）として、信仰の視点で解釈していなければならない。

ヨハネによる福音書は、イエスのことを、決して到達点または目的ではなく、「道であり真理でありいのちである」（ヨハ14・6）と述べており、人間の到達点――歴史の到達点――は、神の計り知れない秘義である、としている。そして、この神を見たものはいまだかつてなく、受肉した神の独り子によって私たちに「知らされた」（ヨハ1・18）と同福音書は明らかにしている。受肉の秘義による神とイエスのあいだに存在する唯一無比の近さは、決して忘れられてはならない。しかし、御父と人間存在としてのイエスとのあいだには架橋不可能な距離があることも忘れてはならない。この意味では、諸宗教の神学についての現在の議論において、宗教的多元主義者によって主張されている「神中心パラダイム」はこの秘義の基本的な側面に触れていることになる。

しかしながら、それはあまりにも一面的な理解にすぎないのであって、正しく説明される必要がある。神のみがすべての現実の源であり、核心であり、中心であって、「絶対的な秘義」そのものである。それとは対照的に、イエスの人間的な現実は御父によって創られたものであり、それ自体としては限界があり、偶有的である。しかし、人間イエスは神の独り子であることもまた真実であり、同様に神（御父）がイエスを超えて存在していることも真実である。イエスがキリスト教的な秘義の中心であると言われるとき、それは「絶対的な意味」で理解されるわけではなく、歴史において人類と接しながら神が自由に実行する救いの計画の秩序のなかで理解される。

イエス・キリストの秘義の聖霊論的な側面は、イエス・キリストの人格と働きによる神への方向づけ以上に強調される必要がある。三位一体的なキリスト論は、イエスの聖霊への関係づけを明確に説明しなければならない。キリスト論の立場を深めるならば、いかなる状況にあっても聖霊に注目しておく必要がある。

過去にさかのぼってみよう。イエスの地上での生活、すなわち、聖霊の力を介しての受胎（ルカ１・35参照）のときから聖霊の働きによって（ロマ８・11参照）洗練されていることが西欧の神学の伝統として強調されている。そして、復活までのイエスの全生涯にわたる聖霊の影響を示すことも重要である。聖霊を理解する際に、従来のキリスト論では適切な系統的な考察が欠けていた。聖霊についての考察を含むキリスト論は、復活した主のわざと聖霊の働きのあいだの関係性を明らかにするために、復活の出来事を超えてさらに広げられてゆくものである。「統合的なキリスト論」（integral Christology）は、あらゆる状況において、この聖霊の要素を重要視している。同時に、宗教的多元主義に向かうキリスト教神学を発展させるうえで聖霊論は必要となる。この神学において、人類の歴史のなかでの聖霊の普遍的な現存と働きは確信を持って主張されることのみでは決して充分ではないであろう。すなわち、聖霊の現存と働きは、歴史および世界をけん引する綱であるとともに原理としても働くべきものであろう。以前、キリスト論および聖霊論について考える際に、神による人類との人格的な交わりを二つの個別の異なる救いの計画として解釈することではない、と述べたことをここで想い起こしたい。しかし、それにもかかわらず、みことばと聖霊とのあいだの「位格的な区別」は、神的で人間的なあらゆる関係性――個または集合体として――のなかで、それぞれの特定の影響を持つと同様に、みことばと聖霊との「位格的な区別」はまた、多様な状況と環境のなかで具体的に実現する神的であると同時に人間的な関係性にも見られる真の区別化と多様性に対する解釈を遂行するうえでの鍵として役立つとも述べておきたい。

キリスト教的な伝統のメッセージは、一見矛盾するように見える二つの言明を同時に保持するとき、次のような区別を生む。すなわち、一方で復活前に（ヨハ７・39）、「聖霊はまだ与えられていなかったのは、イエスがまだ栄光化されていなかったからである」。他方で、疑いもなく聖霊はキリストが栄光化される以前に「世にあって働いておられた」（『教会の宣教活動に関する教令』４項）。「聖霊はキリストの霊であり、キリストの霊がいるところにキリストもおられる」のであり、また逆も真なりである[114]。聖霊論を抜きにしてキリスト論は成立し得ない。そして、その際に「キリスト一元主義」(Christmonism)［監修者註—カール・バルトによる。神の啓示は「キリストにおいてのみ」徹底的に実現する、という立場のこと］に発展することは許されないことである。

聖霊の役割を理解するに際して、他方でキリストの出来事の中心性を理解するに際して、東洋と西洋には、それぞれ伝承の大きな相違があることはよく知られており、ここで念入りに説明する必要はない[115]。「キリスト一元主義」［註52］への批判——西洋的な伝統に対して、東洋のキリスト教によってしばしば主張された——は、最近の西欧の神学における、厳格な意味でのキリスト論において、神の救いの計画のなかでの聖霊の働きに新しい力点が置かれるという幸いな結果を生み出した[116]。これが今日、西洋において急速に広まった「聖霊—キリスト論」の起源である。

キリスト論と聖霊論のあいだの充分にバランスの取れた神学的な説明は、さまざまな要素が結びついてゆかなければならない。すなわち、一方で、独り子と聖霊の役割は混同されてはならず、その位格的な独自性に区別があるように、区別あるものとして留まる。他方、この二つのあいだには、一方が他方に従属するということはなく、神に本来的に備わっている固有の秘義において、三位一体の位格的な起点の永遠の関係性の秩序を神の救いの計画へと転換してゆくという「秩序ある関係性」が存在する。

このように、独り子と聖霊の機能は、はっきりと区別される必要がある一方、この二者のあいだには二分割はなく、唯一の救いへと向かう神の計画の内で完全に補完的な関係性がある。独り子のみが人間となり、しかし彼の贖罪的な受肉の結実は、聖霊降臨によって象徴される聖霊の溢れにおいて存在する。キリストの出来事は、神の救いの計画の歴史的な開示の中心に位置する。しかし、イエス・キリストの、まさに時宜を得たその出来事は、聖霊の働きにおける時と場所をとおして実際に動き出し、有効なものとなる。何人かの東洋の神学者たちは、最近、唯一の神の救いの計画における独り子と聖霊の「使命」の相互関係性および相互補完性について強調した。例えばニッシオティス[註52]は以下のように述べる。

「キリストの救いの出来事と聖霊降臨の出来事とは混同することも、分離することもできない。この二つの出来事は互いに他を含んでいる。この二つの出来事は、ちょうど御父の愛の両腕であるかのようである。この二つの出来事のそれぞれの役割は、同等に基本的であると同時に不可欠であり、そして、まさにこの重大な区別に関して……聖霊降臨の出来事によって霊の宗教が新たに開始されたわけではない。むしろ、受肉の出来事の結実における空間および時間の至るところに対して、神のはからいの始まりを告げた(117)」。

三位一体の神による救いの計画を基盤にして、念入りに構築された宗教的多元主義の神学は、イエス・キリストの時宜を得た歴史的な出来事の中心的な特徴と、神の霊の普遍的な働き、およびダイナミックな影響をもたらす二つの働きを創造的な緊張のもとに結び合わせ、維持することになるであろう。このことは、キリスト論と聖霊論とが神と人間の関係性において二つに区分される救いの計画としてではなく、神による一つの計画であることを示している。前者はキリスト者のために、後者は他の宗教伝統のメンバーのために、という解釈をすることなしに、キリスト教のメッセージの影響の外にある人びとの文化や宗教伝統における神の自己顕現と自己譲渡について説明することはできないからである。

三位一体的なキリスト論と聖霊的なキリスト論の解釈上の鍵を基礎として構築された宗教的多元主義についてのキリスト教神学に言及するために、最もよい術語は何であろうか。対立するパラダイムとして理解されていた、「キリスト中心主義」および「神中心主義」のあいだの矛盾を乗り越えようとした努力について、前にも引用したバーンの所説によれば、三位一体中心主義的な神学、特に、独占的な排他主義を超えて、「多元的な包括主義」に向けて

「聖霊―キリスト論」を導いてゆく道として考えられている。後者はキリスト教信仰の展望の内にあって、宗教の多様性が事実としてばかりでなく、原理としても説明可能であると見ている。例えば、彼は次のように述べている。

「伝統的な、相互浸透に関する聖霊中心主義の論法は、私たちが一つの信仰上の立場に忠実でありながらも、他宗教に対しても自らを開いてゆく、という矛盾を解くのを助ける。他宗教はいかにキリストと関連しているのかを問う際に、他宗教が潜在的で、未知で隠された仕方でキリストの働きを理解しているのだ、とあるような苦しまぎれな説明を施す代わりに、キリストの秘義――世にあってキリストが為している秘義――を明確に示すことによって、あらゆる宗教においてキリストの霊が働いることに目を向けることができるようになる」[118]。

三位一体的な「聖霊―キリスト論」のモデルに言及する際に、過去に用いられてきた術語が何であろうとも、大事なことは、そのモデルが、排他的とは言わないにしても、少なくとも神的で人間的な関係性に関して、あらゆる人を束縛してしまうような、すべてを引き寄せ、必ずそこに向かわねばならない地点があるという主張への疑惑を乗り越え、キリスト教信仰の実践へと導くという利点がある。歴史におけるキリストの出来事の中心性が、神の経綸の三位一体的なリズムを曇らせることを、許容することはできない。この二つは、それぞれ差異はあるが、相関的な機能を持っているからである。

追究すべき課題は、キリスト教の独自性が他の信仰共同体の独自性を、それがキリストの出来事と関連があるかないかにかかわらず、単純でありながらも複雑で明瞭な救いの計画のなかで、絶対的な秘義の自己啓示の異なる側面を作るものとして、真正なかたちで認めることと矛盾しないことをいかに示すかにある。

三位一体的なキリスト論のモデルが導く展望は、もし諸宗教の神学においてお馴染みになったモデルを使って表現されるべきであるとするならば、すでに述べたように、最も適切な術語は「包括的な多元主義」（inclusive pluralism）または「多元的な包括主義」（pluralistic inclusivism）であるように思われる。こうした術語は、救いの秩序におけるキリストの出来事の普遍的なる根源的な特徴と、人間に対する神の一つでありながら多様な面を持つ救いの計画内にある諸宗教の伝統の原理の多様性における、諸宗教の伝統の持つ救いの意義をともに備える。

第3章　原註

（78） A. Race, *Christians and Religious Pluralism: Patterns in the Christian Theology of Religions* (London: SCM Press, 1983): H. Coward, *Pluralism: Challenge to World Religions* (Maryknoll, N.Y: Orbis Books, 1985).

（79） Cf. H. Kraemer, *The Christian Message in a Non-Christian World* (London: Edinburgh House, 1947); idem, *Why Christianity of All Religions ?* (London: Lutterworth, 1962).

（80） E. Troeltsch, *The Absoluteness of Christianity and the History of Religions* (Richmond: John Knox Press, 1971); A. Toynbee, *Christianity among the Religions of the World* (New York: Scribner's, 1957).

（81） E. Brunner, *Offenbarung und Vernunft: Die Lehre von den christlichen Glaubenserkenntnis* (Zurich and Stuttgart: Zwingli Verlag, 1961).

（82） H. A. Netland, *Dissonant Voices: Religious Pluralism and the Question of Truth* (Grand Rapids, Mich: Eerdmans, 1991).

（83） A. D. Clarke and B. M. Winter, eds. *One God, One Lord: Christianity in a World of Religious Pluralism* (Grand Rapids, Mich: Baker, 1992).

（84） cf. E. L. Stockwell, "One Perspective on Lausanne II in Manila," July 11-20, 1989, manuscript, n.3.

（85） H. van Straelen, *L'Eglise et les religions non-chrétiennes au seuil du XXIe siecle* (Paris: Beauchesne, 1994), 281. The author previously had written *Ouverture a l'autre, laquelle ?* (Paris: Beauchesne, 1982).

（86） H. Denzinger, *Enchiridion symbolorum, definitionum et declarationum de rebus fidei et morum*, nos. 3866-72; J. Neuner and J. Dupuis, eds, The Christian Faith in the Doctrinal Documents of the Catholic Church, nos. 854-57.

(87) E. Troeltsch, *The Absoluteness of Christianity and the History of Religions*; P. Tillich, *Systematic Theology*, vols. 2-3 (Chicago: University of Chicago Press, 1957-63); idem, *Christianity and the Encounter of World Religions* (New York: Columbia University Press, 1963).

(88) Cf. J. B. Cobb, *Christ in a Pluralistic Age* (Philadelphia: Westminster Press, 1975); idem, *Beyond Dialogue: Toward a Mutual Transformation of Christianity and Buddhism* (Philadelphia: Fortress Press, 1982). Cf. also S.M.Ogden, *Christ without Myth* (New York: Harper and Brothers, 1963); idem, *Is There Only One True Religion or Are There Many ?* (Dallas: Southern Methodist University Press, 1992).

(89) Cf. especially J. Hick, *God and the Universe of Faiths: Essays in the Philosophy of Religion* (London: Macmillan, 1973); idem, *God Has Many Names: Britain's New religious Pluralism* (London: Macmillan, 1980); idem, *Problems of Religious Pluralism* (London: Macmillan, 1985).

(90) Cf. L. Swidler, ed., *Toward a Universal Theology of Religion* (Maryknoll, N.Y.: Orbis bokks, 1987); especially P. F. Knitter, "Hans Kung's Theological Rubicon," 224-30. Cf. also J. Hick and P. F. Knitter, eds. *The Myth of Christian Uniqueness: Toward a Pluralistic Theology of Religions* (Maryknoll, N.Y.: Orbis Books, 1987).

(91) Cf. J. Hick, *An Interpretation of Religious Responses to the Transcendent* (New Haven and London: Yale University Press, 1989). For a more accessible presentation of the theory, cf. J. Hick, *The Rainbow of Faiths* (London: SCM Press, 1995).

(92) Hick, *An Interpretation of Religious Responses*, 343-61.

(93) P. F. Knitter, "Towards a Liberation Theology of Religions," in *The Myth of Christian Uniqueness*, eds. Hick and Knitter, 178-200; idem, "Interreligious Dialogue: What ? Why ? How ? in L. Swidler et al., *Death or Dialogue ? From the Age of Monologue to the Age of Dialogue* (London: SCM Press, 1990), 19-44.

(94) Cf. P. F. Knitter, *One Earth, Many Religions: Multifaith Dialogue and global Responsibility* (Maryknoll, N.Y.: Orbis Books, 1995); idem, "Toward a Liberative Interreligious dialogue," *Cross Currents* 45, no.4 (1995): 451-68.

(95) Y. Congar, *The Word and the Spirit* (London: G. Chapman, 1986).

(96) A. Pieris, "Inculturation in Asia: A Theological Reflection on an Experience," in *Jabrbuch fur kontextuelle Theologien* (Frankfurt: Verlag fur interkulturelle Kommunikation, Missionswissenschaftliches Institut Missio, 1994), 60.

(97) C. Morari, "Introduzione," in *L'unicita cristiana: Un mito ? Per una theologia pluralista delle religioni*, ed. J. Hick and P. F. Knitter (Assisi: Cettadella, 1994), 35-36.

(98) P. F. Knitter, "A New Pentecost ?" *Current Dialogue* 19, no.1 (1991): 35.

(99) P. F. Knitter, *Jesus and the Other Names: Christian Mission and global responsibility* (Maryknoll, N.Y. Orbis Books, 1996), 113.

(100) Cf. R. Panikkar, *The Intrareligious Dialogue* (New York: Paulist Press, 1978); J. B. Cobb, *Beyond Dialogue: Toward a Mutural Trasformation of Christianity and Buddhism* (Philadelphia: Fortress Press, 1982).

(101) A. Pieris, "An Asian Paradigm: Interreligious Dialogue and the Theology of Religions," *The Month* 26 (1993): 130.

(102) Cf. F. Wilfred, "some Tentative Reflections on the Language of Christian Uniqueness: An Indian Perspective," in Pontifical Council for Interreligious Dialogue, *Bulletin* 85-86, nos. 1-2 (1994): 57.

(103) Cf. K. Pathil, ed, *Religious Pluralism: An Indian Christian Perspective* (Delhi: ISPCK, 1991): 338-49.

(104) Cf. M. Barnes, "Theology of Religions in a Post-modern World," *The Month* 28 (1994): 270-74; 325-30. Also cf. idem, *Christian Identity and Religious Pluralism: Religions in Conversation* (Nashville: Abingdon Press, 1989).

(105) Cf. D. Tracy, *Dialogue with the Other: The Interreligious Dialogue* (Louvain: Peeters Press, 1990).

(106) Cf. Barnes, "Theology of Religions in a Post-modern world," 273.

(107) Cf. J. A. DiNoia, *The Diversity of Religions: A Christian Perspective* (Washington, D.C.: Catholic University of America Press, 1992), 127.

(108) J. L. Fredericks, *Faith among Faiths: Christian Theology and Non-christian Religions* (New York and Mahwah, N.J.: Paulist Press, 1999).

(109) Cf. J. Hick, ed, *The Myth of God Incarnate* (London: SCM Press, 1977); *The Metaphor of God Incarnate* (Louisville: Westminster/John Knox Press, 1993).

(110) I have tried to resolve some of these questions by highlighting the continuity-in-discontinuity between the different levels of the development of the church's Christological faith. Cf. J. Dupuis, *Who Do You Say That I Am ? Introduction to Christology* (Maryknoll, N.Y.: Orbis Books, 1994), 57-110.

(111) Cf. G. D'Costa, ed., *Christian Uniqueness Reconsidered: The Myth of a Pluralistic Theology of Religions* (Maryknoll, N.Y.:

Orbis books, 1990).

(112) Cf. G. D'Costa, *Theology and Religious Pluralism: The Challenge of Other Religions* (London: Basil Blackwell, 1986).

(113) Dupuis, *Who Do You Say That I Am ?*, 36.

(114) Cf. J. B. Cobb, "The Christian Reason for Being Progressive," *Theology Today* 51, no. 4 (1995): 560.

(115) For a brief exposition of this diversity, cf. J. Dupuis, "Western Christocentrism and Eastern Pneumatology," in idem, *Jesus Christ and His Spirit* (Bangalore: Theological Publication in India, 1977), 21-31.

(116) Y. Congar, *I Believe in the Holy Spirit*, 3vols, (London: G. Chapman, 1983); idem, *The Word and the Spirit* (London: G. Chapman, 1986).

(117) N. A. Nissiotis, "Pneumatologie orthodoxe," in F. J. Leenhardt et al., *Le Saint-Esprit* (Geneva:Labor et Fides, 1963), 93.

(118) M. Barnes, *Christian Identity and Religious Pluralism*, 143.

第４章　契約の神と諸宗教
——救済史の視点——

人間と関わる神についてのキリスト教の観方の中心は、神の自己啓示の多様性と、予め定められている神の計画の一貫性とを、同時に見渡せる歴史的な展望にある。神の人類に対する計画は、一枚岩でもなければ、断片的でもない。それは単純であるとともに、複雑なものでもある。それは一つであるとともに普遍的でもあり、人間が歴史的にいかなる状況、いかなる環境にいようとも、全人類と深く交わろうとする神の意志に支えられている。それが歴史的に開示されるとき、その神聖かつ単純な計画がとる具体的な形のなかでは、多様な様相を帯びることになる。

救済史（救いの歴史）という概念は最近生まれたものだが、同時に救いの歴史的な展望の根は聖書の啓示にまでさかのぼり、新しいと同時に古いものでもある。「救いの歴史」はキリスト教の自己理解と一般的な世界史、特に諸宗教史とのあいだの関係において、いかにそれ自身を位置づけるかを理解するための重要な解釈学的な鍵である。

この章の目的は、キリスト教における救いの歴史観が他宗教伝統に対してそれまでしばしば考えられていたよりも、より肯定的に評価し得ることを示すことにある。あまりにもしばしばこれらの他宗教伝統は、せいぜいのところ、「来たるべき事ども」への暫定的な「踏み石」にすぎないと考えられてきた。おそらくそうした伝統は、有用な踏み石であったとしても、それらの本性そのものからして一時的なものであり、いずれにせよ、それらが目指し、あるいは部分的に先取りした現実の到来（the advent of the reality）によって時代遅れとなり、破棄されるものでしかなかった。ここでの問題は、救いの歴史の神学的な構想が、神の人類に対する計画のなかにあって、世界の諸宗教に一時的な束の間の地位や資格（そのメンバーに対しての救いの意義は何であろうとも）以上のものを与えるかどうかということである。すなわち、この構想が神的で人間的な関係性のあらゆる秘義において、諸宗教に恒久的な役割と特別の意味を与えるかどうか、ということである。

より明確に言えば、歴史をとおしての神による「異邦人」との関わりと、聖書形成の歴史における神の自己顕現との関係性は、影と現実の単なる一つの代替でしかないのか。あるいは対照的に、両者は同じ仕方で現実を示すものではないが、神的な計画のなかに切り離すことができないものとしてともに属している個別の要素間の相互作用なのだろうか。救いの歴史は世界の諸宗教に対して「予備的な価値」をもつばかりでなく、はっきり規定された諸条件のもとに、諸宗教が実際に救いに関してある確かな関連性を持っていること、さらには、神の人類に対する普遍的な救いの計画に従って、世界の諸宗教の伝統の多様性に、一時的ではなく恒久的な意味を認めるというところまで受け容れるのだろうか、という問題である。

これらおよびその他の問いに対しては、「三位一体的なキリスト論」に拠って応えることができるであろう。このキリスト論については以前にも述べたが、宗教的多元主義に関するキリスト教神学に一つの統合的なモデルを提示する。救いの歴史に関する分野では、この三位一体的なモデルは歴史のなかでの具体的な状況に捕らわれることなく、神の人間への人格的関わりの「媒体」として、人間の歴史をとおしての「神のみことばと神の霊」の普遍的な現存と働きを強調するのを可能にするであろう。これによってみことばと霊の働きの、イエス・キリストの特異なる歴史的な出来事との関連は、見過ごされたり、忘れられたりはしないであろう。

このような三位一体的なキリスト論のモデルは、キリスト教的な伝承によれば、さまざまな時代に神が人類と結んだ種々の契約の意味を明らかにすべく光を投げかける。これらの契約は、区別あるものではある。しかし同様に重要なことは、相互関係があり、切り離すことができないものとして見られる必要がある。ここで提案されたモデルに照らしてみることが、「キリスト以前」の契約の恒久的な効力についての面倒な疑問に積極的な解答を与えるであろう。この恒久的な効力は、人類に対する神の救いの歴史全体のなかで、個々人に対する神の自己交流と諸民族に対する神の自己交流の固有な在り方のあいだに相互の関連性があることを明らかにする。

歴史において、神の介入と人間の自由が相互に出会ったという直線的な歴史概念は、ユダヤ教およびキリスト教の世界観の中心にある。これこそが、イスラエルの民によって経験された出来事の解釈上の鍵である。歴史は、過去・現在・未来の流れのなかで創られ、すべては摂理のなかにおいて神によって企図された方向に向かって進んでゆく。過去は現在において生き直され、現在は未来に持ち越される。現在のなかに未来が、すでに希望をもたらすものとして存在している。ユダヤ教とキリスト教においては、救いの原型となる出来事があり、それは、過去から未来に向かう全過程の直線的な軌道として、すでに定められている方向性と動きの中心点に位置づけられている。しかし、この原型としての出来事は、ユダヤ教とキリスト教では異なる。

ヘブライの民にとって、歴史的な中心に位置づけられている原型は、複雑な現実のなかで起きた出エジプト、それは、モーセへの神の啓示、エジプトからの解放、砂漠の旅、シナイ山での契約と律法の制定などで構成されている。これに対して、使徒的教会とキリスト教的な運動にとっては、キリストの出来事、すなわち、死と復活によって頂点に達するイエスの悲劇的な生涯が焦点となり、新しい意味と方向を伴った過去と未来のすべての軌道を告げ知らせるものと見られる。歴史はただ一つの意味を持つのであるが、その中心は、無比無類の原点としてのイエス・キリストの出来事である。

イエス・キリストの死と復活の過越の秘義をとおしてすでに起きた出来事と、いまから来たるべき完成もしくは成就される現状、この二者のあいだの関連性をどのように見るかについて、明確な見解を持ちながらも、近年「救いの歴史」について書く神学者たちは、イエス・キリストの歴史的な出来事に模範的な意味を与えることで、おおむね一致している。「すでに」と「まだ」、この二つの終末理解の緊張関係は、研究者によって異なる見方が示される。オスカー・クルマン[註53]は、明らかにイエス・キリストの死と復活をとおして、すでに終末が完成したことに焦点を置く(119)。一方で、ユルゲン・モルトマン[註54]などの神学者たちは、「終末の先取り」を強調する。すなわち、イエス・キリストの過越の秘義は、最終的な終末の成就に向かう端緒としての出来事として実現している(120)。同じような説でヴォルフハルト・パンネンベルグ[註55]は、イエス・キリストの復活を、終末に成就する世界と歴史の終末的な変容の栄光化された人間性の内にある、予期できる存在あるいは期待として見ている(121)。

これら多岐にわたる終末理解についての考察は、この章で論じられる問題と関連性がある。特にモーセの契約の永久的な価値という問題が採り上げられる時と、ユダヤ教およびキリスト教のあいだの対話が採り上げられる時にである。モーセの契約は模範として優れている。そして次の問いが生じる。すなわち、人類に対する神の救いの計画の歴史的な開示をとおして、神が結ばれた他の契約には恒久的で神学的な価値は認められないのかどうか、という問題である。したがって、第4章は、二つの主要部分から成り立つ。第1項は人間の歴史における神の救いの計画の広がりについて述べる。そして、第2項では、この広がりを構成している種々の契約の内実について扱う。

1　普遍的な救済史

(1) ユダヤ―キリスト教的な伝承を超えて

ここで最初に問われるべきことは、救いの歴史が一般の歴史全体のなかにおいて、どこまで広げられるのだろうか、という課題である。「救いの歴史」は、「世俗社会の歴史」と同時に進行するのだろうか。この二つの歴史が異なるとしても、救いの歴史は一般世界史と共存し、創造から始まり、終末に至るまでの全行程を歩むと言われなければならないのだろうか。

救いの歴史の始まりをアブラハムの召命に位置づけようとするあらゆる試みは、その出発点から「聖なる歴史」の幅を狭くするから、到底受け容れることはできない。この試みは、常に聖書における族長の召命の伝承の外に向かうと同時に、それ以前に存在した人類の出来事のなかでの、神の働きを考慮しようとしない先験的な傾向を明るみに出すことになる。このことは、ちょうどカール・バルトが「他宗教は単に信仰をもたない状態（unbelief）にすぎない」と、先験的な確信を持って公言したことを想い出させる。他宗教は単なる自己正当化のためのむなしい人間的な試みにすぎないという仮説に従えば、理論的には救いの出発点は、「あらゆる信仰者の父」（ロマ４・11）であるアブラハムのみとされ、彼の信仰から導かれる霊的な伝承に限定されなければならない。

最近の神学者たちは、救いの歴史の拡大に関する問いに対して、いくつかの答えを試みている。以前よりは否定的ではないが、まだ多くの制限がつけられている。ダニエルーの研究がその一つの典型例である。彼の説によれば

「宇宙的な宗教」は救いの歴史の一部というよりは、創造の秩序に従って神によって与えられた自然的な知識にもとづく救いの「先史時代」であるとされている。ダニエルーは理論的に次のように結論づける。すなわち、アブラハム・モーセ伝承の本流の外にある人類の宗教伝承は、人びとに対する神の人格的な働きかけのない、単に人間が神に向かう自然的な志向を現わしているにすぎない。ここでは人間に対する神の働きかけは考えられていない。[122]

ハンス・ウルス・フォン・バルタザール[註56]の考察もダニエルーに非常に近い。彼の見解は、以下のとおりである。――ヘブライ人とキリスト教の宗教のみがアブラハムの信仰から発し、「啓示宗教」と呼ばれる資格を持ち、正統な救いの歴史に属し、この二つだけが、世界と歴史のなかにあって愛と自己譲渡のもとで神が人類に顔を向けつつ探し求めた宗教である。[123]そして、他宗教は自然的な特徴を持っているのみである。

ユダヤ―キリスト教伝承における救いの重要性を描き出す際に、啓示の歴史を縮小しようとするあらゆる動きに対して、救いの歴史は世界の一般史と同時に進行し共存することを確認しなければならない。そしてこの救いの歴史は人類と世界の歴史そのものから構成され、創造以来人類とともに在る神が自由に先導し、終末における神の国の完成まで、世紀をとおしてつづけられる「救いの対話」として信仰の目を持って見られるものである。

「先史時代」についての右記の考えを拒否する理由は、救いと啓示とを切り離して考えるところにある。この概念は救いの歴史に二つの異なった見解を生じさせ、両方ともまったく不充分である。第一の見方によれば、先史時代は創られた現実をとおして神のある種の自然的な啓示を含んではいる。しかし、救いにまでは至らないという見方である。これに対して、第二の見方は、神的な救いは救いの先史時代にも個々人にとっては可能であった。しかし、神的な自己顕現または超自然的な啓示は、アブラハムへの神の啓示まで、隠されたまま留まっていたという見方である。種々異なった観点があるにもかかわらず、世界の歴史と救いの歴史は同時に進行し共存するものであり、さらには、人類の歴史の存在以来、その出発点からずっと神と人類の関係を示しており、初めからいつの時代にも絶えず神の自己啓示と救いの両方が含まれていると言わなければならない[124]。新約聖書において強調されている、神が「すべての人の救いを望まれる」（一テモ２・４）という明確な宣言は、決して、矮小化されてはならない。神による普遍的な救済意志は、条件づけられたりしてはならず、無益な願望の枠内に縮小されてもならない。この神的な意志は、神の無償の自己啓示と自己譲渡を人間が自由に受け容れる、という条件以外に他に条件があってはならない。人類がかつて、神のいのちを分かち合うために神によって創造され、呼ばれたということはキリスト教伝承の一部である。人類が歴史のなかに自己を見い出した、ただ一つの具体的な秩序は、恩恵をとおして与えられる神の自己交流を伴う「超自然的な秩序」である。世界と歴史の秩序は常にこの超自然的な秩序、すなわち、神的な自己啓示と救いの供与をともなう。

このように具体的な人間が備えている条件の普遍性から、世界の歴史と共存する唯一の救いの歴史、つまり唯一の啓示の歴史、そして唯一の信仰の供与の歴史があるとの結論に至る。カール・ラーナーは「恩恵における神の真の自己交流……救いと啓示の歴史は世界の歴史と人間の精神史であり、それゆえに宗教史とも共存し、拡大されてゆく」と非常に明確に述べている[125]。救いの普遍的な現存の歴史は、人びとの歴史のなかに具体的に組み込まれていなければならない。これは、一般的な宗教の歴史のなかで、特に人類の歴史的な諸宗教において具体化される。この救いの歴史の具体化は神的な啓示として、神についての超自然的な経験における歴史的な仲介の役割を果たし、肯定的な仕方で救いを活き活きしたものにするために働く。したがってこの歴史的な仲介は人類の歴史をとおして普遍的に現存し働かれる神的な恩恵に具体的な形を与える限り、神によって意図されたものであると考えられる。世界の宗教伝統のなかに、啓示と救いにおいて、神が人間に与える恩恵が最初に具体的な形として現われる。

このような具体的な形は、ユダヤ教およびキリスト教伝承のなかに明らかに具象化されている。本質的で神的な介入から生じる歴史的な出来事の明らかな知覚と認識を伴う神的な介入は「神の言葉」によって保証され、それによってこれらの歴史的な出来事は、預言的な賜物をとおして救いの出来事として解釈される。しかし、このような具体的な形はこれらの伝統に先験的に限られるべきではない。その他の伝統のなかにも、つまり、それぞれの民の歴史のなかにも神的な介入として解釈する預言的な言葉が含まれているかもしれない。

(2) 諸民族における救いの歴史

実に、ユダヤ―キリスト教の聖書的な啓示そのものは、諸民族のために、時には選ばれた民の敵にさえ、神によって行われた救いのわざを立証する。申命記2章では、ヤーヴェは他の民にも同様に約束の地を与えられた。そして預言者アモス（9・7）は、神が他の民のことも同様に解放へと導かれたと言っている。イザヤ預言者は、彼の幻視をさらに深め、ユダヤ人の敵であり圧迫者であるエジプト人に対してさえ、一人の救い主がヤーヴェ自身によって遣わされるであろう（19・22―25）とあえて言明している。実に、エジプト人はここで神によって「私の民」（イザ19・25）とされているのは驚くべきことである！　これに類する箇所は数少ないが、神は他民族に対してさえも救いを与えられると理解する可能性を残している。

たとえ、キリスト教伝承が、キリストの出来事における神の決定的な救いの介入の、直接的なる歴史的な序章としての役割をイスラエルの歴史に与えたとしても、イスラエル以外の歴史のなかに見る救いのわざも、旧約聖書の証言によれば、神がイスラエルの民におよぼした救いの働きと類似している。神の救いの働きは、イスラエルに限定されたものではない。この働きは他の人びとにも同様におよぼされる。

右に述べた観察は、神学のなかには「一般的な救いの歴史」（一般宗教史）に属するものがあり、他方で「特別な救いの歴史」（ユダヤ―キリスト教伝承史）に属するものがあるとして、二つに区分けして考えるのが常であった。

この二つの動向のうちに、あまりにも明確な境界線を引かないよう注意を促したい。このように分割することは、容易に、キリスト以前の諸宗教が、一般的な救いの歴史に属し、弱体化され、見捨てられ、時代遅れとなり、「法的な権利がない(126)」とさえ言われる結論を導き出すことになりかねないからである。

神の救いの意義が預言的な言葉によって保証される歴史的な出来事を含んでいるという意味で、他民族の歴史は、実に、救いの秩序のなかで、ヘブライの民がイスラエルの歴史をとおして果たしたような「類比的な役割」をその民のために課すことはできないのだろうかと問われなければならない。特別な救いの歴史と呼ばれるものが、ヘブライ－キリスト教伝承の境界を超えて拡大することはできないのか。それぞれの民の物語は、その民のための神の愛の行為の足跡――その民を神の民とし、神自身のいのちによって活かすものとして――を含んではいないのか。

アジアの司教たちは右の考えを踏襲し、自分たちの民の偉大な宗教伝統を、「神の救いの計画のなかにおいて意義のある肯定的な要素」として位置づけた。そして「神は私たちの民を、この伝統をとおして御自分に引き寄せられていることを私たちはなぜ認めないのか(127)」と問いかける。神の救いと啓示的なわざとは、この人びとの歴史をとおしてこの民の中心に現存していることを意味するであろう。これについてロッソは次のように述べる。[註57]

「ただ一つの出エジプトがあるのではない、同様にただ一つの契約、ただ一つの約束の地があるのではない。各々の民は、狭い通路、通風路、湾曲道、着陸地など、それぞれ異なる道であるが、各々の解放と発展へ通じる道を持っている。イスラエルの出来事のなかに、誰でも神の真の顔を読み取ることができる。この神は御自分をあらゆる人の隣人とみなし、神の深奥に全人類の運命が存在する。各々の民の持つ歴史的な旅路は、その道を失うことなく、迷うこともなく、全人類に向けられた唯一の救いの歴史のなかに組み入れられる。他方で、聖書的な出来事の特殊性は、語り継がれた出来事の真の統一性を保ちつつ、それに歴史的な意味と同時に象徴的な意味を与える。普遍的な歴史は、それが言葉だけの修辞的抽象にすぎないという過小評価を避けたいのならば、特定の歴史も一つではないと認めざるを得ない」。

ロッソは続けて次のように述べている。

「基本的には救いの歴史は一つであるとしても、この救いの歴史は複数化され、各々の民の歴史と同じ数だけ存在すると言うことができる。各々の民は各自の歴史を持ち、それは他の民の歴史と区別され、各々の歴史のなかにあって、神のいやしと解放の恩恵が働き、各々の民の数え切れないほどの異なった道を包み込み、全人類のために唯一の救いの計画が作られる[128]」。

「一般」および「特殊」な救いの歴史のあいだの広く行きわたったこの区別は、時に誤解を与える。それはごく当然のこととして考えるべきではない。聖書の外に広がる宗教伝承が特別な救いの歴史から先験的に排除されてはならない。聖書の外に広がる宗教伝承を特別な救いの歴史の一部とすることは、数々の民の歴史のなかには、神の介入によると解釈される預言的な賜物が含まれいることを暗示する。この神の介入の存在は、種々の伝承の肯定的な研究によって具体的かつ徹底的に検証されなければならない。この伝承には、その民の歴史のなかに神の介入があったことを証明する「出来事」の物語が含まれており、否定されるべきではない。さらには、聖書の啓示によれば、民の歴史のなかの神の介入の原点には、神と民との「契約」の関係性が含まれている。

各々の民の歴史における神の介入の現存を評価することは、「神話」と「歴史」のあいだに、あまりにも厳格な区別を置くことを結果として拒否することになるだろう。この区別によって他宗教伝承は単なる「神話」であり、ユダヤ―キリスト教伝承のみが「歴史的」であるとされてしまうからである。この頑固なものの観方によって、神話は真実を何も含まない単なる「話」にすぎず、真実であるとされる出来事は歴史的に証明されるもののみであるとされる。神話に関する否定的な概念は、いまや採り上げられることなく時代遅れのものとなった(129)。

「神話」は、歴史的な真実を含まない単なる話などではなく、むしろ「原始時代」にまで遡るものなのであり、歴史的な出来事はその具体的な体現とみなされる。ミルチャ・エリアーデ[註58]は神話を、「神聖な歴史を語り継ぐもの」と定義し、「原始時代に起きた出来事を物語るもの」と言っている。彼と同様、グリフィス[註59]も、「神話は、神とその現存の秘義を人間が理解するために、無意識の底から沸きあがってくる真実の呼びかけに形を与える象徴的な物語である。神話は無限の価値を持つ大切なもので……神は神話の形式のなかで、原初の時代から御自身を現わした」と述べている(130)。聖書の外で展開する「物語」は、歴史的な実話の対極にあるような単なる神話的な話として、聖書のなかの物語から切り離してしまうことなどはできない。このような二極的な説明は、現実のありのままの姿とは一致してはいない。聖書の外に位置している諸宗教は広範囲な神話的要素に根差しているというのは真実である。ヒンドゥー教はその例である。しかし、このような基盤となっている神話は、神のメッセージを携えていると見られる。

創世記における創造の話は、人類の創造の秘義を明らかにしており、神と人間の親しい関係を明示するための神話である。ノア自身が神話的な人物であり、伝説的な人物である。そして、神とノアとの契約の話は神話的な特徴を持つ。しかし、以下のようにその話は、あらゆる民と神との契約的な関係性を示す真実を確かに伝えている。アブラハムやモーセの物語も、神話的な背景なしには読解することができない。アブラハムやモーセは、イスラエルの民の歴史のなかでの神の働きの代名詞（antonomasia）としての象徴であり、歴史への神の介入としての啓示の、ヘブライ人的な概念の中核を形づくっている。「ヘブライ人の理解の仕方は、神話的な背景のなかからその姿を現わした(131)」。偉大な預言者のカリスマ的な解釈をとおして、イスラエルは決定的に神話的な概念から離れ、歴史的な概念に近づいて行った。この動きは、後にキリスト教的なヴィジョンのなかで強調されてゆく。この延長線上でキリストの出来事が歴史の中心を占めることになる。

神話的な概念から歴史的な概念へ、すなわち、聖書外の伝承からユダヤ－キリスト教伝承への緩慢な展開は、すでに「宇宙的な宗教」が歴史や伝説を介して神と民の関係性を伝えている事実を曖昧にするものではない。聖書の外の宗教における神話の啓示的な働きは、歴史的な意識の到来とともにその姿を消すことはなかった。

2　諸民族との神の諸契約

⑴決して破棄され得ない諸契約

①聖書における契約について

聖書の物語のなかには、神による人類との関わりは、契約を結ぶという方法によって確かなものとなる。神が人間と関わる方法としての「契約」という聖書的な術語の持つ意味を、ここではとりたてて説明する必要はない。そこで、次のことを想い起こすに留めよう。「契約」は、常に無償の恩恵の内に神が主導権を持って、いかなる資格もない人間と自由な人格的関係に入ることを示すものである。「契約」は、神の側からの主導による友情に満ちた約束であり、この神の恵み豊かな愛に対して、人間は全身全霊を込めた応答と忠誠によって応える。しかし、たとえ人間の側に不忠実な状態があったとしても、神の忠誠は決して無効にされることはない。

神の人類に対するわざを表わす言葉としての「契約」が聖書的な伝承のなかで使われる際の事例は以下のとお

りである。「契約」という術語は、創世記における創造の物語には出てこない（創1―2章）。創世記以外には、創造が宇宙的な「契約」とみなされている箇所はある[132]（エレ33・20―26）。創世記のなかでは、「契約」という術語は、神がノアと結ばれた「永久の契約」（創9・1―17）に関係がある。それは、アブラハムの伝説にも再び現われる。モーセとの契約は、出エジプト記（19―24章）にかなり長い説明がある。「新しい契約」については、エレミヤ書（31・31―34）に予告され、キリスト教的な「新しい契約」（the Christian New Testament）はキリストの出来事を指し、より正確には、イエスの死と復活の過越の秘義のなかで現実化される（マタ26・28―29、ルカ22・20、一コリ11・25）。

キリスト教の伝承によれば、神と人類のあいだには、四つの契約があると考えられている。エイレナイオスは『異端駁論』（*Adversus Haereses*）の有名な箇所で次のように明確に指摘している。

「人類には四つの契約が与えられらた。第一は大洪水の前、アダムとのあいだに。第二は大洪水の後、ノアとのあいだに。第三は律法が与えられたモーセとのあいだに。第四は人間を刷新し、よき訪れを持ってすべてのものを福音のなかに包み込み、そしてその翼に全人類を乗せ、天の国なる王国に昇ってゆく[133]」。

②ノアとの契約

ノアとの契約に関する種々の解釈の問題については答えておかなければならない。この契約の神学的な意味は何か。この契約はキリストの出来事の後にも、継続すると理解されるのだろうか。まず、第二の質問に対する答えから始めよう。エイレナイオスが四つの契約として区分したその文脈のなかにその答えの鍵が隠されている。エイレナイオスは四つという数字に象徴的な意味づけをしており、それに従って四つの要素を持つリストを作った。「神の独り子によって歩まれた道がそうであるように、生きるものの形も四つであった。生き物の形態がそうであるように福音もまたそうであった。生きるものの形態も四つ、福音も四つ、主によって歩まれた道も四つである」(『異端駁論』III. 11. 8)。言葉を換えて言えば、神のみことばは四つの異なった方法で語られた、と理解できる。モーセより前の時代は、神の支えを介して族長にメッセージが語られ、祭司的な働きを介して律法という伝達の仕方がつづき、その後は人間性の尊さを体現する受肉においての語りが成し遂げられ、最終的には聖霊の賜物を介して主の復活における語りが示された。同様に、福音書も四つである。つまりマタイ、マルコ、ルカ、ヨハネという流れがある。四という数字は、神が人間と結んだ契約にも当てはめることができる。つまりアダム、ノア、アブラハム、モーセとの契約は四つであるが、それらはイエス・キリストの到来を準備するものであった。四つの聖なる契約の継続のなかで、どの契約も破棄することはできないし、四つの福音書のそれぞれには独自の価値があるので、どれであっても他のものと取り換えることはできない。あらゆる契約は四つの福音書と同様、切り離すことはできない。

エイレナイオスによれば、ロゴスを介しての人類との神的な交わり(engagement)にはさまざまな形があるように、種々の契約もそれぞれ独自の場を持っている。契約はロゴスの出現であり、この出現を介して神的なロゴスは「先取りのわざ」を行い、契約の場合のように、ロゴスはイエス・キリストの受肉によって人間の歴史のなかに介入してきた。このように、あらゆる契約には関連性があり、古い契約は新しいものに取って代わられるわけではなく、つまり決して時代遅れになることはない。それは、ちょうど植物の芽の内に、そこから出てくるその植物の完成像がすでに約束の形で含まれている。

ノアとの契約の意義に戻って考えてみよう。かつて、しばしばそうだと考えられてきたのではあるが、ここでは、ノアの契約は自然現象とその一連の繰り返しをとおしての、単なる神の顕現の問題ではない。創造における契約について、創世記はアダムと神の親しさを証しし、それは創造主と人類の人格的な関係を証明している。同様に神とノアとの親しい関係は（創９・１―17）霊感によって示されたこの箇所で強調されている。このことはすでに創世記（６・８）で、ノアは神の目にかなった人物として認められ、「神とともに歩む」（６・９）人となったと言われていることで明らかである。同様に、神がノアとその子孫とのあいだに結んだ「永久の契約」（９・16）の普遍性が強調されている。ノアの物語のこれらの要素は、神による民族に対する、人格的な傾倒、すなわち諸国民の歴史への神的な仲介の普遍性を象徴しており、これら二つを含む人類の宗教伝統は特権的な証言をもつ。ノアとの契約の真の特徴が次の文章のなかに非常に適切に述べられている。

「神が、いかに真剣に再生について考えていたかがノアとの契約のなかで示されている。この契約のなかには、人間一人ひとりの救いの恒久的な基礎が含まれている。この契約の真の意義について鑑みるに、――カトリック神学においては長いあいだそうであったが――もし人がこの契約を、超自然的な啓示とは何の関係もない自然宗教の設立としてしか見ないなら、それは偽りである。聖書のなかに記録されているノアの契約について考える際に、その固有な特徴は、恩恵によってしるされた真の救いの出来事についてであり、問題はこの点にあることを明らかにしてくれる……ノアの契約の全体像は、アブラハムやモーセからイスラエルに至るまでの契約の一つの輪郭として現われてくる。そして諸民族はこのようにして共通の基盤を持つようになる。諸民族は、真の神とともにその唯一の神の同じ救いの意志のもとに契約を結ぶ身分を備えている[134]」。

ノアとの契約は、聖書以外の伝承に属する諸民族の宗教伝承の神学に対して多くの意味を与える。これらの人びともまた、以下にみられるように、神との契約を持つ身分に留まる。彼らもまた契約の民となり「神の民[135]」と呼ばれるに値する。唯一の神は、あらゆる民にとっての神である。同じ意味でグリフィスは次のように書く。

「この聖書的な展望は、宇宙的な啓示と宇宙的な契約があらゆる人、すべての民にまで拡大されてゆくと見ることを可能にする。あらゆる真正な宗教の幹は宇宙の契約にその根があり、それは神御自身が啓示された道であり、救いのために人間に御自身を与える道である。言い換えれば、これらの幹はすべて、神によって望まれた救いの複数の道である(136)」。

③モーセとの契約

モーセとの契約に目を転じると、イエス・キリストの内に神によって結ばれた「新しい契約」の到来とともに、モーセとの契約は破棄されたのかという問いが生じる。一九八〇年にドイツのマインツでの講演で、教皇ヨハネ・パウロ二世は、「旧い契約の神の民」に言及し、「決して破棄されるものではない」(参照ロマ11・29)と述べている(137)。キリスト教的な伝統がしばしば言明してきたように、キリストの出来事と彼のなかに制定された「新しい契約」の到来によって、イスラエルとの「旧い契約」は時代遅れなものとして破棄されてしまうのかということが問題なのである。モーセとの契約とキリストとの契約との関係はどのように理解されるのだろうか。ユダヤ教とキリスト教の対話はこの主題にどのような光を投げかけるのだろうか。特に、今日のユダヤ民族に属する人びとにとっての、神の恩恵に満たされた関係性は、モーセとの契約の恒久的な普遍の効用によるものなのか、あるいはイエス・キリストにおいて結ばれた新しい契約に基盤を置くものなのだろうか。後者は、単に前者に取って代わり、前者はそれ以降無効になったのだろうか。ユダヤ教とキリスト教は二つの宗教のあいだにあるユニークな関係ゆえに一つの流れを形造っている。以下に提案されるように、必要な変更を加えることで、この二つの関係性は、キリスト教と他宗教との関係性を理解する際の象徴的なモデルとなるであろう。

④契約の解釈の歴史

モーセとの契約の恒久的な価値に関する問題は、異論のある歴史的な証言を孕んでいる。コプト教会に対するフローレンス公会議の布告においては（一四四二年）、イエスによる「福音の公布」を以て、モーセとの契約は破棄された、と述べられている。次のとおりである。

「聖なるローマ教会は確固たる信仰を以て、公言し、教える。旧約聖書またはモーセの律法が備えている公的な地位は、来たるべきものが来るまでのあいだにおいては価値あるものとして制定されたもので、その時が来るまでは神の礼拝のために適したものであったが、来たるべきイエス・キリストの到来のもとにおいて、その役目を終えた。イエス・キリストとともに新しい契約の秘跡が始まり……福音の公布によって古いものの恒久的な勝が失われたとみることができる[138]」。

この公会議文書は、「イエス・キリストの到来」をもって古い契約から生まれた制度はその効力を失ったということを明確に宣言している。来たるべきもののゆえに意味あるものとされていたにすぎず、それゆえに、おのずと過渡的なものであり、来たるべきものの到来とともに無効となる。しかし、この文書のなかで言及されている「福音の公布」については、多くの疑問が生じる。福音が「公布された」というが、いつ、どこでだろうか。それは、どのような方法で公布され、どのような条件の下で有効となったのだろうか。この公布は、あらゆる国民、またはあらゆる民族にどの時点で行きわたったと見るべきか。あるいは個々人のケースとして、福音と彼あるいは彼女との関係性を評価するために個々の場合に応じて考えられるべきなのだろうか。

カール・ラーナーによれば、神からの信仰への招きを受けて、イエス・キリストにおいて、この招きに積極的に応えなければならないという問いかけが、一人ひとりの良心の奥底に生じたときに初めて、福音の公布が個々人に達したということができる、と考えられている。[139]

ここで私たちの注意を喚起しなければならないことは、フローレンス公会議での確固とした言明についてである。それは救いの秘義がイエス・キリストの出来事——私たちの主イエス・キリストの到来——によって完成し、モーセの契約とそれに伴う聖なる制度は廃止された、という言明である。確かにイエスは「一部」のユダヤ人によって拒絶された。そして、このことはパウロの心を悩ましつづけ、重大な問題として採り上げ、この件でずっと煩悶し、特にローマの信徒への手紙（ロマ9－11章）にそれが顕著に表わされている。パウロはこの問題について決定的な解答を見い出せなかったようである。パウロが提案したことは、不信仰な時があったにもかかわらず、イスラエルは、最終的には救われるであろう（ロマ11・25－26）ということである。一つの確信がパウロの心に刻み込まれて長期間留まっていた。イスラエルは神の民であり、神の民として存続することが重要である。モーセの契約は神の確固とした愛と忠誠によって継続することである。「神は御自分の民を拒否したのか」という問いに対して、決してそうではない（ロマ11・1）と力強く答えている。そして神からの賜物と呼びかけは不変である（ロマ11・29）として、イスラエルは、「子としての資格を持ち、その栄光、契約、律法の授与、礼拝、そして約束」（ロマ9・4）の与え主に対して、その民として留まるとしている。

パウロの疑問は、ユダヤ—キリスト教のあいだの神学的な対話という文脈のなかで、今日でもキリスト教神学者やユダヤ教学者の心の奥底に長いあいだ付きまとっている。最近の著書のなかで、ノルベルト・ローフィンクは、[140]〔註60〕「旧約」および「新約」という二つの契約についての聖書的な証言は、特にエレミヤ書31章31節から34節やローマの信徒への手紙9章から11章や第二コリントの信徒への手紙3章14節という聖書箇所を参照すれば、新しい発見に至れるとする。

筆者は、新約聖書の編集上の資料をもとに「二つの契約」について考えるローフィンクの方法が、それまではキリスト教の伝統によって長いあいだ当然とされていたモーセの「旧い契約」はイエス・キリストの「新しい契約」によって破棄された、とする考えよりもずっと精巧で緻密なものであることを示した。ここで必要なことは、ローフィンクの研究の結果のみを記すことである。すなわち、新しい契約は第一のものと別のものではない。それは第一の契約のなかに萌芽として存在していたもので、それまでは充分には顕現されていなかった主の輝きをより遠くにまで広めることによって、第一の契約をより明瞭にした。

最も重要な唯一の契約とは、「終末の完成の先取りであるとともに終局的な完成の根源であるイエス・キリストにおける契約」である。そして、イエス・キリスト御自身のなかに「究極的な最も深い意味」（『決して取り消されることのない契約』81頁）を見い出すというのが真実である。ローフィンクはこのような考察を踏まえて次のように結論している。――「私はどちらかと言えば『契約は一つである』という説を支持している。ユダヤ教とキリスト教が異なっているとしても、一つの契約のなかに、これら二つの運動が包含されている。これこそが、今日のユダヤ教とキリスト教なのである」（前掲書、84頁）。

しかし、彼は次のことを付け加える。「初期キリスト教時代からの長きにわたって、ユダヤ教とキリスト教は二つの道として存在していた。この二つの道は、神の救いを世界に示す一つの契約のなかでそれぞれの歩みをつづけるものであり、人は『救いの二つの道』について語らねばならない」（前掲書、84頁）。したがって人は、キリストより前の時代にイスラエルに存在した一つの道について語るべきではなく、時の流れのなかで、平行した二つの道としての両枝、すなわち、一つはユダヤの民のために神によって定められた道、もう一つは、当時の「ユダヤ人の救い主」であったイエス・キリストが異邦人のために神によって定められた道として語られるべきである。

むしろ、「契約は一つ」であり、しかしながらユダヤ人とキリスト者のための「救いの二つの道」として適切なかたちで語るべきである（前掲書、84頁）。第二の道の選択に必然的に伴うものは、救いの歴史の偉大な動きであり、それはパウロがローマの信徒への手紙のなかで考えているものである。たとえ、その一つの計画が二回にわたって二つの異なる道として劇的に開示されたとしても、神はユダヤ人と諸国民の両方を包み込む一つの救いの計画しか持っていない。現在のこの歴史的な分岐にもかかわらず、この二つの道は、終末においてのみではあるが、真に決定的に一つに統合されるであろう（前掲書、84―85頁）。

右に示した学説にもかかわらず、ユダヤ―キリスト教の対話の現況にあって、二つの極端な議論を避けなければならない。一つ目としては神とイスラエルとの約束と契約は、イエス・キリストに取って代わられたとする説がある。この説はイエス自身による「私は律法を廃するためではなく、成就するために来た」（マタ5・17）という言葉によって斥けられる。もう一つの極端としては、二つの並行する道を二元論と類似した立場と見なすものであり、これはイエス・キリストにおいて、終末のときに成就する神の救いの計画の唯一性を壊すことになるがゆえに避けなければならない。

キリスト教の観点からすると、中立的な立場としては、有機的につながる救いの一つの計画のなかに、一つの契約と結びつく相関関係にある二つの道がある。神の救いの計画は有機的なものであり、その偉大な動きが歴史のなかに顕現する。この顕現が一つずつ開かれる過程には種々の相互関係と互いに補い合う段階や歩みが含まれる。キリスト教信仰にとって、キリストの出来事はイスラエルなしには存在せず、それなくしては考えられない。そこから分岐して生まれたと言える。また逆に、ナザレのイエスがその民から将来生まれ出るとの予定がなければ、イスラエルは決して神から選ばれることはなかったであろう。ユダヤ教とキリスト教は、契約のすべての期間にわたって、救いの歴史のなかにともに属している。ヘブライの民は、この契約を介して過去に救いを手に入れ、そしてこの契約は今日においても、救いが継続するために存続し、キリスト者がイエス・キリストにおいて救いに呼ばれているのもこの同じ契約を介してである。「新しい神の民」が、もう一つの民いわゆる「旧い民」に取って代わったのではない。むしろ神の民が世界の果てにまで拡大されたと言うべきであって、イスラエルの民の選び、そして神とモーセとの契約は、過去にも存在し、「根幹、根源、基盤、そして約束としてずっと存続してゆく」(141)。エーリッヒ・ツェンガー[註61]は次のように述べる。

「新約聖書に沿って、私たちキリスト者が信じるように、現在の私たちが神の恵みの内に生きているその源泉である新しい契約は、イエスの死と復活を介して明らかにされた。この契約はシナイ山の契約と入れ替わる別の契約ではない。ユダヤの民と教会に集う民が進む異なった道として歩むようでいて、実は同じ恩恵の契約を生きるのである。まず、最初に神とイスラエルの民との契約を結ばれ、それにつづくものとしてのみ、『イエス・キリストをとおして結ばれた新たな契約は、イスラエルの民と一緒に教会をもそのなかに運び入れたのである』。ユダヤの民と教会は、二つの実在するもののように生き、それぞれが独自性を持ち、独立している。このことは無視されてはならない。しかし、この二つは、いわゆる旧約聖書と呼ばれるヘブライ語聖書が証言するように、神によって与えられた共通の契約の広がりのなかに置かれている。教会の存在は、第一に新約聖書にその基を置いているのではなく、実は旧約聖書にその源がある。もし教会が旧約聖書のメッセージを拒否するなら、新しい契約によって成り立っている教会としての本質を放棄することになりかねない(142)」。

ユダヤの民が今日救われるのは、イスラエルとの神の契約を介してか、あるいは、「新しい契約」の実現としてのイエス・キリストを介してか、という問いかけに対する答えは、このような二分化された問いには意味がないというものとなる。すなわち、救いは、神がイスラエルと結ばれイエス・キリストにおいて完成される契約をとおしてユダヤの民に至るのである。契約という事態においては、今日においてさえ、まだ救いの道として有効であるが、しかしそれはキリストの出来事から切り離され、独立したものではない。

モーセとの契約は、いまだに、元の適切な場所に留まっていて、イエス・キリストの契約によって破棄されたのではない。ユダヤ教とキリスト教のケースは、キリスト教と他宗教との関係性を修正し、新たな方向を示すための触媒、そして促進的な動きとして助けになり得る。第一のケースにおいて真であることは、類比的に第二のケースにおいても効力あるものとして継続する。ノアとの契約によって象徴される諸宗教伝承でさえ、必要な変更を加えることによって、恒久的な価値を保ちつづける。モーセとの契約が、イエス・キリストにおいてその十全な姿に到達するという事実によって、その契約の価値が減少しないのであれば、ノアを介してその民と結ばれた宇宙的な契約もまた、キリストの出来事のなかに、神によって定められた最終点に到達する、という事実が取り消されることはない。これは他宗教の伝統がその信奉者にとって救いの価値を持っているということを示す。しかし、それはキリストの出来事との関係において成り立つ。アントニオ・ルッソもこのことを次のように述べる。

「モーセとの契約のおかげで……私たちはユダヤの民における神の救いの計画の尊厳と恒久性を認めることができる。神は同じような仕方で地上の他の民とも同様の契約を結ばれたと見るべきである。象徴的には、アダムの出来事によって示され、より特殊な仕方としてノアの物語のなかに現わされた契約が重要となる。もし、神の賜物が不変であるならば、他の民にまで拡大された契約もまた不変ではないであろうか。もし私たちが、この原則をユダヤの民の宗教に適用し、これが有効であるとするならば、なぜ聖なる書のなかで語られる他の契約については時代遅れのものとしてしか考えないのであろうか[143]」。

⑵歴史の三位一体的な構造性

前章において提案した「三位一体的なキリスト論」のモデルは、歴史の枠内での救済－啓示における神の自己顕現のすべての過程を伝える。端的に言って、神がすべてを包含する人類の救いの計画の歴史的な開示についてのキリスト教の理解の仕方において、キリストの出来事はその中心、つまり焦点である。キリストの出来事は、神と人間との対話のすべての歴史が進展する枢軸であり、世界の歴史のなかで神の計画が具体化されるときの明確な原理としての枢軸でもある。キリストの出来事は、目的因として歴史のすべての過程に影響を与える。すなわち、歴史の展開のすべての過程を最終的に引き寄せる終局または到達点としてキリストの出来事が存している。「キリスト以前」および「キリスト以後」の両方の歴史は最終目的であるキリスト－オメガ（the Christ-Omega）においてキリスト自身へと収れんされてゆく(144)。

しかしながら、救いの歴史に関するキリスト中心主義は、決して「キリスト一元論」として理解されてはならない。キリストの出来事の中核は、救いの歴史をとおして、特に人類の諸宗教の伝統のなかに、「神のみことば」と「神の霊」とが普遍的に働いている現存を曖昧にすることなく、かえってそれを想定し、際立たせ、強める。教皇ヨハネ・パウロ二世はいみじくも回勅『聖霊――いのちの与え主』（一九八六年）のなかで、聖霊について次のように述べている。いかなる歴史的な状況のなかにあっても、キリストの出来事の以前か以後かにかかわらず、しかもキリスト教の外にあっても、「恩恵は、キリスト論、聖霊論の両側面をそれ自身のなかに保ちつづける」（53頁）。

旧約聖書の伝承によれば、神的な智慧・みことばそして霊は、イスラエルの内と外の両方にあって、歴史のなかで神の人格的な介入の「媒体」として働く。これらの神的な「属性」の「文字通りの人格化」（literary personification）は、啓示の言葉が伝えようと意図した、神による人びとへの人格的な働きかけを浮き彫りにする。新約聖書は後に、神の独り子[註62]（ロゴス・智慧）と霊の位格的な特徴に漸進的に深く入り込むことによって、人間の歴史のなかで働く神の媒体の真の「位格性」（personhood）の特徴を明らかにするであろう。それ以降、「キリスト教以前」の歴史のなかにおいて、すでに働いておられたロゴスとしての智慧と霊は、歴史的な経緯を後で振り返れば明確になるように、三位一体の神の秘義の内にあって、はっきりと区別される二つの位格として理解されることになる。それは、一つはイエス・キリストにおいて受肉した独り子であり、他方では霊である。この二つの神聖な位格は、キリスト教の組織制度の制定以前には位格としては正式に認められないままではあった。しかし、すでに歴史のなかには存在しており、長きにわたって働いていた。

キリストの出来事より以前の、神的ロゴスの普遍的な働きの現存は、明確なかたちでヨハネ福音書の冒頭に記されている。彼は「真の光として、すべての人を照らすために世に来た」（ヨハ1・9）。ロゴスの普遍的な啓示の働きは、イエス・キリストにおける受肉において頂点に達するとしても、世の初めから歴史のなかにおいて自己を現存させてきた。霊について言えば、自分を与え尽くすその力は、人類のなかに、創造と再創造において現存している。教皇ヨハネ・パウロ二世は、霊の普遍的な働きについて、人間の歴史をとおして宗教伝統のなかにも、個々人のなかにも働くことを強調した。

こうして、残された問題は、聖書の外にある救いの歴史のなかのみことばと霊の普遍的な働きが、イエス・キリストの特異な歴史的な出来事を伴うただ一つの救いの歴史のなかで、いかに神学的に関係づけられるか、すなわち、一方でキリスト中心主義、他方でロゴス中心主義および聖霊論、この二つがいかに、互いに排除することなく、互いを必要とするのかを示すことにある。この点についてラーナーは、キリストの出来事は、人となると予告されていたロゴスの到達点であり、受肉以前の世における霊の普遍的な働きの到達点でもあると述べている。このことからロゴスの受肉以前の働きはキリストの出来事に向けられており、それはまさに救いの歴史のはじめから霊のことを「キリストの霊」と呼ぶことができるのと同様である。この霊についてラーナーは、「霊の普遍的な効力はまさに世の初めから歴史的な仲介の頂点、すなわち、キリストの出来事（または言葉を換えて言えば、世に対する霊の仲介の目的因）に向けて方向づけられる。そして、霊はどこにでも存在し、それはまさに世の初めから、受肉した神のロゴスであるイエス・キリストの霊なのである」[145]と言っている。

三位一体的なキリスト論にもとづく救いの計画の種々の構成要素のあいだには、一方が他方に害を与えるとか、逆に一方に偏ることによって他方を軽視することもない。むしろ、互いに調整し合い、理性的な状態を保つ関係が実現している。キリストの出来事は、ロゴスと霊の働きから決して孤立して生じることがない。つまり、ロゴスも霊もキリストの出来事との関連なしには決してその働きを為すことはない。

最後の検討の段階に至って、私たちはここで、歴史のなかにおいて神と人間とのかかわりに影響を与える、時間と永遠の秘義に突き当たる。人間の有限な知識からすれば、救いの歴史的な開示は、初めがあり、中期があり、終わりがある。すなわち、過去、現在、未来から成っていなければならない。しかし、神の永遠の見地と知識にもとづけば、すべては継続しており、共存し、互いに同時存在的であり、相互作用がある[146]。イエス・キリストは、人間に対する神の働きかけの頂点である。それは永遠において「予め設定され」ている。それゆえに歴史のなかのキリストの出来事は、神が十全な人間の姿を採り、諸民族にとって神と「なった」特別な「瞬間」である。しかし、ロゴスの受肉は神の意向において永遠に存在し、時間のなかにおいて実現していることは、人類に対する神の働きかけの長い物語として語られる。

ロゴスのわざ、霊の働き、そしてキリストの出来事は、このように唯一の救いの歴史における決して切り離すことのできないいくつかの側面である。パウロによる伝承にもとづけば、人類は「イエス・キリストにおいて創られた」（エフェ２・10）。彼は創造と再創造（コロ１・15―20、エフェ１・３―14）の秩序のなかにあって、首位を占めている。この事実は、みことばが人となるという予め定められていた出来事と霊の普遍的な働きを必要とする。「疑いもなく霊はキリストが栄光化される前に、世にあって働いていた」と第二ヴァティカン公会議は述べている（『教会の宣教活動に関する教令』４項）。

三位一体の神の自己啓示の構造は、神の内的な秘儀のなかで異なる位格のあいだに内的な関係を持っていることを心に留めておかなければならない。御父と御子と聖霊の神聖で内的な自己交流の起源の秩序と、歴史における三つの位格の人類との自己交流の秩序のあいだに必要な相互交信と相互関係がある限り、この位格の秩序は二つの世界および空間を同時に占有する。「救いの計画」の真髄である三位一体（神の外へとあふれでるオイコノミア＝救いの営み）は、その位格同士の内的な交流である三位一体を、御自分を超えて溢れさせ、歴史のなかにつまり世界のなかに充満させた[147]。あるいは逆に、「位格間内的交流である」三位一体（神内のテオロギア＝神の内部での交わり）は、「御父から独り子をとおして聖霊の内に」存在する神的な自己交流の三位一体的な構造の先験的な前提条件であると言うこともできる。より単純に、三つの位格の交流である神は、この三位の形の内において交流する以外には存在し得ない。神は神であるゆえに神に自己を与える。

三位一体の神の構造は、救いの歴史のなかに神の自己交流が開示されるにはいくつかの段階があることを示している。この同じ三位の特質は、救いの歴史が展開するあらゆる段階で現存し、働く。聖書は、創造に関して、この三位の構造を明らかにしている。神は御自分のみことばをとおして（創１・３、ユディ16・13―14、他に詩33・９、148・５、ヨハ１・１―３参照）霊において（創１・２）創造する。この同じ三位の構造はイスラエルの歴史のなかでも示される。選ばれた民に対する神の介入は、御自分のみことばをとおしておこなわれた。神の霊は個々人が神のわざの道具となるように導かれ、預言者には神の言葉を話す力が与えられたことを想い起こすだけで充分であろう。

ヘブライ語聖書（＝旧約聖書）のなかには、ノアとの契約に関係があるこのような明確な記述は見当たらない。それにもかかわらず、キリスト教神学の観点からすると、このノアとの契約は――「聖書の外の宗教的伝承」のように――救いの歴史における三位一体の「痕跡」を携えていると言わざるを得ない。

伝承を詳細に探究することによって、創造物のなかに、より厳密に言えば人間の霊的行為のなかに、より明確に、三位一体の神の痕跡が見い出されたのであるから、同様の探究によって聖書的な伝承の外にあって、個人が営む宗教生活と彼らの宗教伝統のなかに、三位一体の神の同じ痕跡を発見すべきである。これらの伝統はまたある意味では、御父からの永遠のみことばと御父からの霊の永遠の「息吹」の歴史のなかにおけるこだまでもある。もし、実に御父がみことばを発し、「霊の息吹」を与えたまさにあの創造のわざのなかで、神がすべてを生み出し、すべてを望まれるならば、同様に歴史のなかでの人びととの契約関係についても、それはなお一層真実なものであると言える。

存在する世界の単一なる秩序のなかで、神が自由に人類との親しい人格的な交わりを選んだという事実は、歴史のなかのいかなる状況にあっても、すべてのものが――聖書の外の伝承も含めて――神の内的な自己交流の三位一体的な構造に内包され、過去においてもそうであったように、そのなかに「捉えられている」ことを意味する。キリスト教神学のなかに見られるように、ノアにおいて神が人間と結んだ宇宙的な契約は、救いの歴史のすべての出来事に言えるように、三位一体的な躍動によって刻印されている。

救いの歴史は、その全体において、すべて存在するものの起源は、霊におけるみことばをとおして神のなかにあること、そしてあらゆる存在は、霊におけるみことばをとおして神に帰ってゆくという一貫性を備えているのである。パウロが次のように述べる時、それが意味するものは、このことに他ならない。すなわち、「私たちにとって御父である神は唯一、その神からすべてのものは存在し、この神のために私たちは存在する。イエス・キリストである主は唯一である。この主を介してすべてのものは存在し、この主を介して私たちは存在する」（一コリ８・６）

のである。そして、エフェソの信徒への手紙は、イエス・キリストをとおして御父から出て、御父に帰る私たちの旅路は霊において完成される、と付け加えることによって完結している（エフェ2・18参照）。

聖霊は、救いの歴史のあらゆる段階で働く。神が人類と段階的に結んだ契約の一つひとつにおいて、聖霊は、神が人間の歴史をとおして近づき、交わる際の直接の媒体である。したがって聖霊は、神との各々の契約が聖霊において人類に到達するという意味で、人類が歩む神的な宿命の道を統括している。今述べた考察が、キリスト教の展望のなかにあってのみ、意味を持つことは真実である。実に、聖書的な根拠に欠けることはないとしても、これらの展望は、まさに「上」（high）からの存在論的な三位一体神学（a "higt" ontological Trinitarian theology）において成り立つ。しかしながら、キリスト教的な概念からすると、これらの考察は三位一体の神が、聖書の枠外の宗教的な人間を、個人としてと同時に、集合体として恩恵と希望の内に神御自身との親しい交わりのなかに導き入れるという事実を明らかにするという利点を持っている。

第4章　原註

（119）Oscar Cullmann, *Christ and Time: The Christian Concept of Time and History* (London: SCM Press,1952); idem, Salvation in History (London: SCM Press,1967).

（120）Jurgen Moltmann, *The Way of Jesus Christ: Christology in Messianic Dimensions* (London: SCM Press, 1990).

（121）Wolfhart Pannenberg, *Revelation as History* (London: Macmillan, 1969); idem, *Systematic Theology*, vol. 2 (Edinburgh: T.& T. Clark, 1994).

（122）Jean Danielou, *The Salvation of the Nations* (Notre Dame, Ind: University of Notre Dame Press, 1962).

（123）Hans Urs von Balthasar, *A Theology of History* (London: Sheed and Ward, 1964).

(124) Karl Rahner, “History of the World and Salvation History,” in *Theological Investigations*, 5:97-114; idem, “Profane History and Salvation History,” in *Theological Investigations*, 21:3-15.

(125) Karl Rahner, *Foundations of Christian Faith: An Introduction to the Idea of Christianity* (London: Darton, Longman & Todd, 1978), 153.

(126) Cf. Adolf Darlap, “Fundamentale Theologie der Heilsgeschichte,” in *Mysterium Salutis*, ed. J. Feiner and M. Lohrer (Einsiedeln: Benziger Verlag, 1967), 1:143-47.

(127) “Evangelisation in Modern Day Asia (Taipei, April 22-27,1974),” Declaration of the First Plenary Assembly of FABC, in *For All the Peoples of Asia: Federation of Asian Bishop’s Conferences Documents from 1970 to 1991*, ed. G. Rosales and C. G. Arevalo (Maryknoll, N.Y.: Orbis Books, 1992), 14.

(128) A. Russo, “La funzione d’Israele e la legittimita dellle altre religioni,” *Rassegna di Teologia* 40, no. 1 (1999): 109, 118.

(129) Cf. among others, Mircea Eliade, *Cosmos and History: The Myth of the Eternal Return* (New York: Harper and Row, 1959); idem, *Aspects du mythe* (Paris: Gallimard, 1963); Ernst Cassirer, *Language and Myth* (New York: Dover, 1946); idem, *Symbol, Myth, and Culture* (New Haven: Yale University Press, 1979).

(130) Bede Griffiths, *The Cosmic Revelation* (Bangalore: Asian Trading corporation, 1985), 115.

(131) Ibid., 121; cf. 109-31.

(132) Cf. R. Murray, *The Cosmic Covenant* (London: Sheed and Ward, 1992).

(133) Irenaeus, *Adv. Haer*. III, 11, 8.

(134) Bernhard Stoekle, “Die ausserbiblische Menschheit und die Weltreligionen,” in *Mysterium Salutis* 2: 1053-54.

(135) Cf. Walbert Buhlmann, *God’s Chosen Peoples* (Maryknoll, N.Y.: Orbis Books, 1982).

(136) B. Griffiths, “Erroneous Beliefs and Unautorised Rites,” *The Tablet* 227 (1973): 356.

(137) Text in *AAS* 73 (1981): 80.

(138) Text in H. Denzinger, *Enchiridion symbolorum, definitionum et declarationum de rebus fidei et morum*, n. 1348; Neuner and Dupuis, eds., *The Christian faith in the Documents of the Catholic Church*, n. 1003.

(139) Karl Rahner, “Christianity and the Non-Christian Religions,” in *Theological Investigations*, 5:115-34; idem, “Church, Churchs and Religions,” in *Theological Investigations*, 10:30-49; at 47-49.

(140) Norbert Lohfink, *The Covenant Never Revoked: Biblical Reflection on Christian-Jewish Dialogue* (New York: Paulist Press, 1991).

(141) Cf. J. Dupuis, "Alleanza e salvezza," *Rassegna di Teologia* 35, no. 2 (1994): 148-71. The last words are taken from the "Pastoral Orientations of the Commission of French Bishop for Relations with Judaism" (1973); text in *Documentation Catholique* 70 (1973): 419-22.

(142) Erich Zenger, *Il Primo Testamento: La bibbia ebraica e i christiani* (Brecia: Queriniana, 1997), 133-35.

(143) A. Russo, "La funzione d'Israele e la legittimità delle alter religioni," 116.

(144) Karl Rahner, "Christology within an Evolutionary View of the World," in *Theological Investigations*, 5:157-92.

(145) Karl Rahner, "Jesus Christ in the Non-christian Religions," in *Theological Investigations,* 17:39-50; at 46.

(146) Cf. Jean Mouroux, *Le mystère du temps: Approche théologique* (Paris: Aubier, 1962); Eberhardt Jungel, *Gott als Geheimnis der Welt* (Tubingen: Mohr, 1977).

(147) Karl Rahner, *The Trinity* (New York: Herder and Herder, 1970).

第５章　多様で豊かな方法によって

――啓示の視点――

「神は昔、預言者たちをとおして、さまざまな時に、さまざまな方法で先祖たちに語られたが、この終わりの時代には、御子をとおして私たちに語られました。神は御子を万物の世継ぎと定め、また、御子によって宇宙をお創りになった」（ヘブ１・１―２）。ヘブライ人への手紙の著者が冒頭で、このように述べた時、その著者は神が太古の時代に人類に語られた、イスラエルの預言者以前の神の言葉については考えていなかった。この著者の意図したことは、イエス・キリストの出来事が、神が預言者をとおしてイスラエルに告げたこと、行ったことがいかなることであれ、それらとは比較にならないことを示したかった。それにもかかわらず、神がさまざまな異なる方法で語られ、独り子をとおして宇宙を創られたことへのパウロの明確な言及は、次のことを強く喚起する。すなわち、ヨハネ福音書の冒頭が、「すべてのものはみことばをとおして創られ」（ヨハ１・３）、みことばはこの世にお出でになり、「すべての人を照らす真理の光」（ヨハ１・９）となったと言っていることである。

この二つの箇所の類似性は、神がイスラエルの人びとに語られた言葉、それはヘブライ人への手紙のなかで明確に言及されているが、それを超えて、神の啓示が聖書の歴史に限定されることなく、救いの全歴史におよぶことを探究し追究するようにと、私たちを勇気づける。

前章では、神がイスラエルと結んだ契約が、類比的に神が他の国民と結んだ契約関係のより深い理解を助ける触媒としての働きをすると述べた。この観察は、他国民への神の自己啓示についてさらなる問いへと導く。神的な啓示が救いの歴史とともに拡大され——これまでそのように言われてきたのだが——全世界の歴史にまで拡大されるものなのか。神がいかに「多くの異なる方法」で語られたとしても、歴史のなかでいかなる時代においても「その証人を残しておかれ」（使14・17）、「創られたもののなか」（ロマ1・20）だけでなく、また、神の語りかけと自己開示においても、いつも証人を残されたと考えられるのか。諸国民への神の言葉は、「終わりの時代には、神は独り子によって私たちに語られた」（ヘブ1・2参照）ということばといかに関係づけられるのか。さらには、以前、もし神がさまざまな異なる方法で語られ、御自分を現わしたということが真ならば、「神から生まれた独り子」が、なぜ「神を啓示した」（ヨハ1・18）方であるのか。より明確にこの問いを言い換えるならば、神がキリスト以前にも以降にも、他宗教の伝統のなかに預言者という姿をとって御自身を現わしたということが真実なら、イエス・キリストが神的啓示の「充満」であることをいかに理解すべきなのか。他宗教の「聖なる書物」または「口伝」は、単に、神または絶対者の人間的な説論にすぎないのか。他宗教の「聖なる書物」や「口伝」には、その宗教に属する人びとや、さらには全人類に対して「語られた神の言葉」は含まれていないのだろうか。さらにもし、イエス・キリストが神的な啓示の「充満」を現わしているのなら、啓示はイエス・キリストとともに完了したことになるのか。または逆に、いかなる道においても神的な啓示は、終末においてその最終点に到達するであろうキリスト教の内と外の両方において、「永続的に進行しつづけてゆく」と考えられるのか。

ここで提起される複数の問いは、前章で吟味された問いから、ただ部分的に異なるだけなのか。前章で私たちは、歴史における神の自己啓示は、言葉とわざとが分離されることなく二つの形態のもとに行われることを強調した。この二つの形態とは、同時に必然的に啓示と救いからなる。神は御自身を与えることによって、雄弁に語る。神は、御自身を語ることによって、御自身を分かち合う。このことから歴史全体は救いの歴史であり、含蓄的に啓示の普遍性を伴っている。(148)

わざと言葉、出来事と預言、これら二つはともに発展する。この発想が救済－啓示の聖書的な理解である。そして、この理解は幸いにも第二ヴァティカン公会議の『啓示憲章』（２項）で、次のように表現される。――「この啓示の計画は互いに密接に関連したわざとことばをもってなされた。そのため救いの歴史において神から遂行されたわざは、教えとことばの意味を明らかに証明した。そして、ことばとわざを表示し、そのなかに含まれている秘義を明らかにする。この啓示が示す神と人間の救いに関する深遠な真理は、仲介者であり、同時に全啓示の充満であるキリストにおいてわれわれに現われている」。

神的なわざと言葉の密接な関連性のゆえに、非聖書的な宗教伝承のなかに、神の語りかけを探すことが神学的に正当化されると考えられ、さらには、救いの歴史の枠内にこれらの非聖書的な伝承を含めて考察することが必要である。神は全人類に語られた。(149)なぜなら神は全人類に御自身の救いを供与されたからである。啓示は普遍的であり、救いの賜物もまた普遍的である。

いくつかの類似点があるにせよ、「啓示」、「救い」、その他の同種の概念は、宗教によってかなり異なる意味を持つことも忘れてはならない。しかし、次の点も心に留めておくべきである。すなわち、最近のキリスト教神学において、啓示の概念が、おもに神的な真理の教義および伝達として理解されていたところから、はっきりと神の自己啓示としての理解へと移行したことである。(150)エイヴリー・ロバート・ダレス枢機卿[註63]は有名な著書のなかで、啓示の五つのモデルを区別している。この五つは互いに排除することなく、むしろ補い合いつつ支え合っている。(151)これらのモデルのなかに、教義としての啓示のモデルと並んで、「内なる経験」と「新しい自覚」（new awareness）としての啓示のモデルを想定し、これらは神の介入や助けがそのもととなっている。さらに彼は、これら二つのモデルは、ユダヤ―キリスト教伝承の外にある他宗教伝統のなかに神的な啓示の可能性を見い出すのを助けるとも記している。神の恩恵――これは普遍的に与えられている――が、「神を、神御自身と神との一致のなかに超越的な自己充足を求めて傾倒してゆく人間主体の交流として開示する」(『啓示の諸モデル』100頁)かぎり、右記の著者の言葉は真実である。「いかなる個人、いかなる共同体も、神の現存によって力を得て、その経験自身が聖なるもののなかに根差すところまで深められるならば、神の啓示はそのなかに見い出されるであろう」(前掲書、107頁)。ダレスは次のように結論づけている。「宗教とは、イエス・キリストにおける神の最高の賜物を期待する記憶の探究の表現として解釈される」(前掲書、182頁)。

次の点も忘れてはならない。すなわち、包括主義(inclusivism)と多元主義(pluralism)のあいだの二分化を超えようとする努力において、正当な諸宗教の神学は、諸宗教とその中心思想とのあいだに実体のない幻想の共通要素を仮定せず、各々の相違の認識の上に構築されなければならない。しかし、この相違の認識とそれへの敬意は、キリスト教の信仰者が、自己の信仰の立場から他宗教の伝統の資料を解釈するという権利と義務を奪うものではない。ジョゼフ・A・ディ＝ノイヤ大司教が言っているように、キリスト教の信仰者にとって、「すべての宗教的共同体において全人類が、無条件に関わっている現存者(the existent)は三位一体の神なのである[152]」。そして「諸宗教についてキリスト教神学が正しく語れることがあるとすれば、キリスト教用語のなかに枠組みを理解しようとしている諸宗教側からの評価以外に何があるのであろうか」(『諸宗教の多様性――キリスト者の視点から』160―161頁)。

右に記したことにつづくものは、明らかに、他宗教の伝統のなかの「神的な啓示」についての、キリスト教的な範疇に沿ったキリスト教的な評価である。この評価によると、「現実と人生の中心であり、基盤である崇高な秘義は、種々の異なる形と仕方で、全世界の人びとのあいだで働かれ、人間の存在と希望に究極的意味を与える」。

しかしながら、「この秘義は、さまざまな名前で呼ばれ、いかなる名前もその実態を表わすことはできないが、決定的に、ナザレのイエスにおいて示され、告げられる[153]」ことを付け加えなければならない。この「究極的な秘義」は普遍的な存在であるが、真に把握されたことはない。それはキリスト者にとっては、「私たちの主イエス・キリストの父であり、神である」（二コリ１・３）。歴史における「神のみことば」にもとづくキリスト教神学は、したがって三位一体的であり、キリスト論的でなければならない。キリスト教神学は、他宗教の伝統のもととなっている根源的な経験と出来事のなかに、神のわざのしるし、「みことばの種子」、聖霊の痕跡を探し求める。さらに他宗教の伝統の正式な記録と生きた記憶を形成している聖なる書物と口伝のなかにも聖霊の痕跡を探し求める。

1　啓示する神

⑴「あらゆる人が等しく同じ神を戴いている」

「存在するものは一つ――賢者はそれにさまざまな名前をつけた」（*Rg Veda*, 1, 164, 46）。諸宗教の神学についての議論のなかで、このヴェーダの一節が、多元主義神学の立場のパラダイム宣言として、「多元主義的な命題」の支持者によってしばしば引用される。「存在するもの」（sat）という言葉は、「神」または聖なる者を意味すると理解され、多元主義者は、宗教的多元主義の活発な神学を現わす中心的な術語としてキリストの代わりに用いている。彼らの理解によれば、すべての宗教は、一つの神聖な秘義の多様な歴史的顕現を示し、それは同じ一つの秘義に向かう救いの複数の道である。神の概念は、種々異なる宗教伝統を多様な形で受容するために意図的に不確定のまま残されている。これらの多様性は、種々の伝統が生み出されるその固有の文化的背景によるものと考えられる。このように彼らの主張は、名前がいかに異なっていても、それを何と呼ぼうとも、そしてその概念がいかに多様であろうとも、究極的にあらゆる宗教伝統はそれぞれの議論の最終到達点として、定義できない神を持っている[154]。

キリスト教における父・母なる神、ユダヤ教のヤーヴェ、イスラム教のアッラー、ヒンドゥー教のブラフマン、仏教のニルヴァーナ、道教のタオなど、言葉が違うだけで、各々の伝統は、究極的な実在についての経験を明瞭に表わす。多様性がそれぞれの宗教を特徴づけているにもかかわらず、実在は同じであり、その経験も同等の価値を有する。あらゆる宗教は究極的には同じ実在に向かうがゆえに、あらゆる宗教の道は等しく救いの道となる。

ここでは、異なる宗教伝統に存在する、神的な秘義とそれが持つ多くの顔（相貌）についての疑問に答えなければならない。それは諸宗教の神学の持つ利点、すなわち、キリスト教との対話の両面から取り組まねばならない多くの問題を投げかける。他宗教の神は、キリスト教の神と同じなのだろうか。この問いはキリスト教内部で過去にしばしば発せられ、現在も決してなくなったわけではない。驚くべきことに、ユダヤ教とイスラム教に関しても同じ問いが投げかけられている。これに答えを出す前に、いくつかの術語を明確にしなければならない。どのような神なのか。「同じ」とは、いかなる意味であるのか。どの宗教を選べばよいのか。

ブレーズ・パスカルのよく知られた言葉に、「哲学者や賢者の神ではなく、アブラハムの神、イサクの神、ヤコブの神……イエス・キリストの神[155]」、とある。パスカルは、モーセに対する神の啓示についても言及する。「私はあなたの先祖の神、アブラハムの神、イサクの神、そしてヤコブの神である」（出３・６）。彼は、ユダヤ－キリスト教的な啓示をとおして受け容れた神と、哲学およびキリスト教哲学がせいぜい到達し得るにすぎないような限定的な洞察とのあいだに区別をしておきたかったのである。しかし、彼は両者における神の人格的な独自性を否定してはいない。彼は意図的にイスラエルとイエス・キリストにおいてなされた神の自己開示を比べた場合に明らかなことして、神の哲学的な把握の仕方には限界があることを強調している。神の独自性は、異なる宗教伝統のさまざまな状況のなかでの人間的な内省をとおして、または神的な啓示をとおして人間が持ちうるその独自性についての理解とは異なることを明確にしなければならない。

同様に念頭に置くべきことは、だいぶ前から明らかなように、一方で「一神教」または「預言者的な宗教」、他方で「東洋の秘義的な宗教」とのあいだの区別である。一神教的な宗教に関して言えば、アブラハムの信仰にそれらの共通の起源を持つということが、それぞれによって礼拝される神の人格的な独自性を確かなものにする。ユダヤ教の聖典に見受けられる神の概念とキリスト教の新約聖書に見受けられる神の概念のあいだに相違があるにもかかわらず、ユダヤ教のヤーヴェと私たちの主イエス・キリストの「父」との連続性は歴史的に保証される。この点については後で採り上げるであろう。それほど認識されてはいないが、ユダヤ−キリスト教の神とクルアーンにおけるイスラムの神のあいだの人格的な独自性に関しても同じことが当てはまる。

確かに、神の概念の相違は、この場合さらに大きいということが明らかにされる。それにもかかわらず、イスラム教の神は、「信じるすべての者の父」（ロマ４・11）であるアブラハムが信じた神であり、そのアブラハムに倣って、イスラエルおよびキリスト教（ヘブ11−12章）もまたこの神を信じている。イスラム教はアブラハムの信仰にその歴史的な起源を持ち、イスラエル−キリスト教もまた、実に同じくアブラハムにまで遡る。

これが東洋における秘義的な宗教になるとより複雑になる。これらの宗教が提供する文献資料の途方もない多様性とその極まりない複雑さ、これらの宗教の土台となっている独特な世界観、などに少なからぬ理由がある。それにもかかわらず、問題はこれらの宗教が主張する「絶対的な実在」というものが、一神教的な宗教の神——この神はキリスト教信仰によると、イエス・キリストにおいて決定的な仕方で開示された神なのではあるが——と、いかに関係があるのかを神学的に問うことが不可欠なのである。

これらの東洋宗教の伝統が言及する究極的な実在（the Ultimate Reality）は、一神教的な宗教が主張する、アブラハムの神、イサクの神、ヤコブの神と、精神的な要素に限りなく大きな相違があるにもかかわらず、それは同じ者なのかをキリスト教神学の観点から考察するのは正当なのか。種々の宗教伝統によって経験が異なり、その概念も多様であるにもかかわらず、この究極的な実在と呼ばれるものは、あらゆる宗教に共通のものなのか。多くの顔（相貌）をもつ一つの神的な秘義なのか。もし一つの共通のものなら、この究極的な実在は、それがどのように不完全な理解や把握であったとしても、キリスト教の三位一体の神の立場にもとづく一神論として解釈し得るのか。あるいは、この究極的な実在は、有神論またはその他のあらゆる範疇から、同じ距離を置いて考察されるべきなのか。

種々異なる宗教伝統は、対照的な位置にあって幅広い多角的な様相を呈している。互いに矛盾した言葉の二分性（dichotomies）、例えば、有神論－無神論、一神教－多神教、一元論－二元論、汎神論－万有在神論、人格神－非人格神、などの理解の仕方が同時に存在している。この幅広い観点に立って、キリスト教的な三位一体神のもとにすべてを「一つに還元する」（reductio ad unum）ことは可能なのだろうか。それは神学的に正当化され、さらに実際に実行可能なのか。もし私たちが、他宗教の伝統によって主張されている「究極的な実在」のなかに、イエス・キリストの神の普遍的で隠された現存を語るなら、宗教経験や他のいかなることに関しても、唯一の可能な解釈的な鍵として、ある一つの特殊な「立場」（referent）を不正に「絶対化する」ことにはならないのか。そして、このようなキリスト教的な解釈をいかなる論拠が支えるのか。

「あらゆる人が等しく同じ神を戴いている」とウォルバート・ブールマンは書き[註64](156)、その神が「私たちの主イエス・キリストの父なる神」であると彼は理解した。これは明らかにキリスト教的な神学の立場に立った説であるから、他宗教の人たちは受け容れないであろう。彼らにこの説を受け容れるよう請うべきではない。ヒンドゥー教神学では、ブラフマンと自己自身のあいだの非二元性という言葉でその実在を解釈し、仏教では無という言葉で解釈する。ユダヤ教的な啓示とキリスト教的な伝承の連続性において、三位一体的な一神教を主張するキリスト者は三位一体の神の普遍的な現存と自己啓示の観点からその実在を考えざるを得ない。キリスト者にとって、多くの顔を持つ神の秘義は、決定的にイエス・キリストにおいて私たちにその顔を現わした御父なる神である。

(2)「まったき他者」と「自分のなかの自分」

三つの一神教は、彼らが礼拝する神の唯一性を等しく主張する。ユダヤ教では、「聴け、イスラエルよ、私たちの神、主はただ一人」（申６・４）というシェマーの祈りがすべての人に示される。イスラエルの神の唯一性は、申命記やイザヤ書においてさらに発展してゆく、「私が主であり、他にはいない、私以外に神はない」（イザ45・5）。「私、私こそが主である、私以外に救い主はいない」（イザ43・11、他にイザ43・8―13、44・6―8、44・24―28、45・20―25参照）という言葉を見れば明らかである。同様のメッセージがキリスト教の聖書のなかでも繰り返される。「イスラエルよ聴け、主は私たちの神、主は唯一、あなたがたは、心を尽くし、魂を尽くし、精神を尽くし、すべての力をもって主である神を愛せよ」（マコ12・29―30、マタ22・37―38）。これが第一の掟である。キリスト教的な一神教は、イスラエル的な一神教とは連続しており、親しい関係性を備えていることを主張する。

イスラム教におけるクルアーン[註65]における教えも同様である。「私たちの神、あなたがたの神は唯一である」（スラー Surah 29. 46）[157]。この引用の背後には、「経典の民」の発想が息づいている。すなわちイスラエルやキリスト者に向けられたその典拠があることが明確に示唆されている。「私たちは、私たちとあなたがたに啓示されたことを信じる、すなわち、私たちの神、あなたがたの神はただ一つ、私たちはその神に服従する（muslim）」（Surah 29. 46）。クルアーンのほかの箇所では、アッラーの神は、「私以外に神はない」（Surah 16. 2, 16. 21, 16. 14）と言う。アブラハムとの契約と約束をクルアーンのなかに見い出すことがないとしても、イスラム教もまたその信仰の根源をアブラハムの信仰に帰している。クルアーンは、唯一の創造主なる神の存在を強調しており、この神が創造のわざをなし、全能であり、全知であり、生きておられ、律法の与え主であることを教える。それは聖書で語られている預言者の使命、さらにはイエスの使命を喚起する。聖書で語られている詳細な方法で、イスラエルの歴史については語られてはいないが、クルアーンは、アブラハム、イサク、モーセ、イエス、これらの人びとの生涯の特色を喚起する。これらの特色は、非連続という仕方で語られ、神が唯一の神として御自分を現わしたその時代を際立たせる。クルアーンにとって大切なことは、預言者が神を開示することができるように、超越者として高所から「彼の言葉を降下させる」神の介入としての民の歴史を重視することではない。

この三つの一神教のすべての伝承は、決定的にアブラハムの神にそれぞれの根源を持っていると主張する。彼らは同じ神を有している[158]。しかし、このことは、三つの一神教のなかで神の概念が同じであるという意味ではない。実に、少なくともその教義に関しては、その逆が真ということである。キリスト教的な伝統は、イスラエルの一神教を継続すると主張しながら、同時に、そこから三位一体の神の教義を発展させる。クルアーンによるイスラム伝承にもとづく一神教は、その起源をイスラエルの信仰の神に見い出すが、キリスト教の三位一体の神の教義によって汚された信仰から教義を浄化させつつ完成すると主張している。ロージャー・アーナルデス[159][註66]が適切に示しているように、この三つの共同体は、同じ神のまったく異なる経験を示す。

イスラエル民族にとっては、神は第一に、エジプトの奴隷状態から御自分の民を救いの歴史をとおして導いた唯一全能の神である。歴史を反芻することから、この同じ神が人類と世界の創造主としてその姿を現わす。キリスト教は、イスラエルの一神教的な信仰を内面化し、同時にその普遍的な意義を強調する。ユダヤ人にとっての神は、第一に救い主であるが、イスラムの人びとにとっては、すべてに優って主である全能の創造主である。アーナルデスはさらに、唯一の神の独自性にもかかわらず、神の概念は、三つの一神教のあいだでかなり違っていることを示している。この三つの一神教が教義的には異なっていることは、次のように述べられている。

「モーセの律法を破棄し、イスラエルとの契約を相対化するイスラム教徒の神がユダヤ人の神であるはずがないのは明らかである。三位一体の神と受肉の信仰――これがなければキリスト教は存在しない――が、すべてのイスラム教徒にとって必然的に信仰の中核をなすというのは誤りであることを明らかにするイスラム教の神が、いかなる意味においてもキリスト教の神であるはずがない。この段階においては、これら三つの宗教は互いに排除し合わざるを得ない。ユダヤ人は神が聖書をとおして語ったことを信じ、キリスト者は肉となられた神のみことばをとおして神が福音書のなかで語ることを信じ、イスラム教徒は神がクルアーンにおいて語るのでクルアーンは神の永遠のみことばであると信じている」（『唯一の神による三つのメッセージ』116頁）。

イスラエル民族にとっての出エジプト経験は、過去に御自分の民への好意ゆえに契約を結ばれた神による、救いの中核をなす出来事である。それは歴史のなかで再生され、終末的な救いの約束として記憶のなかで記念されている。キリスト者にとってイエス・キリストの出来事は、主の再来に向けて、救いの歴史全体を支えるかなめである。イスラムの人びとにとって、救いの出来事は、第一に神によって語られた「永遠の言葉」であり、神によって、ムハンマドをとおしてクルアーンに記されたものである。クルアーンは、神による世界への最後の言葉、神の超自然的な秘義と神の慈しみの最終的な開示である。厳密に言えば、イスラム教のみが「聖なる経典の宗教」である。イスラエルの民は、神との契約の絆を深める。キリスト教は、イエス・キリストその方の（a personal event）出来事を深める。しかしながら、三者のあいだの信仰の大きな隔たりにもかかわらず、共通の歴史的な基盤――聖書の救いの歴史の端初としてのアブラハムへの神の啓示――はまだ活きている。

この三つの宗教には神に関するそれぞれの教義とメッセージに含まれている以上により豊かなものがある。それは、これらの一神教的な宗教が真に収斂され得る秘義を生きようとする者（mystics）によって生きられる信仰のレヴェルにもとづく。この三つの宗教の秘義を生きようとする者は、超自然的であると同時に内在的であり、価値のない被造物と無償で御自身を交流させるいのちの創造主である同じ一つの神との一致を求めて、飽くことのない渇きによって動かされる者である。カバラー伝承であれ、キリスト教的な神秘主義であれ、イスラムのスーフィズムであれ、この三つの一神教の秘義を生きようとする者は、親しい交わりの同じ価値の証しであり、人類が向かっている一つの神との一致を等しく飽くことなく探し求めることを示している。この段階では、「三人の使者」、つまりモーセ、イエス、ムハンマド[註67]は、人類が心の最も深いところで神を探し求め、見い出すよう呼びかける「唯一のメッセージの使者」と言うことができる（69頁）。

要約すると、三つの宗教は、唯一の神として認めるアブラハムの神を主張する。しかし、この同じ神の経験は大きく異なり、それゆえに神についてのそれぞれの教義も同様にかなり違っている。それにもかかわらず、この相違は教義レヴェルのものであって、信仰が秘義的な一致への渇望であるなら、一致は可能である。これらの一神教の秘義的な伝承には、アジア的な神秘主義のいくつかの宗教のなかで理解される在る者（One）のなかに融解するべく自己を無にするような絶対的な唯一者（Absolute One）との法悦の一致の伝承はない。一神教的な信仰は、人間性（the identity of the human）と神性との同一化ではなく、神と人間の人格的なる内的な交流として捉えられる。

注意深く考察しなければならないが、「一神教あるいは預言的な宗教」と「アジアの神秘主義」のあいだの区別を理解し尽くすことは、かなり難しい。前者［訳註―「一神教あるいは預言的な宗教」］のあいだには、共通の歴史的な起源があり、その結果としての家系的な相似性がある。そして、後者［訳註―「アジアの神秘主義」］のあいだには、類比的に、それぞれ相互の結びつきを確かなものにするいくつかの共通の特徴、すなわち、力強い「智慧」

(wisdom) あるいは「叡智的」(gnostic) な特性がある。

ユダヤ－キリスト教伝承の外にある宗教伝統のなかに神の啓示を探そうとする時、右記の相違を心に留めておかなければならない。諸宗教はユダヤ－キリスト教伝承の外にあるがゆえに、それらの理念や概念の根源にある神的な存在の活き活きとした経験をできる限り達成するために、「宇宙的な契約」の下に生かされているのであるが、その彼らのもたらす神についての不完全な概念のレヴェルを超えることを、神学への実存的なアプローチはキリスト教の解釈者に義務づける。

私たちは、実に、宇宙的な契約の秩序の下に生きている多くの男女が、真の宗教的な経験のなかで、真の神に出会っていることを認めなければならない。例えば、祈りはその本質において、「私」と「無限のあなた」とのあいだの人格的な関係性を生み出す。人は非人格的な神に祈ることはない[160]。真の祈りは常に、ある隠れた方法で神が自己を啓示することの内に、御自分から人間に近づき、先導し、それによって信仰に満ちた人間の内にこの神が招き入れられるしるしである。信仰と愛の内に自分を神に任せる人は救われる。しかしながら、御自身を人間に啓示する神について、人間がいだく概念は不充分なものである。結局、救いは、神によって主導される人格的な交わりへと向かう動きであり、罪深い人間が信仰によって応答することである。

しかし、宗教経験とそれを言葉で明確に表現することのあいだには大きな開きがある。このことは、キリスト教的な経験にも当てはまる。まして、他宗教については、なおさらそうであろう。私たちは人間の言葉の衣を纏うことなしに、宗教そのものの状態においてその宗教の経験に身を置くことはできない。言葉は、他宗教の経験とその交流への糸口を与えてはくれるが、それは非常に不完全な形でしかない。言葉によって宗教経験を伝えることのなかで、宗教経験はその本性上、すべての表現を超えたものなので、実際に言葉が欺くこともある。もし私たちが他宗教の経験に到達しようと願い、そのなかにある隠された真理や恩恵を発見したいと願うのならば、その経験を説明する言葉の概念を超えて行く必要があるであろう。もしそれが可能なら、私たちは、言葉で表現された不完全な概念をとおして、他宗教の経験の中核を明らかにしなければならないであろう。

私たちが知っているように、東洋的な宗教伝統においては、宗教経験は常に神との人格的な関わりとして表現されるとは限らない。ヒンドゥー教秘義主義はブラフマンとともにあって、その人の独自性を呼び覚ますものとして捉えられている。仏教においては、不可知論的な態度と無神論的な様相にもかかわらず、（非人格的な状況を指している）絶対者を暗示するが、しかしここでは、神との人格的な関係に関しては言明されない。

仏教徒は黙想や瞑想については語るが、祈りについては触れない。対照的にキリスト教と他の一神教あるいは預言的な宗教においては、宗教経験は、（先導する）神と、（それに応える）人間とのあいだの人格的な対話の形を採る。アジアの神秘主義的な宗教は（人間の心の奥底に実在する知られざる絶対者を求める）「内奥化」（instasy）の視点を養う。外向化（自己の外にあるまったき他者である神との出会いとしてのエクスタシー［ecstasy］のこと）の視点に関しては預言的な宗教が優れた役割を果たす。前者は完全な消滅や涅槃や完全なる空化や絶対無などの自己否定的な要素（“extinction”– nirvana, “emptiness”– sunyata）を強調し、後者は自己存在の積極的な肯定を強調する。

これらの宗教経験をいかに表現するかは別にして、その限界にもかかわらず、真正な宗教経験があるところでは、どこであっても、イエス・キリストによって啓示された神が存在し、この神は隠された秘義の内に、人間生活のなかに介入してくる。神の概念は不完全のまま留まるが、神と人類の人格的な出会いは――人間の側からの信仰による応答を待ちながら、先導するのは神である――真正なものである。人間に呼びかけるとともに自己自身を与える絶対者に、人間が、いつ、どこで向かおうとも、超自然的な信仰の姿勢は、人格的で神的な啓示への応答のなかでその力を発揮することを、神学的に示さなければならない。この信仰の姿勢が向かっている方向では、人間に対して自己自身を与えるイエス・キリストの神が信仰を呼び起こす。

これらの相違にもかかわらず、諸宗教の経験について考えるキリスト教神学は、イエス・キリストにおいて御自分を充分に現わした唯一の神の自己開示と自己譲渡が関わる状況における経験として、その宗教経験を解釈せざるを得ない。これを証明するための神学的な理由は、実に簡単明瞭である。それはイスラエルのシェマーの祈りに関係する。申命記６章４節の「聴け、イスラエルよ、私たちの神、主は一つ」（マコ12・29）に注目しよう。神は唯一、他にはいない。この同じ神が人類の歴史のなかで救いのわざを行い、そして人間の心の奥深くに語りかける。この同じ神は、「まったき他者」であり、同時に「自己の中核にある自己そのもの」でもある。超越者として「外」に、同時に内在者として「内」に向かう。まさに、私たちの主イエス・キリストの父であり、「存在するあらゆるものの源」である。

イエス・キリストにおいて、神は父となり、「あなたと一緒にここに居る、それゆえに、あなたと一緒にここに居る者」（エヒィエ・アシェル・エヒィエ）としての唯一の神である。それに対して、私たちは「存在者」ではない。同じ神が、私たちの外に（ecstasy）在る者として観想され、この方についての気づきが人間の内奥（instasy）からほとばしり出る。同じ神が、神学的な内部的降下の視点（cataphaticism）を介して確認され、秘義的な状況（apophaticism）のなかにおいて示される。

神存在の現実へのさまざまなアプローチのあいだにあるこのような二極性や緊張関係は、キリスト教の伝統にとっては何ら新しいことではない。神は「天におられる父」として、あるいは、「私が私である以上に私の奥深くに存在する者」として（アウグスティヌス『告白録』６・11）理解されており、両極から近づくことができる。しかも、神は知ることのできない者として知られている。「もしあなたが神を知っていると言うなら、それは神ではない」（『告白録』117・３・５）。私たちは「神の存在そのものばかりか神の本質をも知ることはできない」（トマス・アクィナス『神学大全』I. q.3. a.4. ad 2um）。「否定神学」的な伝統は、キリスト教の解釈者に、この二つの啓示、すなわち、まったく同じ源から究極的に湧き出る泉として、秘義的な宗教伝統としての宇宙的な啓示と、預言的な宗教伝承としての歴史的な啓示とを両立させることを可能にするはずである。

ベーデ・グリフィスは、「これらの各々の啓示のなかに価値を見い出し、その相違を明確化させ、非二元論すなわちあらゆる二元論を超越した経験のなかに、その相違を超えて前進するように努めなければならない」と述べている。そして、彼は次のことを付け加えている。

「一方では宇宙的で心理的に、他方では人格的で歴史的に説明することのできる宗教経験のこの二つの様相は、互いに対立するものではなく、補い合う。宇宙および人間の魂の経験をとおしてか、あるいは、歴史的出来事をとおしての出会いによって知られることか、タイプは異なるにせよ、唯一の実在つまり一つの真理が存在する[161]」。

唯一の真理は、イエス・キリストにおいて頂点に達する世界への自己開示のその時まで、人間の歴史をとおして「多くの異なる方法で」（ヘブ１・１）、御自身を現わされた神である。前章において救いの歴史における神のわざの三位一体的な構造について説明したが、その同じ構造は、神の自己啓示にも適用される。人類の歴史において、神が人間に語るに際して、常に霊において、みことばをとおして、呼びかけを為した。

この神の語りかけは、常にみことばをとおして行われるということは、世に来ることによって「あらゆる人を照らす真の光として」の神のみことばへのヨハネの冒頭の言及によって明確に示される（ヨハ１・９）。第二ヴァティカン公会議が、「全人類を照らすその真理の光線を反映する」（*Nostra Aetate* 2）他宗教の伝統の教義のなかに隠された真理の要素について語るとき、この同じ箇所に言及する。また、この箇所が、他宗教のなかに現存する「みことばの種子」について、公会議が繰り返し強調する文脈においても示されるように思われる（『教会の宣教活動に関する教令』11項、15項）。

しかし、公会議文書では、公会議が引用したヨハネ福音書の冒頭部の表現について、その正確な意味を説明してはいない。「みことばの種子」と言うとき、神によって語られたみことばへの人間的な期待について言及しているのだろうか。それとも、神のみことばが他宗教の伝統のなかに含まれる真理の要素として実際に現存し働いていると理解されるのか。一つのことは確かである。公会議は初期の教父、特にユスティノスの表現を借りて説明している。ユスティノスは、みことばの神学としての「種子的ロゴス」（Logos spermatikos）の発想のなかで、ヨハネ福音書の冒頭部で確認された神的ロゴスのなかに、人類のさまざまな形での参与があることを言おうとしている。この点については後で再び言及する。このことは、みことばの受肉（ヨハ１・14）においてその頂点に達する神の自己啓示以前に、神は、受肉すべく予め定められていたみことばにおいて、すでに人類に「語りかけられた」ことを示すのに役立つ。ここでの問いは、「キリスト者がイエスにおいて礼拝する聖なる主は、主クリシュナ、主仏陀の信奉者によって別の象徴の下に礼拝されていることをキリスト者は言明できるのか」ということであるだろう。ダレスは持ち前の慎重な口調で次のように答えている。

「永遠のロゴスが、他宗教の象徴を介して他の人びとに自身を顕現させることを否定する必要はない……殉教者ユスティノスにまで遡るロゴス神学のキリスト教的な伝承の連続性のなかで……イエスにおいて現われた神聖な御者は、その歴史的な出現によってすべてを尽くされてはいないと言い得る。他宗教の象徴や神話が、キリスト者がキリストとして認める唯一の方を指しているかもしれないからである(162)」。

たとえ神のみことばの受肉の意義が普遍的であるにせよ、みことばは他の象徴をとおしても影響を与え続け、歴史の流れにおいて先取りされていたみことばのわざにも、みことばそのものの躍動の現実を確認するだけの余地が残されている。第二ヴァティカン公会議後の教義的な言明は、世界の諸宗教の伝統に属する人びとの生活のなかだけではなく、その伝統そのもののなかにも、徐々にではあるが明確に聖霊の働きを認めてきた。聖霊の働きの現存は普遍的である。この現存は、イエス・キリストの出来事を先取りし、その出来事の後には、教会の境界を超えて広がる。聖霊は世界中に広がり、あらゆるものにいのちを与える。宇宙的な啓示それ自身は、この変容のなかに巻き込まれる。

それでは、聖霊の働きは、まさに他宗教の伝統をとおしてその伝統のメンバーに達するというのは真実なのか。もしそうであるなら、この聖霊の働きに関して、その宗教の聖なる書物はどのような特定の役割を果たすのか。他宗教の非聖書的書物は、他の人びとの宗教的な生活のなかで、聖霊の働きの仲介の役割を果たすのか。いかにしてこの他宗教の聖なる書物は、彼らの宗教経験を養いつつも支えてゆくのか。いかにして、これらの書物は、その宗教を信じる人びとを救いに至る信仰への従順に導いてゆくのか。神学は、他宗教の伝統の聖なる書物のなかに、真正な神的啓示、すなわち、神が人間に語られた真正な言葉の実りを見い出すことができるのだろうか。これらおよびそれに類似する問いに答えるためには、歴史における一つひとつの神の自己啓示の三位一体的な構造を念頭に置かねばならず、それによって聖霊が、神の真理といのちとが人間の霊と交わる必要な接点となる。神の人間との個々の人格的な出会いと、人間が神と出会う個々の人格的な出会いは、聖霊の導きにおいて行われる。

神は聖霊において人間のための神となり、私たちがこの先導する神に答えることができるのは、聖霊によってである。神が人間と「ともに在る」ことのすべては、聖霊において可能となる。また——これがこの考察の中心であるが——すべての宗教経験は聖霊において真に人格的になる。神的で人間的な関係の秩序において、聖霊は、究極的には人類のなかに人格的に現存するに至った神である――聖霊は人間の心の一番奥深い深淵で人間によって感じられ把握される神である――。

これは三位一体の神学において自明の真実なので、神に関するすべての真正な経験は、聖霊の働きのなかにあると言わねばならない。このように、救いの歴史のなかに位置する人間がいかなる状態であろうとも、あるいは、彼らが救いの歴史のいかなる特別な段階にいようとも、聖霊は真正な神経験のなかに現存しつつ働く。聖霊は救いの歴史の各段階において働く。個々の人生においてと同様に、救いの歴史の種々異なる段階で、この同じ聖霊が神を啓示し顕現しながら働く。神の自己啓示における聖霊の仲介は、他宗教伝統の聖なる書物のなかにも働く。

２　神の諸々の言葉と「神のみことば」

⑴神の諸々の言葉と聖なる書物群（諸宗教の聖典について）

他宗教の聖なる書物（聖典）は、果たしてキリスト教神学者によって神の言葉として認められるのだろうか。もし認められるなら、いかなる方法で、どこまで認められるのか[163]。たとえ神的啓示、預言、聖なる書物、それぞれ表現の異なるこの三者の意味する現実が、多様な関係によって結ばれているとしても、私たちはこの三者を区別する必要がある。ユダヤ－キリスト教的な啓示に秩序づけられているとはいえ、神は神学が「神的な啓示」を語り得る仕方で、諸民族の歴史において人格的な自己開示を行った。

各々の神的な自己開示は、神的な啓示のなかに含まれている。これに関しては、旧約聖書の「聖なる異教徒[164]」と、人間および諸国民との神的な契約を想い起こすことで充分である。同時に、今日では、ますます幅広く、預言的なカリスマの働きは、イスラエルの外にも、[165] キリスト以前から以後においても、前例があることが認められている。実に預言的なカリスマそれ自体が正しく理解されなければならない。それは、最初は未来を予め言い当てること（予言）を意味せず、むしろ、固有な民が生きてきた聖なる歴史をその民に対して伝える働きをしていた。すなわち、民の歴史における神の介入と、民のための神の意志についての解釈を為すのが預言者である。預言的なカリスマの源は、実際に「秘義の経験」である。このことは、イスラエルの預言者の経験によって見事に形作られた。預言者は「疑いなく、神の言葉が彼に降り、それを他の人びとに伝えなければならない。この確信の源は、私たちがそれを秘義的と呼ぶ、神との直接的な出会いにおける秘義の経験である……このように神に捕らえられることは、しばしば異常な現象を引き起こす……偉大な秘義のうちに」[166]。しかし、この預言的なカリスマは、イスラエルの民だけの特権なのではない。旧約聖書でさえ、ヘブライ人ではないバラム（民22・1―24・5）の四つの重大な預言を神からの真正な預言として認めている。「神の霊が彼の上に降りて、バラムは預言を始めた……」（民24・2―3）。いにしえのキリスト者について言えば、時にはギリシアの神託を告げる巫女の託宣を預言的とみなすことさえもあった。

預言者ムハンマドの場合がここでは助けになる。右記の預言的なカリスマの定義をもとにして、ロベルト・チャールズ・ザナー[註68]は、ムハンマド（ゾロアスターの場合と同様であるが）は真正な預言者であると考えている。旧約聖書とクルアーンとを比べたザナーは、「この両書のなかで語られているのは同じ神であると結論づけることなしにこの両書を読むことはできない。預言的な語調がそれを誤りなきものとしている」[167]と述べている。ムハンマドが真正な神の預言者であると認めることは、キリスト教神学の立場にあって、もはや異常なことではない。これを認めているキリスト教神学者たちは、クルアーン全体が神の真正な言葉であるとみなすことはできないことに気づいている点にも留意しておこう。それは誤りではないことはない。

しかし、このことは、クルアーンに含まれている神聖な真理が、この預言者をとおして語られた神の言葉であるという事実を、妨げることにはならない。広範囲に普及していた確固とした多神論の歴史的状況のなかにあって、ムハンマドの妥協のない一神教への確信は、預言的と呼ばれる宗教的経験から来ているものと思われる。この啓示は、完全であるとか完成されたとは言われないが、しかし、そこに何らの価値がないわけではない。

実際、真の問題は啓示の問題でもなく、ましてや預言の問題でもなく、救いの歴史をとおして神が人間に語られた言葉を含む聖なる書物にある。キリスト教の観点から見ると、聖なる書物は、神の啓示の記憶とその解釈を含んでいる。この記憶と解釈は、神御自身がこの著者によって請われる仕方で、特別な神的な働きかけのもとに文字として記録されてきた。このことは、聖なる書物の著者や口伝や記録された伝承の編集者から、彼らが人間としての能力を投入して書いた事実を奪ったり、その労作の著者であることを否定するものではない。むしろ、神と人間の両者を、そのレヴェルに相違はあるにしても、著者として認めるべきであろう。聖なる書物は「人間の言葉のなかにあって働かれる神の言葉」である。なぜなら、神がその著者だからである。このことは神について語る人間の力を弱めるものではない。むしろ、それは人間に対して神が語った言葉である。しかし、人間はまた同様に著者でもあり、神によって人間に語られたその言葉は真正な人間の言葉である。結局、この人間の言葉のみが、人間にとって理解できるわかりやすい言葉である。

神と人間が、いかに同じ言葉の共同著者になり得るのかという秘義をわかりやすく説明するために、キリスト教神学者は、「霊感」という概念を用いる。伝統的に神的な霊感によってという時、それは人間の行為を尊重しつつ、書かれた言葉が神の言葉であるという仕方で、神がこの人間の行為を導くということを指す。しかしながら、聖なる書物に関する伝統的な神学の理解の仕方は、聖霊の働きについて見過ごしている。絶えず「霊感」という言葉を用いながらも聖霊の働きについては何も強調していない。霊感という言葉の起源や深い意味についてはほとんど忘れられ、注意を引くことがなかったようである。聖なる書物に関する神学は、いま一度、聖なる書を書かせる霊感について考察すべきであり、霊の影響をもっと強調すべきでもある。そこで初めて、聖なる書物に関する神学が展開され、それが他宗教の伝統のなかの聖なる書物に対して、より開かれた態度を醸成することになるからである。

カール・ラーナーは、聖なる書物の共同体的な特徴を強調している。「聖書は教会の書物である」。聖書は、教会共同体に向けられた神の言葉を含んでいる[168]。言い換えれば、特に新約聖書においては、聖書を構成している種々の書かれたもの（books）のなかに、教会はその信仰の真正な表現とその信仰そのものが基盤としている神の言葉を認めてきた。聖書は、神の言葉を編集したものであり、存在そのものの内奥へと呼ばれた共同体である教会の秘義の本質的な要素である。しかし、聖なる書物の著者がそれを書くために聖霊によって動かされていると考える必要はない。周知のごとく、聖書的な霊感のカリスマは――おそらくは間違った情報に基づいているものもあるのであろうが――種々さまざまな書の著者とされる人びとの集合体よりも、はるか彼方にまでおよぶものである。これらの著者は、他者から受け取った口伝、あるいは書かれた伝承の編集者であり、監修者として行動した。

もしそうであるならば、キリスト教神学が他宗教の聖なる書物（聖典）のなかに、その共同体に対する聖霊の働きかけと、神によって語られた言葉を認めるかどうかという問いが生じる――もしそうであるなら、どのような仕方でこの言葉が神の言葉であるといえるのか。このことを他の仕方で考えてみると、他宗教の伝統によって聖なる書物として認められている著書――キリスト教神学は今日これらの著書のなかに、神の「みことばの種子」を認めるようになっているのだが――は、神学的な意味において神のみことばを含む聖典として認められるのかということである。私たちはこの他宗教の聖なる書物のなかに、聖霊の霊感を受けた人間が書いた神の言葉を認めることができるのだろうか。または、神のようなものについての、人間による言葉としてしか見ないのだろうか。――あるいは単に、神のようなものからの応答を期待して、人間が呼びかけた言葉としてしか見ないのか。もし、実にそれが神の言葉に関することならば、さらに深く問われなければならない。諸宗教の伝統の聖なる書物に含まれる、神によって人間に語られた言葉と、新約聖書が公的な記録として構成しているイエス・キリストにおいて神が人間に語られた決定的な言葉とのあいだの関連とは、いかなるものなのだろうか。これらの問いに答えるために、漸進的で、異なった啓示の概念と聖なる書物を書かせる霊感の類比概念という、二つの概念を手がかりにして探究を深めよう。

一方で、諸民族の智慧者たちやヒンドゥー教の「聖賢（仙人）」（seers, リグ＝ヴェーダにおけるサンスクリット語の表現では ṛṣi［リシ］である）の宗教経験が、霊によって導かれ、方向づけられていることを記憶に留めていなければならない。彼らの神経験は、神の霊における経験である。確かに、私たちは同時に、この経験はヒンドゥー教の聖賢にのみに向けられた特権ではないことも認めなければならない。神のはからい（摂理）において、神と人間との出会いの主導権は神のほうにあるからである。この神が、諸国民の預言者たちの宗教経験をとおして、その諸国民自身に語りかけられることを望まれた。諸国民の預言者たちの心の一番奥深くに人格的に語りかけることによって、神は、神の霊において諸国民に自らを顕わし、啓示することを望まれた。このように神は、秘密裡に人間の歴史に介入し、神の計画の実現に向けて、諸国民を導く。諸国民の多様な聖なる書物の社会的な特徴は、このように神によって意図されたものである、と言うことができる。これらの聖なる書物は、神の介入なしには生まれることのない、その民の伝統の遺産である。諸国民の聖なる書物が、人間の心のなかに、霊によって語られた聖なる言葉を記録し、他の人びとを同じ聖霊の経験に導いてゆくよう神的なはからい（摂理）によって運命づけられている言葉であるので、この聖なる書物は、聖賢の言葉の内に、神が人類に語りかけられた言葉を含んでいる。霊感を受けたこれらの言葉を、それ以下のものとしてしか見ないのならば、それは諸国民に対する神御自身の顕現の現実を過小評価することにつながる。

ここで提案したいことは、諸国民の多様な聖なる書物の内容のすべてが、人間の言葉で伝えられた神の言葉であると言っているのではないことである。他宗教伝統のこれらの聖なる書物の編集における多くの要素は、神についての単なる人間の言葉としてのみ紹介されてきたきらいがあった。しかしまた、あたかも神が諸国民の預言者を介してすべてを語り尽くされたかのように、諸国民の正典に含まれている神の言葉が、人類への神の決定的なことばを現わしていると主張するならば、それはなおさら正しくはない。

私たちの主張をまとめてみると、ヒンドゥー教の聖賢たちによる霊の働きをめぐる個人的な経験が、神的なはからい（摂理）による諸国民に対する神からの主導で行なわれるものであるかぎり、そして、これらの聖なる書物のなかに真正に記録されているかぎり、これらのヒンドゥー教の聖賢たちの経験は、神によって選ばれた仲介者をとおして諸国民へ語られたある一つの人格的な言葉（a personal word addressed by God）なのである。真の意味において、この言葉は、後述するように、この概念の非常に狭い理解を押し付けることはせず、聖霊の宇宙的な影響についても充分に考慮するという条件の下で、「神から霊感を受けた言葉」と呼ばれるであろう。

(2)イエス・キリストにおける啓示の「充満」

ヘブライ人への手紙（ヘブ1・1）は、独り子イエス・キリストにおいて神によって語られた言葉が、世に対する神の決定的な言葉だ、と述べている。第二ヴァティカン公会議は、イエス・キリストは、神の啓示を完全にすると解説している（『啓示憲章』4項）。公会議は、実に、「イエス・キリスト自身が啓示の仲介者であると同時に、あらゆる啓示の充満である」（mediator simul et plenitudo totius reverationis）（同2項）と付け加えている。

しかし、いかなる意味で、いかにして、イエス・キリストは啓示の充満なのだろうか。どこに、この充満性が存在し得るのだろうか。誤解を避けるために、啓示の充満性とは、正しく言えば、新約聖書に書かれた言葉ではないということを喚起しておこう。新約聖書は啓示の公的な記録であり、解釈であり、真正な追憶の記録によって構成されている。この真正な追憶――「本質的な伝承」の一部であるが――は、信じるに足る証人が証しをしたイエス・キリストの出来事そのものからは区別されるべきものである。

啓示の充満性を構成するのは、まさにイエス・キリスト自身であり、そのわざ、言葉、生活、死、そして復活であり、一言で言えば、キリストの出来事そのものである。イエス・キリストにおいて、神は決定的な言葉を語られた。これが第二ヴァティカン公会議の『啓示憲章』の理解であり、それはイエス・キリストの出来事における啓示の充満性（同４項）を新約聖書のなかにその出来事が「伝えられた証言」――これは使徒伝承（同７項）に属するものであるが――から区別している。もちろん新約聖書によって伝承された真正な追憶は、いつの時代にも教会の信仰の規範である。しかし、このことは、それが人類に対する神の言葉の充満性の本質を構成しているという意味ではない。新約聖書自体がこのイエス・キリストの出来事を不充分にしか報告していないという証言もある（ヨハ21・25参照）。

このようにイエス・キリストは、人格的（personally）な意味で啓示の充満である。さらに、この充満性は――キリスト以降、神的な秘義に関連するすべてのものは、すでに知られ、さらに学ぶべきものは何もないかのように――量的にではなく、質的に理解されねばならない。神の子としての彼の位格的な独自性ゆえにイエス・キリストは、正確に言えば、啓示された言葉の頂点であり、極致である。これを理解するためには、イエスが神の独り子である際の人間としての自覚から始めなければならない。イエスは人間的な自覚のもとに、御父との人格的な関係を生きた。独り子であるという人間的な意識は、必然的に彼がアッバと呼ぶ御父についての親しい認識を持っていた。このように神についての啓示は出発点からしてユニークであり、推し量ることのできないほどの人間的な経験であった。この経験は実に、神のいのちそのものおよび位格の相互の三位一体的な関係を、人間的な自覚と知覚の核心へと転換することと以外のなにものでもない。第四福音書によれば、イエスは自分の源泉である御父に祈り、その御父はイエスをとおして、御父から発せられる霊を遣わすことを約束した（ヨハ14・16―17、14・26、16・7）からである。

もし神の啓示がイエスのなかで質的充満に達するとしても、神の秘義の啓示は、受肉した神の独り子が、自己自身の独自性を人間的な核心において、人間的な意識によって生きた時に起こった深さのレヴェルに釣り合うものではない。これがイエス・キリストの内面において遂行されたことであり、それはイエスが私たちに伝えた神の啓示の源泉である。御父とイエスとの一体性は、イエスの人間的な意識に特別で独自な特性を与える。従来は決して予想だにされることがなかったほどに、イエスは、親しさを込めて御父について語っている。イエスが神の秘義について啓示したことは、聖書に関するいかなる知識をもってしても説明され尽くすことはない。それは決して、学んで手に入れるようなものではない。それは、特別の親しさのうちで生きた経験から湧き出る何かである。福音書が証明するように、もし誰もイエスのように語ったことがなかった（ヨハ7・46）とするならば、その理由は、それまで神について人間が経験したいかなる神経験もイエスの経験とは比較にならないからである。ヨハネによる福音書は、御父と御子のあいだの一体性のかすかな閃光を私たちに垣間見せてくれる。「御父と私は一つである」（ヨハ10・30）。この一体性は、相互内在（ヨハ10・38、14・11、17・21）、相互認知（10・15）、相互愛（ヨハ5・20、15・10）、協働のわざと呼び得る。――イエスがなすことは、まさに御父がイエスの内にあってなすことである（ヨハ5・17）。

イエスの生涯と人間的な条件は、したがって、御父との関係のなかで、神の独り子の秘義の人間的な表現となっているのである。彼の人間としての言葉は、神のみことばとしての人間的な表現である。イエスは、他の預言者とは対照的に、神から受けた言葉を単に人間に伝えるのではない。イエス自身が肉（人間）となった神のみことばである。イエスにおける神の自己啓示が決定的であり、凌駕されたこともなく、凌駕されえない理由は、イエスのうちに共存している神のいのちの秘義を、人間的な意識のなかでイエスが経験しているからである。

神的な秘義の人間的な意識への伝達は、それを人間の言語で表現することを可能にする。イエスにおけるこの秘義の啓示は質的にはまったく異なる特殊な特徴を持っている。なぜなら聖書の証言から理解されるように、イエス自身がその人間性のなかに神的な源泉を有し、それを表明する神の独り子だからである。この啓示は、人となった独り子そのものと同じ深さで、神の秘義を人間に伝える立場にあるものは誰もいないという意味で、キリスト教信仰の中心であり、規範である。イエスは、みことばそのものであるがゆえにみことばを話す。

それにもかかわらず、この啓示は「絶対」ではない。そこには必然的に限界がある。なぜなら、イエスの人間としての意識は、独り子の意識ではあるが、それはあくまでも、人間の意識であり、それゆえに限界がある。それは受肉の秘義と言う以外に他に言いようがない。どんな人間の意識も、人となった神の子の意識でさえも、神的な秘義のすべてを「完全に理解すること」はなく、すなわち、そのすべてを含めきることはなかった。人間の言葉による秘義の表現は、イエスの人間性において独り子の特異な経験からほとばしる表現でさえも、秘義の完全な全体を語り尽くしているとは言えない。それは、三位一体の神の秘義における三位格によって分かち合われた神的な相互意識（the intra-divine consciousness）によってのみ語り尽くすことができる。イエスの人間としての認識や意識は、みことばの人格的な認識や意識であると同時に、真正かつ特異な人間性として留まる。

しかしながら、イエスは特殊で独特な交流能力（communicatio idiomatum.［属性の効用］、監修者註――「属性の共有」あるいは「属性の交流」とも訳される。キリスト論の原則である。四五一年の史上四回目のカルケドン公会議の決議では、キリストにおいて神性と人間性とが両立しているとされているので（神性と人間性とがキリストにおいて位格的に結合しているので）キリストの人間的な性質について語られることは、神性を帯びたキリストのふるまいとしても理解できる、とされている。例えば、歴史上のイエスの人間性が食事を食べているとした場合に、神が食事を食べていたということとしても理解できる。歴史上の人間イエスにおける神としての本質を確保するためのアレクサンドレイア学派神学の立場がカルケドン公会議の決議につながっている。なお以下の文献を参照のこと。—百瀬文晃『イエス・キリストを学ぶ——下からのキリスト論』中央出版社、一九八六年、三〇五—三〇六頁）を持っているという発想のゆえに、必然的に神的な知識を直接的に人間に伝えうると結論づけることはできない。話し手が神的な人物であるからという理由で、人間としての本来の限界にもかかわらず、彼の話す人間としての言葉は、神的な秘義のすべてを包含している、というのは誤りである。実に人間の言葉は、たとえ、もし、その言葉が神御自身によって直接語られたと仮定したとしても、それは神的な秘義（the Divine Mystery）の現実そのものを尽くすことではない。

また、私たちに神を開示しながら、神の秘義を人間の言葉に転換することをイエスに可能にさせたのは、厳密に言うと、独り子であるイエスが、御父との関係性のなかで深めていた人間的な経験があったからである。実に、三位一体の神の秘義は、人間として自己自身の独自性を生きる受肉した独り子によってのみ人類に啓示されることができるのであり、そして彼によってのみ、この秘義は人間の言葉をとおして人間に伝えられる。

三位一体の神の秘義は、聖霊降臨、すなわち、イエスが約束したように、復活された主が御父の霊を弟子たちに対して降り注がせたときに（使2・23）、イエスの弟子たちの意識に対して開示された。しかしながら、この三位一体の神の秘義が人間的な言語へ転換された時、イエス・キリストにおける神の啓示にもう一つの限界が生じた。それはイエスが自身を表現した固有の言語、すなわち彼の時代に話されていたアラマイ語によるものである。人間が話すいかなる言語にも、その言語体系が持つ豊かさと同時に限界がある。もしイエスが他の文化圏で他の言語によってこの神的な啓示を語ったなら、まったく同じ論調で話したであろうか。

一方で、私たちは、イエス・キリストにおける啓示の後でさえ、神は到達不可能な光の内に隠れたる神として留まることを信じなければならない（一テモ6・16）。そうでなければ、信仰は消えてなくなる！「誰も神を見たものはいない」（ヨハ１・18）、たとえ「独り子が神を啓示した（exegesato すなわち、釈義した）」後でさえ見ることはできないということは真実として残る。

しかし、もう一方で、私たちは、この秘義を啓示するためにイエスによって使われた言葉（アッバ、霊、など）――たとえ、それが単に類比的であったとしても――が、神的な秘義の実在を客観的に伝えていると信じなければならない。私たちは父性と子性が、神的な秘義のなかに客観的に存在することを知っているが、いかにしてこうした「位格的な関係」が、神性の内に具体的に実現されたかについては、明確なイメージを持ってはいないのである。このことから、神の内において生じている関係性の超越的な様相は、何にその根拠を置いているのかという問いが生じる。聖霊は独り子をとおして御父から「発出し」、私たちにとっては、言葉を超えた未知の方として留まることを認められなければならない（バルタザールによれば）。聖霊については、新約聖書の証言によれば、はっきりとその「位格」が確認されるが、聖霊自身には、固有の位格的な名前は与えられていない。御父、独り子、そして「霊」としてしか記されていない。

これらすべては、イエス・キリストにおける啓示の「充満性」について、正確にそして適切な厳正さを持って理解しなければならないことを示している。それは質的な充満性であって量的ではないということであり、単一の極みとしての出来事であるが、秘義のすべてを言い尽くしてはいない。したがって、凌駕されたこともなく、され得ないことであるとはいえ、限界があるものとして留まる。それは、いまだに未完成のままに留まり、終末における啓示の完成に達するときまで、その状態のまま留まる。実に『啓示憲章』は、「教会は自らに神の言葉が成就するまで、時代の推移に伴って、絶えず、神的な真理の充満を目指して進むのである」（同８項）と述べている。すなわち、この充満は終末に到るまでであると教えている。

教皇ヨハネ・パウロ二世は一九九八年の回勅『信仰と理性』（*Fides et Ratio*）で、「啓示をとおして教会が到達しようとしているすべての真理は、神の最終的な啓示とともに現われる真理の充満に向かって一歩ずつ進んでいる」(同2項)というかたちで同意している。彼はパウロの言葉(一コリ13・12)としての「私たちがいま見ているのは、ぼんやりと鏡に映っているもの、来たるべきときに見るのは顔と顔を合わせてのもの。私がいま知っているのはごく一部分であるが、そのときには完全に知るようになる」(一コリ3・12)という箇所を引用している。そこでは常に「想い起こさせるもの」または「終末的な条件」として留まる。

一方では、啓示はすでにイエス・キリストにおいて「完成」され、もう一方では、終末の完全な顕現までは「未完成」のままで留まる。新約聖書の啓示に関する言葉は、実に終末的な響きを伴う。ある場合には、啓示の言葉は、時の終わりの決定的な啓示を直接的に指している(一ペト1・5、1・7、1・13)。ペトロの第一の手紙とテトスへの手紙(2・11―14)は、キリストにおける啓示が、完全であるにもかかわらず、終末まではっきりと限界があり、未完成のまま残る、と述べている。

イエス・キリストにおける啓示の質的な完全性――その強さあるいは深さということもできるが――は、イエス・キリストの歴史的な出来事の後でさえ、他宗教の預言者たちや賢者たちをとおしての、神の自己啓示が継続することの障害にはならない。この神の自己啓示の連続は、歴史のなかにおいて行われてきたし、今後も行われる。

しかし、イエス以前と以後のいかなる啓示においても、受肉した神の独り子イエスに与えられた啓示と同等か、あるいはそれを凌ぐものはなかったし、今後もないであろう。イエス・キリストによって示された啓示の卓越した充満性を心に留めておく限り、神は今日においても私たちの世界に対して語りつづけられているということができる。教会内には現在も預言者は存在する。聖アウグスティヌス司教[註69]は、他宗教の信奉者のなかにも預言者が存在したと言っている。イエス・キリストの啓示は、教会のいのちのなかにあって常に「現実となって」存在しつづけ、教会外では、神的な秘義の真正な側面を強調することによって、または、この秘義の不完全な「顔」およびイエス・キリストにおいて示された秘義の真正な「予兆」をとおして描写され得る。

教会はまた、受肉のみことばにおいて、「最初で最後のただ一度」（once for all）神によって語られた言葉のより深い理解の内に成長しつづけてゆかなければならない。この目的のために、「あらゆる真理」[169]（ヨハ16・13）に教会を導いてゆく聖霊の、絶え間ない助力が教会には保証されている。さらに教会は、新約聖書のなかに記されている出来事の正当な記録についても確信しており、この記録はいつの時代においても、教会が神と救い主を理解するための規範として留まりつづける。

(3) 啓示、その差異と完全性

イエス・キリストの出来事の稀有な特徴、そして、この出来事をより広い世界への神の啓示の秘義のなかで捉え、教会共同体によってそれが公式に記録されたという独特の立場が認められるならば、啓示と正典（複数）についての「開かれた神学」への余地が残される。イエス・キリストにおいて神が決定的な言葉を語られたにしても、このような神学は、神が旧約聖書の預言者をとおして語られた傍ら、人類に諸国民の預言者たちをとおして初めから、種子としての言葉を語られたと考えるような、この言葉の痕跡は、世界の諸宗教の伝統の聖典のなかにも見い出され得る。

イエスへの決定的な言明は、他の言葉が語られるのを妨げるものではなく、むしろ、それらを前提としているとさえ言える。神の最初の言葉は、旧約聖書に記録された言葉であるということに収まらない。旧約聖書そのものが、神がイスラエルに語られる前に諸国民に語られたことを証明している。神とアダムの契約、神とノアの契約がその証しであり、この両者において神は人類と親しく交わったことはよく知られている。旧約および新約聖書と並んで、諸国民の聖なる書物は、諸国民に対する神的な自己啓示の連続するプロセスの一つとして、神が人類に語りかけるその多様な方法と形を現わしている。啓示の連続するプロセスは三段階に分けられ、厳密に言えば、年代順ではなく、多少年代が重なっている部分もある。

①まず、第一段階では、神は予見者たちがその心奥において聖なる言葉を聴くことを可能にし、少なくとも、その痕跡は世界の諸宗教の伝統の聖典のなかに見い出される。

②次に、第二段階では、神は「公式に」預言者の口をとおしてイスラエルに語りかけ、旧約聖書全体がこの神の言葉とそれに対する人間の応答の記録となった。これらの二つの段階において、それぞれ異なる方法ではあるが、神の言葉は、イエス・キリストへの完全な啓示へと秩序づけられたものであった。

③さらに、第三段階において、神が「みことば」そのものであるイエス・キリストにおいて決定的な言葉が語られたのである。新約聖書全体はこの言葉の公式の証言を伝えるものである。

諸国民が持つ聖典は、隠されていた最初の神の言葉を含んでいる。これらの言葉は、イエス・キリストにおける神の啓示を予想して、旧約聖書が神によって望まれた直接的なる歴史的な準備である限り、私たちが旧約聖書に帰さなければならない「公式」の特徴を備えてはいない。

『啓示憲章』（4項）で、「わが主イエス・キリストの栄光ある再臨以前には、もはや、いかなる新しい公的な啓示も期待されるべきものではない」と言うように、諸国民の持つ聖典は、イエス・キリストにおける神の言葉に帰する意義と決定的な価値は持たない。諸国民の聖典が、公会議によって意図された意味での「公的な啓示」ではないにしても、これらの言葉は一定の「社会的な」機能を持ち、その諸国民の預言者たちや賢者たちを介して、その宗教共同体に語られた神の言葉である限り、この聖典を個人的な「私的な啓示」として過小評価することはできない。これらの言葉も神が御自分の霊を介して諸国民に語られたという意味で神の言葉と呼ぶことは可能である。神学的な見地から、この聖なる書物は、神からの言葉を含み、「聖典」と呼ぶに値する。要は、究極的には術語の問題である。神の言葉、聖典、霊感と言う時、それがどのように理解されなければならないか、ということである。伝統的な言い方では、これらの言葉を、ユダヤ教とキリスト教の聖書にのみ適用し、非常に限定された神学的な定義づけを与えてきた。『キリスト教と世界の諸宗教』(170)と題された国際神学委員会の最近の資料には、この制限された用法がいまだに保持されている。

一方で、神は「さまざまな異なる仕方で人間を照らしつづけてきた」（前掲書、91項）のであり、ある種の「神的な照らし」は、他宗教の聖なる書物の「作成」の際にも働くことは可能である（前掲書、92項）、そして「他宗教の伝統は神の霊によって霊感を受けた多くの誠実で偽りない人びとによって刻印されてきた（『対話と宣言』30項）」（前掲書、90項）、と認めながらも、しかしこの委員会は、「正典」（Books of the Canon）のみが霊感を受けたものとしての資格を持つとしている（前掲書、92項）。その理由は、「教会が旧約および新約聖書において認める神的な霊感が、この両書のなかに神が御自分について書いてほしいと思うすべてのことが書かれていると教会が認めてきた」ということを我々に保証するという事実にあるからである（前掲書、91項）。

それではなぜ、この委員会が、旧約および新約聖書の正典に「霊感による特別の資格を与えるのはよりふさわしい」と考えるのか。その理由は、主に、旧約および新約聖書に書かれているあらゆることが、神に由来していることによる。それゆえに「誤りがない」という特権がこの聖書の記述に付与され、このことが他宗教の聖なる書物のなかには確認されない（たとえ聖書的な誤りのなさが正しく理解されなければならないとしても）というところから来ている。この理由が妥当であるとしても、聖書のみが正当なものであるとするこのような立場が、先験的に決められてよいものかどうか、という問いが生じる。この先験的な定義から、聖書だけが神が人類に語られた正当な言葉を含んでいる書物であって、聖書以外の書物には、神の言葉は含まれないし、聖書以外に聖なる書物はないというのは道理にかなっているのであろうか。

しかし、それにしても――神の人類との人格的かかわりの拡大された文脈においては――他宗教の書物にまで適用可能な「神の言葉」、「聖なる書」、「霊感」の、より広義の定義を提案することは可能であり、そこには神学的な基礎がないわけではない。「神の言葉」、「聖なる書」、「霊感」は厳密には、啓示と救いの歴史のそれぞれの段階で同じ現実を表現していない――聖書的な誤りをも含めて――。ユダヤ教およびキリスト教的な啓示によって記録された神の言葉の特別な意義を擁護することも重要であるように、他宗教の聖なる書物のなかに含まれる神の言葉の真の価値と意味を認めることも同様に重要なことである。「神の言葉」、「聖なる書」、「霊感」などの、これらの概念は類比的であり、進歩し、変化し、異なる啓示のそれぞれの段階で異なる意味に適用される。

このことに関して、ジェフレは、「啓示のより深い神学的な把握を目指すための、啓示の区分」を提案する。彼は以下のように述べている。「キリスト教とは性質を異にする他宗教についての神学が、いまだに試行錯誤のなかにあり、いまだに未踏の状況から抜け出せずにいる。だから、私たちは、単一の啓示が、神の種々異なる多くの言葉を含んでいる可能性があることに注目する必要がある(171)」。救いの歴史と啓示とは一つである。それぞれの段階においてー――宇宙的、イスラエル的、キリスト教的――さまざまな異なる方法で聖霊の影響の刻印を持っている。このことは、神的な啓示のあらゆる段階で、神は摂理の賜物を介して、神が定めたゴールに向けて親しく人類を導いておられる、という意味である。

神の諸国民への一つの人格的な啓示として、宇宙的な啓示の積極的で神的な特徴は、これらの諸国民の聖なる書物の神的な特徴を含み持つものである。諸国民の聖なる書物に含まれている「みことばの種子」はすべてを生み出す神の言葉であり、そこには霊の影響がないわけではない。霊の働きは普遍的である。この霊は、人類に対する神の自己啓示のすべての段階において、神が人類に語りかける言葉とともに存在している。聖アンブロジウス司教[註70]の言葉を引用しながらも「あらゆる真理は、誰によって語られようとも、それはすべて聖霊に由来するものなのである」と、いみじくも述べたのは聖トマス・アクィナスであった（『神学大全』I–II, 109, 1, ad1）。

啓示は漸進的であり、区分される。真の相互補足が――イエスの出来事の決定的な要素を損なうことなく――ユダヤ–キリスト教的な伝統の内外にある啓示のあいだに存在するということは可能である。そして同様に、類比的な相互補足は、他宗教の聖なる書物と聖書の総体のあいだに見い出され得る。予見者たちの心の内奥に語りかけたその同じ神が、歴史をとおして預言者たちに語り、最後の日には、独り子をとおして語られた（ヘブ１・１–２）。あらゆる真理は、真理そのものである神に由来し、いかなる道を経て私たちのところに到達しようとも、それ自身として尊ばれなければならない。神の言葉と神的な啓示は一枚岩的なものとしてではなく、多様かつ複雑な現実として考えられるべきである。

当然ながら、神的な真理を、真理ではない事柄から見分けるには、鋭い識別力が必要となる。キリスト者にとって、この種の識別の規範となるものは、疑いもなく真理そのものである（ヨハ14・６）イエス・キリストの人格と出来事の秘義にもとづく。みことばであるイエス・キリストに反するものはいかなるものでも、イエス・キリストを遣わした神から来るものではあり得ない。しかし、このことを堅固な規範として維持するとしても、まだ、神の言葉を補足する余地は残されている。それは旧約および新約聖書のあいだの余地だけではない。この両聖書と聖書の外にある聖なる書物とのあいだにもこの余地は残されている。後者には、聖書のなかで注目されていない、神的な秘義のある種の側面も含まれ得る。そのいくつかの例をあげると、クルアーンには神の偉大さ、その超越性、尊崇、そして神の永遠の定めによる聖性への人間の服従があり、ヒンドゥー教の聖なる書物には、世界に内在する神の存在と人間の心の深淵に内在する神について書かれたものがある。

聖書の成立した環境とは異なる地域の文化伝統のなかで生じてきた他宗教の聖典が、新約聖書も含めた聖書そのものより、神の秘義をより広い次元に解き放つと考えられる限り、聖書とそれ以外の聖なる書物のあいだにあるこの補足性は、相互的なものであると考えられる。したがって、この両者のあいだの補足性は、ある種の神についての自然的知識の手がかりまたはその要素を見い出すという意味で相互的であるのみでなく、これらの知識はユダヤ教とキリスト教伝承による唯一の道のなかで完成されるという意味でも相互的である。これがいわゆる「成就の神学」[註71]（fulfillment theology）の理論が意図したものであって、この説がこれまで廃れることなく長期間つづいてきた理由である。

神的な真理の断片が分散しているという問題であるばかりでなく、これらの断面の充満性がキリスト教の啓示の内に豊かに見い出される。このことを他の角度から見ると、相互補足性の特徴が見えてくる。つまり、キリスト教的な啓示に何か不足するところがあって、それを他の啓示が補うとか、イエス・キリストの啓示の内に「欠けた部分」があって、キリスト教的な啓示に対して他の啓示が追加補足するかのようなことにはならない。もしそうであるなら、イエス・キリストの啓示の唯一の充満性や超越性に矛盾することになるからである。

イエス・キリストの啓示は、実に、他のさまざまな啓示を理解するための頂点であり、中心であり、まさに鍵となるものである。このように相互補足性は、キリスト教の内に、何か欠けるところがあって、他宗教からそれを受け、それなしにはキリスト教が神的な啓示の充満性を享受し得ないという意味で理解されてはならない。それは、むしろ、神が他宗教の伝統に生きる人間に対しても同様に賜物を与え、たとえ彼らがイエス・キリストにおける神の啓示のなかに自己の十全性を見い出さないとしても、それでもなお、その賜物は神の真正な言葉であり、神からの付加的で自律的な賜物を意味する。それゆえに、このような人類に対する神的な賜物は、イエス・キリストにおいて人類に与えられた神の賜物の超越性を妨げるものとはならない。「他宗教の伝統における真理と恩恵の種子」と、「キリスト教の聖なる書物で証しされているイエス・キリストにおける神的な顕現の充満性」の関係性は、「相互の不均衡的な補足」（mutual "asymmetrical" complementarity）として理解されるべきである。

なお、この「不均衡」という術語は、ここでの文脈のなかでは新しいものに思われるが、決して無視されてはならない。そうでなければ、この補足性は神学的に不正確な仕方で理解されかねないからである。イエス・キリストの内と外における神の啓示の補足について、今まで述べてきたことは、後で、諸宗教の伝統とキリスト教との関係に適用されるであろう。相互的ではあるが、その補足性は同じ理由で、「不均衡的なもの」として理解されなければならない。

種々の聖なる書物の補足性の認識は、キリスト者の独自性を弱めることなく、諸宗教についての「開かれた神学」を可能にする要素の一つである。他宗教に含まれている神の言葉は、その伝統を忠実に守る人びとにとってのみ「神の言葉」として力があるのか、あるいは、その伝統に属する書物の源泉となっている宗教経験をもつその預言者や賢者をとおして、神はキリスト者である私たちにも語りかけていると考えることができるのか、という問いに答えることが可能である。その答えは、イエス・キリストの啓示の充満性はその可能性と矛盾しない、ということである。すでに指摘したように、アブラハム、モーセ、またはノアの神的な契約は、イエス・キリストの決定的な契約との関係においてではあるが有効性を保ち、実にこれらの契約はキリスト者にとって意味と価値を持つ。

類比的に、神の自己啓示のさまざまな段階における神の言葉――結果的に他宗教の聖なる書物もこの痕跡を含んでいるのだが――はキリスト者にとってさえ、イエス・キリストにおける神の決定的な言葉に向けられた発端の言葉として意味がある。これを過小評価することは、キリスト教伝承のなかで語られ、第二ヴァティカン公会議（『教会の宣教活動に関する教令』11項および15項）でも採り上げられ、強調され（*Nostra Aetate*, 2）、また、暗にヨハネ福音書の冒頭において言及されている「すべての人を照らす真理そのものの光」としての「みことばの種子」の真の意味を軽んずることになる。したがって、他宗教の伝統の聖なる書物に含まれている神の言葉を、キリスト教の祈りのなかで使うことは、たとえそれが「みことばの祭儀(172)」であっても必ずしも原則的に除外されるものではない。このことは司牧的な分別や配慮を持って、イエス・キリストにおいて神の言葉が頂点に達するということを曖昧にすることなく、神の啓示の歴史における種々異なる段階を考慮しつつ確かな方法で実施されるべきである。

　これらの条件の下で、私たちは神の種々の言葉とイエス・キリストにおける神のみことばそのもののあいだに、驚嘆すべき一致を発見することができる。逆説的に見えるかもしれないが、聖書以外の聖なる書物とのより幅広い接触——もしキリスト者が自己の信仰内で聖なる書物と幅広く接するならば——は、キリスト者がイエス・キリストにおいて彼らに示される神的な秘義の側面を、より深遠な偉大さの内に見い出すのを助けるであろう。

第5章　原註

(148) Cf. Heinrich Fries, "Die Offenbarung," in *Mysterium Salutis*, ed. J. Feiner and M. Löhrer (Einsiedeln: Benziger Verlag, 1967), 1:117-238.

(149) Cf. Gustabe Thils, *Propos te problèmes de la théologie des religions non-chrétiennes* (Tournai: Casterman, 1966)

(150) Gerald O'Collins, *Retrieving Fundamental Theology* (New York: Paulist Press, 1993).

(151) Avery Dulles, *Models of Revelation* (Maryknoll, N.Y.: Orbis Books, 1992).

(152) Cf. J. A. DiNoia, *The Diversity of Religions: A Christian Perspective* (Washington, D.C.: Catholic University of America Press, 1992), 136.

(153) The citation is taken from the Declaration of the International Theological Conference on Evangelizatin and Dialogue in India (October 1971), n. 13; cf. J. Pathrapankal, ed., *Service and Salvation* (Bangalore: Theological Publications in India, 1974), 4.

(154) Cf. the title of the book by John Hick, *God Has Many Names: Britain's New Religions Pluralism* (London: Macmillan,

1980); and his *God and the Universe of Faith: Essays in the Philosophy of Religion* (London: Macmillan, 1973).

(155) Blaise Pascal, " Le Mémorial," in *Oeuvres complètes*, ed. L. Lafuma (Paris: Cerf, 1963), 618.

(156) It is the title of the book of Walbert Buhlmann, *All have the Same God* (Slough, UK: St. Paul Publications, 1982).

(157) *The Koran*, ed. Muhhamad Zafrulla Khan (London: Kurzon Press, 1975).

(158) Cf. Karl-Josef Kuschel, *Abraham: A Symbol of Hope for Jesus, Christians, and Muslins* (London: SCM Press, 1995).

(159) Roger Amaldez, *Trois messagers pour un seul Dieu* (Paris: Albin Michel, 1983).

(160) Cf. H. Limet and J. Fries, eds., *L'expérience de la prière dans les grandes religions* (Louvain-la Neuve: Centre d'histoire des religions, 1980).

(161) Bede Griffiths, *The Marriage of East and West* (London: Collins, 1982), 177-80; see also idem, *Return to the Center* (London: Collins, 1976).

(162) A. Dulles, *Models of Revelation*, 190.

(163) Cf. D. S. Amalorpavadass, ed., *Research Seminar on Non-Biblical Scriptures* (Bangalore: NBCLC, 1975).

(164) Jean Danielou, *Holy Pagans in the Old Testament* (London: Longmans, Green, 1957).

(165) Cf. Andre Neher, *L'essence du prophétisme* (Paris: Calmann-Lévy, 1977).

(166) "Introduction to the Prophets," in *The New Jerusalem Bible* (London: Darton, Longman & Todd, 1985), 1159.

(167) R. C. Zaehner, *Concordant Discord* (Oxford: Clarendon Press, 1970), 23-29.

(168) Karl Rahner, *Inspiration in the Bible* (New York: Herder, 1961); cf. also Karl Rahner and Joseph Ratzinger, *Revelation and Tradition* (New York: Herder, 1966).

(169) Cf. Ignace de la Potterie, "Jésus-Christ, plénitude de la vérité, lumière du monde et sommet de la révélation d'après Saint Jean," *Founders of Religions, Studia Missionalia* 33 (1984): 305-24; cf. also Gerald O'Collins, *Retrieving Fundamental Theology* (New York: Paulist Press, 1993).

(170) "Christianity and the World Religions," *Origins* 27 (1997-98): 149-66.

(171) Claude Geffré, "Le Coran, une parole de Dieu différente?" *Lumière et Vie* 32 (1932): 28-29. Also cf. idem, "La place des religions dans le plan du salut," *La mission à la rencontre des religions Spiritus* 138 (February 1995): 78-97.

(172) Cf. D. S. Amalorpavadass, ed., *Research Seminar on Non-Biblical Scriptures* (Bangalore: NBCLC, 1975).

第6章　神のみことば、イエス・キリスト、世界の諸宗教

――みことばの視点――

第三章において、筆者は三位一体の神あるいは聖霊を中心としたキリスト論を、諸宗教に開かれた神学のモデルとして提唱した。このモデルは、人類の普遍的な救済に関してはっきりとイエス・キリストの十全な意味を主張する一方で、諸宗教の伝統によってその信奉者のために準備される救いの道をも認める扉を開くことになる。この二者のあいだの一見すると解明不可能な矛盾を解くために提案された結論は、以下に述べる互いに補い合いかつ収斂する三つの側面を一つにまとめて強調することにある。それによって、救いは人類に対する神の計画のなかで、他宗教の信奉者の現実の状況に応じて、それぞれの人びとに届くことになる。

その三点とは、①イエス・キリストの歴史的な特異性にもかかわらず、この出来事の持つ普遍的な現実には効力があり、②受肉の秘義においてイエス・キリストによって引き受けられた人間性が持つ限界には縛られない神のみことばの普遍的な現存の働きがあり、③同様に普遍的な神の霊の働きは、復活し栄光化されたキリストを介して生じた霊の発出によって限定されることもなく、すべてを言い尽くせないこと、である。この章においては、みことばの働きとイエス・キリストの出来事の効力を適切な方法で統括することに話題を限定しよう。

この点に関して提起される問題は、「復活前のイエス」と「復活のキリスト」のあいだの関係性と同様、「神のみ

ことば」と「人間イエス・キリスト」とのあいだの関係性に直接的に関わる。これらの問いは特に新しいものではないが、諸宗教の神学の背景のもとでは、以前にもましてより鮮烈な問いとなり、新しい強調点に加えてより緊急な考え方となる。問いとしては、実際、誰が救い主なのか、イエス・キリストか神のみことばか、ということになる。

イエス・キリストの死と復活の出来事は、歴史的なある時期だけに限定されるので、どのようにして、限定された時間や空間を超えてその効力を現わすことになるのだろうか。この時間や空間に制限されない神のみことばの普遍的な働きと比べて、歴史的な出来事における救いの意味は減少してしまうことはないのだろうか。導き出される結論としては、実際に救うのは神のみことばであり、イエス・キリストの出来事の意義は、この神のみことばの救いのわざを証しすることにある、というものである。さもなければ、もしイエスをキリスト者のための救いの根源的な秘跡として認めるというキリスト者の観点から、イエスの復活した人間性が備える救いの効力を主張するならば、必然的にこの救いはイエスを信じる人びとにのみ限定されることになるであろう。こうしてキリスト者はイエス・キリストをとおして救われ、他宗教の伝統の信奉者は神のみことばの普遍的な働きをとおして救いに達する。

以前、筆者は、諸宗教についての議論に関して、今日、受け容れられているいくつかの異なる立場を紹介したが、そのなかの一つに「ロゴス中心主義」と呼ばれる新しいパラダイムがあることを示した。この説には、神のみことばの働きと、イエス・キリストの出来事とを二つの異なる道として分けようとする傾向がある。みことばの独自の働きは、イエス・キリストから区別される救いの歴史を示し、この二つの道は並行したものとして考察されなければならないものなのだろうか。または、救いの歴史は一つのものとして留まり、救いのわざは、もはや受肉したみことばとその人間性に帰されるのではなく、このみことばの人間性が救いの秩序のなかでいかなる意義を持っていようとも、その人間性から独立したみことばそのものに帰されなければならないのだろうか。

みことばの普遍的な働きをイエス・キリストの出来事の効力から区別し、誤って引き離そうとするこの傾向に抗して、歴史的なイエスと「神のみことば－神の独り子」の位格的な独自性に区別があるにもかかわらず、両者は同時に人間のための単一な神の計画のなかで一つに結ばれているので、あたかもこの両者を並行する二つの救いの計画を現わすかのように切り離すことは決してできないことを示すのは重要なことである。

この章は、したがって、二つの項目から成り立つ。第一項は、復活し栄光化されたイエス・キリストの人間性をとおして働くみことば――みことばはイエス・キリストと「一体」ではあるが――の意義を考察する。そしてイエス・キリストと一体化した状態のみことばからは区別されるみことばそのものによる救いの働きがあることを示す。みことば自身の働きは、啓示の出来事の記録（聖書）および教父の伝統を研究することによって見い出すことができる。この研究の明らかな結論は、他宗教の伝統に属する信奉者のための救いの価値を明らかに示す諸宗教の神学に、みことば自身の働きの妥当性と重要性を示すことにある。第二項では、神のみことば自身による働きが、神の単一の救いの計画のなかで、イエス・キリストの出来事に関連づけられていることを示すことにある。イエス・キリストの出来事は「みことばの受肉の秘義」と「彼の死と復活の過越の秘義」とにおいて頂点に達する。したがって、第二項では、この二つの側面、すなわち、「みことば自身の普遍的な働き」と「イエス・キリストにおける救いの出来事」の意味が、神の人間に対する唯一の救いの歴史のなかで、どのような仕方で結びついているのかを示す。これによって私たちはイエス・キリストの出来事が「普遍的な救いの本質」であると同時に、他宗教における多様な道が同じ神の救いの計画のなかで、その宗教の信奉者に対して救いの意義を持っていることを見い出す。

1　神のみことばとしての普遍的なふるまい

ここでは、キリスト教信仰において、神のみことばとイエス・キリストは切り離すことができないことを扱った回勅『救い主の使命』(*Redmptoris Missio*, 一九九〇年) から始めるのがよいと考える。神のみことばとイエス・キリストのあいだにある位格的な同一性、そしてさらにはイエスとキリスト(救い主) のあいだの同一性を明確に把握しておく必要がある。それは他に比類のない純粋さを持ち合わせており、キリストに普遍的な意味を与える位格的な独自性の本質を構成するものである。右記の回勅で教皇がいみじくも述べているように、「みことばとイエス・キリストを切り離すことは、どのような類のものでもキリスト教信仰に反する」。さらにつづけて、「人はイエスをキリストから切り離すことはできない」(6項) とも述べている。「位格的統合」(hypostatic union) の秘義をとおして、神のみことばの神的な位格の内にイエスの人間性が受託されたがゆえに、神のみことばとイエス・キリストのあいだの位格的な同一性は常に保たれなければならない。[註72]

このことから、救いの働きはイエスの人間性を損なうような仕方で、独占的にみことばにのみ帰され、みことばの救いの効力とイエス・キリストの歴史的な出来事における救いの意義が切り離されてはならない、という結論となる。このことは、神のみことばそれ自身の働きを、イエス・キリストの人間性、たとえそれが復活し栄光化された状態であるとしても、その働きから区別して説明することが可能ではないと言っているのではない。しかし、みことば自身のこの働きを正しく理解する必要がある。私たちがここで採り上げている神のみことばは、イエス・キリストにおいて肉となった神のみことばと異なるものではないと知っておくべきである。ナザレのイエスにおいて肉となった方以外に神のみことばは存在しないということは明らかである。

ところが、一方で、みことばの受肉の秘義は、一介の歴史的な出来事でもあるから、時と場所に制約されることになる。しかし、このみことばは神の秘義の永遠性の内に存在する。しかしまた、世界と人間の歴史のなかに現存し、働いている——それはみことばをとおしての人間への神の自己顕現の全体を含んでいるがゆえに、実際、救いの歴史となる。したがって神のみことばは歴史全体をとおして受肉の秘義以前にも以後にも働いている。よりはっきりさせるために、次の点を区別することは有益である。まず、第一として、「受肉を予定されていたみことば」（Verbum incarnandum）、すなわち「受肉以前のみことば」。次に第二として、「受肉したみことば」（Verbum incarnatum）、すなわち人間として自らを捧げ尽くした状態（kenosis）であるとともに復活し栄光化された状態のみことば」である。さらに、第三として、「永続するみことばの働き」すなわち「みことばの受肉とイエスの復活後もさらに継続される働き」として、イエス・キリストの人間性の限界によって制限されることのない状態である。「受肉以前における受肉予定のみことば」、「受肉のみことば」、そして「イエスの復活後のみことばの働き」、という三段階のダイナミズムについては、啓示と伝承の両方にもとづいて立証されなければならない。

(1) 智慧の伝統における神の智慧

旧約聖書の記述のなかで最初に想起すべきことは、智慧文学のなかで特に強調されている神の智慧による救いの計画である。ピエロ・ロッサノ司教[註73]は深い洞察によって私たちに旧約聖書の記述のなかにそれを見せてくれる。諸宗教の神学に開かれた道を示す最初の出発点は、人間の歴史をとおして普遍的に働いておられる神的な智慧のなかに見ることができる。この点は智慧文学全体に注意を集中することによって分析されるべきなのではあるが、ここでは重要な箇所に絞って分析したいと思う。参考になる箇所としては、すでに引用したことのあるオダッソの最近の著書『聖書と諸宗教――諸宗教の神学のための聖書的展望』[173]（*The Bible and Religions: Biblical Perspectives for a Theology of the Religions*）を用いる。そこで彼は、智慧文学について語るとき、「トーラーの正典化において頂点の極みを見る、神の賜物としての智慧の理解を発展させると同時に、伝承が持つそれ自身の質を最高に高めること、それによって神の計画それ自身と創造の根底にある智慧を理解し、人間の歴史とイスラエルの存在の理解にまで到達する。これは智慧の「実体化」（hypostasizing）あるいは「人格化」（personification）として知られている現象のことである」（前掲書、200頁）、と説明している。

著者は、智慧文学から四つの重要な箇所を採り上げ、神の智慧に関する神学における聖書的な啓示、神の智慧の普遍的な現存とその効力、そしてそれが持つ諸宗教の神学への関連性を発展させている。四つの重要な箇所とは、ヨブ記28章１節から28節、箴言８章22節から31節、シラ書24章１節から32節、智慧の書９章１節から18節である。ヨブ記では、智慧は神的な救いの計画の人格化された表現として現われ、それは創造のわざ全体に広がり、この創造が完了した暁には、引きつづき人間の歴史のなかで働く（前掲書、203頁）。「人間全体に神的な智慧の賜物が充満し、みことばの光の賜物が人間に送られる」（前掲書、205頁）。

箴言の引用に目を移すと、智慧は一人の人格として現われ、その声を響かせながら、それに耳を傾けその声に学び従うよう人びとを招き寄せる（前掲書、206頁）。「智慧はいのちと希望の完全無欠な源泉であるゆえに、永遠の聖なる計画を位格化（hypostasized）し、神御自身を創造のわざの内に、安全かつ信頼できる完全な愛、特に最も重要なものとしては人類との関係のなかに位置づける」（前掲書、207頁）。「この観点から見ると、諸宗教はその宗教経験の歴史的で文化的な表現として提示され、それは人類が神の知恵の賜物に自分自身を開く時に経験できるいのちである」（前掲書、209頁）。

シラ書では、智慧の人格化について、さらなる一歩を進めており、次の段階に読者を導こうとする。「イスラエルにおいては、智慧は最高の道において自己の願い（exousia）を実行する」（前掲書、210頁）。しかし、「トーラーの民は、智慧の働きの実り、智慧による救いへの願い（exousia）の輝き、そして民の文化的で宗教的な遺産において民との神聖な交流の顕現（the epiphany）を受ける資格が与えられる」（前掲書、211頁）。「民の歴史においてさえ……（智慧は）、至上なる神のみことばとその愛と救いの永遠の計画を、時と場所において具体化する」（同上）。

智慧の書によれば、「智慧と神の霊は互いに非常に近い類似の関係にある。智慧のあるところに霊があり、また逆に、神が霊を送ると、神は御自分の智慧によって人類と交流する」（前掲書、212頁）。「智慧は人類への神の永遠の救いの賜物となる」のであり、この賜物は普遍である（前掲書、213頁）。その結果として、「諸宗教は、自分自身をその民のいのちにおける智慧の働きの実りとして表現する」（前掲書、215頁）。智慧の伝承を探究することによって導き出される結論を、著者は次のように概略している。

「私たちの目の前に現われた展望からすると、智慧に関する考察から次の結論が引き出される。すなわち、聖書は民とその歴史、人間とその運命についての新たな理解の仕方を示す。私たちは、いま、ここに聖書的な信仰に向かう最大の貢献の一つを見ることができる。それはこの時代の人間についての知識、特に神学に対して、躍動的で新しい刺激を与えることができることである。この分野において、智慧についての考察によって明らかにされた展望から、諸宗教を見る人びとにとって、それが誰であれ、諸宗教自体が代名詞（antonomasia）［監修者註―アントノマシアとは、普通名詞によって固有名詞を言い表わすことである。例えば、西欧中世では「哲学者」と言えば「アリストテレス」のことを指していた。また、キリスト教では「平和の君」と言えば「イエス」のことを指す］として提示され、そこから人は人間全体の進むべき方向を智慧によって教えられ、そこに向かって導かれることに自分を委ねる。つまり、人は、生きておられる神との十全で活力に溢れた交わりにすべてを委ねる」。

(2) ヨハネによる福音書の冒頭部における神のみことば

新約聖書に目を転じると、世界の諸宗教における神の智慧の現存とその働きに関する旧約聖書の智慧文学のメッセージは、新約聖書に受け継がれ、深められているのを確認しておくことは重要である。旧約聖書では、神の智慧と神のみことばは時にほとんど同一視され、非常に近しい関係にある。この同じ現象を新約聖書のキリスト論においても見い出すことができる。そこでは、イエス・キリストは智慧であるとともに神のみことばとしても考えられている。とりわけ、第四福音書の著者が、「神とともになる」方が誰であるのか、誰がイエス・キリストにおいて人となったのかを説明するために、神のみことばの概念を特別視した。ヨハネ福音書の冒頭で展開されているキリスト論において、智慧文学のなかで強調されていることがらが見落とされることはなかった。明確なことは、ヨハネ福音書の冒頭部からわかるとおり、神のみことばが受肉以前の人間の歴史のなかにすでに普遍的に働くとともに現存していたこと、さらにみことばの受肉とイエス・キリストの復活の後にもロゴス自身のわざが永続することである。

ある聖書学者たちは、第四福音書の初めの数節、少なくとも６節のなかに（例えば、レイモンド・エドワード・ブラウン[註74]）、はっきりとみことばの受肉をイエス・キリストのなかにおいて見ている。他の聖書学者は、ヨハネ１章６節から８節にもかかわらず、１節から14節（すなわち、１節から13節まで）を受肉する予定の神のみことばとして採り上げ、それは受肉以前のみことばであって、神の秘義として、すでに存在し、人類の歴史のまさに初めから働いておられると言っている。この点について何人かの権威ある聖書学者に耳を傾けてみよう。

シャビエル・レオン＝デュフール[註75]は、彼の『ヨハネ福音書註解』(174)のなかで、ロゴスは創造の初めから（２―５節）

働き、それは光といのちの源であり、神と人間とのあいだの関係を築き、これはシラ書24章で言われている神の智慧の道をとおして「この世に来つつ」あったと説明している。彼はすべての人を照らす光であり、彼を受け容れる人には「神の子となる力」が与えられる（ヨハ9・12）。レオン＝デュフールはつづけて、ロゴスを歓迎した人びとと神とのあいだの協働についても言及している。「ロゴスを歓迎する限り、この光に照らされたわざは神の子となる資格を与える。ロゴスは人間の姿を採る以前にも存在し、イエス・キリストへと血肉化する以前に、すでに自律して存在している」（109頁）。著者はさらに次のように語る。「ロゴスの到来についても、ヨハネ福音書1章10節で、すでに語られており、みことばはこの世にあった、そして、みことばは自分の民のところに来た」。もしロゴスが神御自身の自己交流であることが真実ならば、この交流は受肉によって始まったものではなく、創造の初めから存在したものであり、それは啓示の歴史全体をとおして継続されてきたものである。しかしながら、このロゴスの受肉によって交流の仕方や様相に決定的な変化が見られるようになった」（112頁）と付け加えている。この変化は、実際、「人びとのあいだに来た独りの人の言葉と存在をとおして明るみになった。この独りの人に集中する現象は、神の啓示が明瞭な道を通って直接に形造られ、すべての人が神との決定的な出会いへの直接的な道を持つことができるようにした」（124頁）。

レオン＝デュフールはつづける。受肉によって確かに新しさが導入されたが、「この新しい段階は以前の段階にとって代わるものではない。ロゴスは創造以来ずっと自己を表現しつづけ、光に対してはその製作者であり証人であり、この光を受け容れる人は神の子となることができる。しかしながら啓示はまたほとんどイエス・キリストという名を持ったその人に集中されている」（ヨハ1・17）（124頁）。したがって、レオン＝デュフールによれば、我々は受肉以前の、受肉を準備していた段階のみことばの普遍的な働きについて語るばかりでなく、みことばの受肉後とイエス・キリストの復活後のみことばの継続的な働きについても語らなければならない。

ヨハネ福音書の冒頭部に従って、受肉以前のロゴスと受肉後のロゴスの普遍的な働きに対して証人となる研究者としては、ルドルフ・シュナッケンブルク、(175)〔註76〕ジャック・デュポン、(176)〔註77〕アンドレ・フォイエ、(177)〔註78〕クロード・マリー＝エミール・ボイマール(178)〔註79〕がいる。しかしここではモラ〔註80〕による明快な説を採り上げるに留めよう。彼はヨハネ福音書1章9節について明確に言及し、ロゴスの普遍的な働きは今日でも明確に理解できると言っている。ヨハネ福音書の聖書解釈への導入として、(179)1章9節に関して「この説は世に来つつあるみことばについて、4節と5節で暗黙裡に言及し9節ではっきりと啓示している」と述べ、以下のようにつづける。――「この真の光が『すべての人を照らす』と言われている。この現在形の用法『照らす』……は、真の光の、ふさわしい役割とその継続的な働きを意味している。この働きとは、4節では、救いの光として宣言され、この光を介して人間は導かれ、解放され、変容され、聖化され、そして最後に審かれるという超自然的な意味で理解されるべきである。この光に触れられない人はいない。あらゆる人とみことばのあいだの人格的な関係性は従って肯定されなければならない」（23―24頁）。したがって、受肉以前のみならず、受肉と復活の後においても、みことばの人間性をとおしての救いのわざから区別される神のみことばのわざについて語ることが可能である。ただし、それは、もしも、神のみことばのこの継続的な働きが、神による人類の普遍的な救いの計画に即しており、すべてに優る神の自己啓示の「集中点」という出来事から「切り離されない」という条件のもとに、である。

この視点は、カルケドン公会議（四五一年）のキリスト論の教義と一致している（デンツィンガー Denzinger, 301―302番）。この公会議ではイエス・キリストの二様の本性である人間性および神性とは、「切り離すことはできない」が「区別できる」と教えている。この点について、後にコンスタンティノポリス第三公会議（デンツィンガー、635―637番）によって説明されたように、二つの「わざ」または「働き」についても同じことが真実であるとされる。位格的な同一性にもかかわらず、みことばの神的なわざとイエス・キリストの人間としてのわざとのあいだには

「混同」もなければ「変化」もない。歴史的な単性説（monophysitism）は、人間本性が神性に吸収されることをゆるすという仕方で、両者の本性とわざの一致を含むものであった。このことから結論として引き出されることは、イエス・キリストの人間としての存在とわざは、その人間としての全体性、信憑性、そしてその特殊性を失ったのである。この単性説は、右記の二つの公会議によって断罪された。

しかし同様に、今日においてさえ「逆方向の単性説」が生じてくる危険性についても注意を怠ってはならない。すなわち、神的な本性を人間性の一部として矮小化してしまうこともあり得る。この場合、イエスの人間性が神のみことばに結ばれる一方で、みことばの位格の神的な属性と神的なわざが縮小され、または少なくともある仕方で減少され、人間本性と同等にされてしまうおそれがある。このような「逆方向の単性説」に対して、みことばの神的な本性とその働きの恒久的な完全性、およびその恒久的な区別を認めることの必要性をはっきりと確認することが重要である。イエス・キリストの人間性を介して起こるわざから区別される、みことば自身の継続するわざの可能性が生まれるのは、みことばの神的なわざのこの恒久的な完全性という発想と「区別」されるときの視点に由来する。

言い換えれば、神のみことばは受肉においても神のみことばとして存続し、神は神として存続する。したがって、神のみことばは、初めに神とともにあったその方であり、この方によって「すべては造られた」（ヨハ１・１―３）のであり、それはイエスの歴史的な人間性としてではない。この人間としてのイエスはその時まだ存在してはいなかったからである。同時に、みことばは真の光として存続し、「すべての人を照らす光としてこの世に来たのである」（ヨハ１・９）。これは彼の人間性を介して受肉したみことばによる救いの働きを超えたものである。このことからわかるのは、みことばが三位一体の神の秘義のなかに存在することによって、世における神の働きを共有しつづけることを意味していることである。みことばは、神として存続する。彼の神性の永遠性は、一時的に人間となったことによって無くなってしまうことはない。彼の創造的な機能や役割は、人間としての被造物性によって隠されることはない。彼の「照らし出す力」において、神に関する彼の啓示が人間の言葉において減少してしまうことはないのである。簡潔に言えば、みことばは三位一体の神の秘義のなかに現存し、そこにおいて存続する。もちろん、受肉という歴史的な秘義のなかにみことばは存続し、イエスの人間性そのものは秘義的な仕方で、神御自身の秘義の一部となる。みことばそのものの連続的な力ある働きは、みことばがイエス・キリストにおいて受肉しているがゆえに、みことばにおける神的な救いの「収斂的な凝縮」と、イエス・キリストの人間性が復活した条件をとおして歴史的な出来事の永続する現実に関係づけられている、という理由である。

新約聖書の解釈とキリスト論の教義から神学へと目を転じると、そこには研究分野の異なる神学者たちが、イエス・キリストにおいて受肉した神のみことばによる救いの働きを、より幅のあるわざによる秘跡、つまり人間のすべての宗教的な歴史を含む神の永遠のことばの秘跡として眺めることを受け容れている。ジェフレはこれについて明確に述べる。

「イエスは唯一の特別な仕方で生きる神の肖像である。そして私たちは他の「仲介者」を必要としない。しかし、このことは、『救い主』としての特質を内に秘めるイエスの歴史的で依存的な側面、あるいは神性の側面のみを彼の本性としてみるということではない。歴史の仲介をとおしての神の受肉の法（law）そのものについては、イエスが神の顕現の歴史に終止符を打ったのではない、という考えに導いてゆく……したがって、それは教父の伝統的な見解にも合致しており、より広い救いの計画の秘跡としての受肉の独り子の救いの計画である。すなわち、人類の諸宗教の歴史に符合する、神の永遠のみことばの、より広い救いの計画を見い出すことを可能にする[180]」。

ジェフレは、「永遠のみことばと受肉のみことばのあいだの破壊的な分離を作り出すことなく、受肉したみことばによる救いの計画をより広い救いの計画の秘跡であり、神の永遠のみことばの秘跡として捉え、このことが全人類の宗教史と符合すると考えるのが正当なことである(181)」と主張している。

他の著者たちも同様に、諸宗教の伝統の信奉者の救いと、彼らの伝統のもつ救いの価値について、このみことばの働きが大きな意味を持つことを肯定している。最近の一人の著者は、レオン＝デュフールの提唱したヨハネ福音書1章9節の解釈に言及しながら、みことばの働きの永遠性を強調し、「イエスの持つ救い主としての神性とロゴスを直ちに同一視しないことによって、受肉の前ばかりでなく受肉の後にも、救いの歴史をとおして働いているロゴスの幅広い啓示のわざを考えるのは容易なことである(182)」と言っている。同様の考えは、イーヴ・ラガン〔註81〕によっても表明されており、ヨハネ福音書1章9節に言及している。受肉の前後にあって、すべての人の救いの真の可能性について説明するために、ラガンは、みことばの受肉を知ることができなかったいかなる人も、みことばそのものの知識を介して救われることが可能であるとして、次のように述べる。

「受肉したみことばを介して御父を知らない人びとも、受肉なしのみことばを介して御父を知ることができるであろう。このように、すべての人間は、受肉したみことばを知らなくとも、神のみことばを知ることができる。ヨハネ福音書の冒頭部で、神のみことばはすべてのもののいのちであり、そのいのちが人類の光となった、と言う。いまやすべての人はみことばを介して、御父との親密さのなかに入り、光となったこのいのちを自分のなかに経験できる。こうして、人類の大多数が、イエスに出会うことなしに、彼を知ることなしに、みことばの仲介をとおして、すべてのいのちとすべての愛の源である神との交わりに入ることができる(183)」。

このことは、一九九八年四月に行われたインド神学協会第二一回年次集会の最終宣言の意味するところでもある。

「神の恵み溢れる、生きた秘義を祝いながら、私たちは『意のままに吹く』神の霊を感知するばかりでなく、いろいろ異なる方法での啓示（ヘブ１・１）を介して人びとに語りかけられる神のみことば、それはまたイエスにおけるように受肉して人間となった方なのであるが、この方について明らかに自覚している。私たちが持つ受肉されたイエスの経験が、みことばの現存と働きの宇宙的な広さに、私たちを導いてゆくことを感謝を持って受け容れる。歴史のなかでさまざまな文化や宗教のなかに現われるみことばの異なった顕現を私たちは混在させたり、分離したりすることはできない。私たちは喜びの内に、一方では、イエスにおける私たちのみことばの経験、他方では、みことばの他の多くの形での顕現を、一つの神性な秘義の部分との関連性を、開かれた積極的方法で、追及しつづけることを喜びをもって宣言する」[184]（５・14－15）。

これらの異なる証言は、みことばの受肉の後、イエス・キリストの復活の後にまでつづくみことば自身の救いのわざの肯定に向けられる。これらの聖書的な確信は、教父の神学にまで継続したのか、という問いは残る。心に留めておかなければならない主な原則は、二世紀の教父神学における「種子的ロゴス」[註82]（Logos Spermatikos）の教義である。

(3) 教会の初期教父たちによる「種子的ロゴス」の教説

キリスト教が始まったばかりの時代には、古代ギリシア哲学やユダヤ思想の両方の知識階級にあっては、ロゴスあるいはダバール（Dabar）［監修者註―ヘブライ語で「神のことば」のこと。神のことばはダイナミックな働きをともなっているので「言＝事」という意味合いを備えている。つまり、言葉と出来事とが一体化して実力をもっている」の概念が傑出した場所を占めていた。古代ギリシア哲学の考えでは、ロゴスは世に内在する知的な原理を表わし、ユダヤ人はロゴスを人格化する文学表現の方法でヤーヴェの顕現と人格的な啓示（personal revelation）として想い起こした。ヨハネ福音書が人間イエスを、受肉した神のみことばとして表現したとき、これは革命的な新しさをもって現われた。キリスト教的なロゴスは、ヤーヴェから区別される「人格」であり、神性を備える者として表現された。しかしながら、初期教父の心にあった、キリスト教的なロゴスの人格的な特性の起源にもかかわらず、そのロゴスはまた、ヘレニズム思潮によって非人格的なロゴスに帰されていたさまざまな機能をも行使するに至った。

パウロは、キリストの宇宙的な意味について語った。いかなる方法でロゴスは普遍的で宇宙的な機能を果たすのだろうか。永遠のロゴスは、自身を全人類に現わしたのだろうか、あるいは、彼に関する知識はユダヤ－キリスト教的な伝承に限定されていたのだろうか。このユダヤ－キリスト教伝承が成立する以前、あるいはこの伝承の外に生きていた人びとは、この永遠のロゴスに参与することが可能なのだろうか、あるいは、彼が世に来たときに彼を受け容れた人びとにのみ限定されたのだろうか。これらは重大な問いであった。創造と歴史、啓示と受肉、キリスト教・諸宗教・哲学、自然と超自然、ロゴス神学には、これらすべての重要な神学的な主題が互いに入り混じっている。たしかに、すべての教父が同じ仕方で研究していたわけではない。しかし、ある教父たちはこれらの問いに対して、歴史神学のための基盤を造りながら、開かれた心で取り組んだ。教父たちは、宇宙（the universe）の異なる時代を分類し、それに則した神のロゴスの自己顕現の連続的な段階の概念を生み出した。すなわち、みことばの自己顕現の秘義が受肉において最高峰に到達するより以前に、さまざまな段階を踏まえてゆく必要があったとしても、神のみことばは、まさにその創造の初めから秩序づけられた調和の世界（the cosmos）において働いていた。私たちが関心を持つのはこのような神学者である。

主に二世紀に注目すると、たやすく以下の教父の名を挙げることができる。ギリシアの弁証論者のなかで最も重要な哲学者である聖ユスティノス殉教者[註83]の名前を第一に挙げることができる。グノーシス的な思考のむなしさに気づいて対決したときには非常に内気ではあったが、敢えて言えば歴史神学の父となった聖エイレナイオス司教の名も挙げられる。組織神学が誕生したアレクサンドレイアの街における最初の思弁的な神学者であった聖クレメンス[註84]も著名である。――これらの教父たちは共通の視野を有していた。しかしながら私たちは、彼らの固有の貢献をよりよく示せるように、各人を別個に採り上げてみたい。

①聖ユスティノスにおける「種子的ロゴス」

ユスティノスの著書のなかでは、ロゴスは宇宙論的（cosmological）な働きを持っている。世界を生み出した神的な動力は彼（ロゴス）のなかに凝集されている。ロゴスは神のエネルギー（dunamis）、「力あるみことば」、宇宙の創造主でありそれを司る方である。みことばを、世界におけるプラトン的な魂（platonic soul）として考える者も確かにいる。しかしその相違は明確である。ユスティノスは、むしろ、神とともにある神的なみことばの存在について語っている。すなわち、神のすべての宇宙的な働きと世界への介入は特にロゴスに帰せられる。実際に、これは、ヨハネ福音書の冒頭に登場しているロゴスである。ロゴスの宇宙的な働きは、実は、ユスティノスの啓示神学の基盤となっている。御父は独り子を介して働き、世におけるすべての顕現はロゴスをとおして示される。この事は、創造の神性な働きと同様、神の人格的な顕現についても言えることである。しかしながら、みことばを介しての神の顕現はキリスト教の救いの計画に限定されるものではない。みことばの受肉以前に、ユダヤの人びとやギリシアの人びとのあいだにも救いの歴史は存在し、そこにもみことばに従って生きた人びとは存在していたし、この人びとは実にキリスト者の名に値するからである。ユスティノスは以下のように書いている。

「私たちは、キリストが神から生まれた方であると教えられ、彼は全人類とともにあるロゴスであることを予め理解したうえで証ししてきた……ロゴスに従って生きる人はすべてキリスト者である。たとえ彼らが神無き人と呼ばれたとしても、例えばギリシアにあっては、ソクラテス、ヘラクレイトス、異教徒（the Barbarians）のなかにあってはアブラハム、アナニアス、アザリウス、ミサエル、エリアなど、長くなるのでこの人びとの行為を列挙するのは控える。ロゴスに反して生きてきた人びとはキリスト者に対して敵となり、彼らはロゴスによって生きてきた人びとにとっては殺人者のようなものである。ロゴスにしたがって生きた人、今も生きている人はキリスト者であり、そこには恐れも狼狽もない[185]」（『第一護教論』XLVI. 1–4）。

ユスティノスの原文を数多く引用することはできるが、ここでは紙面の都合上、いくつかの彼の主張の顕著な文章のみを引用しておく。――「私たちの教義は、キリストの内にみことばの全体を持っているがゆえに人間のすべての教えを凌ぐ。キリストは私たちの身体や理性や魂に絶えず顕現している。哲学者や法律制定者が発見しつつ表現したすべての正しい原理が、みことばのいかなる点に負っていようとも、それはみことばを部分的に発見し瞑想したにすぎない。彼らが筋道の立たないことを言う理由や原因は、みことばはキリストであることを知らなかったということである（『第二護教論』X. 1–3）（41頁）。したがってプラトンの教えはキリストの教えに矛盾するものではなく、すべての点で同じではないにしても、ストア哲学者や詩人や著作家以上のものではない。この著者の一人ひとりは、実に神のみことばから派生し、みことばによって蒔かれた種の一部を見ていたので、それについてよく語ることができた。しかし、基本的な点について道理に合わないことを言うのは、彼らには反駁できないより高い教養と知識を持っていなかったことを示す」（『第二護教論』XIII. 2–3）（41頁）。そして、つづけてユスティノスは以下のように説明する。「これらの著者たちは、自分たちのなかに植えつけられたみことばの種子のおかげで真理そのものをおぼろげながら知覚していた。しかし、一つの種子を持ち、その人の許容力に応じてそれに似ようとすることは一つのことであり、その種子の現実そのものを備えることとはかなり異なるが、その現実に与ることとそれを模倣することの両方はみことばから来る恵みの結果である」（『第二護教論』XIII, 4–6）（42頁）。

ユスティノスのこれらの考えをまとめてみると、以下のようになる。

①宗教的知識には三つの種類が存在し、その三つとは、諸国民、ユダヤ人、キリスト者の知識である。

②ロゴスはこれらの異なる種類の宗教的知識の唯一の源泉であること。

③それぞれ異なる宗教の知識の相違は、ロゴスに参与するさまざまな形によるものであり、それは全宇宙、全人類に拡大され、イスラエルにおけるロゴスの仲介はより鋭い形を取り、それは受肉したキリストの到来によってのみ完成されること。

④神からの真理を知り正しく生きてきた人は、真理であるロゴスに参与し、それに従って生きている限りキリスト者であること、となる。

これらのすべての要素が体系的にまとめられてゆく際の鍵となるものは、ロゴスへの異なったかたちでの参与に結びつく。すべての人はロゴスの内に共存するが、ある人はロゴスの一部に参与し、ロゴスが受肉の際に自分自身を啓示したことを示された私たちは、彼の完全な顕現によって祝福された者となった。ロゴスの種はすべての人に見い出される。なぜなら、ロゴスの蒔き人はすべての人に対して種子を蒔くからである。しかし、私たちだけにはロゴスの全体が顕現した。

ユスティノスの表現は、その意味を空虚なものと解されてはならない。すべての人びとに見い出されるロゴスは「人間理性の産物」ではなく、それが部分的で不確かなものであれ、すべての真理はみことばから来るし、みことばそのもののなかに参与することであり、「人間理性の産物ではなく、言語に絶する御父のエネルギーに巻き込まれることなのである」（『第二護教論』X. 8）。ダニエルーは次のように指摘している。――「ユスティノスは、一方で理性の対象である自然的な真理の秩序に関する思想、他方で啓示の対象である超自然的真理の秩序に関する思想を構築しようと試みたのではなかった。そこには一つの真理、それはみことばなのであるが、この絶対的な真理に対して漠然とした知識と明確な知識との区別がある[186]」。

右に引用された原文の含意は明白である。正しい行為と同様、宗教的な真理の所有は、その真理が誰によって所有されようとも、それは永遠のみことばの人格的な顕現であり、この顕現の完成は受肉の内に見い出される。キリストは目に見える境界線を超えており、歴史に現われるに先立って存在している。ただ、それが受肉に至るまでは部分的であり、隠されていたり、ぼんやりしていたり、誤りが混ざっていたりする。ここから次の問いが生じる。すなわち、これは、表現こそ異なるとは言え、ラーナーよりも一八世紀前に出現した「無名のキリスト者」の神学ではなかろうか。

②聖エイレナイオスにおける「啓示するみことば」

エイレナイオスを歴史神学の創始者と呼ぶことができる。彼はモーセおよびキリスト教の領域に歴史的な意義をもたらしたばかりでなく、モーセ以前の領域を救いの歴史に統合し、聖書の成立以前の時代の諸宗教における救いの価値の場を開いた。エイレナイオスは、「啓示するロゴス」という彼の思想を中心に、歴史神学を組織的に構築したのである。以下の有名な抜粋には、彼の神学全体が凝縮されている。

「すべてにおいてすべてをなす神、神は在って在るものとして存在する、その本性と偉大さによって、すべての被造物にとって目に見えない言語を超えたものとして存在する。しかしながら、このことによって神は知られざる方ではない、みことばをとおしてすべての人は唯一の神、御父が存在すること、そこにすべてが包み込まれていること、すべてのものに存在を与えつづけること、聖書のなかで言われているように『誰も、いまだかつて神を見たものはない、御父から生まれた独り子が御父を知らせる者』となった（ヨハ１・18）。このように初めから独り子が御父を人びとに知らせた。常に御父とともにあった独り子は、預言者のヴィジョンや種々の超自然的賜物を人間に示し、さらに彼自身の使命や御父の栄光、人間の正しい秩序と取り決め、そして同時に人間にとって最も有益なものを提示する。……さらに進めて、みことばは、人間にとって益となる御父の恩寵の分与者とされ、人間のために偉大なる神の計画を実行に移し、神を人びとに示しながら同時に人びとを神のもとに引き寄せ、御父を見えないままに保ち、人が神を蔑むことのないように、常に神に向かって前進できるように目標として示す。人が神を完全に失いその存在がなくなってしまわないように、みことばは、人びとに神をさまざまな仕方で示す。なぜなら神の栄光は、生きた人間だからである。人間のいのちは神の似姿である。なぜなら創造を介しての神の顕現が地上のすべての人にいのちを与えるならば、みことばによって行われる御父の顕現が神を見る人びとに、より多くのいのちを与えないことがあるだろうか[187]」（『異端駁論』IV, 20, 6–7）。

エイレナイオスの神学のすべてはこの濃密な文書のなかに見い出される。人間を創造したその神の慈しみ深い愛、それが人を生きる者とした。創造の初めから存在したロゴスを介しての神的顕現による救いの歴史は、御父の姿を徐々に映し出すものとなった。この神学の基本原則は「独り子は御父の見える姿である」とすることにある。しかし、厳密に言えば、御父の秘跡的なしるしではない――なぜならエイレナイオスは受肉したロゴスのみを考えてはいなかったので――しかし、より一般的に顕現について考えた。見える者または見えない者、啓示、御父の可知性についても考えていた。彼自身のなかに、御父は存在し、救いの全歴史をとおして常に知られないままに存続する。しかし、神は独り子において御自身を顕現する。「御父は独り子の見えない側面であり、独り子は御父の目に見える側面である」（『異端駁論』IV. 6. 6）。エイレナイオスは、飽くことなくヨハネ福音書1章18節とマタイ福音書11章27節における「ヨハネ的なロゴス論」に関する註釈をつづけた（『異端駁論』IV. 6–7）。そしてロゴスを介しての神性な顕現を説明する。――「御父の懐に存在する独り子と自分の内に御父を抱く独り子をとおして、神は『存在するもの』（出3・8）として御自分を現わし、御父は独り子の証しとなり、独り子は御父を告知する」（『異端駁論』III. 6. 2: SC 211:71）。これらの神的な顕現の第一のものは、創造そのものである。創造そのものが一つの神的な顕現であるから、それがすでに「ロゴスの啓示」である（『異端駁論』IV. 20. 7）。つまり、すべての神的な顕現はロゴスの顕現である。

「御父からすべてを託された独り子は、すべて存在するものを初めから終わりまで目標に向かって導いてゆく。独り子なくして誰も神を知ることはできない。なぜなら、御父を知っているのは独り子だけであり、御父の懐にいる独り子についての知識は、やはり独り子自身によって啓示されるのである。この理由から、主は次のように語られた。『独り子以外に御父を知るものはない。そして、独り子が御父のことを啓示した人が御父を知るのである』。『啓示した』（has revealed）という動詞は、未来にのみ使われるものではなく、それはあたかも独り子がマリアから生まれた時にのみ御父を顕現し始めたように思われるが、しかし、独り子はいつの時代にも存在していた。なぜなら初めから自分が形作った被造物において現存する独り子は、御父が望まれたすべての人に、望まれた時に、望まれた方法で、御父を示したからである。したがってすべてのもののなかに、すべてのものをとおして、そこにおられるのは唯一の神であり御父である。そして、そこにおられるのは、唯一のみことば、独り子、そして唯一の霊である。彼を信じるすべての人びとに与えられる救いは一つである」（『異端駁論』IV. 6–7: ダニエルー、前掲書、361－362頁）。

エイレナイオスは、創造そのものの秩序のなかに、ロゴスの歴史的で人格的な顕現を見い出す。彼の見解によれば、神についての人間の知識は、すでに絶対者が人間に慈しみを持って御自分を現わしてくださった、その神の先導に対する人間の応答である。しかしこのような出会いは、ロゴスとの出会いである。創造をとおして実際はロゴスが人間に語りかけるのである。言い換えれば、創造そのものの秩序は神の歴史的で人格的な顕現の一部である。エイレナイオスは、次のように述べる。――「なぜなら、創造という手段を持って、みことばは神を創造者として現わし、創造された世界を持って神をその創り主として宣言した。美術工芸家が造ったようにすべてのものはこの方をとおして創られたのではあるが、独り子を生んだ御父はその独り子によって世に示された」（『異端駁論』IV. 6. 5–6: ANF 1 468–69）。

独り子による御父の啓示は永遠の領域を構成する。創造の秩序はロゴスをとおしての神の顕現の第一段階であった。ユダヤ教－キリスト教の領域はこの後につづくことになる。エイレナイオスは、こうして創造についての熟考のあと、次のようにつづけている。――「しかし、律法と預言者によって、みことばは自分自身と御父の類似性をすべての人に説き、あらゆる人はこの類似性を耳にした。しかし、すべての人がこの類似性を信じたわけではない。目に見える、感知できる存在として創られたみことばが、信じる人に御父を示した。すべての人が御父を信じたわけではない。しかし、独り子の内に御父を見た人に示された。なぜなら御父は独り子の見えない側面であり、独り子は御父の目に見える側面だからである」（『異端駁論』IV. 6. 6: ANF 1. 469）。エイレナイオスが旧約の領域における神の自己開示を、みことばによるものである、とした点は明白である。旧約聖書のなかに見られる神の存在の啓示のすべては、みことばに帰される。これらの啓示はロゴスによるものである限り神の啓示である。エイレナイオス自身の表現によれば、みことばは旧約聖書における救いの歴史に「現存」し、この歴史のなかに「身を置き」、あるいはこの歴史のなかを「過越された」。この超自然的な存在の啓示において、みことばは将来の肉における到来を「前もって示しつつ」現存した。

人は次のように問うことができる。エイレナイオスによって見事に提示されたみことばの普遍的な啓示神学は、受肉した神の到来という唯一無比の出来事の意味を充分に表現しているのかどうか。もし、イスラエルの歴史がすでにみことばの充分な人格的な介入によるものであるならば、キリストの出来事としての「あらゆる人のためにただ一度」(Ephapax)という事柄が備える特質はどうなるのか。もし、みことばが何らかの仕方で、旧約聖書の予型的な出来事の内に、御自身の受肉を予知していたとすれば、受肉した神の到来の新しさは極端に弱められてしまうのではないか。その答えは否である。なぜなら、予告されているキリストと実際に与えられたキリストとのあいだには完全な相違があるからである。エイレナイオスは、以下のようにつづけている。――「次のことをよく心に留めておくように。キリストは前もって予告されていた御自身を顕現させることによって、まったく新しい何かをもたらした」(『異端駁論』IV. 34, 1: ダニエルー、172頁)。

エイレナイオスは、ロゴスの普遍的な啓示の働きが、初めから人類に御自身を示し得ることに疑いを持っていない。さらに、旧約聖書におけるロゴスの超自然的な存在の啓示は、彼にとってキリストの超自然的な存在の啓示の真正な予兆なのである。時間や空間において、あらゆる人のために、ただ一度だけ行われたキリストの人間的な顕現は、エイレナイオスの考えでは歴史的なキリスト教の新しさの十全な保証である。なぜなら、もし、旧約の領域のなかで、ロゴスが御父の啓示であり顕現であるならば、ある意味においてロゴスはすでに目に見える存在である、物事の核心が目に見える存在になったということを意味するからである。受肉におけるみことばの到来によってのみ、神は肉眼でも見えるものとして顕現することとなった。エイレナイオスは、みことばのこの目に見える二つのあり方を区別している。この二つはある意味では互いに呼応し、その本性からして人間の心に御父を現わし、受肉することによって人間の目に御父を示した。

しかし、この二つの顕現は根本的には区別される。もし実際にロゴスが初めから御父を啓示しているのなら――それは最近の用語を用いれば、彼はロゴスの受肉によって「神との出会いの秘跡」となる。史的キリストは、一つの秘跡的なロゴスの現われである。人間の肉を引き受けることが、受肉の独り子の決定的な使命を形成し、ロゴスの可見性をとおして御父の顕現の頂点を形作る。

③アレクサンドレイアの聖クレメンスにおける「契約のロゴス」(the Logos of the Covenant)

みことばに関するクレメンスの神学を際立たせる第一の特徴は、「ロゴス」という術語を強調していることである。クレメンスのキリスト論の基本的な原則はエイレナイオスと同じである。すなわち、御父はロゴスをとおして人格的な顕現を行う。――「私たちは神の恩恵と神から発せられるみことば自身によって知られざる御方を理解する」[188](『ストロマテイス（綴織）』V, 12)。クレメンスは、完全に知ることができない御父と、独り子の内に顕現したことによってのみ知ることができる御方の二つを明確に分けている(cf.『抜粋集』23, 5)。それにもかかわらず、次の大きな相違を指摘しなければならない。すなわち、ユスティノスとエイレナイオスは、神に関する全知識を神のみことばに帰するのに対して、クレメンスは二つの異なる位相に分けて考えている。

神に関する共通の初歩的な知識は、人間の理知的なロゴスを使って修得することができる。これは、あらゆる人間が到達できるものであり、自然的な知識と呼ばれる。――「すべて正しく物事を考える人びとにとっては、自然に理解できる全能の神の顕現がある」(『ストロマテイス（綴織）』VI, 3: ANF 2:465)。もう一段高い段階になると、ロゴスの助けなしには到達できない、神の秘義に人間を招き入れるロゴスの人格的な働きがある。ロゴスのこの影響はどこまで拡大されるのだろうか。ユダヤ—キリスト教的な伝承の境を超えるのだろうか。と言うのは、「異教徒」は彼ら独自の預言者を持っていたからである。ギリシア哲学は——この言葉については、クレメンスの述べる重層的な意味合いで理解すべきではあるが——特別な神的援助の存在を証明している。哲学は神に由来する。それによると人間の智慧や宗教心を含めて、哲学はギリシア世界にとっての一つの神の救いの展開の総覧であり、ギリシア世界にとってすべてが対等ではないにしても、ユダヤ人の律法における経綸（救いの営み）と並行する、神の経綸をなすものである。ギリシア哲学も律法も両方とも、神によって人びとをキリストへ導くために準備された道である。実際に、ギリシア人にとって哲学は、神によって彼らに与えられた救いに到る道具である。クレメンスは躊躇なく、哲学を、人びとともなる神によってギリシア人に与えられた契約であり、キリストに結びつく「哲学」への足がかりであると言っている。クレメンスは、「一般的に言えば、いのちに必要な、有益なものはすべて神から来る。さらによいものとして、哲学は、ギリシアの人びとに特別に契約として与えられ、それはキリストへと導いてゆく哲学への足がかりである」と述べている（『ストロマテイス（綴織）』VI. 8: ANF 2:495）。

ユダヤ人にとっての法の場合と同じく、哲学の働きは過渡的なものであり、キリストの到来に対して人びとを準備した後に、最終的にキリストに場を譲らなければならない。太陽が昇れば、ランプの使命は終わる。これと同様に、キリストの到来によって哲学の使命も終わる（『ストロマテイス（綴織）』V. 5）。哲学は部分的な知識であり、キリストのみが完全な真理である。クレメンスが、ギリシア哲学において真とみなしたものは、東洋的な智慧においてもなお一層に真なるものである。人類の正当な導き手は、真に神によって霊感を与えられており、ロゴスに従って行動し、その民に神性に満ちた真理を教えた古代哲学者たちであった。

クレメンスは他の哲学者についても述べている。——「……古代インドの修行者は二つに分類される。一つは、サルマーナイ（Sarmanae）［Σαρμάναι 禁欲主義者］、他はブラフミン（Brahmins）あるいはブラフマーナイである［監修者註―宇宙の根本原理としてのブラフマンに属する特権階級（祭司）のことをブラフミン（バラモン、ブラーフマナ、婆羅門とも言う）と呼ぶ。彼らはインドのカースト制度の最上級の立場に位置している］。……またインドのある人びとは、仏陀の教えを守り、仏陀の奇特な聖性について語り、彼に神聖な誉れを与えている」（『ストロマテイス（綴織）』I. 15: ANF 2:316）。このことは、ヒンドゥー教と仏教の伝統の内に部分的なキリスト教的真理が存在すること、救いの歴史におけるこれらの伝統の積極的な意義があること、などを確証するまでに至る。

クレメンスは『ストロマテイス（綴織）』を執筆するより前に、『異教徒（ギリシア人）への勧告』という著作を書き、そのなかで、ロゴス中心の神学を発展させ、ユダヤ教のなかで働かれるロゴス、あるいはギリシア哲学者や詩人が捧げる最善のものの内にあるものは、まさにイエス・キリストにおいて受肉されたロゴスそのものに他ならない、と述べている。

またクレメンスは、「まだ受肉していないロゴス」と「肉となったロゴス」の二者の同一性を強調し、同時に人類への初期の顕現と比較して、みことばの受肉がもたらした完全な新しさを強調する。こうして、哲学者がロゴスを介して得た真理に関する理解は、部分的なものにすぎないということが明らかとなる。神についての真理が完全に明らかにされたのは、受肉したロゴスとしてのイエス・キリストにおいてであり、同様に神における真のいのちが、みことばが肉となったイエス・キリストをとおして、神の不朽性と不死性を分かち合う(189)。

クレメンスにとって「御父のみことば、恵み深い光、この光と信仰と救いをすべての人にもたらす主」（『異教徒（ギリシア人）への勧告』VIII. 80）は至るところで働き、光と真理をもたらす。ロゴスは「人間を照らす光」（『異教徒（ギリシア人）への勧告』IX. 84）である。彼は「誰の目にも隠されていない共通の光であり、すべての人びとのために光り輝く」（『異教徒（ギリシア人）への勧告』IX. 88）。

しかし、哲学者たちが認めた真理に、どのようなみことばの顕現があったにせよ、みことばにおける神の顕現の完全性は、人となったみことばであるイエス・キリストの内にある、という事実は残る。実にクレメンスは、「神のみことばが人となったことによって私たちは一人の人から、人間がいかにして神と似た者になれるのかを学ぶ」(『異教徒（ギリシア人）への勧告』1.8）と述べている。

④初期教父における「ロゴス神学」(the theology of the Logos）の解釈

教会の初期教父によるロゴス神学には、解釈に関して問題がないわけではない。ここでそのすべてを採り上げることはできないが、この研究の文脈において特に興味を引く問題がある。それは三人の著作のなかで、人間のあいだの至るところに存在すると言われたロゴスは、ストア派やユダヤ人フィロン（アレクサンドレイアのフィロン）[註85]が主張する内在的なロゴスあるいは理性にまで遡って言及しているのだろうか。または、最終的にはイエス・キリストにおいて肉となり、人間の歴史のなかの至るところにあまねく存在しつつ働く、ヨハネ福音書の冒頭の神のみことばと同一視されるのだろうか。

この問いに対する答えは、右記の三人の著者によって展開された神学に重要な結果をもたらしている。もし、第一の解釈が正しいとすれば、テクストにおいて読まれ得るすべては、理性の哲学的な用法を介してのある種の自然的真理への到達である。もし、第二の解釈を採るならば、そこで肯定されていることは、人間の歴史における神の内在的なロゴスの普遍的現存と働きである。すなわちこのことは、第四福音書の冒頭において見られるように、旧約聖書では、歴史のなかで行為と言葉をとおして神が御自身を顕現することによって表象する神のみことばの「字義通りの人格化」(literary personification）に言及し、新約聖書においては、永遠に「神とともに」に在り、救いの全歴史をとおして現存しつつ働くみことばの人格に言及している。

この問題は、二者択一で答えることはできない。ヨハネ福音書の冒頭部では、すでにストア哲学のロゴスの特徴を歴史に働かれる神のみことばの概念のなかに採り入れているし、教会の初期教父たちは、この点を踏襲している。彼らは神のみことばを、創造、世界、歴史の知的理解の原理として理解するとともに、ロゴスに複雑な意味を与えている。しかし、この機能は、彼らによって、ヨハネ福音書の冒頭部で語られている、歴史全体をとおして働かれ、神の秘義の内に現存する人格的なロゴスに帰されている。

初期教父たちは、このように勇気を持って、宇宙に内在する理性についてのストア哲学の概念と、人間の内にあって種を蒔かれたみことばの聖書的伝承を結び合わせる。この方法で、彼らはユダヤ－キリスト教伝統の外の人びとのあいだに存在する、神のみことばの現存を肯定するよう私たちを招く。

しかし、これらの著者は、ギリシアやキリスト教の領域の外での智慧にたいして、神的ロゴスの影響のもとに、いかなる神学的な妥当性を帰したのかを問うことも必要である。私たちは、さらに問いかける必要がある。この三人によって理解された視座（efficacy）は、キリストの到来以前に限って有効なのか、あるいは、キリストの死と復活につづく時代にもそれは拡大され得ると考えられるのか、ということである。後者の場合には、人間とともにおられる神のみことばの躍動的な現存は、神の恩恵と信仰による義化（救い）の授与という点において、いかなる価値を持っていたのだろうか。教父たちが次のように考えていたことは、確かである。キリスト以前のロゴスの働きの現存を、来たるべき者に対する「神による教育」として、あるいは後で述べるカエサレイアの聖エウセビオス司教の表現を借りれば、「福音に向けた準備」として考えていたのは確かである。クレメンスは明確に述べている。［註86］哲学は、ギリシアの人びとに最初の贈り物として与えられ、それは主がギリシアの人びとを呼ぶまでのことである。なぜなら哲学が、偉大な教育者としてのギリシア人の心をキリストに向けるように奉仕したことは、ちょうど律法がヘブライ人にしたのと同じことなのであるから（『ストロマテイス（綴織）』1. 5. 3）。

しかし、福音の「教育者」としてのギリシアの智慧の役割は、イエス・キリストの出来事によって、もう尽くされたのか、それともその後もその役割は、一人ひとりがキリスト教的なメッセージによって挑戦を受けつつも包み込まれるときまでつづくのだろうか。ここで、第二の解釈が支持されなければならないように思う。三人の著者によれば、ギリシア哲学や神のみことばによって人間に授けられた智慧と、他の同様な智慧とは、主の歴史的な到来の後も、救いの計画のなかでその役割を奪われることは決してなかったからである。神のはからい（摂理）によって導かれる役割は一人ひとりの人間がキリスト教のメッセージによって、直接的に挑戦されるときまでつづく。

しかし、依然として、キリスト教の境界の外で――キリストの出来事の前後は別として――神的ないのちや恵みが各人に与えられることに関して、みことばをとおして働く神の導きの神学的な意義についての決定的な問いかけが残されている。新約聖書の恵みを特徴づける聖霊の内在的な実在が、キリスト到来以前の義化には見受けられないという意味で、キリスト以前の義化とキリストの恵みのあいだには「質的な相違」があるとする解釈に対して、神の恵みは、すべての歴史の状況において、三位の神の自己譲渡であるということが真理であれば、それはすべての場合に、実体的に同一であるはずだと言わなければならないだろう。

恩恵のなかで神が御自分をお与えになるその「存在様態」は、キリストの出来事の前と後とでは、実際としては異なっている。その違いは、キリストの出来事の後には、死からの復活によってキリストは恩恵の普遍的な媒介者となり、その結果この媒介者をとおして聖霊の内奥に達することができるという、栄光化されたイエス・キリストの人間性の介在が生じたという点にある。

聖書と初期教父の伝統のなかに見られる神的なロゴスの神学は、今日、諸宗教に対して開かれている神学が、いかに重要であるのかを明確にする。この神学によると、他宗教に属する人びとのなかにも、神のロゴス自身の普遍的な現存と働きが見い出され、このロゴスの働きが、他宗教の伝統自体のなかにも確証される。神からのロゴスは自分の種を人間の全歴史をとおして蒔いて来たし、さらにキリスト教的な伝統の外に今日も種子を蒔きつづけている。ロゴスのこの世を照らす救いの行為は存在し、みことばの受肉とイエス・キリストの復活の後にも存在しつづける。そして、それは人間に対する神の計画に従い、救いの秩序のなかに諸宗教の積極的な価値を発見するのを可能にする。神の人間に対する自己顕現が頂点に達するキリストの出来事との関連のなかで、種を蒔くみことばの神学はそれ自身によって、救いの歴史神学と世界の諸宗教の神学に向けて導いてゆくことを可能にする。

過去の数世紀のあいだ、神学の動向において、種子を蒔くみことばの神学の持つ深い意味を見過ごし、みことばの普遍的な現存の意味を、人間に内在するある種の神を知るという自然的な認識の領域の枠内へと限定させたことは誠に残念である。これによって、ユダヤ－キリスト教的な伝承以外の諸宗教の伝統の持つ積極的な価値や豊かな源が失われた。みことばの種子は、人類に対する神御自身の自己交流としての、神のみことばの普遍的な現存と働きであることが忘れられ、神に関する人間の自然的な理解力の賜物の枠内に押し込められた。

第二ヴァティカン公会議は、「みことばの種子」という教父的な表現を適切なものとしており、「みことばの種子は人間のなかに隠れて存在し」（『教会の宣教活動に関する教令』11項）ていると述べている。しかし、伝統的な表現に与えられるべき意味についてまでは言及していない。この公会議の表現は、みことばをとおして神から与えられる人格的な賜物、あるいは自然本性に属するものを指しているのであろうか。この公会議の表現は、ずっと曖昧なままで――前に記しておいたように――諸宗教に属する人びとにとっての救いの歴史の秩序のなかに、こうした諸宗教に対して積極的意義を与えているのかどうか疑問である。この意義が思索されるのは公会議後なのであって、そこでは諸宗教の肯定的な価値を見い出す。それは部分的には、神のみことばの普遍的な現存とその働きに関する神学の再発見をとおして進展した。

この章の後半部では、神のみことばの普遍的働きが、人間に対する唯一の神の計画のなかで、人間に向かう神の人格的な関わりの歴史が頂点に達した状態としてのイエス・キリストの出来事と、どのように結びつくのかを示してみたい。

2　神のみことばの中核性と普遍性

神のみことばの普遍的な働きが現に存続していることと、イエス・キリストの歴史的な出来事の唯一の救いの意味づけとのあいだには矛盾がないことを示さなければならない。すべては、次の三つの言葉づかい、つまり、「分離」・「区別」・「同一性」という三つの術語をどのように用いるかにかかっている。みことばの普遍的な働きと、イエス・キリストの歴史的な出来事は、同一視されることもなく、分離されるものでもないが、それらは区別される。両者は人間に対する神の計画のなかで互いに調和を持っていなければならない。みことばのわざは、時空を超えて広がり、したがって、誤った同一性によって、イエス・キリストの歴史的な出来事に限定できないことは真である。同時に、受肉の秘義をとおしての神のみことばの人類の歴史への人格的な参入は、救いの歴史の展開において救いの本質を構成する要素として未曾有の意味を備えている。

ヨハネ福音書の冒頭部に従って、イエス・キリストの受肉（ヨハ1・1―4）以前のロゴスの普遍的な現存を肯定しなければならない。ロゴスは世に来る「すべての人を照らす光」（ヨハ1・9）である。しかしながら、受肉前に予期されたロゴスの現存と働きは――それは受肉後もつづくが――新約聖書のなかのヨハネ福音書の冒頭部が語る、受肉されたみことばにおいて人類の普遍的な「救い主」の姿を観るとともに、神と人間とのあいだの一人の「仲介者」（一テモ2・5）を観ることをも妨げない（ヨハ1・14）。キリスト教はこのことについて、伝統的に、みことば自身を介しての神の顕現がいかなるものであっても、イエス・キリストの出来事は、人類のための神の計画の頂点、およびこの計画が開示される歴史の頂点として存続すると主張する。みことば自身と受肉のみことばとはともに一つの救いの歴史に属している。こうして「ロゴス中心主義」と「キリスト中心主義」とは互いに対立するものではなく、唯一無比の神のはからい（摂理）において互いに呼応するものとなる。次の項でこのことが明確になるであろう。

⑴イエス・キリストという出来事の「中核性」

イエス・キリストの「本質的な唯一性」とイエス・キリストの救いの出来事の普遍性とは、神の独り子としての彼の位格的な独自性を基礎とするものでなければならない。近年において、――前述したように――キリスト論の論述は、ナザレのイエスの人間的な現実、つまり人間的な歴史でさえもがその出発点でなければならないことを正しく示してきた。そのことは――新約聖書におけるキリスト論の考察において、すでに着手されて展開されていることなのではあるが。つまり、キリスト論の考察は「下から」出発すべきであって、神の秘義のなかにすでに存在していたみことばの視点、つまり「上から」の方法論にもとづいて始めるべきではないという意味においてである。

しかし、同時にそれが総体的なものであるには「下からのキリスト論」は、本質的で固有なダイナミズムをとおして、「上からのキリスト論」に導かれなければならない。すなわち、キリスト論は、「神が存在し、働いている」（使２・22）ことを体現するイエスの人間性に留まることなく、ヨハネ福音書のキリスト論をもってあかしされるように、イエスにおいて人間となった神のみことばの永遠の存在の秘義へと上昇してゆく（ヨハ１・１―14）。

神の独り子として生まれたというイエス・キリストの位格的な独自性以外に、彼の救いの唯一性および普遍性に対する適切な神学的な基礎を与え得るものは他にはないということを明言しなければならない。イエスが示した

「福音」の価値、告知した神の国、彼が示した人間の目的あるいは「計画」、貧しい人びとおよび虐げられている人びとを選択する姿勢、不正の拒否、普遍的な愛のメッセージ、これらすべては疑いもなく、イエスの人格の際立った特徴と特殊性を明らかにすることに貢献している。しかし、これらのことは、イエスの内に人間の救いに関して「本質的な唯一性」を認める際の決定的な要因とはならない。イエス・キリストの出来事の唯一性の神学的な基盤は、したがって神のみことばが人となったという受肉の秘義をとおして、常に、しかし、ただ一度、人間の現実と世界の歴史のなかに入り込んだという事実に存している。いみじくも、『現代世界憲章』が述べているように、「受肉によって神の独り子はある種の仕方で一人ひとりの人間と結びついている」（22項）。受肉は最も深い、最も内在的な方法で神が御自分を歴史の内における人間性に完全に一致させた（commited）ことを表わしている。このことは、イエス・キリストの出来事が、その全体において、すなわち受肉から復活および栄光化へと到るまで、神が人間とともにあることの決定的な契約を結んだ現実を示している。全歴史をとおしてこの契約は秘跡であるとともに、証印であり、そうありつづける。この点に関して、イエス・キリストの出来事は、救いの歴史において独自性を備え、互換不可能な場となる。このことは、人類全体にとって、救いの秘義において真に「本質を構成する要素」である。

神のみことばとイエス・キリストのあいだの位格的な同一性はすべてに先立って明確に肯定されなければならない。イエス・キリストは人間の歴史のなかで人となった神のみことば以外の何者でもない。したがってこの二者のあいだに分離は存在せず、分離を目論めばその位格的な同一性を否定することになる。これがみことばの神的な位格におけるイエスの人間性の一致、すなわち、「実体的一致」の秘義の本質的な意味である。この一致は、人間イエスの十字架上の自己否定または栄光化の状態から独立して実現される。十字架の自己卑下の状態から栄光へと移られたその移行は、イエスの全人間性において真の実体的な変容であることは真実である。しかし、この両方の状態にあって、私たちは受肉した神のみことばの人間性ついても同等に論じる。このみことばの人間性は、受肉の秘義とともに時のなかに存在し始め、それは時間と空間の条件に服する。しかし、それはまた、時間と空間を超えて存在し、「形而上的な時間」（metahistorical）あるいは「超歴史的な時間」（transhistorical）となり、死を超えて栄光と復活の内に永遠に生きることになる。この真の変容によって、キリストの出来事とイエスの死と復活の過越による救いの意味とが、あらゆる時およびあらゆる空間をとおして存続することになる。

パウロ自身による神学およびモーセ五書的なパウロ神学の潮流が、人間に対する神的な計画、すなわち、創造と再創造の秩序のなかで「最上なるもの」としたのは、まさにこのイエス・キリストにおける受肉した神のみことばであった。エフェソの信徒への手紙（１・３―14）とコロサイの信徒への手紙（１・15―20）におけるキリスト讃歌によると、イエス・キリストは人間と世界に対する永遠の神の計画の中心にいる。創造および再創造の秩序において「最上なるもの」である、受肉予定の神のみことばの内においてのみ、神は世界と人間の創造を切に望まれた。この受肉のみことばにおいて、「キリストの内にすべてのものを一つに集める計画」（同１・10）に従って私たちは「世の創造以前に選ばれ」（同１・４）、神の子となることを予定された（同１・５）。「なぜなら、神はキリストの内に御自分に満ちているすべてを宿らせ、その十字架の血によって平和をもたらし、独り子をとおして、地にあるものも天にあるものすべてのものも、御自身に和解させることをよしとされた」（コロ１・19―20）からである。イエス・キリストは世の創造のわざにあって神の意図の中心に永遠に存在している。

しかしながら、右記のすべての記述にもかかわらず、イエス・キリストの歴史的な出来事は、それ自体において、また必然性からして、特定な状況であり時間や空間に限定されていることは依然として真実である。イエスの人生は特定の時や場所に属しており、復活の秘義もイエスの人間性を「超歴史的な条件」のなかに導入しつつも、それ自体は歴史のなかに正確に記録された事件であった。一方で、復活された方の栄光化の状態のなかで、歴史的な救いの出来事はすべての時とすべての時代に現存することも真実であるが、イエスのこれらの出来事はまたそれ自身によって神のみことばの啓示的な救いの力をすべて尽くしているとは言えないし――尽くすこともまたできない。人間としてのイエスは神のみことばのペルソナ（人格）から切り離すことはできないし、この二者を決して同一視することもできない。この二者の本性は位格的な一致において、区別されながらも存続する。

初期教父たちが受肉の内に、みことばの「全貌」が私たちに対して顕現したと述べたとき、その表現は正しく理解されなければならない。例えば、殉教者ユスティノスは前述したように、「受肉の外にあってはみことばは『部分的』にのみ交流が可能であるが、イエス・キリストにおいては完全なみことばが私たちに現われた」（『第二護教論』VIII, 1）と述べる。みことばは疑いもなく、歴史のなかで最も可能な限り完全な方法でイエス・キリストの内に顕現し、実に、人間に知覚できる可能な限りの奥深い人間的方法であった。それは、私たち人間の本性に適応できる最善の方法で現われた。しかし逆説的に、自己顕現の、まさにこの人間的方法は、それ自体の限界や不完全さを持つことを意味した。神のみことばは、イエスによって人格的に引き受けられ、イエスの人間存在において顕現し、啓示され得るいかなるものをも超えて留まる。したがってその人間性においてイエス・キリストは、神がみことばを介して人類全体に与えた救いの秘義の「普遍的な秘跡」――効力のあるしるし――である。

しかし、イエス・キリストをとおして人間を救われた神は、イエスの人間的な存在を超えた存在であり、みことばとともにあるイエス・キリストではあっても、さらに、たとえ、イエス・キリストが栄光化された状態に入っても、イエスの人間的存在を超えている。復活し、栄光化されたイエス・キリストは御父と代わることはできないし、栄光化された人間性はみことば自身を尽くしてもいない。みことばは、決してどんな歴史的な顕現においても、その全体を包括されることはないからである。

したがって、私たちは、イエス・キリストの歴史的な出来事の普遍的な救いの価値が、イエス・キリストの受肉の前と復活の後にあって、どのようにみことばそのものの光り輝く救いの働きに至るまでの余地を残しているかを見究めてゆくことになる。聖書の啓示や伝承におけるみことばによる救いのわざの根拠については、この章の第一項ですでに述べた。ここでは、みことばの普遍的な働きが、人間に対する神の唯一の計画のなかで、キリストの出来事の救いの価値といかに有機的に結びついているかを示すことが残されている。

⑵神のみことばの「普遍性」

歴史をとおしてみことばによってなされた、神の顕現の多様性や多数性については、すでに前述した。これらすべての啓示と顕現がみな同じ重さ、価値、意味を持っているわけではない。これらはしかし、みことばをとおしてなされた顕現であるという意味で、ロゴスの顕現（Logophanies）であると言える。前述したように、エイレナイオスは、救いの歴史全体をみことばをとおしてなされた多様な神的顕現によって成り立っているとみなしているが、イエス・キリストにおけるみことばの受肉は、しかしながら、彼が人として肉の内に到来したことにより、何か「完全に新しい要素」が含まれていることもまた真実であると述べている（『異端駁論』IV. 34. 1）。

このことは、常に唯一の計画の枠内で働かれる神の救いのわざが唯一であり、同時に多面性があるということを意味している。そこに最も高い歴史的な重厚さが見い出される、キリストの出来事から決して引き離されるものではない。それでいて、神のみことばの働きは、歴史的にはイエス・キリストが人間となったということにのみ関連づけられるものではない。神の人間に対する救いの賜物の仲介は、結合され、統合されるべき多様な次元で進行している。キリストの出来事は、さまざまな時間や空間に包括的に現存し、イエス・キリストにおいて肉となった神のみことばの力をすべて尽くしてはいない。みことばの働きは、栄光化された状態においてすら、イエスの人間性の活動的な現存のさまざまな限界を超えるし、それはちょうど、みことばの位格が、実体的一致としてイエス・キリストに結ばれているにもかかわらず、イエスの人間性を超えているのと同じである。

こうして、いかに「真理と恩恵」の種子が（『教会の宣教活動に関する教令』９項）、世界の宗教伝統のなかに現存するかを一瞥することができ、それが各宗教の信奉者に対して「救いの道」あるいは「路」として役立つことがわかる。さまざまな宗教的な伝統のなかに、種子を蒔いたのは神のみことばである。この事は単に人間の「踏み石」や「自然の賜物」ではなく、それ自体で真実な神の自己顕現であり、それがどんなに初歩的な萌芽ではあっても、将来起こる決定的な神の顕現を待っている際の予備的なものとして理解されてはならない。

神のみことばの無比無類の輝きの力――それは世に来ることによって（ヨハ１・19）「すべての人を照らす光」であった――は受肉における顕現以前に普遍的に働き、イエス・キリストの出来事の後もキリスト教の境界を超えて、救いの歴史の全過程において、いまも働いている。最初の護教論者たちがすでに見ていたように、人びとは実際、神的な光の源泉であるみことばによって「照らされる」ことができる。単に個々人――ソクラテス、仏陀、その他の人びと――がみことばからある種の神的な真理を受けているばかりではなく、人間が生み出す体系――「哲学」、ギリシアの智慧、そして東洋の智慧――なども神的な光が人間に到達することのできる道である。

したがって、信奉者による神の真理の経験や世界の諸民族の預言者の神的経験が記録された諸宗教の伝統のなかには、みことばによって蒔かれた「真理と恩恵」（『教会の宣教活動に関する教令』９項）の種子が含まれており、みことばの光によって照らされ、その徳と力によって働きつづける。神のみことばは、いまでも民族と宗教伝統のなかに種子を蒔きつづけ、みことばをとおしてこれらの民と宗教のなかに啓示された真理と救いの恩恵が現存する。

全人類の歴史を包括する人間の救いに関する神の計画の単一性を守ることは疑いもなく大切である。イエス・キリストにおいて神のみことばが人間となったこと、その人間としての生、死、復活、これらは神の自己交流の歴史的な過程の頂点であり、全過程を守る隅の親石であり、その解釈の鍵となる。その理由は、みことばの「人間化」が凌駕されたことがなく――凌駕され得ない――人類に対する神の自己交流の深さ、人間とともなる神の内在の究極的な様態だからである。

しかしながら、私たちは受肉を神の救いの歴史における中心に据えることによって、神のみことばの恒久的な現存と働きを影で被うことのないようにしなければならない。みことばの輝きとその救いの力は歴史的出来事の特定な要素によってその独自性が制限されることはない。それらは、時間や空間のすべての境界を超えているからである。しかし、イエス・キリストの出来事、救いの本質を構成する要素、これらと神のみことばの普遍的な働きは救いに関する二つの異なる並行した救いの計画ではない。この二つは、唯一の救いの計画を互いに補い合う分離不可能なものであり、それは単一ではあるが多様な人間に対する神の計画を現わしている。

私たちは、開かれた諸宗教の神学に対する神のみことばの神学の重大性と適切さを示そうとした。いままで述べたことから、みことば自身の継続的な働きが存在し、それは人間のための神の計画のなかで、イエス・キリストの歴史的な出来事の普遍的救いの価値と結びついていることが明らかにされた。イエス・キリストの歴史的な出来事は、あらゆる時と場所においてイエスの人間性の復活をとおして働きつづけ、その普遍的な救いの価値を持ちつづける。しかし、人間の全歴史において働かれるみことば自身の神としての啓示の、より広範な文脈の一部としてである。この二重構造は、したがって、諸宗教の信奉者のための神の救いの可能性を示唆する。すなわち、一方ではイエス・キリストの出来事の包括性を、他方では、みことば自身の働きの現存の普遍性を示す。両者の持つ側面は救いのための唯一の神の計画において結ばれている。

神のみことばの神学は、また他宗教の伝統がその信奉者のために、神的な救いの秘義において果たす積極的な役割を理解するのを助ける。このことによって、諸宗教の神学は、新しい問題に向かう、質的に大きな飛躍をする。前述したように、神学は、近年になって諸宗教の信奉者に対してキリストの救いは可能かと問うところから、諸宗教それ自身がその信奉者に対して、救いの秘義について積極的な役割を果たすことは可能かという点に移行した。いまや、さらに前進し、諸宗教の伝統がそれ自体で人間のための神的な計画のなかで、積極的な意義を有しているかどうかという問いに向かっている。問題は、私たちが生きている宗教的多元主義は、単に事実としての（de facto）多元主義なのか、あるいはより深い原理（de principio）の現われなのか、という点である。ここで提起されるように、もしすべての宗教が、その起源の深い源を神のみことばをとおして行われた人類への神の自己顕現にあるとするならば、多元性の原理はその主な基盤を、人間に対する神の自己顕現の有り余る豊かさと多様性のなかに見い出すに至る。

こうして、過去において神学的に当たり前と考えられていたことや、伝統的に肯定されていたこととは異なる結論に至る。他宗教に対しての伝統的で否定的な評価は、その原因は数多くあるのだが、聖書のなかに、すでに旧約聖書のなかで証しされ、また初期教父神学のなかでも論じられた、みことばの神学が忘れられたことに大きな原因がある。この神学を再発見することが、諸宗教に対する肯定的な評価へと門戸を開く。しかしながら、ここで提案されている結論は、神学的考察への暫定的提案であることをよく理解する必要がある。この提案の持つ長所は、二つの深い確信の結合にある。すなわち、一方で救い主イエス・キリストの普遍性、他方で、人間に対する神の計画における他宗教の持つ救いの価値と肯定的な意味の統合である。しかし、この提案は決定的なものではなくまだ改善の余地を残している。

神学は、神についてばかりではなく、神の救いの計画についての秘義とその超越性への鋭い感覚を常にもっていなければならない。この場合、みことば――そして霊――の普遍的な働きとイエス・キリストの歴史的な出来事の本質的な関連性を「いかに」とか「どのような方法」で記述するのか、あるいは定義するのか、ということを主張してはならない。否定神学は、事実を強調することはできるが、「いかに」ということを説明することはできないし、する必要もないという場面では、語り得ぬことが薦められる。控えめで、謙虚であることこそが、神学を遂行する際にはふさわしい。

第6章　原註

(173) Giovanni Odasso, *Bibbia e religioni: Prospettive bibliche per la teologia delle religioni* (Rome: Urbaniana University Press, 1998).

(174) X. Leon-Dufour, *Lecture de l'Evangile selon Saint Jean*, vol.1(Paris: Seuil 1988), 62-144.

(175) R. Schnackenburg, *The Gospel according to St. John* (New York: Crossroad, 1987), 253-54.

(176) J. Dupont, *Essais sur la christologie de Saint Jean* (Bruges: Editions de l;Abbaye de Saint-André, 1951), 48.

(177) A. Feuillet, *Le prologue du quatrième évangile* (Bruges: Desclee de Brouwer, 1968), 62-76.

(178) M.-E. Boismard, *Le prologue de Saint Jean* (Paris: Cerf, 1953), 43-49.

(179) D. Mollat, *Introductio in Exegesim Scriptorum Sancti Johannis* (Rome: PUG, 1961), 21-24.

(180) Cl. Geffre, "La singularité du christianisme à l;age du pluralisme religieux," *Penser la foi: Recherches en théologie aujourd'hui: Mélanges offerts à Joseph Moingt*, ed. J. Doré and C. Theobald (Paris: Cerf-Arras, 1993), 365-66.

(181) Cl. Geffré, "Théologie chrétienne et dialogue interreligieux," *Revue de l'Institut Catholique de Paris* 38, no.1(1992): 72.

(182) B. Senécal, *Jésus à la rencontre de Gautama le Bouddha* (Paris: Cerf, 1998), 213.

(183) Y. Raguin, *Un message de salut pour tous* (Paris: Vie chrétienne, n.d.), 31.

(184) "Significance of Jesus Christ in the Context of Rligious Pluralism in India," Final Statement of the Twenty-First Meeting

of the Indian Theological Association, April 1998, in *What Does Jesus Christ Mean ? The Meaningfulness of Jesus Christ amid Religious Pluralism in India*, ed. E. D'Lima and M. Gonsalves (Bangalore: Indian Theological Association, 1999), 182.

(185) All citations from Justin are taken from J. Daniélou, *Gospel Message and Hellenistic Culture* (Philadelphia: Westminster Press, 1973); here 40-41.

(186) Ibid., 44.

(187) Quotations from *Adv. Haer*. are taken, wherever possible, from Danielou, *Gospel Message and Hellenistic Culture*. Otherwise they are taken from *The Ante-Nicene Fathers* (ANF), vol.1, ed. A. Cleveland Cox (Grand Rapids, Mich.: Eerdmans, 1977) or translated from *Contre les héresies* III, Sources chrétiennes 211, ed. A. Rousseau and L. Doutreleau (Paris: Cerf, 1974). Here Daniélou, 359.

(188) Quotations are from *The Ante-Nicene Fathers*, vol. 2, ed. A. Roberts and J. Donalson (Grand Rapids, Mich: Eerdmans, 1979) (ANF 2); here ANF 2:464.

(189) Quotations are from ANF 2.

第7章　「かけがえのない仲介者」（唯一の仲介者）と「臨機応変なる諸仲介」（複数の参与的な仲介）

――仲介者の視点――

前章で展開された研究内容は、まるで未完成の「交響曲」であるかのように、本章にまで引き継がれている。「イエスの死と復活の過越秘義において頂点に達した普遍的な救いの価値あるキリストの出来事」を、よりいっそう鮮やかに解き明かされなければならない。しかも、「神の霊の普遍的な躍動性と等しい神のみことばの活動的な現存」についても明確に論じなければならない。こうして前者と後者とが、どのように関連しているのかについても、可能な限り考えてみなければならない。新約聖書のなかで、その輪郭がすでに描写されているイエス・キリストの「贖い」の秘義に関する諸説にはここでは踏み込まない。それよりも、まずイエス・キリストの出来事の普遍的な救いの価値が、「『神から生まれた』独り子イエス・キリストの位格的な独自性」と、「十字架上のへりくだり(kenosis)［自己卑下、自己無化、自己捧与［註87］］という歴史的な状態から復活と栄光化をとおして『超歴史』(metahistoric)的な状態へと、彼の人間性が真に変容した」という、二つの神学的な土台の重要性が明確に主張されなければならない。

しかしながら、イエス・キリストにおける救いの秘義は、救いの全歴史をとおして人類に関わる三位の神、つまり御父と御子と聖霊の働きの内に場所を占めなければならない。最後には、前に提案したように三位一体的なキリスト論が、秘義全体を解き明かし、解釈するモデルおよび鍵として採用されるであろう。そこで、私たちは救いの秘義における御父の働きと、人間としての独り子の働きとのあいだにある関係はいったい何なのか、同様に、どこでどのように聖霊が救いの秘義に働きかけるようになったのか、を問う必要がある。これはまた、人類の全歴史をとおして救いに関する唯一の神の計画およびその展開における歴史的なキリストの出来事と、みことば自身および聖霊の普遍的な働きのあいだの相互関係性を問うことでもある。

諸宗教の神学についての現在の議論を検討した際、私たちは、キリスト論的な問題は、諸宗教に関するキリスト教神学にとって最も重要であることを強調した。人類への神の計画全体のなかで、救いの役割が他の救いの「道」および他の「救済者」に帰されるべき救いの役割は、――キリスト者の立場から見れば――それはイエス・キリストの人格と出来事がいかに理解されつつ解釈されるのか、ということと深いつながりを持っている。前述したように、「キリスト中心主義」と「神中心主義」という二つのパラダイムのあいだで現在議論されている問題は、イエス・キリストの神の独り子としての位格的な独自性を認める「高い」存在論的キリスト論〔監修者註―天上的で超越的な次元でのキリスト理解の方向性を重視する研究の立場のこと〕と「低い」キリスト論〔監修者註―地上的な歴史内における自然的な次元でのキリスト理解の方向性を重視する研究の立場のこと〕――これは意図的に機能的レヴェルに留まり、イエス・キリストに対する「高い」存在論的な主張についての議論の糸口となり、その有効性を究極的には否定するものである――のあいだの選択にある。ここでの選択は、「唯一の独り子についてのキリスト論」と「段階（degree）的なキリスト論」とのバランスをとることにある。多元主義者によって主張されるイエス・キリストの人格の再評価は種々の考察にもとづく。つまり、哲学的な考察、歴史批判的な聖書解釈学、神学的考察という三つのグループに分けることができる。ここでは多元主義者たちが、彼らの論文で議論している神学的な考察を採り上げるだけで充分であり、聖書解釈学的な考察は、この章のなかに含まれるかたちで考察されるであろう。

多元主義者たちは神学的に、ある一つの時間や空間に置かれた、つまり、極度に限定されたイエスの出来事の特殊性と、この出来事に対して普遍的な意義を主張するキリスト教の見解とのあいだに区別を設けるように提起している。議論の対象としては、キリスト教の立場が、いかなる歴史的な出来事もイエス・キリストの出来事に帰しているような「唯一性」や「普遍性」を主張することはできないという点にある。さらに、このような主張は、諸宗教の歴史において何らの支持も見い出すことはできず、それはむしろ、救いに対して多くの道があることを証明し、同じ信憑性を持って、すべての宗教に対してもその多様性のなかにあって同じ価値が与えられ、これらのすべてが「絶対主義」的な主張ではないにしても、互いに争いながらそれぞれの普遍性を主張する。

私たちのここでの目的は、神から「生まれた」独り子としての彼の位格的な独自性を明確に保っているイエス・キリストの唯一性と普遍性に関する熟慮された主張が、諸宗教と宗教的多元主義の「開かれた」神学に対して余地を残していることを示すことにある。三位一体的なキリスト論の展望は、特に、神のみことばと神の霊の継続的な存在とわざを私たちが認めるのを可能にしてくれる。この展望はイエス・キリストにおける人類に対する神の計画を保つなかに、人類の解放および救いに向けた複数の「道」および「路」を肯定することを可能にする。それと同様に、人間の歴史のなかに他の「救済者」を認める道を開くことにもなる。

さらに筆を進める前に、いくつかの言葉の意味をはっきりさせなければならない。まず初めに、ここではイエス・キリストの唯一性について語るのであって、キリスト教の絶対性については述べない。[註88]「キリスト教の絶対性」については、過去においてしばしば採り上げられた。例えば、ゲオルグ・W・F・ヘーゲルは、その観念論的な哲学の枠組みのなかで絶対性について肯定した。[190] トレルチは、諸宗教の歴史的な観点からそれを相対化した。カール・バルトは、真のキリスト教を、キリスト教的な宗教から区別し、イエス・キリストが救いへの信仰を支えるうえでの受肉であるという限りにおいてのみ、その絶対性を認めた。[191] ティリッヒは宗教におけるいかなる自己絶対化にも反対した。[192] カール・ラーナーは、「唯一性」[193] という意味において「キリスト教の絶対性」という表現を使った。そしてイエス・キリストを「絶対的な救い主」[194] として繰り返し語った。

しかし、ここで、私たちはイエス・キリストに関して「絶対」という言葉で話すことを断固として避けたい。またしてキリスト教については、なおさらそうであろう。ついでに付け加えるが、公式の教会の教えでは、この「絶対性」という言葉は、理由があってのことではあるが、ほとんど採用されていない。その理由は、厳密に言えば、「絶対性」という言葉は、「究極的な実在」または「無限の存在」にのみ用い、適切な意味において、いかなる有限的な現実に対しても使うべきではないからである。たとえそれが人となった神の独り子の人間存在であっても、それは創られたものであり、偶有的である。「絶対者」のみが「絶対的」である。絶対者のみが無限であり、まったく欠くことのないものである。創られたすべてのものは、対照的に、有限であり、偶有的であり、そこには受肉のみことばの人間性も含まれる。

ちなみに、教皇ヨハネ・パウロ二世は、回勅『救い主の使命』の6項のなかで、イエス・キリストの「絶対的な普遍性の意味」について書いている。しかし、近年になって発布された回勅『信仰と理性』(*Fides et Ratio*)(80項)のなかでは、「神のみが絶対者である」と言う。そして、それ以前の著書『逆らいのしるし』(*Sign of Contradiction*)では、創られたものではない絶対者と、作られた有限者のあいだの無限の距離について詳細に言及し、次のように述べる。

「被造物と偶有物(ens contingens)の立場(status)は互いに異なる概念を持ってはいるが、それぞれが神に向かう人間の思考の方向をたどる。この旅程の鍵となるものは実在の形態における存在である……存在の偶有性とは、実在の条件においては制限・限界がある。したがって偶有性は暗黙の内に絶対者に向き、それは弁証法的な意味での対極という意味ばかりでなく、真の基礎であり、根源的な理由でもある、なぜなら、偶有的な存在は、偶有的な存在者によって構成されている世界の実在を説明しており、それゆえに、それ自体が偶有的かつ相対的であるからである。絶対者とは、在りて在るもの（Ipsum esse subsistens）の意味において、決して不完全な存在などではない(195)」。

もしも、「絶対性」という言葉が（正確さには欠けるが）、本来、本質的に神的ではない現実について言及する際に使われるならば、神性と絶対性とを一緒に理解することを避けるほうが好ましく、その区別を明確にすることが必要であるだろう。イエス・キリストが「普遍的な救い主」であるという事実は、イエス・キリストを、彼のなかに存在する神であるかのように絶対的な救い主とはしない。すべての普遍的なものが、必ずしも絶対的ではない。イエスの復活した人間性は普遍的な救いの意義を持ってはいる。しかし、だからと言ってそれをすぐに「絶対的な何か」とはしない。この点について数多くの参照箇所のなかから一つだけ引用しておこう。アドルフ・ゲッシェ[註89]は次のように言っている。――「（キリストを含めて）キリスト教とその啓示を絶対化するようなキリスト教の立場は偶像崇拝的である。偶像崇拝に陥るのは他者［キリスト教以外の立場の人びと］だけではなく、私たちのあいだにもあり得る。もし、キリスト教が自分たちを絶対化するのならば、それは偶像崇拝的であり、そのような虚偽化は、キリスト教とその論理に反することになる(196)」。

このような説明をした後にも、神学者がイエス・キリストを他の「救済者」から区別する際に、あるいはキリスト教を他宗教から区別するときの言葉について、多くの曖昧な点が残る。「唯一性」と「普遍性」という二つの術語は、「相対的」または「単一性」の意味において理解されることが可能だということを想起するだけで充分である。「相対的な唯一性」は、人や伝統の独自の特性を他者や他の伝統から区別する時に用いられ、「単一的な唯一性」は、人間の本質的な救い主としてのイエス・キリストについての説明の際に用いられる。同様に、「相対的な普遍性」は多様な救済的人物が、救いの異なった方法を表現する際におよぼす普遍的な魅力を示す。「単一的な普遍性」とは、イエス・キリストは本質的に普遍的な救い主であることを指す。

ここで考えられている通り、イエス・キリストの唯一性と普遍性は、「相対的」でもなく「絶対的」でもない。それは、「本質を構成する」という意味である。すなわち、イエス・キリストが全人類にとっての救いの意義を備えている場合に、キリストの出来事——特に死と復活による過越の秘義において——が真に全人類の救いの「原因[197]」である限り、この二つは救いの本質（essence）に属する。キリストの出来事は、決して破られることのない神性と人間性のあいだの絆に証印を与える。そして、神が人間とともに神性に満たされたいのちを分かち合うために選んだ特別な道を構成する。人類に対する神の計画は、多くの側面を持ち、歴史のなかでの具体化はさまざまな時間と瞬間に行われ、キリストの出来事がそのなかに組み込まれる限り、それは「関係的」である。さらに、つづけて示すように、神が隠れた方法で存在し、働く種々異なる「救済者」とは対照的に、イエス・キリストは、神が目に見えないまま留まるあいだは神の唯一の「人間の顔」であり——「最終的な仕方」ではないにしても——そのなかで、神が「十全に」開示し、啓示され、人間の救いの秘義が達成される。歴史の真只中にあって、神は「さまざまな異なる方法」（ヘブ1・1）で、全人類にとっての神となることを望まれ、イエス・キリストにおいて完全に人間的な形として人間の神になられ（ヨハ1・14）、「人とともに生きる神」（the Em-manu-el. マタ1・23）になった。「関係的」という言葉は、イエス・キリストにおける「道」と諸宗教の伝統がその信奉者に提供する救いのさまざまな「道」とのあいだにある、神の救いの単一の計画のなかに存在する関係を肯定することを特に意図する。

先に述べたことから明らかなように、「救いのさまざまな道」という表現が、諸宗教の伝統に適用されるとき、彼らの努力をとおして決して満足されることはないにしても、それは単に人類のなかに普遍的に存在する神を求めるということではない。むしろ神が最初に人間を探し求め、彼自身のいのちを分かち合うよう人間を招く神による恵み深い先導を意味する。救いへと至るさまざまな道は、人間自身が準備するものではなく、神によって準備されるものである。ここで問われるべきは、救いの「一つの道」と「多数の道」は、神の摂理のなかにあって、いかなる関係にあるのだろうか。すなわち、イエス・キリストの出来事の普遍的な効力への信仰は、他の宗教的な伝統に開かれた多数の道の持つ肯定的な価値や救いの意義には矛盾しないのだろうか、という点にある。言い換えれば、救いの計画についてのキリスト教的な特徴は、他宗教の伝統の信奉者が属する伝統のなかでそれを真摯に実行するにもかかわらず、その伝統の外でキリストをとおして救われるという結論に導くのか、または逆に、他宗教の伝統それ自体をとおしてそのなかで救われるのか、という問題である。もし、後者が真実なら、これら他宗教の持つ救いに至る道の力は、諸宗教のキリスト教神学によっていかに説明されるのだろうか。この救いの力は、イエス・キリストの救いの力と競合することになり、実際、排他主義者がしているように他宗教の救いの力は否定されなければならないのだろうか。あるいは逆に、多元主義者が言うように、他宗教の救いの力は、人間の文化や伝統のなかに神が見い出され得るさまざまな道を現わすものであるのだろうか――この多様性は整然とした単一の救いの計画を主張するいかなる神学的な主張をも否定するのであろうか。キリスト教的な立場から見ると、これらの種々の道の救いの力が、いかにして神的な救いの計画のなかに挿入され得るのかという問いが生じる。

これらの問いに答える前に、いくつかの術語を明確にしておく必要がある。第一に、救いの数々の「道」に関しては、キリスト教的な立場から、神のみが救うことを強調しなければならない。ということは、人間は誰であっても自分の救い主ではない。「絶対者」だけが人間の救いの第一にして究極の実行者である。ヘブライ語聖書（旧約聖書のこと）においては、「救い主」という称号は第一に神に関係がある。新約聖書においても、この称号は神に適用され――神は救いの究極的な原因であるとともに根源であることを否定することなしに――イエス・キリストには第二番目としての位置づけが適用される。信仰の対象は、新約聖書神学によれば、本源的には御父である神である。同様に新約聖書神学によれば、救うのは神である。イエス・キリストは、第一の立場ではなく、協働者なのである。つまり、神は、独り子をとおして救われるのである（ヨハ3・16―17）。救いの第一義的な原因は御父であり、「キリストにおいて神は世と御自身を和解させられた」（二コリ5・19）。「父であり救い主である神の目から、これは正しくふさわしいことである、神はすべての人が救われ、真理の知識に至ることを望まれる」（一テモ2・3―4）。「……私たちは、生きておられる神、すべての人の救い主である神に希望をおく」（一テモ4・10）。

ピエール・グルロ[註90]は、いみじくも次のように述べる。「キリストの復活後に、信仰の本質と対象は変わったというのは間違いである。以前と同様、信仰は神にのみ帰される。しかし、神の秘義の新しい側面が明るみに出された。『イエス・キリストと主』（使2・36）という箇所が示すことは、独り子と御父とがともにある、という現実なのである」。新約聖書における信仰と救いの必要不可欠な関係性に関しては、グルロは次のように述べている。「自分を前面に出すことのないイエスの言葉は、神の御名によって悪魔を追い出し、人をいやすとき以外は、常に神への信仰について語っている。使徒たちの言葉は主イエスにおける信仰についてである。なぜなら神は、イエスの御名をとおして人びとを救われるからである[198]」。

結局、常に救う者は第一に神である。神がまず第一に「救い主」であるという事実は、しかしながら、キリストの出来事が、神の救いの意志とわざの効力に満ちた表現である限り、イエス・キリストが「救い主」と呼ばれることを妨げるわけではない。つまり、イエス・キリストは第二義的に「救い主」であることになる。イエス・キリストが「絶対的な救い主」と呼ばれる代わりに、「本質的な救い主」と呼ばれることは、キリストの救いの働きが「相対的」ではないことを示す。この「本質的」という表現は根源的な事柄に属することを意味している。

「諸宗教が救う」とか、キリスト教でさえ「キリスト教が救う」と述べるのは、言語上の誤用である。初期のキリスト教文書が、後に「キリスト教」と呼ばれることになるものを、イエスの「道」として指し示したことは言及に値する（使9・2、19・9、22・4、24・14、24・22）。「他宗教が救う」とか、いや実際には「キリスト教が救う」と考えるべきではない。意図されているのは、神の救いの力を伝える「道」とか「手段」となり得ることをとおして旅する人びとのための救いにとってさまざまな道があるという事実を示すことである。こうして、あとは「いかに」救いが遂行されるのかが、今後の課題として残されている。

第二に、救いに関する概念について、各々の宗教がそれぞれの概念を持つことはよく知られている。これらの相違について、長い議論は必要ではなく、可能でもない[199]。ここでは、あらゆる宗教はその信奉者に対してその宗教を救いもしくは解放への道として示しているということを記すだけで充分であるだろう。この二つの概念は複数の理由でつながっており、特に二つの概念の結合は、各宗教の持つ概念の相違にもかかわらず、種々の伝統においては容易に応用できるからである。以下の二重の概念もまた、互いに補い合う要素を持っている。この補足的な要素はキリスト教自身においては、あまりにもしばしば切り離されて考えられてしまう傾向にある。つまり、「霊―世俗」、「超越者―人間」、「個人―社会」、「終末―歴史」などの様相を呈している。種々の宗教的な伝統のあいだにある大きな相違にもかかわらず、救いや解放の普遍的な中立の概念を大胆に提案してみると、救いや解放はいのちの成就性、十全性、自己成就、統合性を追求し、そこに到達することと関係がある。

「仲介」（mediation）という術語についても、その意味を明確化させておく必要がある。新約聖書においては、仲介者（mesites）という言葉は、イエス（一テモ2・5、ヘブ8・6、12・24）とモーセ（使7・38、ガラ3・19―20）に使われている。モーセはシナイ山での契約によって神と選ばれた民とのあいだの仲介者として活躍した。そしてイエスは「新しい契約の仲介者」として活躍した（ヘブ12・24）。しかしながら、「仲介者」（mesites）という言葉は、これら二つの用法のなかで同じ意味では使われてはいない。

キリスト教伝承におけるキリスト論に見られる信仰理解によれば、キリストのなかに神と人間とが恒久的に結ばれている方法で、つまり、イエス・キリストの人格のなかに神性と人間性とが一つに結ばれているときに、イエス・キリストは神と人間とのあいだの「仲介者」となる。「なぜなら、受肉によって神の独り子である彼は、御自身と人間一人ひとりをある種の仕方で結びつけた」(『現代世界憲章』22項) からである。モーセの場合は、神とイスラエルが面と向かって結んだ契約の主導者として、神と民とのあいだの「媒介者」として働いた。この概念の神学的な内容としては、二つの仲介の動きのあいだには、かなりの相違が見受けられる。

キリスト教伝承は、「神と人間とのあいだの仲介」が、イエス・キリストをとおして「唯一」のものとして示されると見ている。「唯一の神が存在し、神と人間とのあいだの仲介者もまた、イエス・キリストのみである」(一テモ2・5)。しかし、そうだとしても回勅『救い主の使命』のなかで言われている「参与的な仲介者」を除外するものではない。教皇ヨハネ・パウロ二世は、キリストの「唯一的で普遍的な仲介」について明確に説明した後で、次のようにつづけて述べている。「異なる種々の、異なる段階の参与的な仲介者が除外されないにしても、この参与的な仲介者はキリスト自身のみの仲介からその意味と価値を分与されるものであって、並行するもの、あるいは補うものとして理解されることはない」(5項)。この文章によると、「いかなる参与的な仲介者」——他宗教の伝統の仲介者も含めて——も本質的にはイエス・キリストの唯一の仲介に結びついているもので、その力は、イエス・キリストから与えられるものとみなさなければならない。それでは、諸宗教の神学は、他宗教の伝統がたどる救いの道に対していかなる意味においてこの「仲介」の概念を適用するのであろうか。

以下では、この章の内容として、二つの主な部分から成り立つ描き方をしてゆこう。第一項では、キリスト教の源泉と、宗教的多元主義を背景にしたキリスト論的な信仰理解によって提供された資料をもとに、宗教的多元主義者の挑戦に対して、イエス・キリストの「本質的な唯一性」を再確認する。神の「人間的な相貌」としてのイエス・キリストの唯一性と普遍性の「関係的な特質」は、したがって、三位一体論的かつ聖霊論的なキリスト論の視点において明確化される。こうしてイエス・キリストは「具体的な普遍性」、つまり歴史のなかでの三位一体の神の人間への究極的な接近を実現し、「結び合わされたもの」(エフェ1・10)として見られる。第二項では、より直接的に他宗教の「道」として提示された救済者が「仲介者」として働き、キリスト教的な信仰のなかで伝統的に理解されている神の救いへと導いてゆくことができるのかを問う。

1 「普遍的な救済者」であり「かけがえのない(唯一の)仲介者」として

(1) 修正され解釈された新約聖書のキリスト論

聖書解釈学および新約聖書解釈学の分野において、宗教的多元主義者の問題提起は、歴史批判主義を有効に使うことが数多くの理由からイエス・キリストの再評価に不可避的に繋がるとするものである。その理由とは、イエスの人格とその働きについての新約聖書の主張の文脈、この主張の文学的ジャンル、歴史的なイエスについての主張と使徒的教会によってなされたイエスの人格についての解釈のあいだにある架橋できない隔たりと深刻な非連続性などである。イエスは完全に神中心に生き、神と神の国を告げ知らせた。使徒的教会のキリスト中心の告知は、このキリストの神中心の告知を歪めてしまった。使徒の教会は、神中心からキリスト中心へ移行させた、この「パラダイム転換」に対して最初の責任を取らなければならない。したがって、いま私たちが遂行しなければならない任務とは、神中心主義に戻すことによって、状況を逆転することである。

諸宗教の神学の神中心主義的パラダイムは、明らかに「修正主義的なキリスト論」に基礎を置く。それはまた「下からのキリスト論」、あるいは、「段階的キリスト論」として特徴づけられる。この修正主義的なキリスト論の基となっている、種々の考察の研究に深入りすることなく、この修正主義的キリスト論を支えている歴史批判および聖書解釈学的な考察について簡単にその概観と評価を行っておこう。

宗教的多元主義的なパラダイムの擁護者に関しては、二つの基本的な立場を区別しておく必要がある。ある学者は新約聖書のなかの唯一性の主張について、これに関連する箇所の文脈が、ユダヤ人に言及し、あるいは、ユダヤ人にのみ言及していると理解される可能性がある限り、すなわち、イエスはユダヤ人のためのみの救い主であるという主張を「相対化」する必要があると一般的に述べる。また他の学者は、新約聖書が救い主イエス・キリストの唯一性に確固とした確証を与えることを認めながらも、しかし宗教的多元主義者の現在の状況において、このような主張は維持され得るのか、あるいは維持すべきなのかを問う。

直接に関連のある主要なテクストは、使徒言行録4章12節、テモテへの手紙一の2章5節から6節とヨハネ福音書14章6節である。これらに加えて、パウロのキリスト讃歌および後期パウロの手紙、エフェソの信徒への手紙1章1節から13節とコロサイの信徒への手紙1章5節から20節などが挙げられる。これらのパウロのテクストは、ここで問題となっている文脈で、いかなる解釈ができるのであろうか。唯一性の主張の相対化には、数多くの理由が挙げられる。最近の解釈学的な研究によれば、唯一性の主張は、実際は歴史的に条件づけられた世界観と特定の歴史的状況に依存する言語学的様相の結果であるとされている。私たちはもはやこのような唯一性を、福音のメッセージが告げようとした正確な「内容」そのもの――キリスト教の信仰宣言（kerygma）の変更不可能な中核――として捉えることはできない[200]。

それはまた、ユダヤ人の終末論的なものの見方や考え方を背景にして、終末的な期待として生まれたものであるとの指摘もあり、それは初期の教会として、イエス・キリストにおける神経験を最終的なもの、超えることのできないものとして解釈することは、自然なこと、当然なことであった。しかし、この「終末的」な考え方は、文化的に限界があったし、現在も限界を抱えている。イエス・キリストの出来事によって暗示された究極性は、したがって、キリスト教の本質に属するものとしてみなすことはできない。それはむしろ、偶発的で文化的な状況に属するものであって、そのなかで初めて経験され、表現されたものであった。もし、イエスが他の文化的な状況、例えば、他の歴史哲学を背景にそのなかで人びとに出会い、解釈されたとするならば、究極的とか唯一無比としては考えられなかったであろう[201]。

しばしば、イエス・キリストの唯一性の明確な断定をくだしたパウロに責任があると言われている。もし、パウロが東洋の豊かな秘義神学の伝統のなかでキリストに出会ったのならば、パウロによる絶対的な断定の仕方はより柔らかな表現になったことであろうと推測される。ヨハネについても、イエス・キリストの唯一性は「受肉」という術語で明確に表現されている。ヨハネによって秘義的な様相を帯びた思想が形成されているのであり、先在の観念も同じように秘義的な様相を帯びている。神話的な言語は、「散文ではなく詩のように」(ジョン・ヒック)受け取らなければならない。「文字通り」に理解するのではなく「比喩的」に(ジョン・ヒック)理解されるべきである。したがって、受肉は「脱神話化」されなければならない。その結果は、普遍的な救い主としてのイエス・キリストの脱神話化になるであろう。それというのも、普遍的な救い主としてのイエス・キリストは、思考の仕方そのものとして神話的な様相を帯びてしまっており、字義通りの意味を持たない概念だからである[202]。

最後に、キリスト教が生まれた歴史的な状況と、そこで出会った反対者たちに直面して弟子たちがイエスの「道」を唯一無比なものとして表現したのは自然なことと言える。この絶対的な言語は歴史的に条件づけられている。それは「生き残るための言語」であったからである。また、ポール・ニッターの解釈によれば、それは「実践に結びつく言語」または「任務を成し遂げるための言語」――すなわち、弟子たちを熱心な追随者として招くために作り出された言語である。(203)

終末的で神話―比喩的で、生き残るための言語は任務を成し遂げるための言語でもあった。――これらは「愛の言語」でもあった。ラインハルト・ベルンハルト[註91]は『告白と頌栄』の注意書きで、これらすべてを要約している。

「聖書の、いわゆる絶対性に対する主張は、抑圧者、被抑圧者、究極的には神自身に向けられた単純な告白の公の祈りである。神学用語では、これらの主張は告白と頌栄という性格を持っている。歴史的な基盤からそれらを切り離し、一般化し、非キリスト教的な宗教を断罪するために用いる者は、この主張のもともとの特徴を曲げることになる(204)」。

新約聖書テクストに見られる普遍的な救い主としてのイエス・キリストの唯一性に向けての宗教的多元主義の解釈の吟味を終えるにあたり――キリスト教伝承が必要とすると見られるように――イエス・キリストの「本質を構成する」唯一性を断定することは、他宗教とその宗教の「救済者」を必ずしも「断罪する」結果に導かないということを明記すべきである。多元主義のパラダイムにつきまとう欠陥は、自分たちの視点に取って代わり得るものは、他宗教を教条的かつ排他的に拒否することしかないと想像するところにある。このような白か黒かの代替は、聖書的にも神学的にも正当化するわけにはゆかない。キリストにおける信仰は、多くの道が相反することなく、人びとに開かれてその人びとと出会う努力を要求する。これについては、さらに、後で見ることにしよう。

宗教的多元主義者によって提起された批判と問いに、いかなる答えを与えることができるのであろうか。言語の誤用、特に「絶対者」や「絶対性」といった用語の誤用の問題を除去した後に、伝統的に理解されてきたイエス・キリストについてのキリスト者の主張がいまだに残っている。すなわち、イエス・キリストへの信仰は、彼が「私にとって」の救いの道であると信じることだけにあるのではない。世界と人類が救われること、そして彼において彼をとおしてその救いを見い出すことを信じるところにある。このこと以上に新約聖書の確固たる主張を正当化するものは他にはない。

これが現在の多元主義の状況のなかで、特に宗教同士の対話のため、新約聖書の新しい解釈が必要とされるゆえんである。神学を遂行するための帰納法は、この研究の導入部分で述べたように、神学が「状況のなかでの解釈学」であるべきことを示す。このことから明らかなのは、「第一の行為」は「実践」であり、そこから光と方向性を手に入れるためにキリスト教的な啓示の「事実」に目を向け——そこから「解釈学的循環」の手法に沿って、再び実践に帰ってゆく。人間が抑圧されている状況において——解放の神学が示すように——「第一の行為」は解放の実践である。宗教的多元主義の文脈で見ると、宗教同士の対話の実践こそが第一に目指される動きなのである。しかしながら、もしも、指針を求めて源泉に戻るということが「第二の行為」として宗教同士の対話の実践につづくのならば、いかなる教義的かつ倫理的根拠が啓示の源泉に帰されるのかを問わなければならない。啓示の源泉は、いまでもキリスト者の思想や実践の核のなかの核（norma normans）として、機能しているのか、あるいは、ある種の検問所のように単に二次的な基準に成り下がってしまったのか。

実践の第一の行為は、その適切な出発点として、キリスト教信仰によって霊感を受けているかどうか、と答えることからはじめるのがよいであろう。宗教的多元主義の文脈において、対話の実行はある種の判断中止（epoche）を介して、実行者の信仰を括弧に入れてしまうものではないことを意味する。反対に、対話が真正なものであるためには、対話のパートナーが、キリスト者であるなしにかかわらず、自己の信仰への忠実さを持って対話に入ることを要求する[205]。宗教同士の対話は、宗教的な確信のないところには存在しない。

しかしながら、これがすべてを決定するものではない。実に、一つの緊急の問いが生じてくる。この問いとは、二つの活きた信仰の出合いの衝撃は、キリスト者の信仰の中枢部に影響を与え、キリスト者が長いあいだ確信を持っていたことへの「再解釈」を強いるほどのものである。

解放の神学の文脈において、聖書解釈学は、聖なる書物が単に過去の言葉の記憶であるとは考えない。言葉は現在の歴史のなかで「再現実化されつつある」。かくして、現在の歴史は、救いの歴史が継続しているその一部をなしている。これと関連して、ある神学者たちは、聖書のより「十全な意味」ばかりではなく、神の最初の言葉が現在にあっても新たに現実化されているという意味で、豊かに溢れ出すことについても物語っている[206]。信仰者にとっての出エジプト経験という「原型となる出来事」(paradigmatic) は、単なる過去の出来事などではなく、むしろ「かけがえのない恵みのひととき」(kairos) である。今日でさえ、民の歴史の流れにあって、神によって再現実化されつづけている。そして、イエスの出来事は、すべての人のために、ただ一度起こったこと(ロマ6・10、ヘブ7・27、9・12、10・10) である。しかし、それは現代にもさらに継続されている歴史において、すべての世代に働きつづけている。歴史のなかで神のいのちを与えるみことばの現存は拡大される。したがって、聖なる書物に記された「基盤となる啓示」を超えて、この現実を神的な啓示として継続してゆく。

解釈学的循環の構造 (scheme) が生活世界と密接に結びつくように、神のみことばは常に現存し、解釈学を採り入れた解放の神学にとっては、規範のなかの規範となっている。しかし、これは静的な規範などではなく、むしろ動的な規範である。言葉は、死んだ文字として決して閉じ込められることなく、むしろ創造的な力として存続する(イザ5・11)。救いの歴史の成就に向けて拍車をかけるためである。これは、宗教的多元主義の文脈においてもあてはまる。ここでも、神のことばは、対話的な実践の「第一段階目の行為」および、理論的に神学を遂行する「第二段階目の行為」に対しても核心のなかの核心となっている。諸宗教の帰納的な神学は、信仰同士の出会いという固有の背景における解釈を追究するに当たって、神のことばを力強い動的な現実と見なすべきである。

このことは、啓示されたメッセージを、真理の一枚岩的な言明として扱わないことを要求する。イエス・キリストの「本質的な唯一性」はキリスト教的な信仰の確信となっているにせよ、使徒言行録４章２節の文脈やテモテへの手紙一の２章５節およびヨハネ福音書１章１節から６節などの、いくつかのテクストについての一方的な根拠づけに依存して「絶対化」することはできない。明らかに矛盾しながらも補い合う真理を、その要素同士の緊張を伴った複雑な全体として眺めるときに、神のことばが私たちに理解されてゆく。

みことばは、イエス・キリストにおいて「人間のまっただなかに自分の幕屋を張られた」（ヨハ１・14）。しかし智慧はそれに先立って、すべての人びと、すべての民を所有し、彼らのあいだに休息の場所を求めて（シラ24・６―７）、そしてイスラエルにおいて、「彼女の幕屋を張られた」（同24・８―12）。同様に、イエス・キリストは「道・真理・いのち」である（ヨハ14・６）。しかし、イエス・キリスト以前に存在したみことばは「すべての人を照らす世の光」（同１・９）として世に入られた。「この最後の日々」に神は「独り子によって私たちに語りかけている」。しかし、神はそれに先立って「数多くのさまざまな方法で」語った（ヘブ１・１）。霊はイエスが栄光化される以前は「与えられなかった」（ヨハ７・39）が、ずっと以前から存在している。霊は「すべてのもの」のなかに現存していた（知11・24―12・１）。イエス・キリストは「忠実な証人」（黙５・３、５・14）である。しかし、神はいかなる時にも「証人なしで御自身を残す」ことはなかった（使14・17）。信仰者同士の出会いは、神が他の信仰共同体のなかで御自身に与えた証言の新しい次元をキリスト者が発見するのを助けるに違いない。

(2) 神の人間的な顔立ち

いままで述べてきたことは、諸宗教の神学に関する多元主義的なパラダイムの基礎となっている「修正主義的なキリスト論」あるいは「段階的なキリスト論」に対する応答として、イエス・キリストの「本質を構成している唯一性」の主張が確固とした基盤の上に構築され、現在に至るまで有効であることを示すのを妨げはしない。明白に、信仰の確信はその本性からして、経験にもとづく知識や科学的な証明の域を超えたところにある。そうでなければ、信仰の証人であることの意味はなくなり、単に学術的あるいは歴史的な研究の結果を生み出すにすぎないこととなってしまう。しかし、ここで試みておかなければならないことは、イエス・キリストに対するキリスト教による信仰の信憑性および真価を明確に示すことである。

多元主義者のキリスト論によって進められた主な歴史批判的な聖書解釈に関する議論は、歴史的なイエスと使徒的教会およびそれ以後のキリスト理解のあいだにある、架橋不可能な開きについての陳腐な論争に陥れる危険性がある。この主張は、さまざまな異なる形を取る。すなわち、イエスは完全に神中心的であり、キリストの後にできた教会はキリスト中心的になった。イエスは神の国の到来を告知し、教会はイエスを告知した。イエスは普遍的な父性について確証し、教会はイエスの唯一の独り子としての性質について主張した。「イスラエルの人びとよ、神はナザレ人イエスによってあなたがたのあいだで、奇跡と、不思議なことと、しるしとをなさった。これによってこの方が神から遣わされたことを、あなたがたにお示しになった」(使2・22)という

初期のケリュグマ(信仰箇条)が素朴なかたちで認めたように、教会はイエスを「神格化する過程」を経て、神的な人格を備えた者としての立場に御父によって挙げられた、と解釈した。また、ギリシア的な思考方法が広く普及していた影響により、教会は「機能的」に理解されているものを「存在論的な言語」に転換した。つまり、それ

は「神話的」あるいは「比喩的」な言語が「文字通り」翻訳されたということであり、「詩的」な言語が「散文的」に解釈されたということである（ジョン・ヒック）。

この文脈において、キリスト論の任務は、次のことを示すことにあると思われる。すなわち、イエスをキリストであるとするキリスト教の信仰は、ナザレのイエスの歴史的な存在に確固とした基盤を置いている。言い換えれば、教会の顕在的なキリスト論は、イエス自身の潜在的なキリスト論に基盤を置く。不連続における連続が各段階で主張されなければならない。すなわち、ユダヤ教の聖書に見る救い主の待望とその到来がイエスにおいて成就したこと。「過越の出来事以前のイエス」と「使徒的な信仰宣言の対象としてのキリスト」には段階的な差異があること。「初期の信仰宣言（kerygma）のなかに見られるキリスト論」と「後期の聖書的な信仰宣言」の成立の流れ。「新約聖書のキリスト論」と「教会的な伝統のなかに見るキリスト論」などである。このような膨大な仕事は、他の研究者によって試みられたので、ここで繰り返す必要はない(207)。

「非連続における連続」という表現には、説明が必要である。なぜならキリスト論の展開におけるそれぞれの段階で、キリストを理解する仕方は異なっているからである。イエスが復活をとおして自己卑下（kenosis）の状態から栄光の状態に移行したとき、その人間的な実在が変容したのであり、イエスとキリストとのあいだには真の非連続がある（フィリ２・６―11）。にもかかわらず、位格的な同一性（personal identity）はそのまま残るのであり、それゆえに連続性は永続する。栄光化されたこの方は死んだその方である。すなわち、イエスはキリストである（使２・36）。歴史的なイエスは信仰のキリストである（58―65頁）。

「非連続における連続」という表現について考えておこう。初期の信仰宣言（kerygma）に見られる「機能的なキリスト論」と後期の新約聖書に見られる「存在論的なキリスト論」とのあいだの関係性には異なる意味が生じている。「機能的なレヴェル」から「存在論的なレヴェル」への移行は、神の子の位格的な独自性が前提とされる限りにおいて、信仰のダイナミズムによって遂行される。そして、存在の秩序においては、イエスの栄光化された人間性において見い出される「神的な状態」への移行を伴う。この一つの立場から他の立場への移行は、同種のもののなかでの展開である（homogeneous development）（65―76頁）。

「非連続における連続」の意味はまた、新約聖書の存在論的キリスト論と教会のキリスト論的教義のあいだの関係性に関しては、異なる意味を持つ。ここでは、それは術語（Idiom）の非連続における内容の連続のことを指す。キリスト論的な教義は、信仰の内容を「ギリシア化」してはいないが、むしろこれは術語のギリシア化における内容の脱ギリシア化を表わす（77―101頁）。これは現代的な表現を用いれば、「文化内開花」（inculturation）である。

多元主義者、そのなかでも特にジョン・ヒックは[208]、神話的で比喩的な言語としての「受肉」という術語を拒否する。しかしながら、もし、この術語が適切なかたちに脱神話化されるのならば、神が御自分を全人類に対して示すに際して、人間イエスを介して出会うことをキリスト者が――正しく――主張しているのがわかる。すなわち、比喩的な語法として理解されていれば、イエス・キリストにおいて「肉となった」みことばは（ヨハ１・14）、そのとき、「神によって……証しされた人、ナザレのイエスと同等とみなされる」（使２・22）。「先在」（preexistence）および「受肉」の概念は両方とも誤解を招く恐れがあることは確かである。「先在」とは、時が存在する以前の架空の時間のなかでのことではない。しかし、神の独り子の「受肉」はまさに現実となる仕方で、この転成からは独立して神の秘義の内に永遠に存在する「みことば」が、歴史のなかで人間になるという事実として残る[209]。これが「受肉」の象徴的な言語を介して伝えられる真の意味である。ヨハネによる福音書のキリスト論に関してシュナッケンブルクは、神話学的な思索と受肉した神の子の救済する力を実体化しようとして、真の先在の言語との相違をわかりやすく示し、次のように書く。

「ヨハネ福音書のキリスト論は、天から降り、またそこに戻っていく贖い主についての神話学的な思索の既定の型を基にしたものではない。それはむしろキリスト教的な贖い主の救いの力を明確に確立することの願いであり、この願いが、前もって存在すること（pre-existence）を強調する動きにつながり、その結果としてヨハネ福音書の手法は、『上』から始めて再びそこへ戻ってゆくことをより明確に示す[210]」。

もはや、一人の証言だけで充分であろう。全体を網羅した資料と批判的な研究をとおして、カール＝ヨゼフ・クッシェル[註92]は、ヨハネ福音書のキリスト論について次のように述べている。

「ヨハネ福音書の関心は、神のみことばが永遠の昔から神とともにあり、神のみことばが神御自身であり、ナザレのイエスの内において人となったことの告白である。イエスは本性として永遠なる神のみことばであり、それは人びとがそれを信じたからでもなく、イエスが御自身を証明したからでもなく、それはイエスが神からの方であるからである。イエスは永遠の神の独り子である。それは人間がそう理解したからではなく、イエスがそれをもっともらしくしたからでもなく、真にイエスは神の独り子であり、いつも神からの方である。前景にあるものは、人間イエスがいかに神とともに栄光のなかにいることができるのかという思弁的な問いなどではなく、むしろ人間になったナザレのイエスが本性として神のロゴスであることの告白である。そしてイエスは死する人間としてのロゴスである。しかしながら、イエスの言葉のなかに神の言葉を、イエスのわざのなかに神のわざを、イエスの生涯のなかに神の救いの歴史を、イエスの十字架のなかに神の共感を、これらを信頼し信じる用意のある人びとにとってのみ、イエスはロゴスそのものである[211]」。

私たちはイエス・キリストの本質的な唯一性や普遍性が、神の独り子としての位格的な独自性に基づいていることを主張してきた。キリストとしてのイエスの普遍性が、しかしナザレのイエスの特殊性を見劣りさせることがあってはならない。復活と栄光化によって変容されたイエスの人間としての存在は、時間や空間を超え、「歴史を超えた者」となったのは真実ではあるにせよ、しかしそれはあくまでも歴史的なイエスがそうなった。「完全なものとされ」、「永遠の救いの源」となった（ヘブ5・9）キリストの普遍性は、「すべての点において彼の兄弟姉妹のようになった」（同2・17）イエスの特殊性を取り消すものではない。イエスの特殊性から切り離された普遍的なキリストはもはやキリスト教的な啓示のキリストではあり得ない。イエスの歴史的な特殊性を強調することは、事実、開かれた諸宗教の神学と密接な関係があり、またそれは宗教同士の対話の状況と無関係ではない。

イエスの歴史的な特殊性は、キリストの出来事においては単純に一本化できないほどの、さまざまな限界を課す。これは神によって意図された受肉によるの救いの計画の必然的な実現のための一部分である。独り子としてのイエスの人間的な意識をもってしても、まさにその本性上、神の秘義をすべて尽くすことは不可能であるように、イエスにおける神の啓示にもまた限界があり、それは同様にキリストの出来事が神の救いの力をすべて尽くしているわけではなく、また尽くすこともできないのと同じである。

神は啓示と救いの究極的な源泉として、人間イエスを超えた存在である。イエスによる神の啓示は、神の秘義の人間的な転換（human transposition）である。イエスの救いのわざは神の救いの意志とわざの経路であり、効力のあるしるしおよび秘跡である。典礼は、いみじくも、イエス・キリストを「救いの普遍的な秘跡」と呼ぶ（『ローマ・ミサ典礼書』復活後の第二火曜日の祈り）――これは決して神御自身には用いられない称号である。イエスは救いの普遍的な「根源的な秘跡」として理解されている。そして、教会は派生的な「救いの普遍的な秘跡」であると理解されている（『教会憲章』48項）。人間存在における神の独り子イエスの位格的な独自性にもかかわらず、究極的な根源である神と神の似像としての人間である彼とのあいだには距離が存在しつづける。イエスは神に取って代わるものではない(212)。

もしも、これが真実であるならば、キリストの出来事は、人間を救う神の意志と救いのわざの「普遍的な秘跡」であるが、しかしこれは他を排除した神の意志の唯一可能な表現であるとされる必要はない。神の救いの力は、神が計画された普遍的なしるしによってキリストの救いのわざに、排他的に結びつけられているものではない。

三位一体的なキリスト論に関して言えば、以下に示すように、霊の普遍的な現存を介して働く神の救いのわざが、イエス・キリストの歴史的な出来事の前後においても継続しているように、受肉以前のみことば——これはヨハネ福音書の冒頭部で言われている、世に来ることによって「全人類を照らす光」（ヨハ１・９）であるが——をとおして働かれる神の救いのわざが受肉の後にも継続することを意味する。受肉の秘義は唯一無比である。なぜなら、それは、イエスの子としての人間存在のみが、神の独り子によって引き受けられ、本性において神と結ばれているからである。しかし一方で、イエスのみが「神の真の似姿」であるが、それにもかかわらず、他の「救済者」は神の人類に対する計画全体に従って、彼らの信奉者のために救いを示す者となるために、みことばによって「照らされ」、聖霊によって「霊感を与えられること」もありえる。

確かに、救い主であるイエスの秘義において、みことばを自身が引き受けた肉から切り離すことはできない。神のみことばと人間イエスの存在は切り離すことはできないとしても、しかし、区別されるものとして存続する。このように受肉のみことばの人間的なわざは神の救いのわざの普遍的な秘跡ではあるが、みことばのわざのすべてを尽くしてはいない。みことばそのものの固有の働きは継続する。しかしそれは、確かにキリストの肉において現実化された救いと並行してあるかのような独自の救いの計画を構成するものではなく、神の満ち溢れる恩恵と絶対的な自由の表現としてである。

神の救いの計画の普遍性との関係において、イエス・キリストの特殊性は、救いへの多様な道を許容する宗教的多元主義神学への、言わば新しいアプローチを開く。ジェフレは、受肉のパラドックス（逆説）を「特殊」と「普遍」とが同時に存在する状況である、と見ている。近世のニコラウス・クザーヌス枢機卿[註93]の表現によれば——これはまた、現代のティリッヒやバルタザールによっても採り上げられてきたことではあるが——イエス・キリストは「具体的な普遍」（the "concrete universal"）なのである。出来事の特殊性は、しかしながら神の唯一の計画の内にあってイエス・キリストの普遍的な意義と他宗教における伝統の救いの価値の両方を包みかかえる余地を残している[213]。ジェフレは次のように書いている。

「まさに受肉の原理、すなわち、歴史的な特殊性のなかに、かつまたそれをとおしての絶対者の顕現は、私たちにキリスト教を絶対化しないように勧める。もし、キリストが普遍的であるならば、それは死んで復活したナザレのイエスとして普遍的にそうである。人間イエスは一種の神の発出ではない。イエスの人間性がある種の絶対的で普遍的な意味を有しているとしても、イエスの人間性は相対的なものである。なぜなら、歴史的な存在であるのだから。イエスは、人間が神に近づくことのできる具体的な要素である。しかし……もしイエス自身が、絶対者との同一性を求めるようなことがあるとすれば、彼自身は『無条件なる方』の裁きに服することになる[214]」。

エドワルド・スキレベークス[註94]は、キリスト教がいかにイエス・キリストの唯一無比性を維持しながらも同時に、異なる宗教に積極的な価値を帰することができるのかを問う。彼は、イエスの「純一であり唯一である本質」に注目しつつも、「偶有性を有するという本質」を指摘している。すなわち、イエスは、歴史的な存在であるとともに、限界をも備えている。そして、イエスのことを全人類のために神から遣わされる救いの賜物の顕現であるとし、次のように述べている。

「キリスト教の福音が私たちに説いているように、イエスにおける神の啓示は、いかなる形においても、神が歴史的な特殊性を絶対化するということを意味するものではない……イエスにおける神の啓示から、私たちはいかなる個々の特殊性も絶対的であるとは言えないということを学ぶ。したがってイエスにおける相対性をとおして、イエスの外にあってさえ、特に世界の歴史にあって、またそこに生まれた多くの宗教において、神に出会うことが可能である。復活されたナザレのイエスもまた、彼自身を超えた神を示しつづける。神は霊におけるイエス・キリストを介して御自分を創造者および贖い主としてすべての男女の神として示すということができる。神は絶対である。しかし、どのような宗教も絶対ではない(215)」。

スキレベークスは以前、次のように述べていた。「イエスは私たちのあいだに神らしくない被造物的な人間として現われたので、イエスは神を啓示するばかりではなく、神を隠しもする。人間として、イエスは歴史的で偶有的な存在である。したがってイエスの真の人間性の現実を否定しない限り……イエスは神の完全な豊かさをいかなる方法においても示すことはできない(216)」。最近になって彼は付け加えた。「キリスト者は、キリスト教およびイエス自身が絶対でもなく、絶対的で唯一無比でもないという事実に盲目であってはならない。絶対者は、イエスの神、創造者で、すべての人類の神なるお方だけである。キリスト教信仰が証しすることは、イエスにおいて絶対者、すなわち、神が唯一の形のもとに歴史の相対性の内に反映されていることである(217)」。

クリスティアン・デュコック[註95]の意見を引用してみよう。彼もまたイエス・キリストにおける神の顕現の特殊性と絶対化に対して警告しており、次のように言っている。

「神はイエスにおいて自分を啓示することによって、特殊的な出来事を絶対化しなかった……逆に……いかなる特殊な出来事も絶対的なものではない……しかし、この相対性のゆえに、神は真の歴史のなかで出会われる……キリスト教の基本的な特殊性は、したがって相違が持続することをゆるし、あたかもイエスにおける神の顕現が『宗教的』な歴史に終止符を打ったかのように、相違が破棄されないことを求めたい[218]」。

(3) 聖霊の普遍的な現存

このようにキリストの出来事の歴史的な特殊性は、キリストの普遍的な救いの意義に結びついているのではあるが、それはみことば自身の救いの働きに余地を残している。三位一体論的な展望は、みことば自身の継続する行為と同様に、聖霊の普遍的な現存にも目を向けさせることを付け加えなければならない。聖霊論的なキリスト論は、キリストの出来事の前にも後にも、神の霊は普遍的に現存し、働いていることを明らかにしてくれる。キリストの出来事のこの両側面は世界に現存する霊の働きから生じている。そして、霊の働きを生じさせるもとにもなる。この二つのあいだには、救いの全歴史をとおして霊が「キリストの霊」と適切に呼ばれるがゆえに「互いに影響し合う関係性」がある[219]。神の救いの計画は唯一である。キリストの出来事はその頂点であるとともに普遍的な秘跡でもある。しかし、救う神は三位である。この三位は個別的な独自性において区別され、それぞれの働きは区別された形で歴史的に顕現している。二世紀にエイレナイオスが「御父（神）は、御子（みことば）と聖霊という『二本の腕』を用いて森羅万象を救う」と書いているとおりである（『異端駁論』IV. 7. 4）。

最近の教会の教えでは、聖霊の働きの現存の普遍性が強調されている。キリストの出来事の後、世における霊の交流とその働きの現存は、イエス・キリストの栄光化された人間性を介してのみ継続されるのであろうか。あるいは、逆に、その人間性という限界を超えていくのであろうかが問われる。言い換えれば、「神の霊」は、「キリストの霊」となることによって、復活したキリストとの交流なしにはもはや存在することができないし、働くことはなくなるのであろうか。このような状態のなかでは、神の霊のわざは、復活したキリストの働きによって束縛され、制限されるという意味になるのであろうか。

新約聖書、特にパウロの書簡のなかでは、霊は「神の霊」または「キリストの霊」のいずれかで呼ばれている。「キリストの霊」（ロマ８・９）の表現は、復活したキリストによる霊の交流について言及しているように見える。この霊は、ヨハネ福音書のなかで、イエスが弟子たちにした約束（ヨハ15・26、16・５―15）と聖霊降臨の実現（使２・１―４）に呼応している。

同様に、霊の働きは、人間と主とのあいだに密接な絆を制定することにあり、それによって人はキリストの内に一体化されると理解されている。「キリストの霊を持たないものはキリストのものではない」（ロマ８・９）。この意味で、霊は、神がキリストをとおして人間のいのちに入るための「接点」であり、その働きは、独り子の復活した人間性をとおして、人間を御父の子どもにすることにある。

しかしながら、霊はしばしば「神の霊」と呼ばれるのもたしかである。「神の霊はあなたがたのなかに住む」（ロマ８・９）。「イエスを死者のうちから復活させた方の霊が、あなたがたのなかに宿っているなら、キリストを死者のうちから復活させた方は、あなたがたのなかにおられるその霊によって、死ぬべきからだをも生かしてくださる」（同８・11）。「神の霊によって導かれる人は誰でもみな、神の子である」（同８・14、一コリ２・11、２・14、３・16、６・１、12・２、二コリ３・３など）。交流する霊は基本的に「神の霊」である。もし、人が歴史における神の顕現から神の秘義である三位一体の神の交わりに至るならば、霊はみことばあるいは独り子をとおして、私たちに「原理なき原理」である御父から最初に「発出する」方として示される。上に引用した聖書のテクストに沿ってみると、聖霊の救いの働きは、復活したイエスの人間性を介して起こる出来事を超えて、キリストの出来事の後もつづくのではないか。それはちょうど、受肉の歴史的な出来事の前に、霊の救いの働きが、イエスの人間性なしに行われていたのと同様にである。

エイレナイオスによって表現された御父の二本の腕の比喩は、聖霊に固有な働きが、個別の人格的な主体によることを明らかにするのを助ける。この比喩の下敷きになっているのは、おそらく、二本の腕で単一の作品を作り出す陶工のイメージ（イザ64・6―7）であるだろう。御父は二本の腕を用いて救いの経綸[註96]（オイコノミア、救いの営み）を実現するのである。御父の二本の腕、つまりみことば（御子）と聖霊――ここで付け加えよう――それは一対の手である。この一対の腕は結び合わされ、切り離すことはできないが、両腕は互いに補い合う個別の働きを持っている。それぞれの腕には各々の働きがあり、それは互いに異なる存在で、神の救いの効果を作り出す二つの異なる働きの共同もしくは「相乗効果」である。それぞれが他方の単なる「機能」を表わすものに限定されることはできず、かえって救いの唯一の計画を達成するために、この二つの作業は一つに集中される。神は両方の御自分の腕で働かれる。この比喩は、復活したキリストを介しての霊の交流は、キリストの出来事の後の霊の働きを必ずしもすべて尽くしているのではないことをよく理解させてくれる。

東方正教会の伝統は、聖霊を単なるキリストの「機能」に限定する「キリスト一元主義」[註97]（Christmonism）として西洋の伝統を批判してきたことはよく知られているところである。イヴ・コンガールはこの批判を多少大げさなものとしてはいるが、しかし彼は、この批判がまったく根拠のないものではないことを認め、この批判が西洋の神学に不充分なその聖霊論を見直す機会を提供しているとみなしている。[220] 霊による「自律的」（autonomous）な救いの計画はみことばの救いの計画から切り離して解釈されることはあり得ない。また、霊は復活したキリストの一つの「機能」、いわば「代理者」（vicar）に引き下げられることはない。こうして霊の位格のもつ救いの働きの十全性が失われることはない。パヴェル・エヴドキーモフ[註98]は霊の働きとみことばの働きを区別し、御父から派遣された霊の「使命」の位格的な特徴を適切に強調し、次のように書く。

「みことばと霊は、エイレナイオスの表現にあるように、『神の二本の腕』であるが、御父を顕現させるこの二つの働きは切り離すことはできない。しかし、言葉では説明し尽くせない区別を持っている。霊は独り子への従属的関係にあるのでもなく、みことばの単なる一つの機能などでもない。彼は第二の弁護者である。独り子と霊の二つの救いの計画には相互性があり、互いに奉仕し合う。しかし、聖霊降臨は単なる受肉の結果あるいは継続ではない。聖霊降臨は、そのもので十全な価値があり、『それは御父の第二のわざを代表する』。御父は独り子を遣わし、いまや聖霊をも遣わす。キリストがその使命を完了して御父の元に帰り、その結果として聖霊自身が人間の内に降りて来る」(221)。

ウラディミール・ロースキー[註99]は実に、御父と独り子からの霊の「発出」の概念ゆえにラテン的な神学の伝統を批判し、この発出の論理によって、神の内的な秘義における霊の位格的な独自性と救いの神的計画における霊の働きの力を弱めてしまったと考えており、次のように述べている。

「二者間の結びつきを単なる機能にまで減少させ、霊の存在そのものが真正な相互浸透（perichoresis）を損なうまでに一方的に独り子に従属させられることによって、霊はその三位一体の位格的な自律も含めて、救いの計画における霊の働きの位格的な十全性を失う。その結果、この霊の働きは、教会や人間と同じ水準となり、みことばの救いの計画への奉仕の位置におかれ、単なる手段として見なされることになるだろう[222]」。

三位一体の神の内での「発出」の「順序」がどうであれ、神の内的な秘義の内での聖霊の独り子への従属は、受け容れられるものではない。神の救いの計画において、聖霊の救いの働きを弱めるというラテン的な神学の伝統における危機というものは机上の理論としてではなく、重大なこととして受け留めなければならない。実に、聖霊をキリストの一つの「機能」として不当に弱めようとする説は多くある。その一つには、単純に、聖霊を復活したキリストと同一視する。この主張は、パウロの「主は霊である[223]」（二コリ8・17）という記述を誤って理解したことから出てくる。もう一つは、より慎重で微妙な、しかし多分同様に満足できないのものではあるが、聖霊による救いといのちを吹き込む働きは、まさに復活した主によって生じた霊の交流にあるという立場であろう。

第二ヴァティカン公会議が明らかにしているように（*ad gentes*, 4項）、そして最近の教会の教えが強調するように（特に回勅『聖霊――いのちの与え主』53項）、聖霊はキリストの栄光化よりも以前にすでに存在しており、働いていた。つまり、聖霊はイエス・キリストの出来事以前に、創造の初めから歴史をとおして働いていた。「これは受肉において働き、イエスの生と死と復活のなかで働いた霊と同じ霊であり、この聖霊は今日でも教会のなかで働いていると理解される。したがって聖霊はキリストの代替ではなく、まして時としてキリストとロゴスとのあいだに存在するとされる空隙を埋める存在などでもない。聖霊が人間の心に、人間の歴史に、文化に、諸宗教に何をもたらそうとも、それは福音への準備であり、キリストとの関係性においてのみ神の秘義を理解することができる」（『救い主の使命』29項）。にもかかわらず、キリストの出来事以前に聖霊は世界のなかで、歴史のなかで、復活したキリストの人間性を介して交流することなく――キリストはまだ存在していなかったから――働いていたのに反して、キリストの出来事以降の聖霊の働きは、復活したキリストとの交流が、あまりにも強くなり、聖霊の働きが制限されることになったのであるが、その理由は明らかではない。歴史的な出来事の前であれ後であれ、聖霊のほとばしりは、神的な救いの計画が歴史をとおしてその頂点に達する、この出来事に常に関係があることを心に留めなければならない。この意味で、受肉以前の聖霊の賜物は、キリスト論的な出来事を「予見して」与えられることができるのであり、またそう言わなければならない。

しかし、このことは、イエス・キリストの出来事の後では、この出来事と関係があるにしても、聖霊自身のいかなるわざも考えられない、と言うことはゆるされない。――同じ仕方で、以前なされた説明にもとづけば、みことば自身の働きについても肯定することが可能となる。二つの異なった救いの計画があるわけではない。しかし、神の「両腕」は、その働きにおいて各々が位格的な独自性を持っている。みことばは「すべての人を照らす光」である（ヨハ１・９）、霊について言えば、霊は「おもいのままに吹く」（同３・８）。

ただ一つの神の救いの計画のなかで、イエス・キリストの出来事は中心的な地位を占めていることを常に心に留める必要がある。この出来事は――何度もすでに繰り返し述べたが――人間に対する神の関わりの頂点を表わし、それは神と人間とのあいだの親密な関係のすべての過程についての解釈の鍵を握る。これこそが、諸宗教に関する現在の議論において提案された異なるパラダイム転換の説明のなかで「ロゴス中心主義」や「聖霊中心主義」という新しいパラダイムが明確に拒否された理由である。しかし、キリストの出来事と平行する異なった救いの計画があることを肯定することは、神によって人間のために意図された救いの唯一の計画のなかに、切り離すことのできない相互補足的な側面を区別することとはまた別のことである。

2 「かけがえのない仲介」（唯一の仲介）および「諸仲介」

⑴共通のゴールに到る多様な道

「数多くの川は同じ一つの海に注ぎ込む」。――これに似た表現は、宗教的多元主義神学の標語としてしばしば採り上げられてきた。多くの川が同じ海に注がれるように、異なる多くの宗教も同じ神的な秘義に注がれる。たとえ、道は異なっていたとしても最終的な目的はあらゆる宗教にとって共通のものとなっている。ジョン・ヒックによって提起された「神中心」のパラダイムの後に「実在中心」の立場を強調する多元主義的なモデルが登場したが、その立場は冒頭の標語に合致している。最近になって、マーク・ハイム〔註100〕によるヒックに対する理論として「適応の多元主義」（pluralism of orientation）が提案されている。(224) ハイムによると、もし多元主義が真正ならば、さまざまな宗教の目的の真の多様性は、各々の持つ伝統の客観的な特徴にあることを認めなければならないとしている。ハイムが見ているように、宗教の目的の多様性を認めることは、キリスト教的な伝統とは決して矛盾しない。もし、従来のキリスト教の伝統とは相容れない、この主張にもとづく議論に深入りしたくないならば、「共通の目的へと向かう数多くの道」という表現は、歴史的で宗教的な文脈のなかで神によって意図された人類のための究極の目的が、イエス・キリストによって御自身を啓示された神との人格的な一致とそのいのちの共有であるというキリスト教の確信のなかで、使われていると言うことで充分である。しかし、多くの宗教的な伝統は、それぞれの相違があるにもかかわらず、共通の目的地へと導く種々異なる道を示す。私たちの課題は、こうした点を明確に示すことである。

キース・ウォード[註101]は、次のように述べる。「重要な意味で多くの信仰は、一つの共通の目的に向かうさまざまな道を提供していると見ることが可能である(225)」。彼はつづけて述べる。受肉、贖いそして三位一体におけるキリスト教に固有な信仰は、異なる仕方や方法で解釈することが可能であり、それはすでにキリスト教の各領域で多様な教義の本質を構成している。他宗教の伝統は、人類の最終的な目的を孕んでいる様態のなかに、さらなる多様性を導入する、と説明する。しかしながら、目的地は共通であり、このことは共通の探究における真の「収斂」について話すことを可能にする(339頁)。神学的な概念の相違は目的の真の共通性を必ずしも妨げない。

伝統的な立場のキリスト教の考察の枠内では、他宗教の伝統のなかに、イエス・キリストの神との一致に導く有効な「道」あるいは「小道」または「チャンネル」があることを認めることに対して、最近でさえも、消極的な姿勢をとることがしばしばつづいている。または、別の方向性で言うのならば——このほうがより適切な観方であるのだが——イエス・キリストの神が、他宗教の信奉者と親密に交流し、神御自身のいのちを共有することを、キリスト者が認めるのには消極的だったと言えそうである。第二ヴァティカン公会議は、他宗教の伝統のなかに含まれている肯定的な価値に目を向けたにもかかわらず、その価値を救いの「道」とあえて呼ぼうとはしなかったからである。しかし、——少なくとも部分的に——諸宗教の伝統のなかに、「ある種の隠れた神の存在として」（*ad gentes* 9項）の「真理と恩恵」の要素を、公会議が認めたということを暗示してはいないであろうか。

公会議後の文書の主要点については、すでに考察が済んでいるので、ここでまた採り上げる必要はないと思う。これらの文書が確認したことには限界がある。他宗教がその信奉者の救いの道を構成していることを言明する最も最近の文書は、すでに引用した『対話と宣言』（一九九一年）からのテクストである。

「具体的に言えば、他の宗教の信奉者たちは、自分たちの宗教的な伝統に含まれている善いことを誠実に実践することや自分たちの良心の声に従うことによって、積極的に神の招きに応え、イエスを自分たちの救い主としてはいまだ承認していなくとも、イエス・キリストにおいて救いを受ける」（29項）。

他の文書では、確かにそれらはあまり権威あるものではないが、他宗教の伝統に対してより広く門戸を開く。神は、他宗教の人びとを御自分に引き寄せながら、彼らのなかに存在し、働かれるとみられる。彼らの多様性そのものが「神は人びとあるいは民族との関係を保つためにさまざまな異なる方法や道を示す」ということへの証しとなっている。一九八九年一二月二八日から三一日にかけて開かれたインド神学協会の第一三回年次総会において、「宗教的多元主義に関するインドのキリスト教神学に向けて(226)」という題で出版された報告書には、次のように書かれている。私たちは、「私たち自身の信仰の展望から」多元主義の問題を扱い（9項）、また、「私たちを取り巻くすばらしい宗教の多様性による現状の目的と意味、さらには救いの達成のために各々の持つ役割と機能について理解する」（8項）。そして以下につづく文章は重要な記述となっている。

「世界の諸宗教は、神へと開かれた人間の表現である。これらは世界のなかの神の存在のしるしである。個々の宗教は唯一でその唯一性をとおして互いを豊かにする。この唯一性のなかにあって、諸宗教は決して尽くされることのない超越の秘義の異なる側面としての相貌を現わす。この多様性のなかにあって諸宗教は、さらにより深い唯一者の豊かさを経験することを可能にする。諸宗教が対話によって互いに出会うとき、諸宗教は相違が互いを補い合う共同体を築き上げ、この多岐にわたる道は霊的な交わりへの先導者へと変容する」（32項）。

同様の証言は、インド・カトリック司教協議会の対話と教会一致委員会によって一九八九年に出版された『宗教同士の対話に関する指針』（Guidelines on Interreligious Dialogue）にも見い出せる。次のとおりである。

「宗教の多様性は創造そのものの豊かさや神の豊かな恩恵の結実である。すべてが同じ源から発せられるにしても、人びとは宇宙や神的秘義の認識をさまざまな方法において捉え、それを明確に表明してきた。そして神は、御自分の子供たちの歴史的な出来事のなかに長期間にわたって確かに存在していた。この多元主義は、いかなる点から見ても決して嘆かわしいことではなく、むしろ神的な賜物として認められる[227]」（25項）。

これに先立つ二年前の一九八七年に、アジア司教協議会連盟の神学顧問委員会は『諸宗教同士の対話に関する諸考察』として一つの文書を出版した。そのなかで、神の救いの計画において他宗教が果たす役割の肯定的な評価が明確に表明された。以下がその一部である。

「他宗教に関する経験は、アジアの教会に神の救いの計画における他宗教の役割を肯定的に評価するよう促した。この評価は、他宗教の信奉者の生活のなかに見られる聖霊の実りにその基盤を置く。すなわち、人間の弱さや罪にもかかわらず、聖なる者への感覚、十全さを追求する全身全霊の努力、自己実現への渇き、祈りとそれへの絶えざる努力、自己否定への願望、正義のための戦い、人間の基本的善への主張、奉仕への自己奉献、神への全面的自己放棄、諸宗教の持つ象徴、典礼、生活そのものにおける超越者への一致などである。肯定的な評価は、さらに人間に対する神の救いの計画は一つであり、その計画はすべての人におよぶという信仰の確信に根差す[228]。それは、神がイエス・キリストにおいて御自分とあらゆるものとの和解を求めている姿としての神の国である」（2, 2–3）。

これらの証言と比較する価値のあるものとして『キリスト教と世界の諸宗教』（Christianity and the World Religions）という題で刊行された国際神学者委員会の最近の文書では、他宗教のなかに、ある種の「救いの働き」を認めることに極端な警戒や明らかな抵抗が表明されている。最近の教会の教えのなかで肯定されているように、諸宗教のなかに聖霊の存在を認める一方で、これに関連する箇所では、積極的な結論を引き出すことには非常に消極的である。

「諸宗教のなかにキリストの霊の存在を明確に認めた以上、諸宗教がある種の救いの機能を行使する可能性、すなわち、その曖昧さにもかかわらず、諸宗教は人びとが最終的な目的を達成するのを助けるという『可能性を排除することはできない』。諸宗教においては、人間と絶対者、その超越的な次元における関係をテーマとしている。聖霊が、個々人として呼ばれた人の心のなかで働くことに、救いの価値があるのだが、聖霊が諸宗教や文化のなかで働くことに救いの価値があるとは『考えにくいようである』。最近の教会の文書でもこのような抜本的な対比を認めているとは思われない」（84項）。

「したがって諸宗教はその信奉者の救いを助ける手段であると考えられる。しかし、それは、教会がキリスト者とキリスト者でない人の救いを実現するために備えている機能と比較することはできない[229]」（86項）。

次の章で、私たちは、他宗教伝統の信奉者と他宗教そのものに対する教会の役割について考察する。ここでしばらくのあいだ、最後に引用した文章とアジアからの文章を比較して、私たちにとって衝撃的である点に目を向けて見よう。アジアの人びとの視点は、神の人間に対する計画のなかで占める意味と価値に関して、他宗教の信奉者と、日々広く接し相互経験を持っている人びとの証言である。他方、教条的で先験的な教会の中央部からの文書は、このアジアの人の視点に比べると、偏狭な評価を下していると見られている。中央の教導的な権威と結ばれていることの文書は、他の人びとにとっては生きた経験であるところのものを、理論的に認めるのが難しい。

しかし、なお、ここで諸宗教がいかにその信奉者の救いの仲介をするのかを説明しておかなければならない。別の言葉で言えば、諸宗教の内で、諸宗教を介して、神はいかに種々異なる方法で、それぞれの諸宗教の信奉者に御自分を伝えるのかを示さなければならない。より厳密に表現すれば、一体いかなる意味でこれらの伝統は救いの「道」となるのであろうか。諸宗教の伝統を（一義的にあるいは類比的に）救いのための「道」と呼ぶことを正当化するべく動く際には、いかなる因果律が働いているのであろうか。

(2) 救いの参与的な諸仲介

キリスト論に関する三位一体論的なモデルは、種々の考察に結びつく礎石を置いてくれる。これらの異なる考察は互いに密接に関係していると同時に、明確に区別することが可能である。恩恵または神の救いは「キリスト論的な側面と聖霊論的な側面の両方を三位一体論的なモデルのなかに含めている」（『聖霊――いのちの与え主』53項）。これはイエス・キリストの出来事の前か後かにかかわらず、いかなる歴史的状況や環境においても真なることである。一人の最近の著者はこれについて次のように書いている。

「被造物に対する神の存在の普遍性と、被造物のための神による和解と救いの愛の普遍性についての理解は、キリスト教神学にとって、御父と御子と聖霊の三位一体の神として、キリストの出来事の特殊性のなかでの神の自己開示から独立してあるものではない、ということを強調しなければならない。宗教に関するキリスト教神学は、もしキリストにおいて開示された神の普遍性の上に諸宗教に対する理解を置かず、『宗教的で先見的な概念』[230]として想定された普遍的で人類学的な定義の上にその基を置こうとするなら、宗教に関するキリスト教神学はその主体性を失うことになる」。

神の救いの働きは、常に統一された企図のなかで行われるが、それは一つであって、しかも多様な顔を持つ。歴史において救いの働きが最も偉大な時を迎えるキリストの出来事から、この神の救いの働きを切り離して考えることはできない。そうは言っても、神のみことばの働きは、イエス・キリストの人間性を介してのみ表現されることに限定されない。さらに歴史における聖霊の働きは、復活し栄光化されたキリストから注がれる霊に限定されない。神の救いの恩恵は、種々さまざまであるが一つに結び合わされ、さまざまに異なる方法で人類にもたらされる。

死と復活の過越の秘義において、その頂点に達するイエス・キリストの歴史的な出来事が、普遍的な救いの意義を持っていることについては、これ以上説明する必要はないと思う。さらに説明が必要なのは、イエス・キリストの救いの力がいかにして他宗教の信奉者に届くのか、ということである。このことは、時間と空間の制限を取り除かれ、イエスの死と栄光化によって超歴史的な存在となったイエスの人間性の見えない働きよってのみ行われるのであろうか。あるいは、イエス・キリストにおける神の救いの働きは、他宗教自体の持つ伝統のある種の「仲介」によって、その宗教の信奉者に届くのであろうか。後者の場合、キリストの救いの力の何らかの「チャンネル」があるのであろうか――あるとすればそれはいかなる意味においてなのであろうか。キリストの救いの力が他宗教の信奉者に至るとするならば、そのキリストの救いの力に他宗教の伝統は、目に見える何かおよび社会的な特長を与えるのであろうか。それは不完全であったとしても、キリストの救いの働きのしるしなのであろうか。

他宗教の伝統が真に何であるかを知るためには、人類の歴史的および社会的な特徴を強調することが、きわめて重要で決定的なことである。個々人の宗教生活とそれを具体的に生きる信仰共同体を分離して考える「成就の理論」に対立して、「キリストの秘義の存在の神学」は、このように明確な分離は神学的に不可能であることを示す。

人間は基本的に歴史的な存在である。このことは、二つのことを意味する。第一に、霊を宿している人間は、時間や空間、歴史や世界のなかで表現されている存在であり、人はこの自己表現のなかにのみ存在する。私たちが身体と呼んでいるものが、まさにこの表現である。ここに魂と体との「実体的」な一致というトマス理論の深い意味がある。魂が肉体の「実体的な形相」であるという意味は、魂と身体はあたかも単に偶然に結合し、この二つは独立した分離できる要素からできているのではない、ということである。まったく逆に、人間は霊が受肉されたものである限りにおいてのみ人格である。

現代の実存哲学は、このことを認識し、トマス神学よりも巧みに語っている。ともかく、一般的に人間のいのちについて真実なることは、その人の宗教的ないのちについてもまた真実である。このいのちは純粋に魂の霊的な状態からなっているのではない。それは不可能である。存在するために宗教的ないのちは、宗教的な象徴、典礼、実践の内に表現されなければならない。このような、象徴、典礼、実践は、人間の本質的複合的本性に鑑み、人間の心の渇望の表現と助けとして機能する限り、宗教的ないのちそのものの存在のために必要欠くべからざるものである。宗教的な実践なしに宗教的ないのちはあり得ない。この意味において宗教のないところに信仰はあり得ない。

ここで提案されている人類学的な原則というのは、第二として、人間は隔離された孤立的な「個体」ではなく、人間社会に住む人格であることである。どのような人間にも他の人間との人格的なあいだがらの関係によって人格となる。一方で、人は他者と人格的なあいだがらの関係性を持つために、人格として存在していなければならない。

他方、人はこのような関係性をとおして人格となり、成長してゆく。これが、人格主義哲学が明確化させたことである。人間の宗教的ないのちについても同じことが言える。宗教的な人間は、切り離された個々人ではなく、特定の宗教的な伝統を持つ宗教共同体のメンバーとして存在する。人は各々の宗教共同体の宗教的生活を共有し、歴史的な宗教伝統のなかに身を置き、そこで宗教の社会的な主張、教義と教え、道徳、典礼の実践などに参加することによって成長し、変えられてゆく。

これらすべてが真実であり、もし他宗教の信奉者が神の真正な経験をするならば、その宗教の慣習や社会的実践のなかに、これら他宗教の伝統は人間と恩恵との出会いの痕跡、すなわち、「恩恵の超自然的な影響による構成要素」[231]を持つという、避けてはとおれない結論に至る。人間の主観的な宗教生活と彼らが信奉する宗教のあいだに、そして個人としての宗教経験と歴史的で社会的な宗教現象のあいだに、すなわち、聖なる書物や礼拝の実践を構成している宗教伝統のあいだに、二分法を設定することはできない。さらに、これらの宗教伝統に属する人びとは、主観的な宗教生活の真摯な生き方をとおして救いを得ることはできても、その宗教そのものは彼らにとって救いの価値を持たないと言うこともできない。

明らかにこのような否定的な判断の上に立てられた、対立的な二分法は極めて不適切である。主観的な宗教と客観的な宗教を区別しなければならないが、切り離すことはできない。人類の宗教的な伝統は、その宗教を制定した人、もしくはグループの宗教経験から生まれる。彼らの聖なる書物は、「真理」と具体的な宗教経験の記憶の蓄積である。逆に、彼らの実践はこのような経験の法典化から引き出される。このことからしても、さまざまな宗教の伝統に属する個々人は救いを得ることができるが、宗教そのものはその救いの過程において何の役割も果たさないというのは不適切であり、神学的にも非現実的である。純粋に自然的で具体的な宗教的生活が存在しないのと同様に、純粋に自然的で歴史的な宗教もまた存在しない。

種々の宗教的な伝統が、その信奉者にとって救いの秘義の仲介の機能を果たすことを示すために、私たちはキリストの秘義そのものを出発点とし、そこから人類に向かうキリストの現存について考察をつづける。キリストにおいて神は人間との人格的な関係性に入った。つまり、人間にとって存在するものとなった。キリスト者であろうと、他宗教の信奉者であろうと、真正な神経験は、イエス・キリストにおける神が人間との出会うことと結びついている。人間とともにいる神の存在は、他の人格的な現存と同様に、企図された秩序のなかに「ともにある」こと、「汝」と「我」とのあいだの人格的な関わりの深まりにおいて人間とつながりを持つ神として位置づけられる。信仰あるいは救いの秩序は、厳密に言って、人間と神とのこの人格的交流のなかにあり、具体的な実現はイエス・キリストにおいて行われる交わりであり、その効力あるしるしはイエスの人間性に存する。

しかし、神はいかなる有限なものをも超えた無限な存在（Person）であり、神の超越性は人類に対する人格的で神的な現存の本性を深く際立たせる。無限なる者は有限なる者から無限に距離があるがゆえに、人間に対する神の人格的な現存は——ましてや罪深い人間に対して——ただひたすら無償で与えられる。人間に対する神の関わりの主導性は、神聖なる者（the Divine）の側から来る。神によって実現する、人間に対する寛容はキリストの秘義の中心に位置する。キリスト教において、イエス・キリストにおける人類への神の人格的な現存は、イエス・キリストにおいて啓示された言葉とイエス・キリストに基を置く秘跡をとおして最も高く最も完全な目に見える秘跡（しるし）となった。しかしながら、キリストの秘義のこの完全な仲介は、秘跡としての教会のメンバーであり、教会からその言葉と秘跡を受けているキリスト者のみに届く。

それでは、他宗教は何らかの仕方でキリストにおける人類への神の現存を包含し、それを表わすことはできるのだろうか。神は、まさに他宗教の実践において、その信奉者のなかに存在するようになるのだろうか。答えは「然り」でなければならない。彼らの宗教的な実践は、実に神とキリストの秘義の経験に表現を与える。この実践はこの経験の目に見える要素であり、しるしであり、秘跡である。この実践は、言うなればイエス・キリストにおける神との出会いを表現し、是認し、支持し、それを含んでいる。したがって、他の人びとの宗教伝統は、彼らにとって、この特定の意味において、救いの道であり手段である。この結論を拒否することは、個人的で主観的な宗教生活と客観的な宗教伝統――言葉、典礼、秘跡からなっている――のあいだに不必要な分離線を誤って引くことになる。客観的な伝統のなかに宗教的な生活はその宗教の表現を見い出す。この主観と客観の分離は、前述したように、神学的には不可能である。

歴史的な宗教がそのメンバーに対してキリストの秘義の現存の仲介として機能することが、正確にいかなる意味においてなのかを明確に決定することは難しい。しかし、私たちは秘義の秘跡的な現存の種々異なる形態を区別しなければならない。キリストの秘義の仲介は、さまざまな道や方法でなされる。しかし、神の恩恵は確かに一つであるが、それは目に見える形ではさまざまなものとして互いに関連づけられており、それぞれの程度だけではなく、本質においても異なる方法で仲介される。つまり、他宗教の宗教的な実践や秘跡的な典礼はキリスト教の秘跡がイエス・キリストをとおして生まれてくるような同じレヴェルのものではないことを意味する(232)。しかし、それはまた恩恵のある種の仲介を彼らに帰することをも意味する。キリストにおける救いの秘義は唯一である。しかし、この秘義はキリスト教の境界を超えてキリスト教の外にいる人びとにも現存する。終末的な共同体としての教会のなかに、この秘義は完全な仲介の、完全に目に見える形のうちに、これらの人びとに存在する。他宗教の伝統において、この秘義は不完全な形であるとはいえ、隠された仕方で、暗示的に現存している。しかし、この伝統によってなされる仲介は現実性において劣るものではない。救いの秘義の仲介のさまざまな様相のあいだにある相違と同様、神学的な不明瞭さがあるかもしれないが、この相違は明白に認識される必要がある。この点に関して約一一年前に、『世界の諸宗教と出会うイエス・キリスト』のなかで筆者は次のように書いたことがある。

「心の奥底で神の語られる言葉を聞き、それを他の人びとに伝える聖者の仲介によって、人間に語られる神の言葉を受け取ることは一つの動きであり、啓示の完全性である受肉した神の独り子の内において、神が語られる決定的なみことばを聴くことはまた別の動きである……。

何世紀ものあいだ、彼らを支え、神への献身と人びとの信仰の応答へと、目に見える形を与えてきた象徴や典礼的な実践をとおして、キリストの秘義との交わりに入ることは、一つの動きであり、イエス・キリストによって造られ、彼によって教会に託された象徴としての行為、すなわち、完全な秘跡性のなかに表明される秘義と出会うこととはまた別の動きである。

最後に、神の独り子において、神によって私たちに示された、無限の自己卑下をはっきりと自覚せずに、隠された方法で神の独り子を介して私たちのもとに来られた神の誠意と真正な知識なしには、無意識のうちにキリストの秘義の経験を持ち、それを生きることは一つの動きであり、人間としてのイエスの謙虚な姿勢、人間的生活、彼の死と復活、これらの人間性のなかに私たちと同じ条件で存在する者となったことを充分に熟知し、神が私たちと同じレヴェルで私たちに出会うために来られたことを知り、このキリストの秘義を認めることとは、また別の動きである。

キリスト教以外のところでは、神はキリストにおいて人間と出会うが、しかしそこでは神の人間としての顔は知られざるままに留まる。キリスト教においては、神は男女を問わず、人間イエスの人間としての顔を介して人間と出会う。イエスは御父のまさに似姿そのものを私たちに示す。各々の宗教は神の側からの人間へのアプローチを含み、キリスト教においては、神による人間に向けての歩みが完全に人間的なものになった[233]」。

しかし、キリストの出来事は、みことばの豊かさのすべてを含むものではあるが、イエス・キリストにおいて肉となった神のみことばの力をすべて尽くしているわけではない、ということを想い出さなければならない。みことばの輝きと救いの力は普遍的であり、あらゆる時代のあらゆる人間に至る。みことばの無比の輝く光の力は、肉において自分を顕現せしめるよりも以前においても、あるいは以降においても、全歴史をとおして人間の救いに貢献する。受肉以前にも働いていたように、神のみことばは現在においても人びとと他宗教の伝統のなかで自分の種子を蒔きつづけている。神の真理と恩恵は、みことばの働きをとおして人びとと他宗教のなかに存在する。同様の洞察が、みことばの受肉以前と以降とを問わず、聖霊の普遍的な存在に関しても見い出されなければならない。聖霊の存在と働きは、「個々人ばかりではなく、社会、歴史、民族、文化、宗教にも影響を与える」(『救い主の使命』28項)。「真理と恩恵」の要素は神のみことばと神の聖霊の協働とによって人間の文化や宗教のなかに存在する。こうして、再び、私たちは次の点を認識するに至る。他宗教における救いの機能は、その宗教の信奉者に神の恩恵と救いを伝え、また神の恵みに満ちた無償の自己譲渡への彼らの積極的な応答の表現を伝えることにある。みことばと聖霊――神の二本の腕(エイレナイオスによる表現)――は、その普遍的なわざを介して人びとの宗教的な生活に「真理と恩恵」を与え、人びとの属する宗教的な伝統に「救いの価値」を刻み込むためにともに働く。これらの宗教的な伝統のなかにある「救いの価値」は神学的に識別することは可能なのであろうか、その識別の基準は何なのであろうか。

(3)救いの価値の識別

この識別についてキリスト教の固有の基準は、ハンス・キュンクによれば、『第三の千年期の神学』のなかで、「他宗教の理論と実践のなかにイエス・キリストの霊を認めることを可能にする限り、その宗教は真であり善であるとする」[234]と述べられている。これは他宗教のなかに「キリスト教的な精神」が見い出されるかどうか、またそれはどの程度までなのか、を問うことである。「キリスト者にとってイエス・キリストは決定的な基準となる要素である」（キュンク、前掲書、251頁）。人はここで同時に、パウロが示した（ガラ5・16－24）聖霊の実りについて考えるであろう。聖霊の実りは、キリスト教あるいはキリスト教的な伝統だけの独占物ではない。聖霊の実りとは、一言で言えば、愛（アガペー）のことである。なぜなら、「神の中心的な啓示、それはイエス・キリストにおいて示されたアガペー」[235]（ペギー・スターキー「アガペー」）だからである。

しかしここで、個々人の主観的な信仰への忠実と、その個々人が属し、そこから宗教的ないのちと霊感を得る客観的で歴史的な伝統とのあいだには区別がなされなければならない。キリスト教神学者たちは、キリスト教の啓示が、愛の法と呼ぶものに常に留まる人は誰でも、神がその人の心の内奥で語るのを聞き、その呼びかけに信仰と献身で応えることに同意するであろう。「愛があるところに、神はおられる」。新約聖書では、アガペーは二つの次元を備えているとされるが、神の愛は隣人愛をとおして現わされ、アガペーが一つであることを明らかにする（一ヨハ4・20）。最近の神学は、この仲介を「隣人の秘跡」という言葉で表現する。新約聖書はまた、アガペーの愛する力は私たちの心に注がれる聖霊の賜物であると強調している（ロマ5・5）。アガペーは、神が最初に我々を愛してくださったその愛の溢れである。だからこそ、愛の実践は、人が神の言葉に耳を傾け、その声に心を開いている、と認めるための確かな基準となる。アガペーの実践は、神の自己開示と啓示への応答として人間のなかに現存し、働かれる救いの現実である。

しかし、アガペーの絶えざる実践とそれにつづく個人の救いの秘義が、その人の属する宗教的な伝統によって、どの程度まで霊を注がれたかを確認することはより難しいことである。また救いによる愛が、神の啓示として他宗教伝統の聖なる書物のなかで、どの程度まで、またどれだけ明確に教えとして課されているかを評価するのは容易ではない。これら他宗教の聖なる書物は、新約聖書のなかで明示されているキリスト教の愛の教えと等しい教えを提示しているのだろうか。これらの聖なる書物に忠実である人びとの生活のなかに現存しつつ働かれる個人的な救いの秘義は、その書物に含まれている愛の神的啓示に対してどこまで呼応するものなのであろうか。

福音の基準に従うと、隣人愛が救いによる愛になるためには、いかなる条件を満たさなければならないのか。第一には、公平無私、無条件の愛であることである。この態度は、少なくとも主題になりえない（at least non thematic）「他者」の人格的な価値をそのまま認めることである。この価値は、超越的な絶対者にいかなる名が与えられようとも、この絶対者によって与えられていること、そしてこれを与えたこの絶対者を暗黙裡に認めることが含まれる。福音はさらに、愛は普遍的なものであることを要求する。イエスは福音のラディカリズムと呼ばれていたことについて確信を持っている。神の愛と隣人愛は共にある（マタ22・34―40、ルカ10・25―28）。人びとはこの後者の愛、すなわち、隣人愛によって裁かれる（マタ25・31―46）、愛は隣人や友人ばかりでなく敵をも愛さなければならない（同5・43―48）。愛は普遍的である。なぜなら「天におられる父が完全であるように、あなたがたも完全でありなさい」（同5・48）という呼びかけがあるからである。

他宗教伝統の聖なる書物は、福音のメッセージに含まれている愛の根本的な要求といかなる関係にあるのか。これらの他宗教の書物は、その信奉者のなかにあって、救済するアガペーへの献身を鼓舞し保持する神の啓示として、キリスト教の観点から認めることができるような、外に向かう愛への動機と招きを与えることができるのだろうか。これに関する論文として、ペギー・スターキー[註102]は、他宗教の伝統のなかにあって、神の啓示がその宗教の信奉者に愛の実践をするよう招いている証拠があることを示す。彼女のこの調査をここでいくつか紹介する。はじめに一神教であるユダヤ教とイスラム教について、ついでアジアの伝統に見るヒンドゥー教、仏教、儒教について見てみよう。

隣人愛の教えは、ユダヤ教の書物のなかに明確に書かれている。それは神の民に対する神御自身の契約の愛と忠実さが基盤となっている。それは神の愛としてのアガペーが人間関係へと広げられてゆく。この愛は、しかしながら普遍的なものなのだろうか。福音の伝統によれば、イエスは確固たる態度で臨む。「あなたがたは、隣人を愛し敵を憎めと教えられた。しかし私は言う、敵をも愛せよ」（マタ５・43―44）。聖書学者たちは、この旧い掟の第二の部分は、律法のなかにはこのような唐突な形では記されていないと言っている。

このイエスに帰される唐突な表現は、白か黒かでその中間が存在しないアラマイ語に由来している、と研究者は言っている。したがって、同等の意味は、敵を愛するという義務は少ないとでもいうことになるのだろうか。スターキーは、「隣人愛の掟が、タナク［監修者註―モーセ五書・預言書・諸書を総称して「タナク」と呼ぶ］やタルムード［監修者註―Talmudとは、口伝の律法をまとめた六部六三編から成る文書である。ユダヤ教徒の信仰の土台としてラビたちが大事に受け継いできた］にとっては核心である」（レビ19・17―18）とみている。しかし彼女はつづけて言っている。「太古から、ラビのあいだにあった問いかけは掟の核心についての問題ではなく、隣人という言葉の問題であった」（437頁）。しかしながら、彼女は「今日、隣人の思想は多くのユダヤ人著者によって普遍化されている」（スターキー、前掲論文、439頁）と述べ、次のように要約する。

「キリスト者は、ユダヤ人の正典と伝統を研究すれば、ユダヤ人が共感、愛、愛にもとづく配慮、互いの尊敬、あらゆる物事に対する正義の実践に招かれていることがわかる。アガペーの基準に沿っているかぎりにおいて、ユダヤ教は真理を備えている」（同441頁）。

愛についてのクルアーンのメッセージは、ユダヤ教正典のメッセージにさまざまな意味で似ている。それは神による人間に対する慈愛と共感とに基づいている。ある種の普遍性もまた愛の教えを特徴づけている。それは少なくともあらゆるイスラム教徒に広げられる。ある伝統的な解釈によれば、さらにあらゆる人にまで拡大されると言われている（同441—446頁）。

逆説的に、愛の普遍性については、アジアの伝統、ヒンドゥー教、仏教、儒教において、キリスト教以外の右記の二つの偉大な一神教よりも、もっと明確に形作られている。ヒンドゥー教について、スターキーは次のように述べている。「ヒンドゥー教の正典は、共感、正義、尊重、寛大、正直、すべてに対しての無私な姿勢をアガペーの行為として挙げている」（同451頁）。同様に、仏教についても、「仏教徒は慈愛（metta）を持って友人や隣人に接するばかりではなく、敵に対しても慈愛にもとづく親切さで接しなければならない」（同454頁）。そして、エドウィン・アーサー・バート(236)[註103]を引用し、愛は「生きているあらゆる被造物に対する無限の自己贈与的な共感である」（同455頁）と述べている。最後に、儒教に関する見解を検討してから、スターキーは次のように結論づける。「儒教の伝統を調べてみると、愛（jen）とは人間関係のなかで普遍的で行動的である、とある」（同461頁）。

これらアジアの伝統のなかで、何が普遍的で共感的な愛の基礎となっているのだろうか。それは、人間に対する神の先行する愛がもとになっているのだろうか。神の愛が存在し、それが溢れ、人間関係にまで拡大されると言われるのだろうか。ヒンドゥー教についていえば、スターキーがいみじくも指摘しているように、「愛の行為（アガペー）の根拠は、しばしば西洋的なキリスト教の見方とは異なっている」（同451頁）。ウパニシャッド伝承[註104]のなかでは、この利他の行為は、「ブラフマン—アートマン」（Brahman-Atman）［監修者註—「宇宙的な我」（宇宙我）と「個的な我」（個人我）］の独自性に基礎を置いていると言われる。

対照的にバクティの伝承によれば、この利他の愛は神との人格的な関係性のなかにある人間の人格的な尊厳にその基盤を見い出す、と言われている。仏教のすべての被造物に対する共感については、しばしばキリスト教的な愛と同等のものなのかという問いがある。しかし、利他の愛の態度の神学的な基礎は、右記の二つとは異なることを認めなければならない。それは「自己」と人格的な実在にたいする仏教の不可知論的で中立的な立場を示すことで充分だと思う。同様に儒教についても、仁愛（Jen 人間の心のこもった態度）は、「キリスト教のアガペーの概念に近い」と見るのは正しいかもしれないが、それが必ずしも、アガペーというキリスト者の態度と、神学的な基盤が同じであるという意味ではない。

しかしながら、愛のわざあるいは実践の根底にあるアガペーは、キリスト者の観点からすると、いかに「匿名の内に」もしくは秘密の内にであれ、介入した神についての意識が当人において、いかに不完全であったとしても——神が自己開示と自己顕現において一人ひとりの生に介入したしるしであるということは真実である。それらはまた、たとえそれが自己を啓示する神についての知識がいかに不充分であったとしても、人間の生のなかに介入する神に積極的に応答したというしるしである。人間に対して神の存在を明らかにする神の先導とそれに対する人間の積極的な応答は、この人びとの所属する宗教伝統とその教義がいかに限界を持っていようとも、その伝統が絶対者について教えることと無関係であると考えるべきではない。アガペーにおいて表現される個人的な信仰と献身および所属する信仰共同体の客観的な教義や実践を、断ち切ることは両方を損なう。

それでは結論は何であろうか。アガペーは、確かに、男女を問わず救われる一人ひとりの人間において救いの秘義が働いている証拠である。「神は愛である。愛に留まるものは神に留まる。そして神はその人の内に留まる」（一ヨハ４・16）。しかし、さらなる結論がある。諸宗教の伝統は、それがたとえ不完全な形ではあっても、神の啓示の要素と神の恩恵を含んでいて、神の側からの完全な自己譲渡と自己開示へと開かれている。人間の宗教伝統に秘められている恵みは、その宗教の信奉者を——信仰と愛をとおして——神の恩恵と救いへと開いてゆく。彼らがそれを行うのは、神のはからい（摂理）において彼らが神の完全な自己開示とイエス・キリストにおける決定的な自己譲渡を予期する限りにおいてである。神の独り子が人間となったキリストにおいて、神は解くことのできない強い愛の絆で人間と結びついた。これは、救いのアガペーがキリストにおいてその決定的な神学的基盤を見い出すゆえんである。もし愛が救いに役立つのならば、その根拠は、究極的には神が受肉した独り子において最初に私たちを愛してくれたその愛を私たちのなかに模倣し、再現するからである。

本章をしめくくるにあたって、歴史をとおして神がみことばと神の霊によって人間を探し求めてきた、そしてこれからも捜し求めつづける途上で、同等の道ではないにしても多くの道を示すものとして、諸宗教の伝統とイエス・キリストの秘義のあいだの収斂を指摘することは正しいと思われる。イエス・キリストは「神の救いの統合者」(la figure integrale) と言われている。他宗教の伝統は、「イエス・キリストにおいて卓越した方法で具体化された普遍的な過程の特殊な現実化」(237)を表わす。救いはどこでも実際に行われている。しかし、十字架にかけられた具体的なキリストにおいて救いの働きは完成されたと見られる。イエス・キリストは「唯一の救い主」であるが、しかし、神御自身である神のみことばの唯一の顕現としてではなく(スターキー、前掲論文、261—265頁)、さらにイエス・キリストにおける神の啓示がすでに余すところなく完成したという意味においてでもなく——それはあり得ないことである——しかし、それは具体的で歴史的で限定的な顕現をとおして起こる神の啓示の普遍的なプロセスとの関係においてである。

「受肉の偶発性は、絶対者の顕現の普遍性とともにある。受肉のロゴスは歴史をとおして自己自身を追究しつづける。福音化と対話は受肉のロゴスとの出会いである。歴史の偶発性のなかでの、人間の心の内に蒔かれた普遍的なロゴスとの出会いである。終末においてのみ実現することではあるが、私たちが啓示および受肉と呼ぶものの完成は、この対話の成就においてのみ見い出すことができる」(同280頁)。

諸宗教の伝統のあいだの収斂はキリストにおいてすべてのものが「一つに集められる」（エフェ１・10）こととなる終末においてその最終的な目的は達せられる。この終末論的な収斂は、「永遠の救いの源」（ヘブ５・９）として神の独り子の最終的な「完成」と一致するであろう。その影響は、この最終的な完成までは、「終末を想起させるもの」に服する。神の国が成就した時に、「キリストが父である神に国を引き渡し」、独り子自身は「すべてのものを自らの下に服従させた方」に服従し、神はすべてにおいてすべてとなるであろう（一コリ15・24―28）。

神の国の終末的な完成は、キリスト教とあらゆる宗教との共通の最終的な完成である。この完成に向けてすべての宗教がともに貢献し、すべての宗教は互いの努力、勇気づけ、兄弟姉妹としての糾し合いなどをとおして、神とその国（支配）に向けて回心しつづけなければならない。人間の前途を見通す力は、このような道程の歴史をとおして進みゆく目的地を知らされているわけではない。むしろこの目的地は、未来に向けて働きつづける神の霊に委ねなければならない。

第7章　原註

(190) Ernst Troeltsch, *The Absoluteness of Christianity and the History of Religions* (Richmond: John Knox Press, 1971).

(191) Cf. Reinhold Bernhardt, *Christianity without Absolutes* (London: SCM Press, 1994), 83-85.

(192) Ibid., 113-14.

(193) Karl Rahner, "Christianity's Absolute Claim," in *Theological Investigations* (London: Darton, Longman & Todd, 1961-88), 21:171-84; "Church, Churches, and Religions," in *Theological Investigations*, 10:30-49.

(194) Karl Rahner, *Foundations of Christian Faith: An Introduction to the Idea of Christianity* (London: Darton, Longman & Todd, 1978), 193-96, 204, 298-99, 318-21.

(195) Karol Wojtyla, *Segno di contraddizione* (Milan: Vita e Pensiero, 1977), 22.

(196) Adolphe Gesche, "Le christianisme et les autres religions," *Revue Théologique de Louvain* 19, no. 3 (1988): 339.

(197) Karl Rahner, "The One Christ and the Universality of Salvation," in *Theological Investigations,* 16:199-224.

(198) Pierre Grelot, *Dieu le Père de Jésus-Christ* (Paris: Desclée, 1994), 137,131.

(199) See G. Immarrone, *Redenzione: La liberazione dell'uomo nel cristiassimo e nelle religioni universali* (Rome: Edizioni Paoline, 1995); Hans Kung et al, *Christianity and World Religions: Paths of Dialogue with Islam, Hinduism, and Buddhism* (Maryknoll, N.Y.: Orbis Books, 1993).

(200) Cf. Paul F. Knitter, *No Other Name ? A Critical Survey of Christian Attitudes toward the World Religions* (Maryknoll, N.Y.: Orbis Books, 1985), 182-86.

(201) Cf. John Hick, *God and the Universe of Faiths: Essays in the Philosophy of Religion* (London: Macmillan, 1973), 108-19.

(202) Cf. Hick, *God and the Universe of Faiths*, 148-79; idem, *The Metaphor of God Incarnate* (Louisville: Westminster/John Knox Press, 1993); *The Myth of God Incarnate* (London: SCM Press, 1977).

(203) Cf. Paul F. Knitter, *Jesus and the Other Names: Christian Mission and Global Responsibility* (Maryknoll, N.Y.: Orbis Books, 1996), 68-69.

(204) Bernhardt, *Christianity without Absolutes*, 59-60.

(205) R. Panikkar, *The Intrareligious Dialogue* (New York: Paulist Press, 1978).

(206) Cf. especially, J. Severino Croatto, *Exodus: A.Hermeneutics of Freedom* (Maryknoll, N.Y.: Orbis Books, 1981); idem, *Biblical Hermeneutics: Towards a Theory of Reading as the Production of Meaning* (Maryknoll, N.Y.: Orbis Books, 1984).

(207) Jacques Dupuis, *Who Do You Say That I Am ? Introduction to Christology* (Maryknoll, N.Y.: Orbis Books, 1994).

(208) Hick, *The Metaphor or God Incarnate*.

(209) Karl Rahner, "On the Theology of the Incarnation," in *Theological Investigations*, 4:105-20.

(210) Rudolf Schnackenburg, *The Gospel according to St. John* (New York: Crossroad, 1987), 555-56.

(211) Karl- Josef Kuschel, *Born before All Time ? TheDispute over Christ's Origin* (London: SCM Press, 1992), 389.

(212) Christian Duquoc, *Messianisme de Jésus et discrétion de Dieu* (Geneva: Labor et Fides, 1984).

(213) Claude Geffré, "La singularité du Christianisme à l'age du pluralisme religieiux," in *Penser la foi: Recherches en théologie aujourd'hui: Mélanges offerts à Joseph Moingt*, ed. J. Doré and C. Theobald (Paris: Cerf-Arras, 1993), 53; idem, "Paul Tillich et l'avenir de l'oecuménisme interreligieux," *Revue des Sciences Philosophique et Théologique* 77 (1993): 3-22; idem, "La place des religions dans le plan du salut," *La mission à la rencontre des religions, Spiritus* 138 (February 1995): 78-97.

(214) Claude Geffré, "Pour un christianisme mondial," *Recherches de Science Religieux* 86 (1998): 63.

(215) Edward Schillebeeckx, *Church: The Human Story of God* (London: SCM Press, 1990), 165-66.

(216) Edward Schillebeeckx, *Jesus in Our Western Culture: Mysticism, Ethics, Politics* (London: SCM Press, 1987), 2.

(217) Edward Schillebeeckx, "Universalité unique d'un figure religieuse historique nommée Jésus de Nazareth," *Laval Théologique et Philosophique* 50, no. 2 (1994): 273.

(218) Christian Duquoc, *Dieu different* (Paris: Cerf, 1977), 143.

(219) Cf. Karl Rahner, "Jesus Christ in the Non-Christian Religions," in *Theological Investigations*, 17: 39-50.

(220) Yves Congar, "Pneumatologie ou 'christomonisme' dans la tradition latine ?" in *Ecclessia a Spirito Sancto edocta: Mélanges théologiques* (Gembloux Duculot, 1970), 41-63; idem, *The Word and the Spirit* (London: G. Chapman, 1986).

(221) Paul Evdokimov, *L'Esprit Saint dans la tradition orthodoxe* (Paris: Cerf, 1969), 88-89.

(222) See A. de Halleux, in *Revue Théologique de Louvain* 6 (1975): 13-14, referring to Vladimir Lossky, *Essai sur la théologie mystique del l'Orient* (Paris: Aubier, 1944), 242-43; see also 155-56, 163, 166, 185, 193.

(223) See Donald L. Gelpi, *The Divine Mother: A Trinitarian Theology of the Holy Spirit* (Lanham, Md.: University Press of America, 1984), 136; also Elizabeth A. Johnson, *She Who Is* (New York: Crossroad, 1992), 211.

(224) S. Mark Heim, *Salvations: Truth and Difference in Religion* (Maryknoll, N.Y.: Orbis Books 1995); idem, *The Depth of the Riches: A Trinitarian Theology of Religious Ends* (Grand Rapids, Mich.: Eerdmans, 2001).

(225) Keith Ward, *Religion and Revelation* (Oxford: Clarendon Press, 1994), 338; cf. 310f.

(226) Cf. K. Pathil, ed., *Religious Pluralism: An Indian Christian Perspective* (Delhi: ISPCK, 1991), 338-49.

(227) Cf. CBCI Commission for Dialogue and Ecumenism, *Guidelines for Interreligious Dialogue*, 2d rev. ed. (New Delhi: CBCI Centre, 1989), 29.

(228) FABC Theological Advisory Commission, *Theses on Interreligious Dialogue, FABC Papers* no. 48 (Hong Kong: FABC, 1987), 7.

(229) Text in *Origins* 27 (1997): 149-66.

(230) Cf. Ch. Schwobel, " Particularity, Universality, and the Religions: Toward a Christian Theology of Religions," in *Christian Uniqueness Reconsidered: The Myth of a Pluralistic Theology of Religious*, ed. Gavin D'Costa (Maryknoll, N.Y.: Orbis Books, 1990), 39.

(231) Karl Rahner, "Christianity and the Non-Christian Religions," in *Theological Investigations*, 5:121, 130.

(232) On the question of sacramental rites, cf. N. Abeyasingha, *A Theological Evaluation of Non-Christian Rites* (Bangalore: Theological Publications in India, 1984).

(233) Jacques Dupuis, *Jesus Christ at the Encounter of World Religions* (Maryknoll, N.Y.: Orbis Books, 1991), 149-50.

(234) Hans Küng, *Theology for the Third Millennium* (New York: Doubleday, 1988), 248.

(235) Cf. Pegy Starkey, "Agapè: A Christian Criterion for Truth in the Other Religions," *International Review of Mission* 74 (1985): 433.

(236) Cf. E. A. Burtt, ed., *The Teaching of the Compassionate Buddha* (New York: The New American Library, 1955), 46.

(237) Cf. Jeremiah S. O'Leary, *La verité chrétienne à l'age du pluralisme religieux* (Paris: Cerf, 1994), 253.

第8章　神の国、教会、諸宗教

――神の国と教会の視点――

本書の序論で、「神学的な語りかたの浄化」(purification of theological language）について触れたが、それは「記憶の浄化」(purification of memory）とともになされなければならない。諸宗教の神学や宗教同士の対話の文脈において、伝統的な神学および最近の神学で使われる「神の国」という表現が問題を提起する。すなわち、それはイスラエルの希望のみに関わることなのだろうか。そして、世界の歴史のなかで現実化してゆくこの「神の国」は、キリスト教とその教会にのみ関わるものなのだろうか。「他者」は、そこから除外されるのか、あるいは教会外にありながら、「神の国」の完全なメンバーになり得るのか。または、そうではなく「暗示的で目に見えない形態」において「神の国」に属しているのだろうか。簡潔に言えば、キリスト教と教会は、世界と歴史のなかに存在する限り、「神の国」と同一視されるべきなのだろうか。または、この「神の国」は、カトリック教会とキリスト教の種々異なる教会の境界を超えてより広く拡大される普遍的な現実なのだろうか。そうであるならば、一方で、教会と普遍的な「神の国」との関係が問われ、他方で他宗教と普遍的な「神の国」の関係はどうなるのだろうか。そして、教会と他宗教との関係性とは何なのだろうか。キリスト者と「他者」は対等な意味での「神の国」のメンバー同士なのだろうか。

これらの問いかけに対して、あらゆる人にとって異議のない、納得のゆく答えは見つからない。「神の国」についての神学的な考察は確かに公会議前の時期に発展し、第二ヴァティカン公会議はこの貢献を多大に活用した。しかしながら、公会議は提起されたすべての問いに答えを出してはいない。ましてや、諸宗教の神学に対する結論を出さなかった。この章における私たちの目的は、公会議後の神学における「神の国」についての神学的な考察の発展を簡潔に示すことにある。

より重要なことは、教会との関係のなかで諸宗教の神学にたいする神の国についての考察の適切さを示すことにある。この課題は二つの部分で展開される。第1項では、キリスト者と「他者」――同じメンバーであるが――にとって、「神の国」の普遍性の発見は、亀の歩みのようにゆっくりしたものであることを示す。そして第2項では、「神の国」の普遍的な現実に対する教会および他宗教の伝統との関係性をさらに詳しく説明する。このように教会論に関する「神の国」の中心的な展望と福音化の使命が、現在の私たちが住んでいる多元的な宗教の世界にあっては、より適切であることを示せるだろう。この多元的な宗教世界は、今始まったばかりの新しい世紀を特徴づけ、これが長期間にわたってつづいてゆくことに疑う余地はない。

話をさらに進める前に、概念の意味について明確にしておく必要がある。「神の国」という言葉自体から始めよう。旧約聖書では、「神の国」という言葉はほとんど使われていないが、神が御自分の民あるいはあらゆる民の「王君」(lordship) であるという主題はヘブライ的な啓示の核心となっていることを想い起こすに留める。新約聖書によれば、洗礼者ヨハネは、「神の国」が近づいていることを告げ知らせるために来た。しかし、彼はそれを「神の審判」として見た(マコ1・9―11)。これとは対象的に、イエスは「神の国」を全人類のための「よい知らせ」として宣べ伝えた。「よい知らせ」とは、神が「王君」として歴史のなかに入り、約束を成就させ、神と人間とのあいだばかりか人間同士の関係性をも再生し、新しくすることを意味する。「神の国」は「新しい支配の象徴」

であり、それは神があらゆるものを新しくし、この世界にあらゆるものとの関係性を再構築することである。

加えて、第１章で説明したように、イエスの考えと行いにおいて、「神の国」とその切迫した到来――それはイエス自身のいのちをとおして実現するのではあるが――が主な関心事であり、実にそれが必要な論点である。「神の国」は人種や宗教や他の限界を一切持たない普遍的なものである。

より問題となる点は、「神の国」や教会や諸宗教同士の関係性の神学によって使われる、教会の概念の定義である。古い伝統によれば、特に聖アウグスティヌス司教によると、イエス・キリスト以前に生きた人びと、最初の「義人」アベル（Ecclesia ab Abel）も含めて、イエス・キリストにおいて救われた人びとの全体を教会と同一視する傾向があった。しかしながら、このように拡大された教会の概念の正当性には疑問が残る。この教会についての概念は、教会とともにというよりは、むしろキリストとともに救われたすべての人びとの関係性を直接的に求めようとする「含蓄的」あるいは「無名の」（匿名の）という発想にもとづいており、キリスト教的な現代の理論よりも、さらに多くの課題を含む。時として、基本的にはキリストの出来事をとおして救われる人間のすべてと教会を同一視する、さらに広い――かつ課題の多い――教会の概念が提起されてきた。

このように、不適当なかたちで拡大された教会の定義は、私たちの目的にはあまり有益ではないし、最近の教会の教えによって、公式に提案されている教会の概念とも一致しない。ここで私たちは、第二ヴァティカン公会議『教会憲章』（８項）で述べる教会の定義を用いることにする。これによると、教会は分離不可能な二つの要素からなっている。一つ目としては「目に見えない要素」であり、もう一つとしては「目に見える要素」である。つまり、前者が「霊的な交わり」を指し、後者が「人間的な制度」を指す。「見える集団と霊的な共同体……とは、二つのものとして考えられるべきではなく、人的な要素と神的な要素によって形成される複雑な一つの実在である」とも言われている。しかも、「したがって教会は平凡ではない類比によって、受肉したみことばの秘義と比較される。神のことばに摂収された人間性が、ことばによっては解消され得ぬものとして結合し、救いの活ける機関として、ことばに仕えるのと同様に、教会の社会的な機構は、からだの成長のために、教会を活かすキリストの霊に仕える」(『教会憲章』8項)とも言われている。

このように、教会の秘義の二つの側面は、二つの異なる現実を形成しているが、しかしそれは切り離すことはできない。二つの教会があるのではない。「キリスト者」が属する制度的で目に見えるもの、もう一つは霊的で目に見えないもの——これには「他者」もまた属しているであろう——がある。そこで「他者」が教会に対して持つことのできる関係性はいったいどのようなものか、という問いが生じる。

1 神の国と教会——果たして同一なのか、それとも差異があるのか

(1) 教会と神の国の関係に関する最近の研究史

神の国についての神学的な考察が「二重の仕方による自己同一化」[そのものらしさを二重の仕方で定義づけること](a double identification)によって特徴づけられたのは、それほど昔のことではない。一方で、教会はまったく単純に神の国として定義され、他方でローマ・カトリック教会こそが教会として教会そのものとして考えられた。教皇ピオ一二世の回勅『キリストの神秘体』(*Mystici Corporis*, 1943)は、あまり正確な言葉ではないが、この「二重の仕方による自己同一化」を確認した[238]。キリストの神秘体において、教会の秘義がローマ・カトリック教会である、として同一視された。教会と神の国を同一視することに関しては、終末論の研究の進展から要請されるさまざまな

区別にはさほど関心を持たなかった時代に、神学者によって次のことが共通して肯定または前提とされた[239]。すなわち、二つの様相を一つに同定することになった。つまり、一つ目が「神の国の実現の姿としての教会理解」であり、二つ目が「ローマ・カトリック教会を神の国の実現として理解する」という方向性である。

一つの例を挙げれば充分であろう。第二ヴァティカン公会議の数年前、ティモティウス・ザペレーナ[註105]は、彼の論文「キリストの教会」(*De Ecclesia Christi*) のなかで、教会論の全体は、長方形というイメージで要約される、としている。つまり、「神の国＝キリストの教会＝ローマ・カトリック教会＝地上におけるキリストの神秘体」という長方形であると述べている[240]。

第二ヴァティカン公会議の『教会憲章』の起源を調べるまでもなく、公会議はその８項の表現としての「この教会は……カトリック教会に存する」という文章を採り入れることによって、ローマ・カトリック教会と教会の秘義を同一視することから距離を置いているのは明らかである。この新しい表現は、同一視をやめて、「聖化と真理の多くの要素」、したがって教会の秘義の真の要素が、他のキリスト教の教会にも存在することを認めることに同意している。秘義は疑いもなくカトリック教会に存する。そして、それは実に特権的な仕方で存する。しかし、それは不完全にではあっても他の教会にも存在する[241]。伝統的な神学が、神の国と教会とを同一視したことには、一体どのような意味があるのだろうか。第二ヴァティカン公会議はこの立場を採用しているのだろうか。または新しく訂正された終末論の立場を根拠にして、そこから距離を置いているのだろうか。話題を混同せずに、それぞれの区別がなされなければならない。

最近の神学は、神の国を終末論的な現実として再発見してきた。結果として、終末的な現実における神の国と、歴史のなかに存在している神の国、という二つを区別することが、必須となっている。それは「すでに」と「まだ」の区別でもある。神は、イエス・キリストをとおして世界と歴史のなかに御自分の王国を制定された。しかし、この王国は時の終わりの終末的な完成の日まで、発展がつづけられる。このように、イスラエルの終末的な待望は、明確ではあるが同時に不確かな未来に、ひたすら向かっているのに対し、キリスト教信仰においては、この待望は二重のリズムに従って進む。すなわち、「すでに」歴史のなかに存在している神の国と、時の終わりの完成は「まだ」来ていないという二重のリズムである。[242] 第二ヴァティカン公会議は、もちろんこれを不可避の区分として採用した。歴史のなかでの神の国の制定について、『教会憲章』は、この国は時の終わりにおける完成に向かって前進してゆくことを明確に記している（5項および9項参照）。しかしながら、公会議が、歴史のなかにおける神の国と、教会を同一視しているかどうかという問いは残る。

公会議文書を調べた後に、[243]『教会憲章』はまだ、公会議以前の神の国と教会の同一性の説を保持していると結論づけられると、筆者は考えた。このことはこの『憲章』のあちこちに見られる。教会について、教会は、「地上における王国の種であり、始まりである」（同5）、同様に教会は「秘義のなかにすでに存在する」キリストの王国である（同3）、などである。もしこの存在が、「秘義的」として形容されるなら、それは神の国——または、神の国と同一視される教会——はすでに世界に現存し、終末的な完成に到達するまで成長しつづけなければならない。

さらに国際神学者委員会や『カトリック教会のカテキズム』などの公会議後の動向や文書を含めたさまざまな文献を調べてみると、教皇庁の公文書で教会と世界において、すでに存在する神の国を明確にと区別したのは、教皇ヨハネ・パウロ二世の回勅『救い主の使命』（一九九〇年）が最初であると結論できると思われる。[244] ——「神の国は人間関係を変えることを目指している。神の国は、人びとが互いに愛すること、ゆるすこと、仕えることをゆっくりと学ぶにつれて徐々に成長する」（『救い主の使命』15項）。「神の国の本質は、全人類における相互の、そして神との交わりの一つである」。「神の国は、個人、社会、そして世界、つまりすべての人に関わる。神の国のために働くことは、人間の歴史のなかに現存し、この歴史を変える神の活動を認め促進することを意味している。神の国を建設することは、あらゆるかたちの悪から解放するように働くことを意味する。つまり神の国とは、神の救いの計画を完全に示し、実現することである」（同上）、と教皇は説明している。

教皇はさらにつづけて、次のように述べている。――この点については後でさらに詳しく述べるが――教会は「実際に……神の国に奉仕している」。それは世界の至るところにおいて王国を表明する「福音の諸価値」を広め、人びとが神の計画を受け容れるよう助けるために働く（同20項）。そして次のように付け加えている。

「始まったばかりの神の国の現実が、教会の範囲を超えて人びとのあいだの至るところで、すなわち、人びとが『福音の諸価値』を生き、望むとき、望むところで息吹を与える聖霊の働き（ヨハ３・８）を受け容れているところで発見されるのも事実である。しかしそれと同時に、教会に現存するキリストの国に関係せず、終末論的完成に向けて努力しないなら、神の国のこの世の次元が不完全なままになることもつけ加えなければならない」（同20項）。

ということは、神の国は、これから説明するように、特別な仕方で教会のなかに現存してはいるが、それは教会の境界を超えて広がり、他宗教の伝統の信奉者たちも、その価値を生き、それを世界に伝播することを助けるならば、この神の国に属することができる、ということに等しい[245]。このテクストは私たちの現在の関心に決定的な役割を果たす。歴史的な現実のなかにある神の国は、教会を超えて全人類に広がっている。そして、福音的な価値が生きられているとき、つまり、人びとが霊の働きに心を開いている場合に、そこにおいて神の国が存在している。しかも、歴史における神の国は、終末的な完成に向けて方向づけられている。そして、教会はこの世界において、歴史のすべてをとおして神の国に奉仕するために働く、ということが肯定されている。このように、「歴史における神の国」と「終末的な神の国」、そして「神の国」と「教会」とのあいだには、明確な区別がなされている。

歴史における神の国は教会の次元に限定されず、その次元を超えて世界に広がる。この認識は、諸宗教に関するキリスト教神学に関わるものであり、重要となっている。第二ヴァティカン公会議は、世界と他宗教伝統のメンバーのなかに霊の存在と働きを認めた。公会議は、またさまざまな国民のあいだに存在する「みことばの種子」についても語っている。神の国について、公会議は「歴史的な神の国」と「終末的な神の国」について区別する一方で、「歴史的な神の国」と「教会」とを同一視する。回勅『救い主の使命』が、歴史をとおして巡礼をつづける教会と神の国との結びつきを保ちながらも、この二つをはっきりと区別した教皇庁の最初の文書である。世界に存在する神の国は教会の領域よりも広いのが現実である。神の王国は、教会の境界を超えて拡大され、——たとえその存在の仕方は異なろうとも——教会のメンバーばかりでなく、「他者」のこともまた含んでいる。

教会の宣教に対する指針に関する最近の回勅が確認したことは——慎重にそして条件付きではあるが——すでに教会の他の公文書の表現に見られるように、躊躇なしに確言された一つの事実として現われている。例として、一九八五年一一月付けのアジア司教協議会連盟の文書を引用する。そこには次の表現が見られる。


「神の国は教会の存在理由そのものである。教会は神の国のなかにあり、神の国のために存在する。神の国は神の賜物であり、神が先導しており、すでに始まっており、実現されてゆく。そしてそれは聖霊を介して存在している。神が受け容れられ、福音の価値が生きられ、人間が大事にされるところならば、どこにでも神の国はそこにある。それは、教会の境界よりもはるかに広範なものである。このすでに存在している現実は、神の国の最終的な顕現と完成そのものに向かって方向づけられている」(246)（Ⅱ項1）。

福音の価値つまり神の国の価値が生きられるところでは、どこでも神の国の普遍性とその現存がある。このことは、一九九一年にタイのファヒンで開催されたアジア司教協議会（FABC; Federation of Asian Bishops' Conference）の福音化事務局主催による『アジアの福音化』と題する、神学協議会の最終結論として、より淡々と、より具体的な仕方で次のように表現されている。

「したがって神の国は普遍的に存在し、働いている。男女を問わず、自分自身に影響を与える超越的な神の秘義に対して自分自身を開くとき、また隣人への愛と奉仕に自分を捧げるときに、どこにでも神の国は存在する……『神が受け容れられ、福音の価値が生きられるところならば、つまり人間が尊重されるところであれば、どこにでも神の国は存在する』。こうしたすべての場合に、人びとは霊におけるキリストをとおして神の恩恵に答え、信仰の行為をとおして神の国に入ってゆく……。

このことは、神の国が普遍的な現実であり、教会の境界を超えて広がってゆくことを示している。それがイエス・キリストにおける救いの現実であり、この現実のなかでキリスト者も他者もともに救いを分かち合う。それは根底的な『一致の秘義』であり、それは、各々の宗教への忠誠が私たちを引き裂く相違により、さらに深く私たちを一つにする(247)」。

(2)神の国の共有者とその建設者

神の国の普遍性は、たとえ救いの秘義が到達する道はさまざまに異なるとしても、キリスト者と「他者」がイエス・キリストにおいて同じ救いの秘義を分かち合うという事実のなかにある。歴史における神の国が教会の境界に限定されることなく、世界の人びとにまで拡大されていることを認めることは、諸宗教に関わるキリスト教神学と関連がある。前に考察したように、第二ヴァティカン公会議は、世界のなかと他宗教のメンバーのなかに霊の働きと現存を認めると同時に、他宗教の伝統そのもののなかにある積極的な救いの価値についても述べた。それらが救いの「媒介」あるいは「救いの道」であると宣言はしなかったが、その意図は他宗教の伝統のなかにそのメンバーの救いのための肯定的な役割を支持することであった。

それは次のことを示す。すなわち「他者」は信仰における従順と王国の主宰としての神への回心をとおして、歴史のなかの神の国へとアクセスするということである。また、神の国はその価値が生きられ推進されてゆくところならば、どこにでも存在する。回勅『救い主の使命』によれば、神の国のこの世における未完成の現実は、「福音の価値を生き、神の霊の働きに自己を開いている」すべての人のなかに存在する（同20項）。

解放の神学は、「福音の価値」――「神の国の価値」――が、人類のなかに神の国が到来するために果たす役割を強調している。ヨン・ソブリノ[註106]が示したように、神の国は、イエスにとって「真の究極の目的」であり、これがイエスのいのちや活動や運命に意味を与えるものであった。いまや、すべてのものが従属するこの究極的な現実は、イエス自身に従い、神の国の価値、すなわち、愛と正義を分かち合うところならばどこでも、人びとのあいだにあって働き、人びとに近づく[248]。

諸宗教の神学は、聖霊の働きに自分自身を開くことによって、世界と歴史のなかで神の国の現実を「他者」といかに共有するかを示さなければならない。この目的のために、神の国中心のモデルが採用されるであろう。しかし、このことは――回勅『救い主の使命』（17―18項）に従って、前に記したように――キリスト中心の展望を脇に追いやってしまうことではない。事実、歴史上の神の国と歴史上のイエスを切り離すことはできない。なぜなら、神の国は歴史上のイエスにおいて神によって制定されたからである。また歴史上の神の国をキリストから切り離すこともできない。王であるキリストというのはその表現だからである。神の国という救いの現実の共有をとおして、「他者」は、まさにこの事実によって、神がキリストをとおして建てた神の国の救いのわざの対象となる。互いに排除するどころか、「神の国中心」と「キリスト中心」という二つの展望は必然的に相互に結びついている。

歴史のなかで他宗教の伝統を信じる人びとが属している神の国は、実にイエスにおいて、神によって開始された神の支配である。この神の国は、死者から復活されたイエスにおいて、神がイエス・キリストの手に委ねられた王としての支配である。すなわち、王であるキリストのもとに、神は、この神の国を最後の完成に向けて成長するよう運命づけられた。他宗教の信奉者は、彼ら自身の宗教的な伝統を介して神の呼びかけを聴き、それに対して自身の宗教伝統の真に誠意ある実践によって応えるなら、彼らは――それをはっきりと意識してはいなくても――神の国の真に積極的なメンバーになる。つまるところ、「神の国中心」のモデルに従う諸宗教の神学は、「キリスト中心」の展望をも避けてとおることはできない。

救いの秘義の共有をとおして、他宗教の信奉者は、このように歴史の現実としてすでに存在する神の国のメンバーである。それなら、他宗教の伝統それ自身は、世界における神の国の発展に貢献しているのであろうか。そうであると見るためには、前述したように、他宗教の伝統に従う人びとの信仰は、彼らが属し、またそれを介して彼らが自己の信仰を具体的に表現している宗教的な伝統から切り離すことができないことを想い起こさなければならない。もしも、神の招きへの彼らの応答が、彼らの聖なる書物や、「秘跡的な」実践といったような彼らの宗教的な伝統に属する客観的な要素を形作り、またこれらによって支えられるならば――そうであるはずではあるが――これらの伝統そのものがその信奉者のために、「超自然的で恩恵に満ちた要素」を含んでいることもまた認めなければならない(249)。この信奉者が救いを見い出し、歴史のなかにある神の国のメンバーになるのは、この恩恵に満ちた要素に応答することによってである。その結果、諸宗教の伝統は秘義的な仕方で、信奉者のあいだに、世界のなかに神の国を構築するために貢献する。諸宗教の伝統は、そのメンバーのために、神の国のある種の仲介の役割を果たす——疑いもなくこの仲介は教会において働く仲介とは異なるが——神学的な正確さをもってこの仲介を定義することが難しいにしても、意味のある仲介であることに代わりはない。

　このことは、いかにキリスト者と「他者」とが昔から同じ世にあって、神の国をともに築き上げてゆくよう呼ばれているのかを説明している。彼らは、すでに共有しているこの神の国をともに発展させることができるのであり、そうしなければならない。神への回心をとおして福音の価値を育てることによって、歴史を超えて終末的な完成が成就するまで、私たちは神の国を発展させつづけてゆかなければならない（『現代世界憲章』39項）。

　ともに、神の国を発展させることは、「水平的」であるとともに「垂直的」なこととしても表現できる神の国の異なる次元にまで広げられる。キリスト者と「他者」とが、人権のため、人びとの解放のため、特に貧しい人びとや抑圧されている人びとのため、共通目的に献身するところならばどこにでも神の国は広がってゆく。彼らはまた、宗教的で霊的な価値を高めることによって神の国を発展させる。神の国の発展に当たって、この二つの領域、つまり人間的な要素と霊的な要素とは決して切り離せない。前者は後者のしるしである。

(3) 教会外に救いはないのか

それでは神の国と教会とを明らかに同一視していた時代の古い公理としての「教会外に救いはない」という発想について、何を言うべきであろうか。この古い公理の起源を再びここで説明する必要はないであろう。以前かなり詳しく説明したことを簡単に［註107］想い起こすに留めたい(250)。この公理は、もともと四世紀から五世紀に活躍した教父、特にカルタゴの聖キプリアヌスやルスペのフルゲンティウス［註108］にその起源を持つ。後に、これが教会の公式文書、つまり一二一五年のラテラン公会議（デンツィンガー、802番）や教皇ボニファティウス八世[註109]の大勅書『ウーナム・サンクタム』（*Unam Sanctam* 一三〇二年）（デンツィンガー、870番、872番、875番）やフィレンツェ公会議（一四四二年）における「コプト信経」（デンツィンガー、1351番）で強調された。この最後の文書では、教会はこの公理を確固たる信仰を持って公式に宣言していた。カトリック教会の外に留まる者、つまり異教徒ばかりではなく（ルスペのフルゲンティウスの言葉を引用している）、ユダヤ人も、異端者も、棄教者も含めて、これらの人びとは永遠のいのちへの参与者になることはできない。彼らは、死ぬ前に教会に戻らなければ、悪魔とその追随者たちに対して準備されている永遠の劫火のなかに入ることであろう（マタ25・41）（デンツィンガー、1351番）。筆者はこの公理が何世紀ものあいだ、いかにして理解されてきたのか、そして今日においてはどのように解釈されなければならないのかを説明したことがあるので[251]、ここで再びそのすべてを繰り返す必要はないだろう。

想起すべき重要なことは、この公理が、もともと咎めを負うべき異端者や棄教者、あるいは自から意図的に教会を離れていった人びとのみを対象としている点である。――教会は、大洪水の際のノアの箱舟に譬えられたのであるが――意図的に教会という船から勝手に降りてしまった異端者や棄教者などの人びとにとっては荒波の奥底に沈むしかない状態に向かったということによって、もはや救いはないとされてしまった。その後、徐々にこの公理は、ユダヤ人のみならず、「異教徒」のことも含むべく拡大された。彼らがキリスト者にはならないという誤りを犯していると考えられたのであった。この公理は今日においては、とても奇異に感じられる。しかし、この立場は、当時は当然のこととされていた。すでに「世界の至るところに福音が宣布された」という信念がもとになって、中世の全期間をとおして、キリスト教の教会外に出ることはいのちの道から外れることと等しいものとされた。

この信念は一四九二年の「新大陸発見」まで問題視されることなくつづいた。しかし、アメリカ大陸の発見とともに、神学者たちは「含蓄的な信仰」についての理論を展開し始めた。含蓄的な信仰がありさえすれば、それまで福音に接する機会がなかった人びとの救いの条件としては充分である、という見方が主張されるようになった。この立場は「望みの洗礼」（デンツィンガー、1524番）の教義とともにトリエント公会議における『義化に関する教令』でも強調された。すでに、第三章で触れた、一九四九年の聖省からの文書のなかで教皇ピオ一二世によってさらなる説明が加えられたことも忘れてはならない。

教皇ピオ一二世によって教会の「教義」と呼ばれはしたが、この伝統的な公理は、もはや現代では文字通りの意味に採ることはできないことは明白である。実にイヴ・コンガールが説明するように、その正しい解釈は長大な説明を要するので、もはや忘れた方がよいであろう。そしてコンガールは、「もはやこの定式を具体的な人間に適用するべきではない……この公理はもはや『救われるのは誰か』という問いに答えるものとみなされはしない、むしろ……問題なのは『救いの秘義に仕えるために制定されたのは何か』[252]」ということである、と述べた。教会とは、この任務を果たすために神によって望まれた制度である。

私たちとしては、この公理がいまだに何らかの価値を持っているとすれば、それは第二ヴァティカン公会議によって確認されたことのなかにある――そこでは肯定的に採り上げられているのだが――、と見ている。それによると、教会は「救いのために必要」（『教会憲章』4項）であると結論づけられる。このことは公会議文書のなかで何度も繰り返されている。『教会憲章』は、「キリストにおける秘跡の本質から、教会は神との親密な一致と全人類との一致のしるしであり道具である」（同1項）、あるいは、「救いの普遍的な秘跡」（同48項）として制定されたと述べる。さらに、この『憲章』は、巡礼の途上にある教会が、「救いにとって必要」（同14項）であり、キリストによって「すべての人の救いの道具」として制定され、それはキリストにおいて存在する「一人ひとりための救いの一致の目に見える秘跡」（同9項）である、としている。この最後の文章に関しては、回勅『救い主の使命』（9項）が、教会は「あらゆる人の救いの道具として」キリストによって守られている、と述べている。『エキュメニズムに関する教令』（*Unitatis Redintegratio*）では、「キリストの霊は――分離した教会とキリスト者共同体――を救いの手段として用いることを禁止することはなかった」と認め、カトリック教会は「救いの全般的な助け」（同３項）として制定されている、とされている。しかしながら、問題は残っている。すなわち、救いの秩序のなかで、教会の普遍的な必要性とその道具的な役割とはどのような意味で理解されなければならないのか、という点である。以下に説明を試みる。

国際神学者委員会は『キリスト教と世界の諸宗教』という最近の文書のなかで、「第二ヴァティカン公会議が、『教会外に救いなし』という表現を継承した」（67項）と述べているが、これに対しては意見を異にするほうが正しいように思われる。この言明は、救いのための教会の必要性が議論されている『教会憲章』（14項）に言及している。しかし、両者のあいだには大きな隔たりがある。この委員会は、公理を、「『教会外に救いなし』と私たちに教える不可謬的な言明」（デンツィンガー、3866―3872番）――それを「ドグマ」（教義）と呼んでいる――について語り継いできた、聖省の一九四九年の文書との連続性のなかで語るべきであると考えたと思われる。しかし、明確なことは、第二ヴァティカン公会議が教えているように、教会の必要性は、信仰の内容に属するものであり、一方で、「教義を充分に理解した上での信仰」に立脚すること、つまり公的にメンバーとして目に見える形で教会に属することは必ずしも必要ではない。確かに、この公理の解釈が、何世紀も経て、次第に排他的になってゆき、ついに先述したフィレンツェ公会議の明快ではあるが、非常に狭く否定的な言明に至ったことを理解しておく必要がある。私たちは、もはや過去の狭量な理解の仕方に戻ることは不可能である（デンツィンガー、1351番）。

さらには、国際神学者委員会が、第二ヴァティカン公会議が、この公理を「明確にカトリック教会に直接的に方向づけており、救いのために教会が必要であると知っている人びとにのみその効能を限定している」（*Christianity and the World Religions* 67）と解釈するのは説得力を持たない。これは委員会がこの公理を古い伝統の元の意味によって解釈したからである。古い伝統によると、これはもともと異端者と棄教者に対して向けて発した公理であって、ユダヤ人や異教徒に要求したものではなかった。それは教会を離れようとしていた教会メンバーを思いとどまらせるための「親心に満ちた配慮」という特徴を持っていたとされている。しかしながら、あるカトリック教会のキリスト者が、教会は救いのために必要であるという教会の教えを学んだ後で、自分の良心に誠実であろうとして他宗教に改宗したとすると、そこにはもう救いの可能性はないのだ、と、いかにして主張することができるのであろうか。良心の働きを判断するのは神であり、決して私たちではないからである。

国際神学者委員会は、第二ヴァティカン公会議がそうしたように、今日では理解が非常に困難になっている伝統的な公理に訴えることなく、救いのために教会が必要であるということで、なぜ満足することができなかったのであろうか。教皇ピオ一二世の教義に忠実であるために、公会議が考察したこと以上に、この古い公理への明確な言及が必要だとは思われない。実に、この委員会は、私たちが後で検討するように、「望みの洗礼のメンバー」（同68項）になることよりもむしろ、教会のメンバーでない人びとを教会に「秩序づけること」について細心の注意を払った公会議の例に倣った。逆に、論議の的となった公理に対して同じ慎重さを持つよう助言するべきではなかったか。

教皇ヨハネ・パウロ二世は、伝統的な公理を使っているということは紛れもない事実である、と述べている。しかし、彼がこの古い公理を使うときに、そこにはさまざまなニュアンスが込められており、「教会のないところには救いはない」という新しい表現すら試みられた。これに関することは、特に一九九五年五月三一日の一般謁見においで話された。以下は、そのなかの主要部分である。

「キリストは教会である自己の神秘体をとおして救いを遂行するように、救いの道は本質的に教会に結びつく。『教会外に救いなし』という公理は教会の伝統に属する。……この公理は、イエス・キリストにおいて、神によって建てられた教会は必要である、と知っている人びとにとって、救いを得るために教会に入り、そこに留まることは義務であることを意味する（『教会憲章』14項）……救いの恵みが働くためには、神の自己譲渡への忠実や協力や『はい』と答える姿勢が要求される。そして、この忠実さは、少なくとも暗黙の内にキリストと教会に向かう。ここではまた――『教会なくして救いなし』、と言うこともできる。キリストの神秘体である教会への忠実さは、いかに含蓄的であれ、秘義的であれ、救いのための本質的な条件を構成する。したがって、教会は福音を知らない人びとに対しても『暗黙的な仲介』を行う」[253]。

ここにはさまざまなニュアンスがある。この古い公理は信仰の教義とは呼ばれず、キリスト教の伝統の一部であると言われる。そして、古い公理の新しい表現としては、『教会憲章』の14項で言われるように、救いのための教会の必要性がより慎重に述べられている。さらに、最近の多くの著者は、この伝統的な公理は、救いの唯一の手段としての教会、まさに「教会中心主義」の立場を示すものであると指摘する。今日の神学的思索の展開は、この公理の厳格な解釈に矯正を必要とすると言う。この点について、ジャン・リーガル[註110]は、最近、以下のように述べた。

「第二ヴァティカン公会議は、もはやこの表現での引用はしなくなったばかりでなく、過去の教会中心主義から距離を置いている。『教会憲章』14項で、教会は救いのために必要であるとしながらも、よき信念と善意（同16項）を重視する人びとによる救いの受容の積極的な条件を引き出そうと努めている。教会への『所属』という言葉を横におき、公会議は、『福音をまだ受けていない人びともさまざまな方法で神の国の民に向けられている』、ということで満足している」。このことから国際神学者委員会が、公会議後二〇年を経過してからも、『神の国に属するとは、少なくとも含蓄的にでも、教会に属さなければならない』と考えていることについて、ある人たちはひどく驚かされた[254]。教皇ヨハネ・パウロ二世は、『教会との秘義的関係』（『救い主の使命』10項）について話すとき、より慎重でありながらも柔軟性を表明しているように思われる[255]」。

2　神の国における教会と諸宗教

(1) 教会の必要性

救いの秩序のなかでの教会の必要性は、右記のように第二ヴァティカン公会議によって明らかに確認された。「普遍的な秘跡」、「しるしあるいは道具」、「一般的援助」および「必要性」という言葉はそれ自体で充分に明確である。回勅『救い主の使命』は、神の国との関係における教会の「特別で必要な役割」について話すとき、これらの言葉を想い出させる（同18項）。しかしながら公会議は教会の普遍的な必要性の正確な根拠については説明していない。回勅のなかでは、教会の「特定の必要な役割」をはっきりと断定することには当惑しているように見える。そこでいくつかの問いが生じる。救いの秩序のなかでの教会の普遍性は、キリスト教的な伝統が普遍的な救い主イエス・キリストに帰している同じ意味、同じ力を持っているのだろうか。救いのための教会の必要性は、同じ救いの秩序に属しているのだろうか。教会はしるしであるばかりでなく、キリストによって「すべての人の贖いの道具として採用された」（『救い主の使命』9項）ものであり、手段であるとともに、救いの普遍的な道具であるということを、どのように理解することができるだろうか。唯一無比であるキリストの仲介（一テモ2・5）に必然的に「参与する」ような仲介、すなわち、「キリスト自身の仲介からのみその意味と価値が賦与される仲介」ではあるが、この普遍的な「仲介」は教会に賦与されなければならないのだろうか（同5項）。教皇が語ったように、「福音をまだ知らない人びとに対する……暗示的な仲介」について人が語るとき、そこで語られている意味とは一体何なのだろうか。

ここでは二つの極端な解釈を避けなければならない。その第一の極端とは、教会の必要性と普遍性をイエス・キリストの必要性および普遍性とまったく同じレヴェルに置く立場である。この立場を重視した場合は、「教会外に救いなし」と述べた古い公理の極端な解釈に逆戻りしてしまう。第二の極端とは、教会の必要性と普遍性を教会のメンバーの救いのための機能と働きにのみ限定し、その役割を最小限に留めてしまう危険性である。このことは相互関係のない二つの並行する救いの道を作ることになってしまう。すなわち、両方ともイエス・キリストの唯一無比の仲介から生まれるものではあるが、一つは教会のメンバーのための道であり、もう一つは教会外にあってイエス・キリストによって救われる人びとのための道である。等しく支持し得ないこの二つの極端な立場のあいだに中道はないのであろうか。この困難な点が神学的な議論において未解決のまま残され、神学者のあいだには共通の意見はない。ここで、二つの問いが区別されなければならない。①教会に「属する」または教会に「方向づけられている」という問題と、②教会外に住む人びとに対する教会の普遍的な「仲介」の問題である。

(2) 教会に所属すること、または教会に方向づけられているとは、どのようなことなのか

私たちは公会議前の伝統的な教会論が、教会と、歴史のなかに、すでに現存している神の国を同一視したことを想い起こした。この神学は、教会外にあってキリストによって救われた人びとを、何らかの方法で教会に属していると考えた。ここでさまざまな区別がなされ、実際の教会のメンバーと望みの洗礼のメンバー、つまり目に見える形と目に見えない形、あるいは暗示的な所属または明示的な所属、教会の魂に属する人と教会の身体に属する人、

などである。トリエント公会議は教会外で救われる望みの洗礼について話すとき、これらの区分を採用する（デンツィンガー、1524番）。さらに説明を加えて、教会外にあって救いに与るのに必要な望みは、洗礼志願者の「明示的な望み」ではなく、教会外にいながら、救いを得るために必要な素地（disposition）を有する人びとの「含蓄的な」望みである。

第二ヴァティカン公会議は、私たちがすでに指摘したように、歴史のなかに現存する神の国と教会を同一視する立場を保持した。しかしながらそれは、メンバーであることについて既存の言葉を繰り返してはいない。逆に、それは異なる環境にいる人びとの教会との関連について、ある種の正確な区分を設けた。「メンバー」という術語をとりたてて使ってはいない。「望みの洗礼」（votum）についても、洗礼志願者にのみ適用している（『教会憲章』14項）。一般的な言葉で「すべての人がこの一致に招かれている……カトリック信者も、キリストを信じる他の人びとも、さらには、神の恩恵によって救いに招かれているすべての人びとも、種々の方法によって、この一致に属し、あるいは秩序づけられている」（同13項）と述べられている。このことは、詳しく個別に説明される。すなわちカトリック者は完全に教会に所属している人（同14項）、入門者は教会に所属したいという望みによって教会と結ばれている人（同14項）とされ、教会はキリストに所属しているカトリックでない人ともさまざまな理由でつながっていること（同15項）としている。最後に、「まだ福音を受け容れてはいないが、さまざまな方法で神の民に方向づけられている人びと」で、その時がきたらキリストに所属することになる（同16項）のかもしれない。教会へ向けられたこの「方向づけ」は、種々の異なる形のもとに現実化されるのではあるが、そこには、「望みの洗礼」など、明示的にか暗示的にか、などの所属する形態については言及はない[256]。

「方向づけられている」という表現は、実際は回勅『キリストの神秘体』（ミスティチ・コルポリス、一九四三年）から採られたものである。この回勅は、カトリック教会に属さないすべての人びとは「ある種の無意識の望みと願いによって教会に向けられている」（デンツィンガー、3821番）と述べる一方で、カトリック者だけが実際の教会のメンバーだと確言している。カール・ラーナーは、一九四三年のこの表現は意図的に聖ロベルト・ベラルミノ枢機卿（一五四二－一六二一年）による「望みの内に教会に存在する」という言い回しに置き換えられたと思われることに注目し、そして次のように言っている。「回勅は、教会のメンバーになることを望むことが、すでに教会のなかに存在することであり、また実際のメンバーである、という印象を与えることを避けるために、できる限りのことをした」[257]。

いずれにせよ、第二ヴァティカン公会議は、教会外にいる人びとに対して、望みとか願望におけるメンバーという言葉を避けて、意図的に教会に向けられているという術語を用いたのは確かである。公会議によると、他宗教伝統のメンバーは、いかなる仕方であろうとも、教会に属することがなくとも、イエス・キリストによって救われることができる。しかし、救いの手段の十全性が教会に見い出される限り、彼らは教会に「方向づけられ」ている。回勅『救い主の使命』は、イエス・キリストへの信仰をはっきりとは持っていない人、あるいは教会のメンバーではない人びとについて話すとき、この見解を踏襲するとともに拡大したと思われる。「そのような人びとにとって、キリストにおける救いは、ある恵みの力によって得られる。この恵みは、教会との秘義的な関係を持っているが、彼らを教会の正式な一員とするのではなく、彼らの精神的あるいは物質的な状況に適した方法で光を与える」（同10項）。

この「方向づけ」とは何であろうか。私たちはすでに、彼らは、復活した主が、他の人びとには与えられない救いの手段の十全性を教会に託したという限りにおいて、教会に方向づけられていると述べた（同18項）。しかし、まだ問うべきことは、教会は外にいる人びとのイエス・キリストにおける救いのために何をしているのか、すなわち、教皇が語る「暗示的な仲介」のみならず彼らのために果たしている「特定の必要な役割」（同18項）とは何かということである。教皇庁の文書はこの点について明確にしていない。これらは意図的にある種の慎重さを保持している。『救い主の使命』は、他の人びとについては、次の二点を語ることで満足している。すなわち、他の人びとと「教会との秘義的関係」（10項）および、「キリスト自身の仲介からのみ来る意味や価値」（同5項）に依存する他宗教的な伝統のある種の「参与的」な仲介を除外しないところの教会の「特定の必要な役割」の二つである。

国際神学者委員会は、すでに指摘した文書のなかで、他宗教がその宗教のメンバーに対して「ある種の救いの機能を行使すること」は、あり得ないとして先験的には排除していない（*Christianity and the World Religions* 84）。そして他宗教の伝統は「先述の条件の下で、その宗教のメンバーの救いを助ける手段となりえる」とする。しかし「この機能は、キリスト者の救いと非キリスト者の救いのために教会が果たす機能と比較することはできない」（同86）と言う。残念ながら他宗教がそのメンバーの救いのためにできること「以上」に、教会には何ができるのだろうか、という問いに対して、または、教皇から引用した文書の言葉を借りれば、他宗教のメンバーに対して、教会が「暗示的な仲介」以上に何かできるのか、との疑問には答えていない。メンバーの宗教生活のなかで、そして彼らが恩恵の招きに対して、心から積極的に応答するのを助けることにおいて果たす他宗教の聖なる書物と伝統の肯定的な影響を、先験的に、過小評価することはできない。教会のメンバーではない人びとの救いに関して「教会が現実に果たす役割」の優位性は、それがどのような機能なのかを説明することなしに、先験的に主張されてはならない。

回勅『救い主の使命』は、あらゆる人の救いの秩序における教会の「特定の必要」（18項）な役割についてのみならず、また同様に教会外にいながらイエス・キリストによって救われる人びとの「教会との秘義的な関係」について語っている。教会はキリストの「からだ」として、キリストに「不可分離的に」結ばれており、その独特な関係性からあらゆる人のための「特定の必要な役割」が生じるということが確かに保持されなければなりない。より最近の一般謁見で、教皇ヨハネ・パウロ二世は、他宗教の伝統のメンバーに対してキリストの持つ役割と教会の役割の関係を説明し次のように述べた。

「キリストと並んで、救いのための他の複数の自律的な源や道を認めることはできない。したがって、第二ヴァティカン公会議によって指摘された線に沿って、教会が尊敬と賞賛を持って考察する偉大な他宗教のなかに、キリスト者は、キリストの恵みの影響に依存して働く救いの要素の存在を認める。これらの偉大な宗教は、意のままに吹く聖霊の秘義的な働きによって（ヨハ３・８）、人類が永遠の幸福にいたる途上で援助の手を差し延べることができる。しかし、その役割は、それ自体キリストの贖いの働きの成果である。したがって、他宗教との関係においてすら、救い主キリストは秘義的に働き、この働きのなかにあってキリストは『神との親密な一致および全人類の一致の秘跡として制定された教会と自身を一体とする[258]』」。

このように教会は救いの働きにおいてキリストと普遍的に結びついていると言わなければならない。人がどこで生活しようともそれに関係なくすべての人が教会と関わっているというのは真実である。それにもかかわらず、「他者」のために教会が持っている特定の役割を表わす表現が、意図的に不明瞭にされたままで残されているので、さらなる疑問が生じる。それは一方では、他宗教の伝統のメンバーと教会のあいだの「秘義的な関係」なのであり、他方では、他宗教の伝統のメンバーに対する教会の「特定の必要な」役割をいかに理解すべきかという問いである。これは、教会の「普遍的な仲介」は存在するのか否かという問題である。すなわち、他宗教のメンバーに対する教会による救いのための真の適切な仲介が存在するのかどうかということである。――理解が難しいとはいえ――教会の「暗示的な仲介」を否定する余地はない。問題はむしろ、他宗教の人びとのための「明示的な仲介」が何によって構成され得るのかと、いうことである。教会の仲介は、イエス・キリストの持つ唯一の仲介に属し、そのなかに「参与してはいる」と考えられるが、その上でさらに、救いの秩序における教会の普遍的な「仲介」について語ることができるのか、あるいは語らなければならないのであろうか。

(3) 明示的な普遍的仲介とは

したがって、厳密な神学的な意味において理解されている教会の持つ「仲介」は何に基づいているのかを問う必要がある。教会は第一に、みことばの告知と秘跡的な救いの計画をとおして、救いの仲介を行い、その中心は、『信徒使徒職に関する教令』6項にあるように、「主のことばと秘跡の秘義を伴う」感謝の祭儀（「みことばの食卓とパンの食卓」）である。みことばの告知と秘跡の祭儀は、教会共同体におけるイエス・キリストの働きの真の仲介を示している。しかし、これらの要素は、その定義からして、イエス・キリストにおいて救いを受ける他宗教のメンバーには届かないことも付け加えなければならない。実に、この感謝の祭儀において、教会はすべての古い犠牲を成就完成させることも真実である。しかしながら、教会が祝う感謝の祭儀の「恩恵」は、教会外の人びとの救いではなく、教会自身のメンバーと霊の一致である。――感謝の祭儀の典礼がはっきりと示しているように、「キリストの御体と御血をいただく私たちすべてが聖霊によって一致のうちにともに導かれるように」（『ローマ・ミサ典書』第二の祈り、聖霊への祈り）、「キリストの御体と御血によって養われた私たちが、キリストの聖なる霊で満たされ、キリストにおいて一つのからだ、一つの霊となるように」（『ミサ典礼書』の第三の祈り）と述べられているとおりである。

それでは教会のメンバーではない人びとに向かって、教会の側から、恩恵の仲介について適切な言葉で語ることは可能なのだろうか。この問いに対して、すべての人の救いのために捧げられる教会のとりなしの祈り、そのための教会のメンバーの生活の証し、功徳を示すことで積極的に答えようと、多くの努力がつづけられている。[259]

教会は疑問の余地もなく、あらゆる人の救いのためにとりなそうと努め、祈りつづけるが、特に感謝の祭儀のなかで最もよく祈る。「主よ、私たちにあなたの平和をもたらし、この犠牲が世界のあらゆる人の救いになるように」（第三奉献文）。このようなとりなしの祈りは、教会がキリストのからだとしてキリストに結びつく限り、教会の宣教の働きとなる。しかし、この「とりなし」が適切な神学的な意味において、本当に「仲介」として考えられるかどうかが問われなければならない。救いの秩序のなかで、キリストの普遍的な仲介とは、具体的には、キリストの復活された人間性がすべての人のための恩恵へのチャンネルであり、道具としての作用因になっていることに関係がある。

これまで、カール・ラーナーは、至福直観においてすら、イエス・キリストの人間性の持つ仲介の永遠的な役割を強調してきた。[260] 教会に関して、教会は教会共同体の内に、共同体によって祝われる言葉の告知と秘跡の経綸をとおして、厳密な意味でその派生的で参与的な仲介を行う。スコラ哲学の用語を借りれば、厳密な意味でこのことは、道具的な作用因を伴うことになる。教会のとりなしの祈りに関しては、これはまた別のことである。とりなしの祈りの働きは、むしろ、救いの効果的な因果関係というよりも人道的（the moral）であると思われる。教会はイエス・キリストにおける救いの恵みがすべての人に与えられるように祈り、神にとりなす。教会がとりなし、神が救われる。この場合、厳密な神学的な意味における「仲介」について語ることは適切ではないであろう。この場合の因果関係は、救いの有効性に関するものではなく人道的な秩序と究極（finality）の秩序に関するものである。

最近の神学者のあいだにはこの点を見逃さなかった人もいる。そのなかでも、イヴ・コンガールの名前を第一に挙げておくべきだろう。彼は、次のように述べている。

「すべてのカトリック者は、目に見える教会の境界を超えて、昔も今も教会外にも救いの光と恩恵の賜物が存在し、現存しつづけていることを認めなければならないし、実際認めている。しかし、これらの恩恵は教会をとおして受け取るものであると通常考えられているが、必ずしもそのように考える必要はない。恩恵は教会のゆえに与えられ、人びとを教会に向けて導いていることで充分である[261]」。

ここで述べられているように、教会と教会に属さない人びとのあいだの関係性は、救いの有効性ではなく、究極目的（finality）に関する秩序と関連している。他者は教会に向けて導かれている。コンガールは、「教会外に救いなし」という公理は捨てなければならないと結論づけている。なぜなら、文字通りの意味に採ることはできないし、長い説明なしに、正しく理解されることはないからだと言っている。しかし、このことは、それがまったく意味がないと言っているわけではない。実際に、教会はイエス・キリストにおいて人びとを神の救いに導くために神によって発展させられた制度であるという、聖書的な真理を含んでいるからである。「カトリック教会は、救いのために神によって発展させられ、権威を与えられた唯一の秘跡的な制度として存続し、そして世界に現存する恩恵がいかなるものであれ、救いの有効性として教会に関連があるのではなく、その究極目的性（finality）においてなのである[262]」。もしも、「教会外に救いなし」、という表現が保持されるならば、それに「完全に肯定的な意味」が与えられなければならない。したがって、「神が世界をつくり、それを救うために与えられる賜物を表現する一つの現実は、世のなかに一つしかない。すなわち、神との一致とそのいのちに入ることであり、それは、私たちのために死んで復活した真理そのものの師であるイエス・キリストのことである。このイエス・キリストが教会を彼の花嫁、自分のからだとして、救いのみことばと秘跡を託された[263]」。

このように伝統的な公理は、肯定的な意味を持ちうる。公会議は、「救いの普遍的な秘跡」として（『教会憲章』

48項）救いのための教会の必要性（同14項）について述べている。しかし、この必要性は、イエス・キリストにおいて救われるあらゆる人に適用される厳密な意味での普遍的な仲介を意味しているものではない。逆に、これは他者が属している宗教的な伝統のなかに「代理的な仲介」[264]の存在のために余地を残している。したがって、「他者」と教会の因果関係は、作用因ではなく目的因にもとづく秩序のものであると推論できる。しかし、最近の公文書によると、教会が救いの「一般的な手段」を持っている限り（『福音宣教』（*Evangelii Nuntiandi*, 80項）、または「救いの手段の充満」を持っている限り（『救い主の使命』55項）、たとえ他宗教のメンバーが「神のみが知る方法によって」イエス・キリストのうちに救われるとしても（『教会の宣教活動に関する教令』7項、『現代世界憲章』22項）、教会は人びとの救いのための「普通の道」として留まる（『福音宣教』80項）。救いの恩恵は「キリスト的な恩恵」と呼ばれなければならない。教会外にいてキリストにおいて救われる人びとを教会の方向に導くという方向性のゆえに、救いの恵みが教会の秘義に向かってゆく限り、そこから「教会的な恩恵」と呼ばれ得る。『教会憲章』９項と『救い主の使命』９項に述べられている救いの秩序のなかでの教会の「普遍的な道具」としての役割は、教会への方向づけをもとにしている教会外の人びとの場合には、期待と希望として理解される。

カール・ラーナーの主張も同様である。[265]彼の「無名のキリスト教」――これは大切な点であるが――は恩恵と救いの秩序のなかでのイエス・キリストとの関係性を指しているのであって、直接に教会との関係性を言っているのではない。原則的に、すべての人類家族はすでにイエス・キリストによって救われている。したがって全人類はすでに「神の民」を構成している。教会外にあってイエス・キリストにおいて救われた人びとは、客観的に教会に向かって方向づけられているのではあるが、しかし、教会のメンバーではない。確かに教会には救いの恩恵が現存する、「霊を遣わす場所」として特別であることもまた真実である。[266]しかし、霊は、その現存と救いの働きが教会外にあって損なわれるほど、教会とその奉仕者やその制度に密接に縛られているわけではない。ヘンリー・Ｅ・マニング枢機卿[註111]が一九世紀に書いたことは心に留めておくべきである。すなわち、エイレナイオスが言ったように、「教会があるところに霊も存在している」というメッセージは正しいものではあるが、「教会のないところに霊は存在してはいない」ということは正しいことではない。聖霊の働きは、初めから人類の全歴史に浸透しており、いまも、教会外にいる人びとのあいだで完全に働き続けている(267)。

教会が、聖霊が働く「唯一の場所」であると言うことはできない。恩恵は「特定の場所」に留まらない。なぜなら、恩恵はどこでも働くからである。聖霊を介しての教会外での救いは、教会への方向づけ、教会へ向かう始点を意味する。そして、もし救いが完全に有効な時点に来ると、教会のメンバーとして教会に属する形で現わされる。聖霊が特権的に留まる地点としての教会は、教会外で働く恩恵がそこに向かってゆく地点として理解されなければならない、すなわち、恩恵は、教会において目に見える表現を見い出すものとして定められている。教会に向けられた聖霊の動きは、聖霊が存在して働くところにはどこにでも現存している。しかしながら、この教会への方向性は、すでに作用因として働いている教会の普遍的な仲介を意味するものではない。本章の最後のところで言及するように、教会の必要性とは、究極的には人びとのなかにあって神の恩恵の現存の秘跡的なしるしとしての機能という点から見られるべきである。神の恩恵は教会が存在しないところでも働く。しかし、教会は、世における神の恩恵の現存の普遍的な秘跡としてのしるしでもある。

(4) 神の国の秘跡としての教会

第二ヴァティカン公会議は「救いの普遍的な秘跡」として教会を定義した(『教会憲章』48項)。その結果、教会を「神の国の秘跡」として考察する神学が生まれた。私たちはすでに、第二ヴァティカン公会議が、この世に存在する神の国を教会と同一視している一方で、回勅『救い主の使命』20項は、神の国が教会よりも広く、実に普遍的な現実であると言明することによって、この二つを明確に区別した聖省の最初の公的文書であることを想い起こした。

いったん、神の国の普遍性が肯定されると、神の国との関連において教会の秘跡性に関する問いが必然的に生じる。それはもはや単に教会は歴史における神の国であり、終末的な未来において完成される神の国そのものの充満の「秘跡」であると述べるだけでは充分ではない。むしろ、教会は歴史のなかで働き、すでに存在するイエス・キリストの救いの普遍的な現実、世における「秘跡」であることを示すことが必要になってくる。回勅『救い主の使命』は、教会と神の国のあいだには、『キリストと聖霊の働きを教会の目の届かないところに締め出してしまわない限り、特定の必要な役割を与えているかけがえのない特別な関係性」（同18項）があると言っている。この役割は、どのように理解されるべきなのであろうか。より厳密に言えば、教会は歴史のなかにすでに存在する神の国の秘跡であるということをどのように理解すべきであろうか。「秘跡神学」がここでは極めて役に立つ。ラーナーはこの神学を世にある教会と歴史のなかの神の国の関係として見事に適用した[268]。

秘跡神学において、秘跡そのもの（sacramentum tantum）、事物と秘跡（res et sacramentum）、事物そのもの（res tantum）、という古典的な区別がある。すなわち、第一は秘跡の教会的効果、第二が恩恵の効果である。これは直接に七つの秘跡に適用されるが、ここでは、類比的に、教会の歴史的なしるしとそこに表わされ、生み出される恵みの現実との関係に適用される。より正確に言えば、教会というしるし、その教会の一員となること、そして神の国の一員となること、という三つの表現の相互関係のことである。目に見える姿の教会は、秘跡そのもの（sacramentum tantum）である。そこにおいて意味される恵みの事物そのもの（res tantum）は、秘跡そのものが内包し、賦与するもの、すなわち、神の支配に属するということ、イエス・キリストの救いの秘義に参与することである。その中間的な事物と秘跡（res et sacramentum）とは、教会共同体の一員であることと、それによって神の支配の現実に加わることとのあいだにある関係のことである。しかしながら、秘跡論でも言われているように、事物そのもの（res tantum）に、事物と秘跡（res et sacramentum）の仲介なしに達することは可能である。つまり、教会という体に属することなく、ある人びとは神の支配の恵みに達することができる。もちろん、そうだからと言って、神によって意図され、神の支配の恵みの現実の歴史の内に、またこの世のなかに存在する神の恵みを、効果的に現わすしるしであることがなくなるわけではない。教会は、神の支配の恵みの現実を証し、その成長に奉仕し、またそれを告げ知らせる。

新しい光の下に公会議によって与えられた公式陳述を考慮すれば、教会がいかに歴史のなかにある神の国の秘跡として理解され得るか、というのがわかる。公会議は、教会のなかにおいて神の国は「すでに秘義のうちに現存している」としている（『教会憲章』3項）。秘跡神学によれば、これは最終的な完成に向かって秩序づけられた神の国の教会における未完成の存在を直接には意味していない。むしろ、これが意味するものは、教会は世にあって、歴史のなかにすでに現存する神の国の現実の秘義的、または秘跡的な現存であることである。教会は「すでに現存する神の国の秘跡なのである」。これは、一九七九年にプエブラで開かれた司教会議の最終文書のなかで使われている公式宣言を借りれば、「私たちは、教会のなかに、神が沈黙裡に世界中でなされている、神の救いの計画の目に見える顕現を見い出す。私たちが見い出したものは、教会は御父の働きの最も力ある集中点となる場所である」(269)（132項）。

したがって、世界における神の国のしるしである教会の存在は、神がイエス・キリストにおいて御自分の統治をこの世界に根づかせたことを証言する。さらに、効力あるしるしとして教会は、言葉と秘跡をとおして神の国への道となり、それが意味する現実を保持し、効力をおよぼしてゆく。しかし、教会の必要性の本質は、教会のメンバーであることをとおしてのみ、神の国へのアクセスが可能である、というようなものではない。「他者」は、教会のメンバーになることなく、神の国とキリストに属することができる。にもかかわらず、教会における神の国の現存は、特別な地位を有している。なぜなら、「救いの恩恵、手段の十全性」（『救い主の使命』18項）をキリストから受けているからである。教会は神の国の「普遍的な秘跡」（『教会憲章』48項）である。このことが、教会外にあって救いと神の国へのアクセスを持つ人びとが、教会のメンバーとして教会と一体になっていなくとも、教会に「向かっている」という理由である――『教会憲章』16項に述べられているように、ここでは「望みのメンバー」についての以前の教えを再び用いたのではない。すでに引用した最近の著者はこの点を明確にしている。

「教会が、『救いの秘跡』であるというとき、それは教会は教会をとおして、しかし、その境界を超えて広がってゆく現実を証言するという意味である。そして教会は同時にこの現実を避けられない関係にある。もし、教会が救いの秘跡（しるしと道具）であるのなら、救いが達成される唯一の場所でもなければ、その起源でもあり得ない。それはむしろこの起源の奉仕者である……教会が『救いの普遍的秘跡』（『教会憲章』48項）のようなものであるということは、教会自己自身のしるしではなく、それは神から来る救いのしるしであることを強調するのに役立つ。教会は救いを明らかにする。しかし、それを所有しているのではない。もしそれが永遠であるとするならば、それは霊においてキリストをとおして働く神の賜物の永遠性を意味するためである(270)」。

教会が歴史のなかに普遍的に現存する神の国の秘跡であるということは、厳密に神学的な意味において、信仰と回心と愛をとおして神の招きに答え、神の国に入った他宗教のメンバーのために、教会が必ずしも、恩恵の普遍的な仲介の働きを行うという意味ではない。前章において、他宗教がそのメンバーに対して参与的で派生的な仲介ができるかどうかについての議論が可能だとした理由がここにある。いかなる形にせよ、教会のメンバーではなく

（神学的な意味において）教会の仲介にかかわりのない「他者」は、それにもかかわらず、教会に向かって方向づけられる。「他者」にとっての方向づけの因果関係は有効性の秩序ではなく究極目的性の秩序のなかにある。「世の秘跡」（sacramentum mundi）という表現の意味は、カール・ラーナーによって編集された『サクラメントゥム・ムンディ神学百科事典』のタイトルから採られたものである。教会は、イエス・キリストにおける神の恩恵が世にあって達成され、達成しつづけることを表わすべく神によって意図されたしるしである。スキレベークスはこの点を明確にした。「教会は神の国そのものではない。しかし、教会は言葉と秘跡をとおして神の国の象徴的な証言をなし、その実践においては効果的に神の国を予期する(271)」。カール・ラーナーも同様の内容を述べている。――「教会は世の救いの秘跡である……というのは次のような意味においてである。教会が歴史の領域のなかで、具体的で歴史的な現われであることが、社会的な領域のなかでは、神の恵みによって全人類を網羅する唯一の救いのための終末的な現われとなる(272)」。

この意味においては、論議の的だった公理を「世界の外に救いなし」として変容させることができる。ジェローム・P・テイセン[註112]は、秘跡としての教会理解を良くまとめている。

「秘跡としての教会は、目に見える教会から離れて、神がキリストをとおしてもたらす救いの恩恵の目に見えるしるしとして、世界に存在するということのみを意味する。世界のどこにおいても達成されつつある救いの過程を、教会は映し出し、明確に表明し、わかりやすく示す……この意味において、秘跡としての教会は、キリストにおける神の慈しみの豊かさを示すために存在する。教会は救いの普遍的な秘跡であり、そのなかで教会は世にあって救いがもたらされるところではどこででも、キリストにおいて神の救いの働きのしるしとなる。教会の秘跡的なモデルの趣旨は、教会を、世界中どこででも人びとに救いをもたらす神の恩恵の目に見える出来事と具体的な顕現として理解するよう導く」[273]。

神の国の秘跡としての教会はまた、神の国の完成に向けて奉仕する。すでに記したように、回勅『救い主の使命』は神の国に奉仕する教会のさまざまな方法を区別する。この方法のなかには、「教会は神の国の表現であり、人びとが神の計画を受け容れることを助ける『福音の価値』を全世界に広めることによって教会は神の国に奉仕する」。教会はまた、「神の国の証言をとおして、対話、人間性の振興、正義と平和への献身をとおして」（同20項）神の国の向上に貢献する。

狭い教会中心の展望を克服し、キリスト中心、神の国中心の展望において、教会の使命は、新しい光の下に考察されるであろう。新約聖書は、「仲介者」という言葉を、「神と人間のあいだの真の唯一の仲介者、自身が人間となったイエス・キリスト」に適用している（一テモ２・４―５）。イエス・キリストは教会の仲介も含めて、他の参与的な仲介者（『救い主の使命』５項）の根源的な原仲介者である。教会の任務は、仲介の普遍的な機能であると考えるのではなく、むしろ、証言、奉仕・宣教の任務と考えられるであろう。教会は、イエス・キリストのうちに神が発展させた神の国を世界にあってあらゆる人にその現存を示さなければならない。神の国の発展のために奉仕し、それを告げ知らせるのである。教会は自己を「中心に据えるのではなく」、全面的にイエス・キリストと神の国を中心に据えなければならないという考え方である[274]。

教会自身のなかには存在理由はない。教会の目的は教会自身ではない。イエスが自身の内に神の国を発展せしめた御父に全存在を向けていたように、教会もまた全面的にイエス・キリストと、イエス・キリストの内に御父によって発展せしめた神の国に、方向づけられなければならない。教会は、こうして全面的にキリストと神の国に関連づけられなければならない。教会は神の国の「秘跡」である以上、教会は神の国の秘義を目に見えるもの、感知できるものにしながら、神の国を示さなければならない。しかしながら、しるしであることは、難しい危険な立場に立つことになる。なぜなら、しるしは、それが意味することを指し示し、しるしの向こうにあるもの、しるしを超える何かを指し示さなければならないからである。すなわち、この場合、教会は自分自身ではなく、イエス・キリストと神の国に人びとの目を向けなければならない。教会は常に、教会自身に向かい、指し示す機能を忘れてはならない。もし教会が自己を中心に据えて行動するなら、その行動の度合いに応じて、教会は「意味のないもの」、「不要な存在」になってしまう。教会はこのように、教会自身の生き方をとおして、神の国を証言し、人びとにこの神の国を見えるもの、感知できるものとして広め、さらに教会において神の国の価値を再現し、さまざまな努力をとおして神の国を広め、つまり世に現存する神の国の生きた働きを「よき知らせ」としてすべての人に告げ知らせる。要約するに、自己を福音化している教会だけが、神の国に奉仕することができ、それを告げ知らせることができる。そこにこそ、しるしと秘跡としての証言の信憑性がある。

教会だけが神の国について独占権を持っているわけではない。他宗教の伝統のメンバーは真に歴史における神の国を共有し、他宗教の伝統は、その宗教の信奉者のあいだばかりではなく、世界にあって神の国の発展に貢献できるのである。教会は世にあって神の国の「普遍的な秘跡」である一方、他宗教の伝統も同じではないが、疑いもなくある種の秘跡的な仲介を果たしている。

第8章　原註

(238) *AAS* (1943): 199

(239) Examples can be given almost at random. Among others, see Yves de Montcheuil. *Aspects de l'Eglise* (Paris: Cerf, 1949), 29-30; Lucien Cerfaux, "L'Eglise et le Règne de Dieu d'après Saint Paul," in *Recueil Lucien Cerfaux*, vol. 2 (Gembloux: Duculot, 1954), 386.

(240) Timotheus Zapelena, *De Ecclesia Christi (Pars apologetica)* (Rome: Pontificia Universita Gregoriana, 1955), 41.

(241) Cf. Francis A. Sullivan, "The Significance of the Vatican II Declaration That the Church of Christ 'Subsists in' the Roman Catholic Church," in *Vatican II: Assessment and Perspectives*, ed. René Latourelle, vol. 2 (New York and Mahwah, N.J.: Paulist Press, 1989), 272-87.

(242) Oscar Cullmann, *Christ and Time: The Christian Concept of Time and History* (London: SCM Press, 1952).

(243) Jacques Dupuis, *Toward a Christian Theology of Religious Pluralism* (Maryknoll, N.Y.: Orbis Books, 1997), 334-36.

(244) *Ibid*, 336-40.

(245) A passage with very similar content is found in the document "Dialogue and Proclamation" (1991), which reads: "… the inchoate reality of the Kingdom can be found also beyond the confines of the church, for example in the hearts of the followers of other religious traditions, insofar as they live evangelical values and are open to the action of the Spirit. It must be remembered, nevertheless, that this is indeed an inchoate reality, which needs to find completion through being related to the Kingdom of Christ already present in the church, yet realized fully only in the world to come" (§35). Text in Pontifical Council for Interreligious Dialogue, *Bulletin* n. 77; 26, no. 2 (1991): 225.

(246) Final declaration of the Second Institute of Bishops for interreligious affairs, on the theology of dialogue (Pattaya, Thailand, November 17-22, 1985), in *For all the Peoples of Asia: Federation of Asian Bishops' Conferences Documents from 1970 to 1991*, ed. G. Rosales and C.G. Arevalo (Maryknoll, N.Y.: Orbis Books,1992), quote from p. 252. The text may be compared with another one published by the Theological Advisory Commission (TAC) of the FABC. The "Theses on Interreligious Dialogue" (1987) declared, "The focus of the Church's mission of evangelization is building up the Kingdom of God and building up the Church to be at the service of the Kingdom. The Kingdom is therefore wider than the Church. The Church is the sacrament of the Kingdom, visibilizing it, ordained to it, promoting it, but not equating itself with it" (§6.

3). The text is found in *FABC Papers*, no. 48 (Hong Kong: FABC, 1987), 16.

(247) Text in *FABC Papers*, no. 64 (Hong Kong: FABC, 1992), 31.

(248) John Sobrino, *Jesus in Latin America* (Maryknoll, N.Y.: Orbis Books, 1987); idem, *Jesus the Liberator: A Historical-Theological Reading of Jesus of Nazareth* (Maryknoll, NY., Orbis Books, 1993).

(249) Karl Rahner, "Christianity and the Non-Christian Religions," in *Theological Investigations*, 21 vols. (London: Darton, Longman & Todd, 1961-88), 5:121, 130.

(250) Dupuis, *Toward a Christian Theology of Religious Pluralism*, 86-99; cf. also Francis A. Sullivan, *Salvation outside the Church ?* (New York and Mahwah, N.J.: Paulist Press, 1992).

(251) Dupuis, *Toward a Christian Theology of Religious Pluralism*, 99-102.

(252) Yves Congar, *The Wide World My Parish: Salvation and Its Problems* (London: Darton, Longman & Todd, 1961), 98, cf. 112; cf. also idem, "Hors de l'Eglise pas de salut," in *Sainte Eglise: Etudes et approaches ecclesiologiques* (Paris: cerf, 1963), 417-32; Josef Ratzinger, *Das Neue Volk Gottes* (Dusseldorf: Patmos, 1970), 339-61.

(253) *Osservatore Romano*, June 1, 1995, 4.

(254) There are questions about the document published by the International Theological Commission in view of the extraordinary synod on the occasion of the twentieth anniversary of the closing of Vatican II. See Commission Théologique Internationale, *L'unique Eglise du Christ* (Paris: Centurion, 1985), 7.

(255) Jean Rigal, *L'Eglise en chantier* (Paris: Cerf, 1995), 49.

(256) Giaccomo Canobbio, *Chiesa perche: Salvezza dell'umanita e mediazione ecclesiale* (Cinisello Balsamo: San Paolo, 1994), 142-47.

(257) Karl Rahner, "Membership in the Church according to the Teaching of Pius XII's Encyclical 'Mystici Corporis,'" in *Theological Investigations*, 2:54.

(258) *Osservatore Romano*, February 5, 1998, 4 (emphasis added).

(259) Cf. among others Sullivan, *Salvation outside the Church ?*

(260) Karl Rahner, "The Eternal Significance of the Humanity of Christ for Our Relation to God," in *Theological Investigations*, 3:35-46.

（261）Yves Congar, “L’Eglise, sacrament universel du salut,” *Eglise Vivante* 17 (1965): 351; also idem, *This Church That I Love* (Denville, N.J.: Dimension Books, 1969).
（262）Cf. Yves Congar, *Sainte Eglise: Etudes et approches ecclésiologiques*, 431-32.
（263）Congar, *Vaste monde ma paroisse* (Paris: Temoignage chrétien, 1959), 131-32.
（264）Dupuis, *Toward a Christian Theology of Religious Pluralism*, 133-47, cf. 144.
（265）Rahner, “Membership in the Church,”.
（266）Karl Rahner, “ Die Kirche als Ort der Geistsendung,” *Geist und Leben* 29 (1956): 94-98.
（267）Quoted by Yves Congar, *I Believe in the Holy Spirit*, vol. 2 (London: G. Chapman, 1983).
（268）Karl Rahner, “Church and World,” *Sacramentum Mundi: An Encyclopedia of Theology* I (New York: Herder and Herder, 1968), 346-57.
（269）John Eagleson and Philip Scharper, eds., *Puebla and Beyond* (Maryknoll, N.Y.: Orbis Bokks, 1979), 152.
（270）Jean Rigal, *L’Eglise en chantier*, 53-59.
（271）Edward Schillebeeckx, *Church: The Human Story of God* (London: SCM Press, 1990), 157.
（272）Karl Rahner, *The Church after the Council* (New York: Herder and Herder, 1966), 53-54.
（273）Jerome P. Theisen, *The Ultimate Church and the Promise of Salvation* (Collegeville, Minn: St John’s University Press, 1976), 134.
（274）Cf. Ignacio Ellacuria, *Conversion de la Iglesia al Reino de Dios: Para anunciarlo y realizarlo en la hitoria* (Santander: Editorial Sal Terrae, 1982).

第9章　多元的な社会における諸宗教同士の対話

――対話の視点――

すでに述べたように、宗教的多元主義は、近年になって新しく生じた学説であるわけではない。使徒時代以来、初期キリスト教は、自分たちの起源としてのユダヤ教との関係において、つづいて、その発展途上で邂逅したさまざまな宗教との関係において、そのメッセージを位置づけなければならなかった。実際に新しいことは、われわれが置かれている多元主義的な世界のなかで生み出される文化や諸宗教の伝統、さらには自己とは異なる者に対して持つ権利への鋭敏な自覚である。どうして鋭敏な自覚が生じてくるのか、その理由をここで詳しく述べる必要はないだろう。周知のとおり、政治的および経済的な理由がある。そして、実に、その根底には、人間的で文化的で宗教的な理由がある。

私たちがいだいている関心を本章で展開する。その際、宗教的多元主義を取り巻くこの新しい鋭い意識が、キリスト者の実践について、私たちに何を問うているのかを考察する。このような状況において、生きてきたキリスト教信仰は、他者、それが誰であれ――イスラム教徒、仏教徒、ヒンドゥー教徒その他の宗教の人びと――に対していかなる姿勢を私たちに求めるのであろうか。教会の立場から眺めるとき、他宗教に対する新しい態度は、他宗教のなかに肯定的な価値を見い出し、それを認めることに関連していることは明らかなようである。宗教同士の対話に関する現代の議論のなかに、何か新しい発想が生じ始めたことには、何の不思議もない。この点は第二ヴァティカン公会議以前には話題に上がらなかった。しかしながら、公会議開催中の一九六四年に教皇パウロ六世によって発布された回勅『エクレジアム・スアム』(*Ecclesiam Suam*)が、宗教同士の対話を前進させるうえでの力強い刺激となった。教皇は、神が何世紀にもわたって人類とともに育んできた救いの対話を、よりいっそう広げるように運命づけられたものとして教会を表現した。前述したように、教皇は、教会の立場からこのような対話について、次のような四つの同心円を描いた。つまり、①世界全体との対話、②他宗教メンバーとの対話、③分かれたキリスト教の兄弟との対話、そして最後に④教会の内側でなされる対話である。この四つの同心円は、第二ヴァティカン公会議の『現代世界憲章』(92項)の結論のなかでは、逆方向への動きのなかで採り上げられている。

しかし、このように宗教同士の対話を奨励しながら、教皇パウロ六世は、こうした対話が教会の使命のなかに占める正確な位置については、意見を述べなかったことも記しておこう。その理由は、他宗教の価値に関する教皇自身の診断がかなり否定的なものとして留まったことによる。実に、前述したように、その後、発布された使徒的勧告『福音宣教』(一九七五年)では、教皇は、他宗教の伝統に対する評価について否定的な立場を保っている(同53項)。他宗教は、人間における「素朴な」宗教心の現われであり、キリスト教が唯一「超自然的」な宗教であるとしている。結果として、「他者」は教会の福音宣教から「恩恵」を受けるものとして見られ、福音の「宣教」とそれへの教会の奉仕を第一のものとしている。教皇パウロ六世は『エクレジアム・スアム』が発布された段階では、対話の教皇と呼ばれたが、それ以降の公文書では二度と対話については語らなかった。

公会議も、対話は教会の使命に属するものであるという趣旨の記述はしてはいない。むしろ、公会議文書全体をとおして福音宣教は厳密に「非キリスト者」をキリスト教への回心に招くために、イエス・キリストを告知し、公布すること、としている。公会議は肯定的に宗教同士の対話を勧め(『キリスト教以外の諸宗教に対する教会の態度についての宣言』Nostra Aetate 2項、『現代世界憲章』92項)、対話は大切であるとしながらも、決して教会の宣教それ自体に属するものであるとは言わなかった。福音化という観点では、対話がいかに意義のあるものであり、勧められるものであるとしても、対話は「他者」への最初のアプローチでしかなく、「他者」には、公会議前の神学的な術語としての「福音化の準備」が適用されているにすぎない。

右に述べたことは、対話を「福音化」の本質的な要素としてみることが、公会議後の宣教神学において多くの質的な変化をもたらすことを示すのに役立った。第二ヴァティカン公会議後の数年間に、「福音化」のより広い統合的な概念の樹立に努めた結果——他の要素とともに——対話は福音化の本質的な領域としての地位を獲得した。公式の教えにおける決定的な前進は、一九八〇年代から九〇年代に至るいくつかの文書のなかに見い出せる。

さらに論を進める前に、術語の明確化が今一度必要となる。ここで提案する定義は、これまで数多く引用してきた『対話と宣言』(一九九一年)から採られている。教会の「福音化」あるいは「福音宣教」という言葉は、さまざまな要素で構成されているが、「教会の使命をその全体において意味している」(同8項)。宣教する際に必須の要素である「対話」は「真理を求め、自由を尊重して、互いを理解し、豊かにするために行われる、他宗教の信者個人および共同体とのあらゆる積極的で建設的な関係を意味する」(同9項)。「告知」あるいは「宣言」は「神がイエス・キリストにおいて聖霊の力によって、すべての人間のために実現した救いの秘義、つまり福音のメッセージを伝達することである。それは、信仰をもって自分をイエス・キリストに委託するための招きであり、信仰者の共同体である教会に洗礼によって入るための招きである」(同10項)。このような定義から明らかになることは、「対話」と「宣教」とは、あたかも相互に対立するかのように、あるいは、他から区別されさえするかのように対立させるべきではない。なぜなら、対話は、述べ伝えることも含めた福音宣教の不可欠な要素だからである。同時に、対話はすでにそれ自体が福音化である一方、いくつかの現代の神学的な傾向に対立するものとして、以下に見られるように、福音化が対話に限定されることはあり得ない。この二つの要素は、その範囲において異なるのである。福音化のなかでの固有な要素として、対話は「他者」にキリスト教への「回心」を求めない。しかし、対話する両者が神と他者に向かってより深い回心を共有することを求める。対照的に宣言は、キリストの弟子になるために、キリスト教共同体のなかに他の人びとを招くことである。

公会議後の教皇庁文書としては、『対話と宣教』(*Dailogue and Mission.* 一九八四年)、回勅『救い主の使命』(一九九〇年)、『対話と宣言』(一九九一年)が重要である。それらは、充実した人間性の向上と解放、宗教同士の対話の本質を構成する不可欠の要素を含め、教会の福音化の使命の広範な概念をはっきりと発展させている。一九八四年の非キリスト者聖省の文書には、教会の福音宣教は、「単一でしかし複雑かつ明瞭な現実」(『対話と宣教』13項)として表現され、「基本的な要素」として次の点を挙げている。――①証し、②「全人類への奉仕のための具体的な献身、社会的な発展のための活動のあらゆる形態、貧困とそれを生み出す社会制度との戦い」、③典礼生活、祈り、黙想、④「他宗教伝統のメンバーとともに真理に向かって歩み、共通の関心事のプロジェクトでともに働くための対話」、⑤ケリュグマ(kergyma 宣教内容)と教え(didache)。「キリスト者の宣教の全体は、これらすべての要素を包含している」[275](同13項)。このテクストの意義は大きいものである。宗教同士の対話は、教会にとって、すでに福音化である。キリスト者と他宗教の人びとが真理に向かってともに歩む途上にある。諸宗教の神学における努力の重要部分は、このような主張を明確にすることにある。

『対話と宣教』は、さらに説明を加え、福音化の特別な役割としての宗教同士の対話――この対話は、「教会の宣教の偉大なダイナミズムとしてその場所を見い出す」――は、さまざまな形を取る。生活のなかで、すべての人に開かれたアクセス可能な対話(同29―30項)として。正義と人間解放に向けてともに全力投球する対話(同31―32項)として。交流および協力の推進を目的とした、各々の宗教的な遺産について学者たちが意見交換をする知的な対話

（同33－34項）として。最後に最も深いレヴェルでの対話として、絶対者への共同探究における祈りと黙想の宗教的な経験の分かち合いがある（同35項）。対話のこれらのすべての形は、キリスト者の側としては、「文化の福音的な変容」のために働く際の多様な方法であり（同34項）、福音の価値を他の人びとと深いレヴェルで分かち合うための多様な機会をもたらすものである（同35項）。

回勅『救い主の使命』は対話と宣教の関係について次のように述べている。――「これら二つの要素はお互いの密接なつながりと、それぞれの特徴とをともに保持しなければならない。だからその二つを混同したり、操作したり、あたかも互いに置き換えられる同一のものとみなしたりしてはならない」（『救い主の使命』55項）。

右記の、対話が「操作されるべきではない」ということは、対話を宣教の道具としてその働きを縮小してはならないということである。福音化の真正な表現として、対話はそれ自体で価値がある。宗教同士の対話において、教会は、人間個人および人類の宗教伝統に潜んでいる、「みことばの種子」と「すべての人を照らす真理の光」を見い出すよう努める。教会は、「キリストの現存と聖霊の働きのしるしを発見し、認めるよう自分自身（教会）を刺激しています。また同時に、教会自体の存在意義を一層深く探究し、すべての善意の人のために教会が受けた啓示の完全さをあかしするよう教会を刺激しています」（同56項）。『対話と宣言』(276)はこの回勅に共鳴し、次のように述べている。――「同じレヴェルではないが、宗教同士の対話と宣言は、どちらも福音宣教という教会の使命の真正な要素である。両者は正しく必要なもので、密接な相関関係にあるが、置き換えられない……この二つの活動は依然として別々のものであるが、経験が示しているように、同一の地域教会や人物がさまざまに両者に携わることができる」（『対話と宣言』77項）。

しかし、この文書はまた、対話は福音化の真正な表現ではあるが、それは福音化のすべてではなく、宣教に方向づけられたものである、と述べている。この二つの働きの範囲は異なっている。宗教同士の対話の領域は、「すべての人が神に向かってより深い回心をすること」である。対話自体が「固有の価値」（『対話と宣言』41項）を持っている。他方、宣言は、「神がイエス・キリストにおいてすべての人間のために成し遂げたことのはっきりした認識へと人びとを導き、教会に入ってイエスの弟子になるように彼らを招こうとする」（同81項）という目的を持っている。この文書は次のように述べている。――「対話は……教会の使命のすべてではなく……対話は端的に宣言に代わり得るどころか、福音宣教という教会の使命のダイナミックな過程の頂点と完成が宣言にある限り、あくまで宣言に方向づけられているものである」（同82項）。

これら二つの要素は、力強い過程を表現する同じ福音宣教のなかにあって、弁証法的な関係性にあると考えられ、教会生活において宣言とその秘跡化は福音宣教の頂点を現わしている。事実、この宣言に向けての対話の「方向づけ」は『教会憲章』16項で語られている他宗教の伝統のメンバーを教会に「方向づける」ことに呼応する。彼らは教会に方向づけられている。なぜなら教会には『救い主の使命』18項のいう「救いの恩恵と手段の充満性」が託されているからである。同様に、対話は宣言に方向づけられ、この宣言をとおして「他者」が教会における充満性を共有するよう招かれている。

右の教会の三つの公式文書は、公会議が前に述べたことを超えてどこまで進展したのか、と問うならば、次のことが言えると思う。第二ヴァティカン公会議は他宗教伝統との対話を奨励したが、対話が教会の福音宣教の一部となるとは宣言しなかった。この後者の点について、その後に続いて出された右記の三つの文書によってはっきりと述べられた。さらに、この三つの文書は、第二ヴァティカン公会議ではまだ見られない福音化の「幅広い」概念を展開し、異なるさまざまな方法で、対話は宣言の一つの道具として限定することはできず、対話自体のなかにその価値があるとした。このように、異なるニュアンスとアクセントを持って、福音化、対話、宣言に関する教会の教義を一歩前進させた。

この章の私たちの目的は、宗教同士の対話と諸宗教の神学のあいだに存在する相互作用を考察することにある。第一として、深い意味において、対話が、開かれた諸宗教の神学に基礎を置いていることを示さなければならない。したがって、宗教同士の対話の神学的な基盤は何か、を問わなければならない。第二として、この宗教同士の対話は、神学に対していかなる意味で影響を与えているのか、そしてその成果および効果のみならず、その挑戦は何であるのか、を探究する。

1 対話の神学的な基盤

(1)「一致の秘義」(Mystery of Unity)

「教会と非キリスト教的な宗教の関係」特に宗教同士の対話の基盤を築くために、公会議の宣言『キリスト教以外の諸宗教に対する教会の態度についての宣言』は、次のように言っている。——「すべての民族は唯一の共同体を形成している。なぜなら、すべての幹は神が全地球を人間で満たすために創造した親株から来ており、すべての民族は共通の目的、すなわち神を共有しているからである。神のはからい(摂理)、慈愛、救いの計画は全人類におよぶ」(1項)。対話は、このように二重の基盤の上に築かれている。すなわち、創造をとおして神にその起源をもつ共同体およびイエス・キリストにおける救いをとおして神に向かう運命の、二つである。あらゆる人びとおよびあらゆる宗教のなかに働く神の霊の現存と効力については何も語られていない。

実によく知られているように、公会議は徐々に聖霊の働きを再発見した。その成果は、おもに『現代世界憲章』

に見い出される。しかし、また公会議は、各宗教そのもののなかに、固有の宗教的な霊感と役割を認めるというよりは、むしろ、平和と兄弟愛、労働と進歩のような全人類の地上的な渇望を理解することにおいて、全人類のただなかに現存する神の霊の普遍的な働きに注目するように配慮したことを認めなければならない。

神の霊がキリスト者および教会のなかに存在するように、それは「他者」の宗教的な生活および彼らが属する宗教的な伝統のなかにも普遍的に現存しつつ働くということが、公会議後に再発見されている。宗教同士の対話の神学的な基盤のために、このようなヴィジョンの重要さは無視されてはならない。こうして、神学の基盤の第三の要素が構成される。しかし、このヴィジョンは急速にではなく、時間をかけて広まった。教皇パウロ六世の公的な教えのなかに、このヴィジョンの痕跡は見当たらない。このことを明確にさせるために、使徒的勧告『福音宣教』（一九七五年）を採り上げよう。この勧告に従って、現代世界における福音化のための司教協議会の任務が開始されたのであるが、そこでは、聖霊は教会を推進させ、第一にそして基本的には福音の宣言としての、福音宣教を完成させるために教会にのみ権限を与えるものとして現われてくる（同75項）。

「他者」とその人びとが属する宗教のなかに存在する神の霊の現存と普遍的な働きの主張は、教皇ヨハネ・パウロ二世が宗教同士の対話の神学的な基盤を作るための最も重要な貢献であった。すでにこのことには言及したので、ここでその卓越したテクストを再び引用するまでもない。しかし、その中心思想を想い出してみよう。教皇は、「時として非キリスト教信者の強い確信は、神秘体の目に見える領域の外に働く真理の霊の結果である」（『人間の贖い主』６項）と言っている。一九八六年一二月二二日、教皇庁のメンバーに対してなされた重要な講話のなかで、これもすでに引用したが、この二か月前にアシジで開催された世界平和のための祈りの「出来事」を神学的に正当化することを望まれた。このように公会議によって示された対話の神学的な基盤を採り上げ、創造と贖いをとおして人類の起源とその運命の一致から、教皇は、生活環境がいかに異なっていたとしても、全人類が結ばれている「一致の秘義」として、この起源とはからい（摂理）・運命の一致を見ている。「対照的に相違は一致に比べればそれほど重要なものではない。この一致こそが根幹であり、基本であり、決定的なものである」[277]（3項）とも述べられている。

教皇は、さらに強調している。起源と摂理・運命のこの二重の「一致の秘義」に照らして見ると、「さまざまな形の上での相違、第一に諸宗教の相違は、神の計画をどこまで縮小するかということではなく、これらの相違は他の秩序に属するということを示さなければならない……これらの相違は創造を貫く一致の偉大な計画の実現に向かって進むなかで克服されなければならない」。時として、この相違は克服できない分離のように見えるが、しかし、これらの相違にもかかわらず、全人類は、「イエス・キリストにおいて神の偉大で唯一の計画のなかに含まれている」（5項）。「創造と贖いにもとを置いているこの普遍的一致は、異なる宗教に属していようとも、人間によって生きられる現実のなかで、その痕跡を残さずにはおかない」（7項）。他の人びとのあいだに蒔かれた「みことばの種子」は公会議によって奨励された宗教同士の対話の具体的な基盤を構成している。

対話の基盤であるこの「一致の秘義」に、教皇は第三の要素を加えている。すなわち、「他者」の宗教的な生活のなかでの神の霊の生きた現存、特に祈りのなかにおける現存である。「私たちは、真正な祈りが、一人ひとりの人間の心のなかに秘義的に現存する聖霊によるものだと考えることができる」（11項）と教皇は書いている。

聖霊についての回勅『聖霊――いのちの与え主』（*Dominum et Vivificantem*, 一九八六年）のテクストは、かなりの長さで引用することができるほどに意味深長な内容を備えている。そのなかで教皇は、教会の範囲を超えて、イエス・キリストの出来事より以前からその後も長きにわたって、救いの歴史全体をとおして働かれる聖霊の普遍的な現存の神学的な取り組みが、広範囲におよぶという論を展開している。ここでは回勅『救い主の使命』（一九九〇年）の要点を喚起するに留める。そこでは聖霊の現存が、個々の宗教的生活ばかりではなく、彼らが属する宗教伝統にまでおよぶことが明確に述べられている。「聖霊の現存と働きは、個人ばかりでなく、社会、歴史、民族、宗教にも影響する」（『救い主の使命』28項）。

これらのテクストによって、同じ教えが徐々に浸透してゆく。すなわち、聖霊は世界に現存し、働き、他宗教のメンバーおよび彼らが属する宗教それ自体のなかにも現存し、働くということである。すべての真正な祈り（それがまだ知られざる神に向けられているとしても）、その宗教の内に隠されている人間的な価値や徳や智慧の宝、そして各宗教のメンバーのあいだの対話や真正な出会い、これらはすべて聖霊の現存の実り多い成果である。

『対話と宣言』（一九九一年）は、教皇ヨハネ・パウロ二世に従い、諸宗教同士の対話の三重の神学的な基盤を示している。すなわち、①神における人間の起源とその唯一の救いの道程、②イエス・キリストにおける救い、③あらゆる存在のなかに働く聖霊の現存（同28項）、という三点を示している。これら三つの点をとおして共通して「一致の秘義」を喚起している。対話に対する教会の献身の根本的な理由は、「単に人類学的な理由からではなく、第一に神学的な理由」（同38項）からである。神が人類と長い時間をかけて救いについての対話に入り、いまでもつづけているように、教会はすべての人と救いについての対話に入るべきである。「この救いの対話において、キリスト者と他の人びとは普遍的に存在し、働いている復活の主の霊とともに働くよう呼びかけられている」（同40項）。

宗教同士の対話の神学的な基盤を築き上げようと努めるに当たって、他宗教の人びともキリスト者とともに正式なメンバーとして参加する、神の国の普遍性についても強調されなければならない。しかし、この第四の要素は、前述した文書のなかではそれ自体としては明確には言及されていない。ところが、すでに引用した文のなかで『対話と宣言』はこの点を暗示的に示している。「この一致の秘義から、救われるあらゆる人が異なる方法ではあっても、聖霊をとおしてイエス・キリストによる同じ救いの秘義にあずかるということが出てくる。キリスト者は信仰によってこのことを知っているが、他者はイエス・キリストが自分たちの救いの源であることを知らない。救いの秘義は、神の知っている方法で、キリストの霊の目にみえない働きをとおして彼らにおよぶ」（『対話と宣教』29項）。

前章において私たちは、世界に普遍的に現存する神の国が、イエス・キリストにおける救いの秘義の普遍的な現存を表わしていると説明した。すべての人が神の国の共同のメンバーであることは、イエス・キリストにおける救いの同じ秘義をすべての人が分かち合っているということである。諸宗教と対話の神学にとって、このことの重要性は容易に理解することができる。神の国の普遍的な現存と神の国の共有は、宗教同士の対話の神学的基盤の第四の要素をなしている。すべての人は、信仰と回心によって神への従順をとおして歴史における神の国へと近づくことができる。諸宗教との対話の神学は、「他者」が聖霊の働きに対して自己を開くことによって、世界と歴史のなかに現存する神の国の現実をいかに共有するかを示さなければならない。「他者」に対する神の呼びかけに、各々の宗教伝統を誠心誠意実践し応えることによって——正式にそれを意識していなくても——他宗教の信奉者は真に神の国の生きたメンバーになる。救いの秘義に与ることによって他宗教のメンバーは、すでに歴史において現存する神の国のメンバーであり、彼らの宗教伝統そのものが、世界に現存する神の国の発展に秘義的な方法で貢献している。これらのことはすべてすでに見てきたので、これ以上の説明はここでは必要ないと思う。

しかし、ここから宗教同士の対話の重要な結果が生まれる。この対話はイエス・キリストにおいて歴史のなかに始められた神の国に、すでに互いが結ばれているような人間同士の交流をとおして行われる。彼らの宗教的な忠誠に於ける相違にもかかわらず、また秘跡のレヴェル、つまり秘義の仲介の秩序において、彼らに相違があったとしても、対話をする人びとは、すでに救いの秘義の現実のなかで互いに交流がある。この現実のなかでの交流は、しるしのレヴェルでの相違より、より基本的でより大きな比重を占めている。このことは、もし、キリスト者と他の宗教者同士の対話が、誠実かつ真正なものであるならば、こうした宗教同士の対話を成立させ得る聖霊における深い関わりであることを説明している。[278] それはまた、宗教同士の対話とは、一言で言えば、一方通行のことがらではなく、分かち合い、与えかつ受けることである、ということの理由を示さなければならない。それは独白ではなく

「対話」だからである。その理由は、神の国の現実はすでに互いの交流のなかで分かち合われているということだからである。対話というのは、この交流が、イエスをとおしてすべての人のために到来した神の国という救いの現実において、すでに存在していることをはっきりさせる。

彼らを引き離している相違にもかかわらず、異なる宗教伝統に属する人びと——歴史のなかで神の国を分かち合うメンバーとして——は、神の国の完成と、神のもとで創造を分かち合う人と呼ばれるだけの素質を備えている。それゆえに、時の終わりに向かって、神によって望まれた新しい人間となるためにともに歩みつづけるという確信と同じほどに深い真実なる動機を宗教同士の対話に与えることができるはずである。神学的な基盤と同じほどの確固とした動機が、異なる宗教伝統に属する人びとにも備わっている。

(2) 対話と宣言

対話と宣言とが、教会の福音宣教のダイナミックな過程において弁証法的な関係にあることについては、すでに述べた。この二つのあいだにはある種の緊張関係がある。そして、その緊張関係は今後もありつづけなければならない。他の箇所で書いたように、この緊張関係は、「教会が、他者とともに歴史のなかで神の国の完成に向かっている巡礼者としての教会の『まだ』と神の国の秘跡として世界に、つまり時間のなかに存在する教会の『すでに』とのあいだにある緊張関係である」。

「『すでに』と『まだ』のあいだの緊張関係は、教会の福音宣教、特に、その使命を果たすなかでの、宗教同士の対話と宣言との関係に反映されている。教会が『他者』とともに神の国の完成に向かって巡礼の途上にある限り、教会はこの『他者』との『対話』に従事する。教会が歴史のなかにおいて、すでに現存して働いている神の国の現実の秘跡である限り、教会は『他者』に、イエス・キリストを告知する。なぜならイエス・キリストにおいて神は御自分の王国を発展せしめたからである[279]」。

同様に、前述のFABC神学顧問委員会による『宗教同士の対話に関する諸論文』は、教会の福音宣教における対話と宣言の二極性を、世界における神の救いのわざ（神の国）――教会はこの神の救いのわざの秘跡なのではあるが――の普遍的な現存の上に基礎を置いている。論文は次のように述べている[280]。

「あらゆる人の救いに関する神の唯一の計画は、全宇宙を包含する。教会の使命は、この救いの計画の文脈のなかで理解されなければならない。教会は宇宙のなかで働く神のわざを独占しているわけではない。教会は、世界にあって神の特別な使命を意識しつつも、他宗教のなかにもまた顕現されている世界において現存する神の働きに注意深く集中しなければならない。この二重の自覚は、他宗教との関連における教会の福音化の働きの二極を構成している。一方、宣言は宣教に忠実であるための自覚の現われであり、他方、対話は教会の境を超えたところでの神の現存と働きに対する気づきの表現である。教会の働きは、神の働きのこれらの二極によって統制される力の場に、その存在理由を見い出す。宣言はそのなかで働かれる神のわざの肯定であり証言である。対話は、他宗教の信奉者のなかの神の働きの秘義に心を開くことであり、注意を向けることである。この二つは、一方なしでは他方を語れないほどの信仰の展望である」（『諸宗教同士の対話に関する諸論文』６・５）。

「聖霊は、あらゆる人を回心へと招く。その回心とは、第一に、神と神のみことばへの従順のなかで、神の王国に自由に心を向けてゆくことである。完成に向けての成長への互いの挑戦としての対話は、回心へのこのような呼びかけを含んでいる。対話はしかしながら、宗教を変えるという意味での改宗を目的とはしていない。しかし、宣言は、教会のなかでイエス・キリストの弟子になるよう、さらなる呼びかけをも含んでいる。宣言は改宗ではなく、聖霊の呼びかけの秘義であり、それへの当人の自由な応答である。なぜなら、聖霊において自由な二重の動きゆえに、宣言それ自体が対話的である」（同6・6）。

したがって、この問題に関して、ニッターの著書『イエスと他の名前の数々[281]』（*Jesus and the Other Names*）に同意することは不可能である。ニッターは、対話と宣教を単純に同一視し、そこから宣言は、宣教のもう一つの要素として区別してはならないと提案する。――対話はそれ自体の内に、福音化の本質的次元、真正な表現をなす限りにおいて――「対話は宣教である」とする一般に受け容れられた意見は逆転されて、「宣教は対話である」となってしまい、この場合の福音化は単に対話および対話が含み持つその人の信仰への証言に限定されてしまう（同142－147頁）。福音化と区別される表現としての宣言は、ここでは切り捨てられてしまう。ニッターの見解によると、「本質的なキリスト論」は、たとえ「包括主義者」であってさえも、真正かつ真摯な対話の可能性を排除してしまう。反対に、ひとたび、イエス・キリストにおける救いの本質を構成する特徴を否定する「多元主義者のキリスト論」が採択されると、宣教は対話とそれが伴う本人の信仰の証言に縮小されてしまう（同134－135頁）。本質的なキリスト論を選ぶ場合には、包括主義者であっても、それぞれの信仰の立場のあいだの対話の実践は不可能であると、ニッターは考えている。ニッターの立場に立てば、神の国に方向づけられた教会論と宣教神学を構築しようとする努力を無効とする動きに至ることになりかねない。誠実に宣教を「対話としてみること」もできないし、対話の実践をとおして「他者」から真に新たな何かを学ぼうとする心構えを育てることもできないからである。ニッターは、

「簡単に言えば、イエスが、神の王国のなかで現実化する救いのための唯一の原因と、何ものにも超えられることのない基準であると主張するキリスト論を基盤とし、教会をその神の国の奉仕者そのものとして示すならば、この神の国を中心とした教会理解を発展させることは不可能である」と述べている（同135頁）。

私たちはこの本書のいくつかの章ですでに、「本質的なキリスト論」が必ずしも、「排他主義」ではなく、本質的あるいは包括的なキリスト論が、真正な教会の宣教に関する神の国中心の神学と、福音を告げ知らせるための余地を残す誠意ある対話へと、開かれてゆくことを示すのに成功したと考えている。前述したように、イエス・キリストによる普遍的な救いの影響は、予想されていたように、世界の救いの「本質的なもの」として、神がみことばと聖霊を介して現存し働いておられる「他の救済者」および他宗教の伝統のために余地を残している。神の国はこのように実に教会よりも広く、キリスト者と「他者」によって発展させられるよう定められ、キリスト者と「他者」に真理の新しい側面を学ぶように導く対話は、福音宣教の真正な表現である。対話は、しかし、教会の使命のすべてではない。そこには余地が残されており、それは神が望まれたことである。この余地とは、「他者」が教会においてイエスの弟子となるように召されるための余地である。一つひとつが緊密に結びついているので、その全体を捉えなければならない。その他、すべては――本質的に考えられようと、そうでないにせよ――キリスト論とともに成立もしくは瓦解する。ジェフレは明確に、「本質的なキリスト論」は複数の他の仲介と他の神的啓示に余地を残しているとして、以下のように述べている。

「なぜ、急進的な神中心論だけが、宗教同士の対話の要求を満たすと考えるべきなのであろうか。深められたキリスト論が、真の多元主義とキリスト教の独自性を同時に正当に扱うことを可能とする、より実りある道を開くことができると思われる[282]」。

これらのことを明確に結論づける最良の方法としては、『対話と宣言』から引用することであり、それは、イエス・キリストを告知する教会の最も深い動機を究極的に構成しているものが何かを説明している。

「このように対話に取り組めば、キリスト者はどうして、主であり救い主であるイエス・キリストを知り、その弟子である自分たちの喜びを他の人びとにも分かち与えることを望まずにいられようか。ここに、愛の秘義の中心がある。教会とキリスト者が主イエスを深く愛していればいるほど、他の人びとにもそれを分かち与える望みの動機は、ただ主の命令に対する従順だけでなく、この愛それ自体である。他の諸宗教の信奉者たちも真心を込めて自分たちの信仰を分かち与えたいと望むということがあっても、それは驚くべきこととみなすべきではなく、まったく当然のことと考えるべきである。すべての対話は、相互性を意味しており、恐れと闘志を取り除こうとする」（83項）。

2　対話の挑戦および対話の実り

(1) 歩み寄りと開放性

諸宗教対話を可能にする条件は、諸宗教の神学の議論において重要な位置を占めてきた。ニッターが「キリスト中心主義」から「神中心主義」、すなわち、「包括主義」から「多元主義」にパラダイムを変えることを主張したのは、対話を実行可能にするためであった。実に、キリスト者がイエス・キリストの「本質的な唯一性」、つまり人類の普遍的な救い主に向けての固定観念に凝り固まっている時に、誠意ある正直な対話が、どのようにして可能かと彼は考えた。「多元主義者」の視点からすると、人類のすべてはイエス・キリストの出来事において神によって救われるとする、「本質的で包括主義的なキリスト論」は、真正な対話のための余地を残していない、とニッターは考えた。対話は、二人のあいだの対等な立場で行われるときにのみ誠実なものとなりえる。教会とキリスト者は、人類の「本質的な救い主」としてのイエスという伝統的な主張を捨てる覚悟がなければ、彼らの明白な意志で対話に入ることが誠意あるものとは言えないのではないか。一般的に宗教の独自性の問題、特にキリスト教の独自性の問題は、対話の際に必要とされる「他の人びとへの開かれた態度」と同様に、右記の問いと結ばれている。

まず初めに、すでに提案したように、対話における誠実さを口実に、対話それ自体をとおして結果的にその信仰の真理を再発見するという期待と引き換えに、自己の信仰を一時的にせよ判断停止状態（epoche）に追い込んでしまってはならない。逆に、対話における正直さと誠実さとは、さまざまなパートナーが自己の信仰の忠実さのなかで対話に入り、その対話に全身全霊をかけることを特に要求する。いかなる不信感も、いかなる心理的な遠慮の余地もない。そうでなければ、宗教同士もしくは信仰の立場同士の対話について語ることができなくなる。結局、真の宗教生活の基本には信仰があり、それが宗教生活に固有な特質と独自性を与えている。この宗教的な信仰は、個人的で私的な生活のなかにあっても、宗教同士の対話にあっても、譲れないものである。この信仰は分割したり交換したりできる便利な品物なのではない。むしろ、信仰とは、人間が軽い気持ちで処理できないような、神から受ける賜物である。

同様の理由で、対話における誠実さは、信仰を一時的にでも判断停止状態に陥らせてしまうことをゆるさないように、信仰への忠実さもまた信仰について妥協したり縮小することをゆるさない。真正な対話は、このような方便を許容しない。真正な対話は共通の土台を求めて、それぞれの内容を減らすことによって、異なる宗教伝統のあいだにある対立する要素や矛盾を乗り越えようと試みる「諸説の混合主義」（シンクレティズム syncretism）を認めないし、また、異なる宗教のあいだで共通する分母を探し求めて、各宗教のなかにある要素を選び出し、それらを結び合わせ、形もなく意味もない混合物を作り出す「折衷主義」（eclecticism）をも認めない。対話が真実であるためには、安易な方法には流されないことが賢明である。安易な方法はいずれにせよ幻想でしかない。

むしろ、諸宗教の信仰のあいだにある、いかなる矛盾をも隠そうとすることなく、矛盾に満ちている現状を認め、忍耐と責任とをもってこの矛盾と正面から対決しなければならない。相違や矛盾を隠すことは、ごまかしを増やすだけであり、そのことによって対話からその目的を奪う結果となる。結局、対話は、自分自身の確信よりも他者の確信に対する誠実な評価をもって、相違のなかにおいて理解することを目指す動きである。真の対話は、このように両者を、それぞれ相手が備えている信仰に対する確信が自分にとって何を意味しているのかを、自分自身に問いかけるように導く。

宗教同士の対話の実践において、キリスト者がイエス・キリストへの信仰を譲歩しないのが当然なら、信仰を共有しない相手が自身の信仰の確信――相手の信仰の基本要素であるかもしれない普遍性への主張さえも含めて――を維持しつつ対話に従事するためには、キリスト者が相手のなかに譲歩できない権利と義務を認めるのは当然のことである。宗教同士の対話が――それぞれの相違のなかで――「平等の立場を持つ人間同士」で成立するのは、個人の妥協できない確信を、互いに真心をもって受け容れる忠実さにおいてである。

対話の真剣さは、両者がいだく深い確信を弱めることをゆるさない。その開かれた態度は、無理解や非妥協的な態度によって相対的なものを絶対化しないことを求める。各宗教の信仰と確信には、危険が伴う。それは、絶対でないものを絶対化するという現世的なものである。キリスト教とイエス・キリストへの信仰の点からこの具体的な例を見てみると、イエス・キリストにおける神の自己啓示の「充満」を理解する仕方に注目せざるを得ない。この充満は、以前にも述べたように、「質的」なものであって、決して「量的」なものではない。すなわち、「終末まで未完成のまま残っている余地」のなかに見い出されるものまで、もはや残っていないかのような、神の秘義のすべてという意味での徹底的な充満ではない。人間イエスの意識のなかで、イエスは神のいのちの固有の秘義を構成する御父と聖霊との位格的な関係性を経験した限りにおいて表現できないほどの充満を意味するものである。神の秘義に関してイエスの人間的な意識のなかで行われた転換は、前代未聞の仕方でイエスが神について語ることを可能にする一方で、その意識の限界のある特徴にも、ましてやイエスの証言に始まり、必然的で相対的な、特定の文化圏のなかで表現されたキリスト教的な啓示の特異な特徴とも矛盾するものではない。

キリスト教の啓示は、神の秘義のすべてを尽くしてはいないし、尽くすこともできない。他宗教の預言的な人物を介してなされた神の啓示の真理を無効にするものでもない。絶対的でないものを不当に絶対化する危険性は、イエス・キリストにおける啓示の場合よりもはるか遠くにまでおよぶ。私たちは歴史的な宗教としてのキリスト教や、イエスの歴史的な人間性に対して、「絶対的」とか「絶対性」という言葉を使うことの不適切さについて先に主張した。イエスの人間性は、神の独り子としての人格的な人間存在であり、その本性からして創られたものであり、限定的であり、偶有的である。神のみが絶対であり、そう呼ばれるべきである。

自己の信仰への確信と、「他者への開かれた姿勢」とは結びついていなければならない。イエス・キリストの出来事のなかに普遍的な救いを宣言する「本質的なキリスト論」は、両方を可能にするように思われる。何世紀ものあいだ理解されてきたキリスト教の独自性は、イエス・キリストにおける「本質的な仲介」と神の啓示の「充満」への全幅の信頼に結びついている。これらは、過度の単純化や排他的な絶対主義なしに理解されなければならない。

(2) 個人的な信仰姿勢と他者の経験

もし、対話が自己の信仰への誠実さを前提とするならば、その対話はまた、両者の相違を認めつつ他者への開かれた心を必要とする。対話における双方のパートナーは、他者の経験を内側から把握すべく努めつつ、その他者の経験に入ってゆかなければならない。これを実現するために、この経験が不完全にしか表現されていない概念のレヴェルを向上させ、概念をとおして、概念を超えて、可能な限り他者の経験に到達しなければならない。このことは、「ともに把握し理解する姿勢」であるとともに、「ともに思いやり、共有する姿勢」でもあり――または「相手の内面に入ろうと努める姿勢」――であり、パニカー（Raimon Panikkar）はこれを「宗教同士の内的な対話」（Intra-religious dialogue）と呼び、宗教同士の真の対話にとって絶対に欠くことのできない条件であると言っている[283]。これは「出会いと還元」（passing over and returning）からなる霊的な手法である。すなわち、「出会い」は、他者との出会いおよび他者がもつ世界観を共有するとともに、その他者が内面にいだいている宗教経験と出会うことを意味する。

「他者の宗教を知ることとは、その人びとの宗教伝統の事実を認識することに留まらない。それは相手の皮膚の下に入り、相手の靴で歩くことであり、その人が世界を見る目で世界を見ることであり、他者の持つ疑問を問うことであり、『ヒンドゥー教、イスラム教、ユダヤ教、仏教、その他いずれにせよ、その人の世界に入ってゆくことである[284]』」。

これらの前提の下で、互いの宗教を自分のものとし、二つの宗教生活を同時に生き、二つの相違ある信仰を分かち合うことがどこまで可能なのかという問いが生じる。総体的に見て、それは不可能である。個々人のなかで起こるであろう内的葛藤を別にしても、各々の持つ信仰はその人のなかで分かつことのできない全体であり、その人の全面的な献身を求める。このようにすべてを捧げ尽くすことを、二つの客体に分けることは不可能のようである。一人のキリスト者であることは、イエス・キリストに奨励すべき価値を見い出し、自分のいのちの意味を見い出すのみでなく、イエス・キリストに自分のすべてを捧げ、イエス・キリストにおいて神への道を見い出す。

しかしこのことは、「ハイフン付きのキリスト者」（the hyphenated Christian）の概念が自己矛盾であり、ヒンドゥー教的なキリスト者、または仏教的なキリスト者というものはあり得ないということであろうか。より満足できる表現を用いるならば、「宗教的な二重帰属」と呼ばれる問題が生じてくる。この事例はまれでもなく、知られていないわけではないので、あり得ないと主張することは実際の経験に反することになるであろう。そこで、次のことを想い起こそう。諸宗教の神学は、伝統的で教義的な原理から、先験的な演繹法によって満足することはできない。むしろ、まず第一に、帰納的な方法、つまり生きた経験を手がかりにしてから、その経験内容と、啓示された出来事とを照ら合わせることで物事の真の意味を追究するという方法を採るべきである。実に、誠実で信頼できる数多くの人びとが、自分自身の信仰生活や宗教的実践において、キリスト者としての信仰、イエス・キリストに自己を全面的に捧げる生活、そして他宗教の人びとの信仰経験や他宗教への心からの献身の要素を組み合わせた経験を過去にしていたし、現在もしていることに疑う余地はない。両者のこのような要素は、さまざまな程度、そして異なった方法のなかで個人的な経験として適合され得る。ここで、このことについてこれ以上追究する必要はない。

しかし、ここで「二重帰属」の概念のさまざまな意味について注意を促さなければならない。「ヒンドゥー教的なキリスト者」ということは、一人の人間のなかにヒンドゥー文化とキリスト教信仰とが結合されていることを意味し得る。その場合、ヒンドゥー教は厳密に言えば宗教的な信仰ではなくて、一つの哲学あるいは一つの文化なのであり、ある種の調節を施せば、キリスト教信仰に対する媒体としての役割をもてるかもしれない。そうすると、「ヒンドゥー教的なキリスト者」の問題は、ヒンドゥーの文化的な状況のなかにおけるキリスト者の信仰や教義の文化的な適合の問題になるであろう。この場合明らかに、「ヒンドゥー教的なキリスト者」の概念は原則的には、まったく問題がないことになる。しかし、この説明は充分に現実と呼応するものであろうか。ヒンドゥー教はたとえそれが第一義的に一律に教義的ではないとしても、具体的な人間の生活のなかでは、真の宗教的な信仰である。このことに関して、宗教と文化の区別をすることは、特にアジアの伝統のなかでは大変難しいものである。文化のなかの超越的な要素であるという意味で、宗教を文化から分離するのはほとんど不可能である。

それにもかかわらず、人はヒンドゥー教（または仏教）の信仰とキリスト教信仰を結合し、自分自身にとって固有なものにすることができるのであろうか。これに関しては識別力を持たなければならない。確かに他の信仰の要素のなかには、キリスト教信仰と調和するものもあり、これらを結びつけて統括することも可能かも知れない。これらは、もしその信仰の内に神性に満ちた真理と啓示とが含まれているのならば、キリスト教を豊かにするのを助けるであろう。しかし、キリスト教信仰と明確に矛盾したり、同化できない他の要素もあるのかもしれない。

いずれにせよ、すでに指摘したように思慮深く、真実であるために、宗教同士の対話は確かに両者が可能な限り、互いの宗教経験と総合的な宗教観を内側から理解するように積極的な努力を積み重ねるように要求する。相手のなかに入るということは、一人の同じ人間において、存在し、眺め、考えることを、二つの仕方で行うことを論じることになるのである。こうして「宗教同士の内的な対話」は、人びとのあいだでなされてゆくことになる宗教同士の対話の交流のために不可欠な準備となる。

(3) 互いに豊かになること

キリスト教とアジアの宗教、特にヒンドゥー教、もしくは仏教との関係は、宗教同士の対話のさまざまな奨励者によってさまざまな異なった理解がなされてきた。アロイシャス・ピエリスは、一方では、キリスト教的な伝統と、他方では、仏教的な伝統は「相矛盾するどころか、この二つの宗教的なモデルは両方ともそれ自体では不完全であり、したがって互いに補足的であり矯正的である」と述べている。この二つは「地理的にではなく、心理的な緊張状態から生じてきた二つの極を現わしている。それらはキリスト者であろうとなかろうと、各自の心の深淵から弁証法的に現われてきた二つの直観として現わされる。神と私たちの宗教的な出会いおよび人類と私たちの宗教的な出会いは、この相互関係なしには成り立たないものであろう」[285]。ピエリスはこの二つの補足的な極を「キリスト教のアガペー」と「仏教のグノーシス」（智慧、認識、悟り）と呼んでいる。二人の歴史的な創始者、つまり「キリストとなったイエス」と「仏陀となったゴータマ」の対比は、おのずとこのことを示している。ここで生ずる問いは、名前を持つ二人の宗教的な人物が興した伝統のなかに見い出される、両者によって現わされる救いの価値のあいだに、補足し合う可能性があり得るのか、という問題である。ピエリスは、「仏教徒のグノーシス」（叡智）と「キリスト者のアガペー」（神の愛）、より正確に言えば、この二つを各々前後に組み合わせて、「キリスト者の慈愛的な叡智」（agapeic gnosis）および「仏教徒の叡智的な慈悲」（gnostic agape）のあいだの補足として理解している[286]。この二つの伝統のあいだの相互補足は、双方の相違にもかかわらず、各々の基礎的な「媒体」の不完全さの上に成立していて、互いの完成に向かって協力する余地を残している[287]。

ジョン・A・T・ロビンソン[註113]は、彼の見地から、真理と現実という二つの「目」について話す。西欧のキリスト教が一つの目であり、ヒンドゥー教がもう一つの目であり、より一般的に言えば、西欧のキリスト教が真理の側に立ち、東洋が現実の側についている。ロビンソンはまた、この二つの中心の極性を男性と女性の原理の対極性としてみている。彼もまた、二つのあいだに相互補足性があるとしている。[288]

一方で、Ｊ・Ｂ・カブは、キリスト教と仏教のあいだの対話を超えた「相互の変容」を主張する。この相互の変容は、現実への相互補足的な接近、すなわち、二つの伝統の世界観の特質の相互浸透から導き出される結果だとしている。[289] しかし、パニカーの強調点は少し異なっている。彼は、各宗教の伝統には相違があり、それぞれの独自性は保たれるべきであると主張する。彼はそれぞれの独自性を破壊する安易な「折衷主義」を拒否する。信仰は対話を容易にするために括弧に入れられてはならないとする。しかし、信仰の対象である「全宇宙的な神人共融の秘義」(cosmotheandric mystery) は、信じる内容は違っても、すべての宗教伝統に共通していて、これらの「信じる内容」のあいだにパニカーはお互いが豊かになるために「他花受精」[註114] (cross-fertilization) が不可欠であるとして、彼の術語では「シンクレティズム」を主張している。[290] パニカーは何度かこの点に戻って説明している。最近も彼は、未来のための宗教同士の対話の輪郭と地平として彼が何を目指しているかを述べた。「他花受精」の問題を超えて、いまやさらに前進し、彼は各宗教伝統の静的で教義的な主体性を超えて、そこから一歩前進することを呼びかけ、対話する者同士は、より深い自己理解へと互いに貢献することができると言っている。[291]

これだけ広範にわたるさまざまな意見のなかには、明確ではない、理解困難なものも見られるし、すべてを直ちに額面通りの意味として受け容れるべきではないように思われる。単純な視野で物事を見るだけではなく、むしろ複眼的に物事を多方面から見て協働することが重要となる。例えば、異なった面を単一の視野に包含し得ないプリズムをイメージすればよいだろう。しかし、対話の成果に関して、上に述べた原則にもとづくとすれば、どのような結論が引き出されるのであろうか。まず、私たちは宗教同士の対話の原則的な働き手は、人びとにいのちを与え、活かす神の霊であることを想い出さなければならない。対話に参加する二つの伝統、つまりキリスト教と諸宗教のなかで、霊は働くのである。こうして、対話は独白ではあり得ないことが明らかとなる。つまり対話とは一方的なプロセスなのではない。人間の歴史のなかで救いの働きを行い、人間の心の深淵に語りかけるのは同じ神である。前にも述べたように、「まったき他者」とすべてのものの「存在の根源」は同じ神である。超越的な「超えた存在」と内面の一番奥深い「深淵の存在」も同じ神であり、私たちの主イエス・キリストの御父と自己の核心に存在するまったき根底としての御方は同じ神である。この同じ神が、対話を志す両者のなかに存在し、働いている。

対話するキリスト者は相手に与えるだけではなく、相手から何かを受け取る。イエス・キリストにおける啓示の「充満」は、他者に耳を傾け、受け取ることを除外しない。キリスト者は真理の独占権を持っていない。キリスト者は真理を持っているのではなく、真理に所有されている。実にキリスト者の対話する相手は、たとえ、イエス・キリストにおける神の啓示を聴いたことがなくても、彼らはいまだ探し求めているこの真理により深く関わっているかもしれない。そして、この真理の光は彼らの宗教伝統を照らしつづけ、これに輝きを加えている（『キリスト教以外の諸宗教に対する態度についての宣言』２項）。人は確信を持ってキリスト者と他者とが、「真理に向かってともに歩む」（『対話と宣教』13項）という方向性を目指す。

キリスト者は対話から何かを得る。彼らは二つの方法で恩恵を受ける。一つは、自分自身の信仰が豊かにされることである。他者の経験と証しをとおして、キリスト者はキリスト教伝統のなかで、これまで不明確な理解のなかで交流していた神の秘義のより深い側面、より明確な領域を発見することができるであろう。同時に、キリスト者は自己の信仰の浄化を経験するであろう。他の宗教者との出会いの衝撃は、しばしば問いを生じさせ、根拠のない思い込みを改めるさせ、根強い偏見を打ち壊し、またはある種の狭い概念や展望の打倒を迫られるであろう。対話の利益は、同時にキリスト者への一つの挑戦をもたらす。

このように、対話の成果と挑戦は、ともに進んでゆく。しかしながら、これらの利益を超えて、出会いと交流はそれ自体に価値があると言わねばならない。出会いと交流はそれ自体が目的である。対話は初めから他者と神への開かれた心を前提条件とすると同時に、それはまた、他者をとおして各々の神へと、より深く心を開かせる。

対話はさらなる目的のための手段として役に立つものではない。対話は、自己自身の宗教的な伝統に相手を「改宗」させようとするものではない。対話は各人の、神へのより深い回心へと向けられたものである。同じ神が両者の心に語りかけ、同じ霊が両者のなかで働く。相互的な証言を介して、互いのなかに呼びかけと挑戦を促すのは同じ神である。このようにして、言わば、互いが互いのために神へと導くしるしとなる。宗教同士の対話の真の目的は、究極的には、キリスト者と他宗教のメンバーがともに協力して同じ神への共通の回心を実現することである。イエス・キリストの神でもあるその神が、両者を呼び集め、互いをとおして挑戦するよう促す。神の呼びかけのしるしであるこの相互の呼びかけは、確かに相互の福音化でもある。このことは、異なる宗教のメンバーとのあいだに神の国の到来をしるす普遍的な交流を打ち立てる。

宗教同士の対話の実践からキリスト教神学にもたらされる利益について、ここで一言付け加えなければならない。本書の初めから強調してきたことではあるが、諸宗教の神学は、「対話的な神学」でなければならず、つまりは宗教同士の対話の実践の上に、構築されなければならない。キリスト教神学は他宗教との出合いをとおして、その神学を再考する機会が与えられる。キリスト教と他宗教との出合いが現実となるにつれて、いかなる基本的な要素および宗教的な洞察が、キリスト教神学と他宗教伝統によって分かち合われることができるのかを決定することは、容易な解決をゆるさない困難な問題である。それぞれの宗教伝統は一つの全体を構成しているから、そこからいくつかの要素を切り離すことは容易にはできない。私たちはここで異なる宇宙的な世界観に直面することになり、この世界観は、生きている有機体におけるように、各部分がそれぞれに特有な働きがあり、互いの側の構成部分のなかの、「ダイナミックな同等の価値」に到達するのは簡単なことではない[292]。

宗教的なシンボルのなかに、仮に普遍的で根拠の確かな原型が存在しているとしても、異なる宗教伝統に見受けられる基本的な概念、例えば、神、創造、世界、恩恵、自由、救いと解放、などは、厳密な意味で等価な概念であろうか。そうでないことを私たちは承知している。キリスト教における「御父／御母」、ユダヤ教における「ヤーヴェ」、イスラム教における「アッラー」、ヒンドゥー教における「ブラフマン」、仏教における「ニルヴァーナ」、道教における「道」(タオ)、などの究極的実在の経験は同じではない。それでは、各宗教の信仰、そして結果としての各々の神学は、他の世界観のなかで自身を表現するのが不可能なほど、ましてやそれを他と置き換えることができないほど、各々特殊な世界観に強く結びついているのであろうか。対話的な神学はこれらの問題を無視することはできない。

例えば、キリスト教信仰の経験は、歴史的な深化が前提となっているが、他宗教にはこの前提はないので、それなくしてキリスト教の経験が完全に理解され得るであろうか。しかし、ここではっきりしていること、そして充分に認識しなければならないことは、キリスト教の歴史性と他宗教の内在性が、聖なるものを真に経験するための、同じ有効な二つのチャンネルである点である。ユダヤ―キリスト教の伝統による歴史において働く神は、たとえて言えばヒンドゥー教による「心の深淵」のまっただなかで経験される神である。つまり歴史の神はまた「存在の根源」でもある。

相互同化の限界や宗教的で神学的な伝統のあいだの「他花受精」の限界にもかかわらず、一つのことが明らかにされるように思う。それは、それぞれの宗教共同体同士の調和が、相違や矛盾を避ける「普遍的な神学」によって成立するものではなく、むしろ、互いの相違を真剣に受け留め、それを引き受け、対話と協力の日々において、互いに影響し合って学ぶことを決意するところに成り立つ、ということなのだろう。

第9章　原註

(275) See Secretariatus pro Non-Christianis, "Dialogue and Mission," *Bulletin* n. 56, 19, no. 2 (1984): 126-41.

(276) Pontifical Council for Interreligious Dialogue, "Dialogue and Proclamation," *Bulletin* n. 77, 26, no. 2 (1991): 210-50.

(277) See Pontifical Commission "Justitia et Pax," *Assise: Jounée mondiale de prière pour la paix (October 26, 1986)*, 1987: 147-55.

(278) Cf. Abhishiktananda (Henri Le Saux), "The Depth-Dmension of Religious Dialogue," *Vidyajyoti* 45 (1981): 202-21.

(279) Jacques Dupuis, "A Theological Commentary: Dialogue and Proclamation," in *Redemption and Dialogue*, ed. William R. Burrows (Maryknoll, N.Y.: Orbis Books, 1993), 155.

(280) Text in *FABC Papers* no. 48 (Hong Kong: FABC, 1987): 16.

(281) Paul F. Knitter, *Jesus and the other Names: Christian Mission and Global Responsibility* (Maryknoll, N.Y.: Orbis Books, 19 96), 125-64.

(282) Claude Geffré, "Théologie chrétienne et dialogue interreligieux," *Revue de l;Institut Catholique de Paris* 38, no. 1 (1992): 63-82, cf. 72; idem, "Le fondement théologique du dialogue interreligieux," *Chemins du Dialogue* 2 (1993): 73-103.

(283) Cf. R. Panikkar, *The Intrareligious Dialogue* (New York: Paulist Press, 1978).

(284) F. Whaling, *Christian Theology and World Religions: A Global Approach* (London: Marshall Pickering 1986), 130-31.

(285) Aloisius Pieris, "Western Christianity and Asian Buddhism: A Theological Reading of Historical Encounters," *Dialogue* n.s. 7, no. 2 (1980): 64; idem, *Love Meets Wisdom: A Christian Experience of Buddhism* (Maryknoll, N.Y.: Orbis Books, 1988).

(286) Aloisius Pieris, "The Buddha and the Christ: Mediators of Liberation," in *the Myth of Christian Uniqueness: Towards a Pluralistic Theology of Religions*, ed. J. Hick and P. F. Knitter (Maryknoll, N.Y.: Orbis Books, 1987), 162-77; idem, *An Asian Theology of Liberation* (Maryknoll, N.Y.: Orbis Books, 1988).

(287) Aloisius Pieris, “The Buddha and the Christ: Mediators of Liberation,” 163; idem, *Love Meets Wisdom*, 110-35.

(288) John A. T. Robinson, *Truth Is Two-Eyed* (London: SCM Press, 1979).

(289) John B. Cobb, *Beyond Dialogue: Toward a Mutual Transformation of Christianity and Buddhism* (Philadelphia: Fortress Press, 1982).

(290) Panikkar, *The Intrareligious Dialogue*.

(291) Raimon Panikkar, “Foreword: The Ongoing Dialogue,” in *Hindu-Christian Dialogue: Perspectives and Encounters*, ed. H. Coward (Maryknoll, N.Y.: Orbis Books, 1990), ix-xviii.

(292) Cf. Charles H. Kraft, *Christianity in Culture: A Study in Dynamic Biblical Theologizing in Cross-Culture Perspective* (Maryknoll, N.Y.: Orbis Books, 1979).

第10章　諸宗教者相互の祈り
——祈りの視点——

一九八六年一〇月二七日、「世界平和のために祈る集い」が開かれた。その集会の四日前に、教皇ヨハネ・パウロ二世は、水曜日の教皇一般謁見の機会を用いて、世界平和祈祷集会の意義や重要性を説明し、その集会が計画されるに至った経緯や今後の展望について明らかにした。その言葉を、以下に引用しておこう。

「これからアシジで行われる集会は、決して、ある種のシンクレティズム（syncretism＝宗教的混合状態）に陥ることではありません。むしろ、ここでは、さまざまな宗教を信じる者たちが、おたがいに尊敬し合いつつも、神への祈りを真摯に捧げる姿勢が息づいているはずです。まさに、今回のアシジでの集会の精神を表わすために選ばれた標語に注目していただきたいのです。——その標語とは、『祈るために、ともに集う』というものです。ともに祈ることとは、何も『同じ祈りの言葉を唱えること』ではありません。むしろ、祈りの機会をとおして、これまで縁もゆかりもなかった者同士が、そこに、ともに居合わせることが大事です。この方法を選ぶことによって、私たちは、他者の祈りに対して、そして神に向かう他者の姿勢に対して尊敬を表します。同時に、私たちは、祈りを捧げることにおいて、宇宙の主であるキリストへの信仰を謙虚に誠実にあかしすることになるのです。

アシジでの集会は、次のように行われます。毎日、祈りの時間に、いくつかの会場で、それぞれの宗派ごとの礼拝が行われます。その後、全員で聖フランシスコ大聖堂前の広場に集合し、ある一定の間隔を置き、順番に、各宗教の代表者の祈りがつづきます。そこでは、すべての代表者が全身全霊をこめてお互いのことを尊敬しながら祈りに参加し、神を求める男女の最も崇高な努力の証人となるのです。

『祈るために、ともに集う』――この集いでは、全人類が生き残るために、今日最も必要な賜物、すなわち、平和を神に祈り求めます。きっと、すべての参加者が、隣り合わせた相手と出会うことによって、心の底から相手を大切に想うようなかけがえのない愛情のめばえを実感することになるでしょう(293)」。


今、引用した教皇の呼びかけが、教会の権威によって与えられた、アシジの集会が持つ意味とその進め方の公的な様式となった。一緒に祈るためではなく、祈るためにともに集うのである。この様式が集会のあいだに教皇によって確認され、そしてこの集会準備と後片付けを責任を持って担当した教皇庁の関係者および総責任者ロジェ・エチェガレー枢機卿によっても確認された。『オッセルバトーレ・ロマーノ』紙はこの集会に関して多くの記事を載せたが、そのなかで、キリスト者と他宗教のメンバーのあいだの共通の祈りが、なぜ、神学的に受容できないかについての種々の神学的な理由が詳しく説明された(294)[註115]。しかし同時に『オッセルバトーレ・ロマーノ』紙は、福音宣教省の前秘書官であったマルチェロ・ザーゴ大司教のより微妙なニュアンスのある記事をも掲載した。そこでザーゴ師は、アシジの集会の進め方を正当としつつも、キリスト教と他宗教メンバーの共通の祈りの可能性を肯定し、次のように述べた。

「共通の祈りや宗教的な分かち合いの経験は今までもあった。たいていの場合、分別を持って思慮深く行われ、宗教的混合主義に陥らないように努力が積み重ねられてきた。黙想の経験の分かち合いは最も共通するものである。祈るためにともに集う、そして時にはともに祈る、このことの深い神学的な理由は、神と全人類の関わりの尊さという基本的な事実を認めることにある(295)」。

いま、右に引用した文章から教皇の言葉が連想される。――「私たちは祈るためにアシジに集った。いっしょに出向いたのであって、おたがいに自分たちのことを祈り合うためにアシジに行ったわけではない」。アシジでの集会の後、この集会を企画した人びとからしばしば聞かれたこの説明は、キリスト者と「他者」とのあいだの共通の祈りは、まったく不可能でないとしても、いかなる場合にも、教義的また実践的な相対主義と折衷主義の危険性のゆえに、薦められるべきではない、という印象を与えるかもしれない。このような危険性は明らかに避けなければならないということは、議論の余地はない。しかしこのことが、ともに祈ることは、してはいけない何かと見なされる、という意味にはならない。それを証明するものとしては、教会における他の教義的で司牧的ないくつかの例のなかに、インドにおけるカトリック司教団の『宗教同士の対話のための指針』が挙げられるだろう。この指針では、他宗教メンバーとともに祈ることは、可能であるばかりでなく、薦められるべきであり、義務でさえあると述べられている。そしてその試みが正しく行われるための指針を与えている。宗教同士の対話の種々の形式を区別したうえで、この『指針』は次のようにつづけている。

「対話の第三の形は、宗教生活の最も深いレヴェルに至り、祈りと瞑想を分かち合うところにある。このような共同の祈りの目的は、第一に私たちすべてを大きな一つの家族とするために創造されたすべての人の神をともに礼拝することである。私たちは神を個人的に礼拝するだけでなく、共同体のなかで礼拝するよう呼ばれている。それ以来、私たちが人間全体とともに一つになる、まさに真の根本的仕方で、他の人びとととともに神を礼拝するのは私たちの権利であるばかりでなく義務でもある」[296]（『宗教同士の対話のための指針』82項）。

さらにつづけて、この文書は必要な思慮深さについて説明し（同84項）、ともに祈るために明確な指針を与え（同85）、参加者の側に必要な準備を明記している（同86項）。この手引きによれば、ともに祈ることの実践は、前例のないことでもなく、実行不可能なことでもないとしている。

誤解を避けるために、はっきり言うべきことは、アシジの世界平和のための祈りの日の状況においては、すべての参加者によって、分かち合われる共同の祈りについては考える可能性さえなかったということをはっきりと言わなければならない。それにはいくつかの理由がある。高位聖職者の公式の集会であったこと、準備不足であったこと、多様な宗教グループの代表者があまりにも多かったこと、集会参加以前には互いに面識がなかったこと、すべての参加者に受け容れられるような意義のある祈りをあらかじめ選ぶことがいっしょにできなかったこと、などが挙げられる。しかしながら、アシジで用いられた集会の進め方が唯一の可能性だったのであるから、そこから厳格な制約された規則を抽出することは誤りであろう。実際に具体的な状況が考慮されなければならず、どのような立場が可能であり薦められるべきかについて司牧的な判断がなされるべきである。

このような思慮深さはその時々の状況に合わせて行われる。それは私たちの任務ではない。むしろ、私たちの任務は、キリスト者と他宗教メンバーのあいだで分かち合われる共通の祈りの実践のために、いかなる神学的な考察がその基盤として役立つかを示すことにある。しかしながら、そのためにはここに関わる多様な宗教伝統同士のあいだにある区別をする必要がある。問題となる神学的な基盤は、すべての場合においてまったく同じではない。

第一に、すでに述べた、いわゆる一神教あるいは預言的な宗教といわれる三つの宗教（ユダヤ教、キリスト教、イスラム教）と、もう一方でいわゆる東洋の秘義宗教といわれる宗教（ヒンドゥー教、仏教など）のあいだの区別を頭に入れておかなければならない。この区別は誤解されてはならないし、排他的で固定した方法で押し付けてはならないこともついでに記しておこう。目的はアジアの宗教が人格的な絶対者に向かうこともできること、預言的な側面も持っていることを否定することでもなく、一神教が秘義的な側面を持っていることを否定しようとすることでもない。むしろ、意図していることは、三つの一神教は、アブラハムによる神に対しての信仰に共通の起源を持っているところまで遡り、この三つは共通の一つの家族に属することを示すことである。同じ信仰の源に属することは、いまからさらに探究するように、ともに祈るために神学的な基盤の重要な要素を提供してくれる。

さらなる区別が他の宗教についてなされなければならない。諸宗教のあいだには異なる流れがあり、一つの宗教のなかにさえ異なる流れがある。一神論的または非一神論的、有神論的または不可知論的、有神論または無神論的な流れ、などの区分の仕方が最近の西洋の研究によって提案されている。人格神に向かうヒンドゥー教、バクティとアドヴァイタ（nonduality）のヒンドゥー神秘主義のあいだの相違は書き留めるに値することは明らかである。同様に、ヒンドゥー教徒の献身的な態度と仏教徒の黙想や瞑想、なども細かく区分することができる

しかし、ここでは、これらすべての相違について詳しく考察することはしない。ここでは、そこに関わってくる宗教的な家族制によるのであるが、祈り、黙想、瞑想における分かち合いの神学的な基礎を示すことで充分であろう。私たちの全体的な主題は二つの基本的原則を必然的に確認することにつながってゆく。

①第一の原則――キリスト者と他宗教者との共通の祈りの必要性を確認すること

キリスト者と他宗教メンバーのあいだの共通の祈りは、それ自身において、そして一般的に言って、可能であり、望ましいことであり、そして実に現代の宗教同士の対話の状況のなかで積極的に奨励されるべきものである。

②第二の原則――それぞれの宗教者の祈りの独自性に配慮すること

それには、関連する宗教家族、具体的状況、そして、異なる参加者間で真摯に分かち合われる祈りの選択、など、さまざまな状況を心に留めなければならない。したがって、はっきりした区別が共通の祈りの原則と実際の問題のあいだになされなければならない。最初の原則に関するもの（共通性）は、あまり問題にならない。しかし、第二の原則（独自性）は種々の問題を提起する。[297] これらを考慮して、この章は、二つの項目からなっている。第1項は、原則として、キリスト者と他の人びとのあいだの共通の祈りの実践を勧めるいくつかの神学的な理由を明らかにする。第2項では、キリスト教と他宗教のあいだの対話の種々異なる状況を考慮に入れること、そして、共通の祈りの実践のために、種々の状況を開いてゆく具体的な可能性を探究する。このように、第1項では「いっしょに祈るのは、なぜなのか」（共通性）、第2項では、「それでは、どのようにして、いっしょに祈ればよいのだろうか」（独自性）という問いとなる。

1　いっしょに祈るのは、なぜなのか――第一の原則（共通性）にもとづいて

(1)「対話」から「共通の祈り」へ

前章では、宗教同士の対話の神学的な基礎を構築するために、さまざまな要素を区別するなかで、「一致の秘義」について述べた。『キリスト教以外の諸宗教に対する教会の態度についての宣言』は二重の要素について語る。すなわち、創造の際の神による全人類の起源と、贖いの秘義の実現の際の神による支えに見られる共通の運命である。

一九八六年一二月末の、教皇庁スタッフへの講話で、教皇ヨハネ・パウロ二世は、第二ヴァティカン公会議によって求められ、右記の宣言書で表明した、他宗教に対する教会の新しい姿勢について、アシジ集会を神学的に説明し、適正なものとした。その際に教皇によって提案された他宗教への配慮は、一般的に宗教同士の対話に対してばかりでなく、異なる宗教同士の諸々のメンバーの共通の祈りの土台として役立つ。教皇は、全人類の家族を結ぶ「一致の秘義」について話した。次のとおりである。

①第一の要素――神の計画の「一」性（御父の働き）

「一つの始まりと一つの終わり、人間の皮膚の色に関係なく、一人ひとりが生きている歴史的地理的地平に関係なく、一人ひとりが育ち、そのなかに自己表現を見い出す文化に関係なく、世に生まれ出た（ヨハ1・9参照）一人ひとりの人間のための神の計画は一つです。外見上のこれらの相異は、対照的に本質的、基本的、決定的であるこの一致に比べれば重要ではありません[298]」（「教皇庁スタッフへの講話」3項）。

②第二の要素――キリストにおける包み込み（御子イエス・キリストの働き）

「人類は彼らの起源、運命、同じ神の計画のなかでの協働には気づいてさえいないかも知れないし、彼らが互いに異なる、相容れない宗教について表明する時、彼らはこの分離は超えられないものと感じます。しかしそうではありません。これらの相異にもかかわらず、全人類は、たとえそれに気づいていなくても、『キリスト自身と一人ひとりが結ばれているある種の仕方で』（『現代世界憲章』22項）、キリストにおける神の一つの偉大な計画のなかに包み込まれているのです」（「教皇庁スタッフへの講話」5項）。

③第三の要素――心からあふれ出る真摯な祈りにおける聖霊の現存（聖霊の働き）

この同じ講話のなかで、教皇は、また、「一致の秘義」の第三の要素について言及している。それは、すべての人のなかに、すべての宗教のなかにおいて、特にキリスト者であろうと、「他者」であろうと、いかなる人間でも心からあふれ出る一つひとつの真摯な祈りには、聖霊の普遍的な働きの現存があることに言及している。他のことに言及するなかで、教皇は、「私たちは実に、真正な祈りがすべて、一人ひとりの人間の心のなかに秘義的に現存する聖霊から生じる、ということを確信している」（同11項）。それが明確に記述されてはいなくとも、他宗教メンバーの宗教生活のなかに、特に人がいかなる宗教に属していようとも、すべての真摯な祈りのなかに聖霊が現存する、と述べた教皇ヨハネ・パウロ二世による主張は、諸宗教の神学と宗教同士の対話のためばかりでなく、共通の祈りの実践のためにも、神学的な基盤の第三の要素として大いに助けとなる。

種々異なるテクストをとおして、そこには一貫した教えが現われている。それはすなわち、聖霊は他宗教伝統のメンバーのなかにも普遍的に現存し働いている、ということである。たとえそれが知られざる神に向けられたものであっても、一つひとつの真正な祈りは、人類の内に現存し、働いている聖霊の結実である。それは彼らのなかに現存する聖霊の働きである。祈りをとおして、キリスト者と他宗教伝統のメンバーは聖霊において深く結ばれる。テクストのなかにはっきりと述べられていなくとも、共通の祈りは可能であり、望ましく、このような祈りは、神の霊における深い交わり（communion）の共通の表現であると（原則として）結論づけることができる。共通の祈りをとおして、祈る両者のなかでの神の霊の働きは、共通の証しにおいてともに出会うであろう。

④第四の要素――神の国の普遍性

これまで述べた、「キリスト者と他の人びとのあいだにおける実存的な一致へと招き入れられる交わり」（anticipated communion）――これらの要素は共通の祈りを深める際に最も重要な表現となるものである――を補強するために以下の点をも付け加えることができる。まず第一に強調されるべきものは、イエス・キリストにおいて神によって発展させられた神の国の普遍性である。私たちはしばしば神の国の普遍性について述べてきた。この神の国のなかに、キリスト者と「他者」とは共存し、同じメンバーとなっているのである。世界の歴史において神の主権を打ち立てることは、現存する神の国として象徴的には言葉のうえで表現されているが、それは全人類のなかで働くイエス・キリストにおける救いの秘義の普遍的な現存以外の何ものでもない。私たちは、諸宗教との対話の神学のためにその重要性を示してきた。それは、キリスト者と「他者」とのあいだで分かち合われる祈りの実践のための神学的な基礎の第四の要素として役立つことを付け加えなければならない。

対話は、イエス・キリストにおいて歴史のなかで始められた、神の国をすでに共有している人びとのあいだで行われる。異なる伝統を信奉しているという相異にもかかわらず、このような人びとは、秘義の仲介者による「秘跡」という点において、彼らのあいだにたとえ相異が残るにしても、すでに救いの秘義の現実における交わりのなかに入っている。神の国の現実は、キリスト者と「他者」のあいだの相互交流への招き（anticipation）において、すでに始まっている。対話は、救いの現実のなかで、この招きとしての内なる交わりをはっきりさせ、この交わりこそが実にイエスにおいてあらゆる人のために到来した神の国である。このような交流は、実に、異なる信仰のあいだの共通の祈りの分かち合いのなかで、その最も深い表現を見い出す。

(2) 人類に対する神の賜物としての諸宗教

⑤第五の要素——神からの贈りものとしての諸宗教

創造、贖い、聖霊の普遍的現存、神の国の共有、これらに加えて、キリスト者と「他者」のあいだの共通の祈りの神学的な基礎を置くものとして、第五の要素がある。すなわち、神の人びとへの贈り物である世界の諸宗教のことである。伝統的なキリスト教思想は、最近でさえもしばしば、イエス・キリストの神との一致のゴールに至る、

「通路」・「道」・「チャンネル」などを、他宗教の伝統のなかに見ることに対して抵抗してきた。あるいは、逆に表現すれば（このほうが、より適切な表現ではあるが）、これらの道をとおしてイエス・キリストの神が人格的に御自分のいのちを他宗教の伝統を生きる信奉者と交流させ、それを分かち合うことを、キリスト者が認めようとせずに抵抗してきた。これらの伝統に対しての開かれた姿勢や、これらの伝統のなかに肯定的な価値を認めたにもかかわらず、第二ヴァティカン公会議は、「神の隠れた現存をとおして」（『教会の宣教活動に関する教令』9項）、これらの伝統のなかに含まれる「真理と恩恵」の要素を認めたことで、少なくとも部分的に「その道」を暗示していないかどうかを問う可能性があるのに、これらの要素を救いの「道」とあえて呼ぼうとはしなかった。

　しかし、前述したように、公会議のような特別な権威を持ってはいないが、他宗教の伝統に対してより大きく開かれた姿勢が述べられている文書もある。これらの文書のなかでは、神は人びとを御自分の方に引き寄せながら、他宗教の伝統の内に現存し、働いていると見ている。他宗教の伝統の多様性は、神が人びとと諸国民との関係性を確立するための種々異なる道を証明している。言わば、諸宗教は「神からの人びとへの贈りもの」である。

「神からの人びとへの贈りもの」つまり人類への神の贈りものとして諸宗教を肯定的に評価することは、西欧人がしばしばおもい描くほどには驚くべきことでも未知のものでもない。これを証明するには、第一章ですでに採り上げた、ジョヴァンニ・オダッソによる旧約および新約聖書に沿った最近の諸宗教の研究がある。[299]オダッソは諸宗教そのものと人間の手による宗教の頽廃とを明確に区別している。例えば、多神教や民の偶像崇拝に対しての厳しい預言者からの断罪がある。しかし、これらの宗教の頽廃は人類に帰せられる。彼らは神の賜物を、人間が作った、正道を離れた別のものにしたからである。今日でさえ、宗教と諸宗教は人間の手によってイデオロギーとなり、不正と偶像、権力と金、カエサル（皇帝）やマンモン（富）を支持し、悪用されることになる。それにもかかわらず、宗教そのものは「人類への神からの贈りもの」である。

オダッソは、いくつかの論文のなかで自分の研究を要約している。彼の第四の論文には次のように記されている。「諸宗教は地上における神の計画の表現である。それは教会の目からすれば、復活したキリストにおいて実現され、そしてそのなかに、神の国の栄光における全人類のための完成を見い出す」（371頁）。この著者はある箇所で自己の論文の意味を説明する。それはここで再び採り上げるに値する。

「諸宗教が神の計画の数多くの表現であることは、すでに自明の理である。なぜなら、実に旧約および新約聖書のテクストによって明らかにされたことからわかるように、諸宗教は地上における神からの人びとへの贈りものであって、救いのために働く智慧の現存のしるしである。諸宗教は神の計画の多様な表現として、キリストの復活にも必然的に関連があり、正確には、復活は、神の救いの計画の決定的な充満を現わしているからである」（372頁）。

筆者は本書で、世界の諸宗教は、第一に、人間の努力と人類の歴史全体をとおして神を求めた民の努力の現われではなく、人間の努力をもってしては人類が決して神に至ることはできないと述べてきた。むしろ、諸宗教は神御自身が人間を最初に求め始めるための、さまざまな異なる様式なのであり、多様な道でもあり、方法である。そして、人間の内において肉となった独り子における、破ることのできない決定的な絆によって、人間を御自分と結び合わせる以前でさえも神は働いていたのである。つまり、人間が神を求めるよりも前に、神が人間を見い出していた。実に、もし、諸宗教の起源の第一の源が人類に対する神の自己顕現のなかにあるのが真実ならば、諸宗教の多様性は神からの人類に対する自己顕現の想像を絶する豊かさと多様性のなかに根差している。

神の救いの計画のなかで種々異なる宗教伝統が持つこの意味合いは、多くの異なる宗教伝統のあいだの共通の祈りの有効性と望ましい姿のための決定的で最も深い根拠ではないであろうか。共通の祈りは究極的には、全歴史をとおして神が人類に与え、そして今でも与えつづけている圧倒的な贈りものに対する、種々異なる信仰共同体によるこの神の賜物の認識と感謝とからなるのではないであろうか。確かにそのように思われる。

2 それでは、どのようにして、いっしょに祈ればよいのだろうか――第二の原則（独自性）にもとづいて

(1) キリスト者とユダヤ教徒との共同の祈り

本章の初めに、私たちはキリスト者と「他者」とのあいだの共通の祈りの問題に対する、有効な神学的な解決を求めるに当たり、諸宗教同士の具体的な対話の状況に関して、いくつかの重要な区別をしなければならないと述べた。すべての宗教が、キリスト教に対して同じ対話的な関係にあるのではない。ここに至るまで私たちは、一般的な方法で他宗教の伝統の人びととの共通の祈りの可能性とその妥当性を、普遍的で有効性のある神学的な考察を土台にして論じてきた。ここでは、キリスト者と各宗教の信奉者の祈りの実践と特別の様式を規定しなければならない理由を強調するために、宗教伝統相互の区別をしなければならない。

祈りが「普遍化できる」ために、すなわち、異なる信仰共同体のメンバーによって分かち合われるものであるために、異なる状況と異なる環境の種々の構成要素を考慮に入れた繊細な司牧的な配慮がなされなければならない。祈りの教義的な内容、すなわち、全員で唱える祈りの言葉ばかりでなく、祈りの場所、時間、そして祈りに伴う身体的な動き、ジェスチャーなども考慮する、という意味である。(300) しかし、この章の第二項で私たちが特に興味を

持っていることは、何よりも、それぞれの宗教伝統の持つ独特な祈りを分かち合う可能性を与える、祈りに関わる伝統相互の状況と特別な神学的な関係性である。このような共通性にもかかわらず、各々の信仰にしたがって、それぞれの信仰共同体のための、「普遍化できる」祈りは、それぞれ異なる強調点と異なる理解をもつことを認め合わねばならないであろう。このように互いの相異を理解することは、しかしながら、祈りのなかでの分かち合いの有効性に根差した共通の確固とした基盤を持つことになるであろう。これらの教義的要素を基盤にして、関連する種々の信仰共同体のメンバーのあいだの共通の祈りの実践のために、いくつかの具体的な提案がなされるであろう。

前述したように、一神教の立場としてまとめられる三つの宗教は、彼らが崇拝する神の唯一性を同様に強調する。クルアーンの神と同様、イエス・キリストの神は、モーセにその御名を現わしたアブラハムの信仰にもとづく神である。イスラエルにおけるシェマーの祈り（聴従の祈り）は、生きている神の唯一性を強調する、「聴け、イスラエルよ、私たちの神である主はただおひとり」（申6・4）。この同じメッセージがキリスト教の新約聖書でも繰り返される。「聴け、イスラエルよ、私たちの神である主はただおひとり」（マコ12・29）。キリスト教的一神教は、ヘブライ人の一神教の直接的な連続性の枠内にあることがわかる。

確かにキリスト教という一神教は、御父と御子と聖霊という「三つの位格」からなる三位一体一的な神理解として発展し、この三位の神は、「第二」の聖書をとおして可能性として啓示され、イエス・キリストにおいて明確にされた神とまったく同じ神である。そしてイエスの神はモーセの神と同じ神であり、イエスはこの神を父と呼ぶ。ユダヤ教的な一神教とキリスト教的な一神教とのあいだには、非連続性ではなく連続性、分離ではなく深化がある。キリスト教徒とユダヤ教徒はまったく同じ神を崇拝している。

この唯一の神は、モーセをとおして、選ばれた民イスラエルと契約を結ばれた。この契約は、すでに述べたように、選ばれた民の一部の不忠実にもかかわらず、決して破棄されたり、無効になったことはない。ここで私たちは、キリスト者とユダヤ教徒のあいだの対話と、この二者のあいだの共通の祈りの可能性に関する鍵となる要素に触れる。「キリスト教徒とユダヤ教徒との共通の偉大な霊的遺産」に注目し、第二ヴァティカン公会議は、神がユダヤの民と結ばれた「旧い契約」について話す。ユダヤの民については、パウロも「神の子供として、栄光、契約、律法、崇拝、そして約束」（ロマ9・4）を与えられているとして、神の「賜物と召命は変更できない」（ロマ11・29）（『キリスト教以外の諸宗教に対する教会の態度に関する宣言』）としている。より明確に、教皇ヨハネ・パウロ二世は、ドイツのマインツにおける一九八〇年の講話のなかで、「旧い契約の神の民と取りかわされた契約は決して破棄され、無効にされることはなかった」と明言している[301]。

この言明は、長いあいだキリスト者とユダヤ教徒とのあいだの関係の基盤となっていたキリスト者の確信と逆行する。キリストの出来事とキリストにおいて結ばれた「新しい契約」が登場するにおよんで、イスラエルとの「旧い契約」が、キリスト教の伝統でしばしば言われるように、時代遅れとなり破棄されたかどうかということである。それゆえ、モーセの契約とキリストの契約のあいだの関係性はどのように理解されるべきなのであろうか。私たちは、ローマの信徒への手紙9章から11章までのなかで述べられているように、パウロがいかにこの問題と苦闘したかを述べた。私たちは、特にノルベルト・ローフィンクの著書『決して破棄されることのない契約[302]』（*The Covenant Never Revoked*）を参照しながら、ユダヤ教とキリスト教の神学的な対話の最近の状況のなかで、この問題を再考察した。議論全体をここで繰り返す必要はない。共通の祈りに関する結論を示すことで充分であろう。ローフィンクは「筆者はユダヤ教徒とキリスト者の両方を受け容れる『一つの契約』説に傾く。それらの相違が何であろうとも一つの契約のなかに両方を包含する説である。そして、それは今日のユダヤ教徒とキリスト者を意味する」（84頁）と結論づけている。この同じ著者は最近、「この新しい契約は、シナイ山の契約に取って代わるもう一つの契約ではない。それは一つの契約であり、神の恩恵に満たされた同じ契約である。もちろん異なる仕方ではあるが、ユダヤの民と教会に集められた民も、そのなかに共に集うのである」、とも述べている。[303]

私たちは、イスラエルとキリスト教は、救いの歴史のなかで断ち切られることなく、同じ契約を異なる仕方で分かち合い、一つに結ばれるという結論に達した。神の「新しい民」として、もう一つの別の民がそれに取って代わり、元の契約が「旧く」なったとは言わず、それ以降はむしろ神の民の地の果てまでの拡大と宣言されるべきだ、と付け加えたい。

いままで述べてきたすべてのことは、キリスト者とユダヤ教徒のあいだの共通の祈りの可能性について重要な結果をもたらす。神の一つの契約のなかで両者がその相違にもかかわらず、共存し、同じ神をいただき、同じ神の契約のもとに集い、実に、ともに神の同じ民を形成している。両者のあいだの共同の祈りは、両者の相違と矛盾にもかかわらず、人類の救いという神の計画において、互いに結ばれている共通の絆を認識することにある。その祈りは、神の無償の取り消すことのできない賜物に対する神への感謝からなっている。

キリスト者とユダヤ教徒の共同の祈りを実践する方法に関して、他ならぬイエス御自身がユダヤ人であり、定期的にシナゴーグに行き、そこで祈りに参加していたことを忘れるべきではない。使徒たちの教会もそれがユダヤ教の母体から分離するまで、最初の数十年間はイエスと同じような生活をつづけていた。しかも、分離後でさえも、ユダヤ人の祈りはキリスト者の祈り方に対して多くの滋養を与えつづけた。特に詩篇は、今日においてさえ、「キリスト者の祈りの本」の大きな部分を占めている。詩篇の多くは、キリスト者とユダヤ教徒による共同の祈りとして分かち合うことができるのは明白である。同様にイエスによって弟子たちに教えられた祈りは、ヘブライ語聖書の霊性から深く霊感を受けた内容や言葉なので、あらゆる人に受け容れられるはずである。主の祈りのなかで、唯一、キリスト教的な調子を帯びているところは、親密にアッバという言葉を用いて「父」としての神に祈りを捧げるように、弟子たちがイエスから招かれたところだ、と聖書学者によって指摘されている。しかし、イスラエルに対する主の父性は、出エジプト記の中心的な出来事にもとづく旧約聖書の霊性の中心テーマであることを決して忘れるべきではない。

(2) キリスト者とイスラム教徒に共通する祈り

ヴァティカン聖省の非キリスト者のための事務局は、『キリスト者とイスラム教徒との対話のための指針』のなかで、この対話のための方向性を明らかにした。この指針の第二版[12]（一九九八年）では次のように述べている。

「キリスト者とイスラム教徒はともに祈ることの必要性を感じるが、すぐにそれがいかに難しいかを実感する。もし彼らが、アブラハムのもてなしの心という名のもとに、祈りへ招かれたり、ともに過ごすことを願われたりするならば、直接に参加することを求めず、進んで証人になることに同意しながらも、相手の典礼的な祈りや公式の礼拝に両者が充分に尊敬を払わなければならないように思う。真の対話は、圧力のもとでの招待や安易な混乱は避けるべきことを要求する。なぜなら、ある人びとはそこに自己本位の改宗の仮面をつけた形を見るであろう。そして他の人びとはそこから実際の宗教折衷主義の意図を引き出すかも知れない。

同じことが、両者の信仰の真正な表現から生まれた聖なる書物と公式のテクストに対しても適用されなければならない。クルアーンは第一にイスラム教徒に属し、『スーラ・アル＝ファティーハ』[註116]（開端章 Sūrat Al-Fātiḥah）は彼らにとって固有な祈りである。それは新約聖書が第一にキリスト者に属し、『主の祈り』が彼らの信仰に最も呼応する祈りであるのと同じである。ここで他者の信仰に尊敬を払うことは、互いに併合とか失われたものの回復の意図を避けることを意味する。そうではあっても、両者が神秘家や聖人を模範として、活き活きとした共通の祈りの経験のなかに、彼らを一つに結ぶ讃美や嘆願の共通の形を作り出す大胆さを見い出すことが可能であると考えられる[305]」（152頁）。

キリスト者とイスラム教徒のあいだの共通の祈りの可能性を排除しない一方で、この指針は、どのような形でも宗教折衷主義または不適切な失われたものの回復に陥らないために非常に警戒している。しかし、イスラム教徒との対話の状況において、このような祈りの実践を正当化し、そして実に奨励さえする特定な基盤はないかどうかが問われなければならない。

教会が「唯一の神を崇拝するイスラム教徒への評価」を語るなかで、第二ヴァティカン公会議は、イスラム教徒が、「ちょうどアブラハムが神の意図に服従したように、このアブラハムの信仰に対して熱心に彼ら自身を結びつける隠された天命」に自身を服従させることを求める事実があることを主張する（『キリスト教以外の諸宗教に対する教会の態度についての宣言』3項）。公会議は、イスラム教徒が、ユダヤ教徒やキリスト者と信仰をともに分かち合うことを明確に表明はしていなくとも、アブラハムが服従したその信仰に彼らの自身の信仰を結びつけているということに満足していると、言わなければならない。教会の公式文書は徐々にイスラム教徒の信仰についてより明確にしてきている[306]。多くの機会に、教皇ヨハネ・パウロ二世は、公会議文書のなかに残っている曖昧さを取り除いてきた。いくつかの例としては、一九七九年一二月三日、アンカラでのカトリック共同体に対してのスピーチのなかで、教皇は明らかに、「イスラム教徒は、あなたがたと同様、全能の慈悲深い唯一の神においてアブラハムへの信仰を持っている[307]」と述べている。一九八二年五月一四日、リスボンで、教皇は、キリスト者、ユダヤ教徒、イスラム教徒の共通の祖先であるアブラハムについて言及した。たぶん、最も明快で、最も明確に表明したテクストは、一九八五年八月九日にカサブランカで青年のイスラム教徒に対してなされた教皇のスピーチのなかに見られる。

「私たちにとって、アブラハムは神への信仰、神の意志への服従、神の善への確信の共通のモデルである。私たちは、同じ神、唯一の神、生きている神、この世界を創り、その被造物に完全性をもたらす神を信じている」[308]。一神教と言われる三つの宗教は、すべてアブラハムの信仰の内に共通の歴史的な基盤を持っている。

私たちは、すでに、キリスト教的な一神教は、ユダヤ教的な一神教との直接的な連続性を備えていることを示した。モーセの神はイエス・キリストの神であり、そしてまたクルアーンとイスラム教の神でもある。クルアーンの教えは、前章でも言ったように、「私たちの神、あなたがたの神は唯一つ」[309]（Sura 29:46）という点でも一致している。すべて三つの宗教の伝統は、したがって、アブラハムの神にその根幹があることを主張している。この三つの宗教は同じ神を共有している[310]。しかしながら、このことは、すでに述べたように、この三つの宗教の神について同じ概念を備えている、という意味ではない。少なくとも、教義的に言えば、まったく逆のケースもある。キリスト教的な伝統は、イスラエルの一神教の延長であると主張するが、それを三位一体の神の教義へと発展させてゆく。クルアーンとイスラム教の伝統もまた、イスラエルの一神教にその起源を持つことを強調するが、三位一体の神のキリスト教的な教義によって頽廃し害を受けたこの一神教を完成し、純化することを主張している。ところが、この三つの「信仰」のあいだのこのような相違にもかかわらず、共通の歴史的な基盤は依然として残る。すなわち、ヘブライ人－キリスト者－イスラム教徒におよぶ聖書的な伝承の初めにあって、アブラハムに現われた神の自己啓示であり、それはアブラハム、イサク、モーセの神であり、キリスト者が主イエス・キリストの父と呼ぶ方とまったく同じ神のアイデンティティーを持っている。

さらに、キリスト者とイスラム教徒のあいだの共通の祈りのための基盤に関して、キリスト者が神のことばとしてのクルアーンに寄与できる意味は何か、そしてイスラム教徒が、神のことばとしてのヘブライ語聖書（旧約聖書）とキリスト教のギリシア語聖書（新約聖書）に寄与できる正確な意義は何かを問わなければならないであろう。この議論の持つ利点に立ち入ることなしに[311]、第五章で述べたことを想い起こすに留めよう。すなわち、異なった方法ではあるが、一神教伝承のすべての三つの聖典は、同じ神が語られている可能性がある。クルアーンにもまた、異なる言葉で、未完成であり、人間の間違いによる混合がないわけではないが、人間に対して、神によって与えられた言葉が含まれているだろう[312]。このように、キリスト者、ユダヤ教徒、イスラム教徒のあいだの共通の祈りの可能性、さらには望ましさの基礎となる神学的な基盤がある。この点について、カール＝ヨゼフ・クッシェルは述べる。

「もしキリスト者が、イスラム教徒と同じ神を崇拝している事実を真剣に受け留めるならば、キリスト者は、天地の創り主、人間の歴史を導く慈愛に富む神、世界と人類の裁き主であり完成者であるこの同じ神に向かって、彼ら自身の祈りを捧げることができる。ユダヤ教徒についても同じことが言える。もしユダヤ教徒が、他の兄弟姉妹のなかに族長アブラハムの存在を認めることができるなら、ユダヤ教の人びとはキリスト者のみならず、イスラム教の人びととさえ共に、アブラハムの神に祈ることができる[313]」。

この共通の祈りにおいては、その多様な伝承に共通の確信のみが表明されなければならない。特にクッシェルは、異なる伝承の聖典から、次の箇所が使われることを提案している。ヘブライ語聖書における「詩篇」、イエスによる「主の祈り」、アッラーの神への祈りとしてのクルアーンの冒頭部に置かれている『スーラ・アル＝ファーティハ』（開端章 Sūrat Al-Fatihah）が適している、という〔監修者註―クルアーンの第1章は、「開端章」（スーラ・アル＝ファーティハ）と呼ばれており、第1章（スーラ）・全7節（アーヤ）・29語・139文字で構成されている。これはマッカ時代の最初期の啓示である。慈悲に満たされたアッラーの導きと支配とをほめたたえる呼びかけの祈りとなっている。「ファーティハ」とは「聴く」という意味の動詞から派生した術語である。この開端章は、讃美・礼拝の章・謝恩・本源・至宝・一切・治癒としても呼びならわされており、イスラム教の人びとにとって一番重要な祈りの言葉とされている。毎日の五回の礼拝および特別なひとときに唱えられている。一日に一七回以上唱える」。この祈りは、ちょうどキリスト教的な伝承の「主の祈り」と同様の重要性を備えており、イスラムの伝承の中心的な祈りとして示されている。それゆえに「イスラム教における主の祈り」と呼ばれてきた。そのテクストを以下に引用する。

「最も恵み深く、慈悲に富む、アッラーの御名において、
すべての完全なる讃美は、アッラーの神、あなた独りのもの。
全世界の主、
最も恵み深く、
最も慈悲に富み、
最後の審判の日の主宰者であるあなたに。
私たちはあなた一人を崇拝し、あなたのみに助けを求める。
私たちすべてを真っ直ぐな道に導いてください。
その道はあなたが好意を与える人の道であり、
あなたの怒りをこうむらない人の道であり、
あなたから離れない人の道なのであるから[314]」(Sūrah 1.1-7)。

さらには、ユダヤ教徒、キリスト教徒、イスラム教徒の一致の集いにおいては、多くの自発的な祈りもまた捧げられる。クッシェルは、「実に確かなことが一つある。祈りのないところにおいては、霊的に真の深い一致はない。

霊的なものがないところに真の一致はない」（422頁）と結論づけている。一神教としての三つの宗教同士の共通の祈りは、端的に言えば、真の「アブラハム的なもてなし」の体現である。

(3) キリスト者と「他者」（東洋の諸宗教に属する人びと）とに共通する祈り

この項では、「他者」という術語を、「アブラハムの信仰に属する宗教的な家族」以外の宗教的な伝統に属するメンバーを意味する言葉として用いることとする。すなわち、前にも述べたように「密儀的な宗教」と称される東洋の宗教に属する人びとを指していることを念頭に置いていただきたい。特にそのなかから、二つの世界的な宗教を採り上げたい。つまり、ヒンドゥー教および仏教に属する人びとについて眺めてゆく。

共同の祈りを捧げる際に、これらの宗教の場合、結構複雑な問題が生じてくる。多くの理由があるのだが、少なくとも、まるでうっそうと茂った草木のような多くの枝と、この宗教がもとにしている異なる全体的な世界観および膨大な資料の複雑さである。それゆえに、異なる宗教的な伝統とその流派に関する詳細な考察に入ることは避けたい。私たちは、次の点を示さなければならない。ヒンドゥー教にかなり行き渡っている有神論の流れと出会うには、共通の祈りを分かち合うことが考えられる。例えば仏教のような「無神論」（nontheistic）であることを宣言する流派となると、そこでは瞑想つまり共通の黙想を分かち合うことが提案されるであろう。

いずれにせよ、ここでは、私たちは、いくつかの一般的で神学的な考察に限定する。そのことは、この章の前半で述べたことを補強するのに役立つ。目的としては、人類に対する神の救いの全体的な計画のなかで、他宗教の持つ肯定的な意味を強調しながらも、諸宗教に広く開かれているキリスト教神学の枠内に共通の祈りまたは瞑想の意義を位置づけるためである。

アジアの宗教によって言明されている「絶対的な真実在」（Absolute Reality）とイエス・キリストにおいて決定的に啓示されたキリスト教信仰による一神教的な宗教における神との関係の問題は、神学的に採り上げられなければならない。キリスト教神学の立場から、これらのアジアの宗教が示す「究極的な真実在」（Ultimate Reality）は、心的構成要素の多種多様さにもかかわらず、それは、アブラハム、イサク、ヤコブの神として一神教的な宗教が言明する御方と同じであると考えるのは正しいのだろうか。「究極的な真実在」は、異なる伝統によって、異なる仕方で経験され、理解されているにもかかわらず、あらゆる宗教的な伝統に共通のものなのだろうか。それとも、一つの神的な秘義が多くの顔を持っているということなのだろうか。

私たちは前章において、こうした根本的な質問に肯定的な回答を試みた。宗教が共通の祈りまたは瞑想に関係がある限り、ここではこれらの結論を想い起こすことで充分であろう。ウォルバート・ブールマン[315]は、「われわれの主イエス・キリストの父である神」を心に留めながら「すべては同じ神を有している」と書いている。私たちの立場から言えば、真正な宗教経験があるところならばどこにでも、確かにイエス・キリストにおいて啓示された神は老若男女のいのちのなかに、隠された秘密の仕方で入ってゆく。他宗教の伝統のなかの宗教経験に現われる「究極的な真実在」（パウル・ティリッヒの ultimate concern）とは対照的な概念にもかかわらず、ユダヤ教の啓示との連続性のなかで三位一体的な一神教を保ちながら、キリスト教神学者は、その究極的な真実在を三位一体の神の普遍的な現存と自己顕現という意味で解釈せざるを得ない。キリスト者にとって、多くの顔を持つ神の秘義は、明らかにイエス・キリストにおいて、私たちのために御自分の顔を啓示した神であり御父である。この神はまた、人間の真摯な祈りのなかに現存し、働く神の霊の行為をとおして、それが意識的であろうとなかろうと、すべての真摯な祈りが向けられる神である。人びとが、絶対的に依存するこの絶対者へ自分自身を委ね、信仰のうちに生きるどのような時にも、そこには、一つの神、全人類の神の自己顕現と自己啓示が現存している。

もしそうであるなら、神の絶対性についての概念的な相違があったとしても、キリスト者と他宗教の人びとが、いかなる場合にも、いかなる正しい心的表現をも超えて存在する、この絶対者に向かってともに祈りを捧げて瞑想することができると考えるのは正しいことである。このように、私たちは、キリスト者であろうと「他宗教の人」であろうと、一つひとつの真摯な祈りのなかに現存する神の霊の働きについて以前記述した点に戻ってくる。ともに祈ることは、ごく単純に、ある意味において、祈りに与る人びとが、両者のなかに現存し、働く神の霊のなかで互いに、共に出会うことを可能にしてくれる。それはまたキリスト者の側から言えば、すべての人は同じ神、すべての人の創造主、すべての人の普遍的な終着点である神に属しているのを認めることを意味する。第二ヴァティカン公会議は次のように述べている。

「すべての民族は一つの共同体であり、唯一の起源を持っている。神が全人類をあらゆる土地に住まわせたからである。また、すべての民族には唯一の終局目的、すなわち、神を持っている。神の摂理と慈愛の証明、さらに救いの計画は、選ばれた者が聖なる都に集められる日が来るまで、すべての人におよぶ。そこ（聖なる都）には神の栄光が輝き、そこで諸国民は、神の光のなかを歩くようになる」（『キリスト教以外の諸宗教に対する教会の態度についての宣言』1項）。

あらゆる人が一つの共同体を形成し、同様に、歴史に現存する神の国に共に属していること、そして、この神の国が全歴史をとおして成長しつづけ、終末的な完成に向けて進んでゆくということはすでに示した。キリスト者も「他者」もともに神の国のメンバーであるということは、意識しようとしまいと、イエス・キリストの同じ救いの秘義を共有しているという意味である。神の国の共有者である彼らは、また神のもとで、ともにこの神の国を創ってゆく者でもある。このことは、神の国の価値、すなわち、正義と平和、自由と兄弟姉妹愛、信仰と博愛をともに高めてゆくために呼ばれているという事実を指す。キリスト者はこのような福音的な価値の独占権を持ってはいない。神の国は諸宗教の伝統のメンバーの共通の努力をとおして、歴史のなかにおいても発展させられるべきものという文脈では、キリスト者と「他者」とが世界の正義と平和のために、全世界の人びとの普遍的な兄弟姉妹愛と自由のために共に祈ることがいかに奨励され、望ましいことなのかがより深く理解できる。簡単に言えば、キリスト教とアジアの秘義宗教のあいだの深い教義的な相違にもかかわらず、共通の神学的な基盤と同時に、予期され得る交わりは残る。そしてこのことは、対話の実践をとおして育ってゆくように定められており、共通の祈りと瞑想において、他に類を見ないユニークな仕方で表現することが可能である。

キリスト者と「他者」（東洋の諸宗教に属する人びと）のあいだで分かち合うことのできる祈りの選択に関して、以前に示した祈りに加え、他の例としては、すべての被造物において神を讃美したアシジのフランチェスコの「創造の讃歌」やナジアンゾスのグレゴリオスの作といわれる「知られざる神に捧げる讃美の祈り」[註117]やヒンドゥー教においてはウパニシャドやバガヴァットギーター[註118]、その他の宗教的な神秘家および詩人からの数節、他の東洋的な伝統からのテクストも提案することができる[316]。ここではいくつかの例として、ウパニシャッドおよびバガヴァットギーターの数節を引用し、次いでナジアンゾスのグレゴリオス作とされる有名な讃歌を採り上げる。これらすべての引用は、神の秘義の不可思議な偉大さに声を上げている。こうした讃歌は、人間によるすべての理解を超えて留まり、いつまでも留まりつづけるであろう。実にすべての宗教は、絶対的な秘義が人間の理解を超えたものである、という意味において共通し、その現実を共有している。

知られているものの一つに、『ブラーダラーニャカー・ウパニシャッド』（*Brhadaranyaka Upanisad* 1, 3, 28）の一節がある。これは、聖体祭儀や正式な集会のため一九九六年ボンベイ訪問中に、教皇パウロ六世によって諸宗教代表者に向けてなされたスピーチのなかで引用された。

「非現実から現実そのものに私をお導きください！
闇から光へと私をお導きください！
死からいのちへと私をお導きください！」[317]

もう一つの引用は、『ケーナ・ウパニシャッド』（*Kena Upanisad* I, 3-8）からのものである。人格を超えたものであるとともに、人格も兼ね備えたものでもあるブラフマンは全人間の知識を超えた存在であることを主張している。「この者でもなく、あの者でもなく」、それは「知られる者とも異なり、知られない者とも違う」存在である。

3　「いかなる目も見通すことができず、
いかなる声も、いかなる精神も貫くことはできず、
知ることも、理解することもできず、
人はそれをどのように教えるべきか。

確かに知られるものとは異なり、
知られない者の範囲をも超えている、
それを私たちは長老から聞いた、
彼らは、そのなかに私たちを導いた。

4
言葉で表現できるものではなく、
どんな言葉をもってしても、言うことはできない、
それがブラフマンである――あなたはこのことを知りなさい……

5
心でこの者を考えるのではなく、
この者によって、心が考えられるのである、と彼らは言う、
これがブラフマンである――あなたはこのことを知りなさい(318)……」

『バガヴァットギーター』のなかで至高の神に捧げる崇拝、そこでアルユーナ（Arujuna）は寛大にすべてを捧げつつ讃美を歌う。

36
「あなたへの讃美のなかで満たされ、
世界は喜びと楽しみをそのなかに見い出すべきである、
恐怖に慣らされた怪物は、ばらばらに散らされるべきである、
完成を得たものすべてがあなたに忠誠を誓うべきである。

37
あなたの自己そのものが偉大であるのに、なぜ彼らはあなたを崇めないのであろうか
あなたはブラフマンよりさらに尊ばれ、あなたは第一の創造者、

神の主、世界の永久の住まい、終わりがなく、
あなたは不滅であり、存在であり、非存在であり、何者もこの両方を超えることはできない。

38
あなたは根源の神、太古のもの、
あなたはこの宇宙の最後の支え、安息の場所、
あなたは知る人であり、知られるべきもの、あなたは私たちの最終の住処、
おお、あなたは無限であり、あなたによって宇宙のすべては紡がれた。

39
私があなたの前に立つ時、すべての栄光はあなたにあれ、
私があなたの後ろに立つ時、すべての栄光はあなたにあれ、
私がいるところどこにでも、すべての栄光はあなたにあれ、
あなたにすべての栄光、すべての栄光はあなたに！」(319)

ここに、ナジアンゾスの聖グレゴリオスによる讃歌がある。すぐ上に引用したヒンドゥー教の神秘主義の抜粋と同じような内容が強調されている。

「いかなる名を伴ってあなたを呼んだらよいのであろうか、
あらゆる名に優っている御方を。
あなたはすべてを超え、いかなる名前をあなたに与えたらよいのであろうか

あなたを讃えるためにいかなる讃歌を歌うことができるであろうか、
また、あなたを告げ知らせるためにいかなる言葉があるのであろうか。
いかなる心もあなたの秘密を探ることは不可能で、
いかなる知性もあなたを理解することはできない。
話される言葉はすべてあなたから出る。
しかし、あなたは言葉の届くところを超えて留まっている。
考えられるすべてのことはあなたから生じる。
しかし、あなたは思考の力をはるかに超えた方である。
すべてのものはあなたを宣言する、
言葉を持たない者も、話す力を持っている人も。
すべてのものがあなたをたたえている。
意識を持っていない物も、意識を授かった人も。
宇宙の願望も、全創造のうねりも、
すべてあなたに向かって沈黙の祈りを捧げている。
あなたが創られた世界を解き明かすあらゆる人は、
讃美の歌をあなたに歌う。
あなたが上げるものをすべての人は支え、
あなたが引く方向にすべての人は動く。
あなたはすべてのものが目指すものであり、

あなたは一つ、おお神よ。
あなたは存在するすべてであり、非存在のすべてである、
あなたは部分でもなく、全体でもない。
すべての名はあなたに与えられ、誰もあなたを理解することはない。
私はあなたをいかなる名で呼ぶことができようか、
すべての名を超えている方を[320]」。

要するに、過去において正しく強調されなかったとしても、キリスト者と「他者」の共通の祈りは確実な神学的な基盤を持っていると言える。明らかに、このような祈りには、互いのあいだの開かれた姿勢とともに、繊細さと種々の宗教伝統のあいだに存在する相違に対する深い尊敬が、すべての参加者に求められる。共通の祈りの実践は、キリスト者と「他者」のあいだの期待において分かち合われる神の霊による交流の上に築かれる。また、逆に、この実践をとおして成長し、深められてゆく。共通の祈りをとおして、キリスト者と「他者」とは神の霊の内にともに成長する。共通の祈りは、次いで宗教同士の対話のたましいであり、対話の最も深い表現となり、同時に神と他者に対する協働者としての最も深い共通の回心へと向かう保証となる[321]。

(293) Pontifical Commission "Justitia et pax," *Assise: Journée mondiale de prière pour la paix* (October 27, 1986): 25-26.

(294) See especially the presentation by Archibishop Jorge Mejia, "Réflexion théologique sur la journée mondiale de prière pour la paix," *L'Osservatore Romano*, September 17, 1986. The presentation is reprinted in *Assise: Journée mondiale de prière pour la paix*, 31-38.

(295) Marcello Zago, "Les religions pour la paix," *L'Osservatore Romano*, October 15, 1986; reprinted in *Assise: Journée mondiale de prière pour la paix*, 63-72.

(296) CBCI Commission for Dialogue and Ecumenism, "Guidelines for Interreligious Dialogue," 2d rev˙ .ed. (New Delhi: CBCI Centre, 1989), 68.

(297) See H. Küng, "Prayer of the Religions in the World Context," *Concilium* (1990/6): xi-xiii.

(298) The text of the speech of John Paul II on December 22, 1986, is found in *Assise: Journée mondiale de prière pour la paix*, 147-55.

(299) Giovanni Odasso, *Bibbia e religioni: Prosettive bibliche per la teologia delle religioni* (Rome: Urbaniana University Press, 1998).

(300) See Francois Boespflug, "Prier en commun et prière commune: Les limites de l'oecuménisme planétaire," in *Assise: 10 ans après 1986-96*, ed. Francois Boespflug and Yvés Labbe (Paris: Cerf, 1996), 217-42.

(301) Text in *AAS* 73 (1981): 80.

(302) Nobert Lohfink, *The Covenant Never Revoked: Biblical Reflections on Christian_Jewish Dialogue* (New York: Paulist Press, 1991).

(303) Erich Zenger, *Il Primo Testamento: La bibbia ebraica e i cristiani* (Brescia Queriniana, 1997), 133-34.

(304) Cf. Maurice Borrmans, *Orientamenti per un dialogo tra cristiani e musulmani* (Rome: UUP, 1988).

(305) It can be noted that in the first edition (1971) the Guidelines seemed less rigid. While ruling out active participation in the worship of the other religion, they left the door open to spontaneously joining, at least on special occasions, in prayers belonging to the legacy of the other religion. However, they regarded it as more appropriate to use prayers composed for the specific occasion based on common beliefs as expressions of religious feelings shared by all the participants. Some

well-chosen psalms or texts drawn from Muslim mystics could express such sentiments well. See Secretariatus pro Non-Christianis, *Guidelines for a Dialogue between Muslims and Christians*, Indian edition (Cochin: K. C. M. Press, 1979), 128, n. 1.

(306) See Thomas Michel, “Islamo-Christian Dialogue: Reflections on the Recent Teaching of the Church,” Secretariatus pro Non-Christianis, *Bulletin* n. 59, 20, no. 2 (1985): 172-93.

(307) *Origins* 26, no. 9 (1979): 419.

(308) *Islamochristiana* 11 (1985): 201.

(309) *The Koran*, ed. Muhammad Rafrulla Khan (London: Curzon Press, 1975).

(310) Karl-Josef Kuschel, *La controversia su Abramo: Cio che devide—e cio che unisce ebrei, cristiani e musulmani* (Brescia: Queriniana, 1996); Roger Arnaldez, *Trois messagers pour un seul Dieu* (Paris: Albin Michel, 1983).

(311) See Groupe de recherches Islamo-Chrétien, *Ces écrites qui nous questionnent* (Paris: Centurion, 1987).

(312) Cf. Claude Geffré, “Le Coran, un parole de Dieu différente ?” *Lumière et Vie* 32 (1983): 21-32.

(313) Kuschel, *La Controversia su Abram*, 418.

(314) *The Koran*, ed. Muhammad Rafrulla Khan.

(315) Cf. the work already cited, Walbert Buhlmann, *All Have the Same God* (Slough, UK: St Paul Publications, 1982).

(316) See Boespflug and Labbé, eds., *Assise: 10 ans après 1986-96*, 242-47; Kuschel, *La controversia su Abramo*, 420-24.

(317) *Hindu Scriptures*, ed. R. C. Zaehner (London: Dent, 1966), 34.

(318) Ibid., 161.

(319) Ibid., 298.

(320) PG 37, 507-8. Translation in J. Dupuis, I. M. Echaniz and J. Volckaert, *Give Praise to the Lord: Community Prayer Book* (Gamdi-Anand: Anad Press, 1971), 67-68.

(321) Cf. Francois Boespflug, “De l’horizon multiple ou les religions peuvent se rencontrer,” in Boespflug and Labbé, eds., *Assise: 10 ans après*, 296.

結論——新たなる提案——

すでに、序論のなかで説明しておいたように、最近の諸宗教の神学のなかで問われている重要な問題は、人類に対する神の単一かつ多様な計画のなかで、現代世界の種々異なる宗教伝統が肯定的な意味を持っているのかどうか、もし持っているとしたらそれはいかなる意味でか、ということである。このような問いかけは、他宗教の人びとに対する、イエス・キリストのみによる救いの可能性をどのように考えればよいのかを真剣に考えるように迫る。または、諸宗教の伝統のなかに見い出され得る肯定的な価値が「自然的なもの」なのか、あるいは、「超自然的なもの」（真理と恩恵によるもの）なのかを理解し直すことをうながす。ともかく、諸宗教の立場を認めるかどうかという、いわゆるキリスト教社会における従来の伝統的な価値観を超えた問いかけが投げかけられているのである。ところが、こうした問いかけとは対照的な新しい視点としては、諸宗教の伝統が神の救いの普遍的な計画のなかで、諸宗教自体の正統化を見い出し、それによって、神によって予め定められ、意図されたその諸宗教の信奉者のための救いの「道」あるいは「道程」が、肯定的な価値を持っているのかどうかという問題を考えることである。

誤解を避けるために、ここでの提案と、「多元主義の立場を採る神学者によって仮定される多元主義的なパラダイム」とを明確に区別をしなければならない。「多元主義者」によって推進されて発展した「多元主義」への「パラダイム転換」は、従来の「包括主義」を乗り越えるものであった。一方、「多元主義」の場合は、伝統的にキリスト教信仰の立場によって宣言されているようなイエス・キリスト自身と彼の出来事における普遍的救いの意義を予め拒否することを基盤としている。イエス・キリストは「多元主義者」によって究極の秘義へと導く「複数の道」のなかの一つとして、他宗教伝統が主張する多くの救済者のなかの一人の救済者にまで格下げされる。あらゆる「道」は、基本的に同等であり、人類にとっては「単一」の唯一の道は必要ではなくなる。唯一の道が人類の普遍的な救い主としてのイエス・キリストに帰されることは、「多元主義」の立場にとってはあり得ない。

これとは対照的に、ここで支持される神学上の挑戦は、弁証法的な緊張があるにもかかわらず、全人類の普遍的で本質的な救い主としてイエス・キリスト自身が持つ唯一の意義に関するキリスト教信仰の中心的な主張と、他宗教伝統によって提起される救いの「複数の道」という両方の価値を、全人類のために意図されている神の一つの計画のなかに、同時に保ちつづけ、結び付けてゆくことへの長大な旅なのである。ここで主張されるのが「確固とした土台に根差した宗教的多元主義」である。そしてそれは、「多元主義者による中立で公平な多元主義」(a neutral and indifferent "pluralism" of the "pluralists") に向かうパラダイム転換とは何の関係もないのである。イエス・キリストは実に人類の本質的な救い主であり、キリストの出来事は、全人類の救いの源である。しかし、このことは全人類に対する神の計画のなかにあって、諸宗教の伝統がその信奉者のために、イエス・キリストの秘義の「仲介」として奉仕していることを妨げるものではない。

1　確固とした土台に根差した宗教的多元主義[註119]（Religious Pluralism in Principle）

本書のいくつかの章で、私たちは、「確固とした土台に根差した宗教的多元主義」の主張を正しいものとするために、種々異なる要素を収集してきた。私たちは、神が創造以来、人類の全歴史をとおして、救いの言葉とわざにおいて神御自身を現わし、啓示しているのを見てきた。「救いの歴史」は、世界と人類の全歴史を包含している。それは「歴史のなかでの救い」であり、全歴史をとおしての救いである。神は、イエス・キリストにおいて「新しい契約」を結ぶ前に、歴史のなかで人類と種々の契約を結んできた。アダム、ノア、アブラハム、モーセにおける種々異なる契約は、神のはからいのなかで、イエス・キリストにおける「新しい契約」に向かっていた。しかし、これらの契約は仮の契約でもなければ、ましてそれらが破棄されたり、無効になることはない。これらの契約は、人類のための神の計画の全体構想のなかに、キリストの出来事との関係を持ちつつ、その有効性と働きは留まる。神はこのように、みことばである方を介して、つまり「独り子をとおして」（ヘブ1・1）決定的な言葉を語られる前に、人類に対して「さまざまな異なる方法」で語られていた。あらゆる人は「神の民」であり、「神の契約の天幕の内に」生きている。

イエス・キリストの出来事は、人類の全歴史をとおして営まれる神の計画の全体構想のなかで考えられなければならない。この出来事は疑いもなく、歴史的な救いの全過程の中心であり、頂点であり、それを解釈する鍵である。すなわち、それは、普遍的な救いの意義を備えている。しかし、それ自体、あたかもそれだけで神の救いのすべてを現わし、尽くしているかのように、あらゆる過程から孤立して存在していると解されてはならない。むしろ、イエス・キリストの歴史的で特異な救いの出来事は、みことばと霊を介して、神による救いの働きに余地を残している。そしてこの救いは受肉したみことばの復活した人間性をも超える。「歴史を超える存在」となった歴史上のイエスの復活した人間性をとおして、キリストの出来事の世紀を超えた普遍的な現存が確証づけられる。そして、神のみことばの普遍的な働きの現存や神の霊の現存もこうして意義づけられる。これら三つの現存は一つになり、人類に向けられた神の救いのわざの全体を現わす。神の自己顕現と自己交流は歴史全体にわたって種々異なる方法で実現されるのである。各々の段階で、神は、神と人間のあいだの出会いにおける主導権を発揮してきた。まさに、世界の宗教伝統がその信奉者にとっての救いの「道」であり「道程」であると言うことができ、言われなければならないと思われる理由が明確化している。諸宗教の伝統は人類の救いのために神御自身によって辿られた「複数の道」を現わしているがゆえにである。歴史をとおして最初に神を求めたのは人間ではなく、神が初めに人間に近づき、人類が神を見い出す「複数の道」を歩めるようにした。今まで提案してきたように、もし、世界の宗教それ自身のなかに「世界の人びとへの神の賜物」が存在するなら、ここで理解されているような「確固とした土台に基づいた宗教的多元主義」のための基盤を遠くに求める必要はない。

しかしながら、このような宗教的多元主義は、確かな神学的な基盤の上に構築されなければならない。「確固とした土台に根差した」という用語から提起される問題は、今日、私たちが生きている宗教的多元主義が、歓迎される何かとしてよりはむしろ、考慮に入れなければならない現代の現実、あるいは事実として単に受け容れられ、容認されるべきものかどうか、ということである。すなわち、神がさまざまな方法で人類に御自分を現わしてきたという至高の寛大さと、さまざまな異なる文化のなかでの神の自己啓示に対しての人類の応答を、同時に、証しする肯定的要素として感謝して受け容れるかどうかということである。人間に対する神の計画をあえて探ろうとするのは思い上がったことである。人間のいかなる良心も神のヴィジョンの現実について意見を述べることは決してできない。しかし、それを承知したうえで、それでも問うことができるのは、それによって神の霊が全人類にキリストの救いの秘義との接触を可能にする「神のみが知る」（『現代世界憲章』22項）道が、人間を求める神によって開始された「道」としての世界の宗教ではないか、という感慨だけである。

それでは、「確固とした土台に基づいた宗教的多元主義」の言明は何を基盤にすることができるのであろうか。唯一の神の複数の位格への信仰の主張は、それ自体充分な理由にはならない。あるいは、（自然のなかの要素の多様性、一年のなかの季節の多様性、空間と時間の多様性、その他）これらすべての現実の「複数の特徴」への単なる主張はさらにこの理由のためには不適切である。人類が種々異なる文化のなかで、神の秘義の探究、およびその秘義についての人間の理解力のもつ、生来の避けがたい限界に言及する種々異なる仕方を単に指摘することでも充分ではない。その時点で止まることは、諸宗教を人間の神探究以外のなにものでもないとする短絡的な理解の上に、原理としての多数性を基礎づけようとすることと同じである。

しかし、もし諸宗教が人類に対する神の自己顕現のなかにその源を持っているのなら、複数の原理の第一の基本的な基盤は、人類に対する神の自己顕現の計り知れない豊かさと多様性にある。「多くの種々異なる方法をとおして」なされる神の自己交流の主導性と、種々異なる伝統のなかで、「神の主導性を受け容れ」つつ成文化することが、諸宗教の多様性の起源に置かれている。神のいのちそのもののなかにある複数の交流を、神のいのちを超えて人類にまで拡大することが、まさに三位一体の神の満ち溢れる交流の本質の特質である。「確固とした土台に基づいた宗教的多元主義」は、愛と交流である神の表現不可能な雄大さの上に基礎を置いている。

「確固とした土台に基づいた宗教的多元主義」の展望が、もし、諸宗教の神学の議論において、一般的用語で表現されなければならないとすれば、前にも提案したように、最も適切な表現は、「多元的な包括主義」あるいは「包括的な多元主義」となる。「キリストの出来事の普遍的で本質的な特徴」と同時に、人類に対する神の唯一で、多くの要素を含む計画の内にあって「諸宗教の伝統の持つ肯定的な救いの意義」の両面が救いの秩序のなかに含まれる。

2　不釣り合いな相互補完[註120]（Mutual Asymmentrical Complementarity）

本書で提唱してきた「三位一体の神の働きの視点」および「聖霊キリスト論」のモデルは、他宗教の伝統に対して、より深く、より肯定的な評価を可能にした。解釈の鍵として用いてきたこのモデルは、他宗教の創立者および後継者たちの経験から生まれた伝統における「悟り」や「霊感」の源として働く神のみことばと霊の存在の普遍性を強調することを可能にした。この解釈の鍵は、神的な啓示と救済における神の自己譲渡、神的な秘義の持つさまざまな「顔」、そして異なる宗教的な伝統によって提唱される「救済者」や「救いの道」についての問題の論じ方を含めて、この研究の各段階において影響を与えてきた。この解釈の鍵は、人間の全歴史をとおしての神の自己啓示の全過程に関わっている。その内訳としての、さまざまな段階は、基本的には相互に関連しており、その知的な理解や内的な一貫性は、全過程の基盤としてのイエス・キリストの出来事によって深まる。まさに、イエス・キリストの出来事があらゆる有機的な過程の中心かつ頂点であり、すべての流れを導く基盤となっている。

「三位一体の神の働きを土台としたキリスト論」、そして「聖霊の働きを中核とする神学」のモデルは、あらゆるタイプの宗教理解の仕方の難点を克服することができる。つまり、イエス・キリストこそが救いの基準となると考える伝統的なキリスト教の立場の排他性を乗り越えようとする「宗教的多元主義」パラダイムに頼らなくともよい。かといって、「排他主義」パラダイムの狭さをにも陥ることなく、一方で「包括主義」パラダイムの物足りなさをも克服することができる。ここに至って、ようやくキリスト論的な包括主義の立場で保持されなければならない事柄と、神の計画のなかでのある種の宗教的多元主義性について神学的に言明され得ることを同時に結びつける立場に到達することができる。復活したイエスの人間性をとおしてのキリストの出来事の包括的な効力、神のみことばによる普遍的な「照らし」、そして同様に聖霊による普遍的な「いのちの息吹」が強調される。これらはイエス・キリストにおける神の啓示と顕現を示すうえで、伝統的なキリスト教の立場と同等の明確さを備えてはいないにしても、他宗教の救済者とその伝統のなかに真理と恩恵を発見することを可能にする。神と人間との関わりの全歴史の内には、キリスト教伝統のなかに見い出される真理と恩恵以上のものがある。ここで、キリスト教伝統と他宗教伝統のあいだの相互補完性は可能なのかどうかという疑問が生じる。この問題は第5章において、すでに、神の唯一の啓示といくつかの異なる啓示についての箇所で、神の語られた複数の言葉と神のみことばについての関連性という視点で説明しておいた。そこでの原則を、このキリスト教と他宗教伝統の相互補完性を理解する際にも適用できる。

イエス・キリストは、神にとっての「人間的な顔」または「神の似姿」、すなわち、「受肉した神のみことば」であり、真理と恩恵の、固有で、唯一であり単一な本質を構成する普遍的な特徴を備えている。しかし、イエス・キリストは、あらゆる人の救いの本質を構成する要素であり、実に、あらゆる人の救いの原因でもあるということは真実である。しかし、彼は他宗教の救済者または伝統を排除もしないし、内包もしない。排除しないということは、キリストの人格と働きに関係がないわけではないが、神の「真理と恩恵」の要素が、イエス・キリストから遠く隔たっているように見えるキリスト教伝統の外にもまた働いているという意味でもある。他方、内包もしないということは、他宗教の伝統のなかに見い出される真理と恩恵がいかなるものであろうとも、キリスト教伝統によってあたかも奪われたかのように、それらが吸収されて個性を失うということを意味しない。「真理と恩恵」の要素は、むしろ、それぞれの動きの独自性を活性化させるとともに自主性をも削ぐことはない。

世界の種々異なる宗教伝統は、したがって、「真理と恩恵」（『教会の宣教活動に関する教令』9項）の要素を含んでいる。すなわち、キリストの出来事の決定的な特質にもかかわらず、キリスト教――キリスト教的な宗教――が真理のすべてを所有し、恩恵へと至る独占権を持っていると考えることはできない。神は真理そのものであり、愛そのものである。この真理と愛は、しばしば私たちの予想を超えて、「神のみが知る方法」で人類を御自分のものにする。人は、したがってキリスト教的な真理と恩恵と、キリスト教の外にある真理と恩恵のあいだのある種の相互補完性について話すことができる。しかし、この相互補完性については、慎重に理解されなければならない。

他のところに見い出される真理と恩恵は、キリスト教の啓示のなかで、代替されるかたちで、その完成を見い出す単なる「種子」または「踏み石」として過小評価されるべきではない。もしこのキリスト教の啓示が救いの歴史にその頂点をもたらすとするならば、それは代替や代用によるのではなく、確証と完成とによってもたらされるはずである。救いの歴史の頂点であるキリストの出来事は、神がこの出来事以前に、この出来事を視野に入れて、全人類に対して為したことを消し去ったり減らしたりするのではなく、あらゆるものを確かなものにする。焦点となっている相互補完性は、あたかもその価値がキリスト教外に散らばっていて、それがキリスト教の価値のなかに、単一義にその「完結」を見い出すべき断片的な真理として理解されてはならない。また、それがキリスト教のなかに単に「統合」され、併合され吸い上げられる運命にあり、そこではそれ自身の首尾一貫性は失われると理解されるべきでもない。むしろ、それは相互補完性の状況で実現するのであり、救いの価値を交換し、共有し合うダイナミックな相互活動である。それはキリスト教と他宗教のまっただなかで行われ、この両者は互いに豊かになることができる。なぜなら、両者のあいだの相互補完性は、互恵的であるからである。相互活動は、一方通行なのではなく、「独白」でもなく、宗教同士の対話である。真正な対話は、受け取ること、与えること、耳を傾けること、証言することである。これらは、必然的に二つの立場を巻き込むことになる。前にも言ったように、もし、キリスト教伝統のなかにあるものよりも、他宗教伝統のなかにより深く根づいている神の秘義の真正な側面があるのが真実であるならば、キリスト教伝統は他宗教との出合いと相互行動によって豊かになることができるはずである。

しかし、神の真理と恩恵の源としてのキリスト教伝統と他宗教伝統のあいだの相互補完性は「不均衡なもの」であるということも付け加えておかなければならない。これは、他宗教伝統のなかにある真理と恩恵の独自性の保持と自律的な価値が、イエス・キリスト自身とその働きにおける名状しがたい神の啓示と自己交流の超越性の意義を決してかき消すことはないという意味である。このような超越性は、先に明確に述べておいたように、人となった神の独り子としてのイエス・キリスト自身の位格的な独自性を基盤とする。これまで説明したような意味において、キリストはそれ自身(personally)として人間の救いの秘義の啓示と完成の「充満」である。このように、他宗教の伝統がキリストの出来事のなかに――吸収されたり、剥奪されることなしに――伝統自身の意義の充満性を見い出すことができるとともに、見い出すよう運命づけられる。この逆は、真ではない。すなわち、たとえ人類に対する神の自己啓示の全体のなかで、他宗教の神的な啓示との相関関係があり、他宗教の伝統との相互行動によって互いに豊かになることができるとしても、イエス・キリストにおける神の自己顕現と自己譲渡が、他宗教の伝統によって真の完結に至るといったような、他の何かを必要として補填を試みることではない。むしろ、他宗教の伝統はイエス・キリストの秘義に向かって完結するように方向づけられている。しかしながらこの方向づけは、イエス・キリストの充満性がまだ何らかの余地のあるものとして残され、満たされるものとして留まるような空間、つまり、空白を埋めるという意味ではない。他宗教の伝統は、対話をとおしてキリスト教の豊かさに積極的に貢献することが可能である。それぞれの民族に対して神によって与えられ、彼らに本来備わっている賦与された賜物として、宗教の内に含まれている「真理と恩恵」の芽生えを、この方向づけが摘み取ってしまうものではない。

3　質的跳躍[註121]（A Qualitative Leap）

キリスト教と他宗教伝統のあいだにみなぎる互いに心を開く姿勢と協働の関係性を深めるためには、まさに序論で示したように、「記憶の浄化」が必要である。このことは、神と宗教の名のもとに人類に対して犯されてきた犯罪は言うまでもなく、過去に見られるキリスト教と諸宗教のあいだに引き起こされた度重なる争いを忘れ去ることを意味してはいない。むしろ、それは、すべてにおいて心の状態と精神を変えること、すなわち、神と人への回心である。この回心が、痛みの伴う関係へのいやしを可能にする。また、私たちは同様に「神学的な言語の浄化」も必要であることを加えた。過去において私たちが、他宗教やそのメンバーについて口にした、不快な傷つけるような話し方は浄化される必要がある。すでにいくつかの例を示したのでここで繰り返す必要はない。

しかし、言語的な浄化はまだまだ充分とは言えない。浄化されるべきは、実際、「神学的な理解の仕方そのものの浄化」であって、他者の文化と宗教についていかに考えるのかの新たな理解が必要である。行為は考えに従う。すなわち、過去を特徴づけていた、他宗教に対する不快な否定的態度は、彼らに対する名誉を傷つけるような、しばしば不正な評価から出ていた。その典型的な例は、宗教的な「反ユダヤ民族」（anti-Judaism）の発想や無神論的イデオロギーとしての「反ユダヤ主義」（anti-Semitism）のあいだには、明確な区別を設けなければならない。しかしながら、伝統的なキリスト教の「反ユダヤ民族」の思想が、非人間的なイデオロギーの拡大にどこまで手を貸したのかが問われなければならない。

いずれにせよ、何世紀ものあいだ、キリスト教は他の人びとを「除外する」側面を主張してきた――この排他主義の典型的なシンボルとしては、偏狭に理解された「教会外に救いなし」という公理であった。この公理が何世紀ものあいだ、教会の公式な教えとして保たれてきた。キリスト教は「唯一の真の宗教」、すべての真理を独占し、全人類の救いのための唯一の可能な道、はたまた存在する権利を持っている唯一の宗教とされていた。教会は、救いの秩序のなかでの他宗教のいかなる肯定的な意義をも排除していた。この態度が実際に第二ヴァティカン公会議の数十年前まで、ほとんどの神学者によって共有されていた。第二ヴァティカン公会議をはさんで、他宗教のなかに肯定的な「自然本性」の価値ばかりではなく、「真理と恩恵」の要素も、ようやくにして認め始められた。

第二ヴァティカン公会議は、教会会議の二千年の歴史のなかで、諸宗教に肯定的な価値を認め、諸宗教に関して積極的に話題にした最初の公会議であったことを忘れることはできない。それが分水嶺かどうか、あるいは議論に余地を残したままなのかどうかは、公会議が諸宗教の伝統について用いた表現に与えようとした意味づけによる。その表現とは、「みことばの種子」（『教会の宣教活動に関する教令』11項および15項）、「あらゆる男女を照らす真理の光」（『キリスト教以外の諸宗教に対する教会の態度についての宣言』2項）、「真理と恩恵」の要素（『教会の宣教活動に関する教令』9項）である。ただ、一つのことだけは確かである。公会議は、キリストの救いの出来事を介してではあるが、他宗教をその信奉者のための「道」とみなす、という印象を与える意図はなかった。しかし一方で、公会議の開かれた姿勢は、公式の教えのなかに新しい何かを記すこととなったが、それは決定的に限界があり不充分なものであった。たしかに、このような限界はあるが、しかし教皇ヨハネ・パウロ二世の、しばしば預言的に振舞うことによって奇特なかたちで開かれた言葉は、より幅広い神学的な考察と、より勇気ある具体的な立場を選ぶように私たちを励ましていることだけは見逃すべきではない。教会史におけるすべての公会議と同様、第二ヴァティカン公会議は決定的で最終的な言葉は残さなかった。むしろ、それは出発点となる最初の呼びかけなのであり、この最初の呼びかけは、人間に対する神の計画が常に私たちの理解をはるかに超えたところに留まってはいるが、より幅広い理解に到達するために歩みつづけるための方向を指示している。

この文脈において、本書の目的は、諸宗教に関するキリスト教神学およびカトリック神学が、諸宗教に対する、より肯定的で神学的な評価と諸宗教の信奉者に対するより開かれた具体的な立場へと「質的飛躍」を遂げるための考察をもたらすような、いくつかの指針を提案することであった。ここで推進される提案は、意図的に教会の信仰の枠内において組み立てられており、神学的な議論に余地を残すことは言うまでもない。ここで、もう一度言うが、この「質的飛躍」は神学的な多元主義に向けての「パラダイム転換」とはまったく何らの関係もない。

この「質的飛躍」こそが、今日の多文化社会、多宗教世界においてキリストのメッセージがその信憑性を保つために必要となる。今後も、さらによいものとして熟考された考察こそが信頼に足るものとして、現代世界のより広い地平へのメッセージとして、広く行き渡ってゆくのだろう。ここで避けなければならないことは、地平を制限しつつ狭くすることによって、望ましくない結果を生む「信仰上の防御姿勢」を頑なに完遂しようとすることである。まさに、より開かれたアプローチと、より肯定的な態度が、神学的にしっかりと構築されるならば、私たちはキリスト教のメッセージのなかに驚嘆すべきほどの新しい広さと深さを発見すると筆者は確信している。

あとがき——愛と交流の神において、開かれて生きる

序論のなかで、すでに述べておいたように、本書は二〇〇〇年三月三一日に完成した。そのあとで、教皇庁教理省から二つの公文書が刊行された。それゆえ、二つの公文書を本書の改訂に当たって参照することが間に合わなかったことは、遺憾きわまりないことである。

二つの公文書のうち、第一の文書は、二〇〇〇年九月五日に発布された教理省宣言『主イエス』(*Dominus Iesus*)である。この公文書の正式な表題は、『イエス・キリストの唯一性および救いの普遍性と教会についての宣言、主イエス』である。この文書は、ヴァティカン出版局(Libreria Editrice Vaticana)から小冊子の形をとって、いくつかの異なる言語で出版された。その公式ラテン語版は、二〇〇〇年一〇月七日に発行された『使徒座官報』(AAS: *Acta Apostolicae Sedis* 92, 2000/10)の七四二頁から七六五頁にかけて公表されているとおりである。

第二の文書は、拙著『宗教的多元主義にもとづくキリスト教神学の構築に向けて』(*Toward a Christian Theology of Religious Pluralism*, Maryknoll NY, Orbis Books, 1997)についての『通告』である。この『通告』の正式な表題は、「ジャック・デュプイによる著書『宗教的多元主義にもとづくキリスト教神学の構築に向けて』についての通告」(Notification on the Book "Toward a Christian Theology of Religious Pluralism by Jacques Dupuis")である。この『通告』は、最初、『オッセルバトーレ・ロマーノ』紙(L'Osservatore Romano)の二〇〇一年二月二七日号にイタリア語で載せられた。この『通告』の公式テクストは、『宗教的多元主義にもとづくキリスト教神学の構築に向けて』のなか

に「教義上、重要ないくつかの点について、著しく不明瞭で難しく、読者を誤った害のある意見に導きかねない」（前書き）ものがあると指摘している。たしかに、害になる可能性のある不明瞭さは取り払わなければならない。

これら二つの文書は、ともに、先に出版された著書『宗教的多元主義にもとづくキリスト教神学の構築に向けて』および本書で展開されているいくつかの主題に密接に関係がある。第一の『宣言書』では、神とカトリック信仰またはカトリック教義のいずれにも見い出される問題点について、かなりの長さで教義的な原則を打ち立てている。つまり、信仰または教会の教義に矛盾すると考えられる教え方と見解についての反論を繰り返している。第二の『通告』は、註のところではっきりと述べられているように、「デュプイ師の著書の評価をするにあたり、『主イエス』で表明された原則から引用している」（註1）。この二つの文書のあいだの接点は、はっきりしていて入念に調べる必要はない。扱っている主題は同じであり、全体的なテーマも似ている。神への信仰の同じ要素が主張され、カトリック教会の教義の同じ点が強調され、両方のケースで一致して、間違いや誤った意見が反論されている。教義の広範囲な展開箇所はすべて省略され、かなり短くなった文書ではあるが、この『通告』は、『宣言』と同じ方法に従い同じ素材が継承されている。それは八つの主な提案からなっている。このうち六つは、明らかに信仰またはカトリック教義の内容について述べることから始め、第二段階においては、この信仰に対してまたはカトリック教義に対して、誤りであると考えられる意見について論駁している。

こうした状況なので、本書が二つの公式文書についてのいずれに対しても明確な言及を差し控えていることに、読者からの疑問が投げかけられるのは必定だろう。言及しなかった理由としては、本書の原稿が、上述したように二つの文書が出版される前に完成していた、と述べるだけで充分であろうか。それとも、この原稿は、この二つの文書で確認され否定されたことに照らして、真剣に改訂されるべきだったのだろうか。または少なくともこの二つの文書への膨大な参照箇所が、議論に取り入れられ、そして合意できない点を正当化すべきだったのだろうか。この二つの文書について、本書のなかで沈黙を守っていたことへの理由について、読者から詳しい説明が求められることが予想されるので、いくつかの要素をここに記しておかなければならない。

まず、序論で述べたように、出版社が筆者に要求してきた方向性は、前の著書『宗教的多元主義にもとづくキリスト教神学の構築に向けて』よりも幅広い読者層に向けて読みやすく工夫したテクストを作成することであった。『宗教的多元主義にもとづくキリスト教神学の構築に向けて』という著書は、諸宗教の神学に関して研究することを職業にしている人や専門家など、いわゆる神学者を読者として考慮に入れたものであった。したがって『宗教的多元主義にもとづくキリスト教神学の構築に向けて』という書物は、いきおい詳細な議論に入ることを余儀なくされたのだった。大半の読者にとっては、この神学書のもとになった主要な議論を把握する必要はなく、たぶんこの議論についてゆくための万全の準備はしていないものと思われる。こうして、より多くの人が読みやすい本に仕立てるためにも、本書は意図的に難しい議論は避け、註釈も最小限にとどめ、全体としてより司牧的な方向を採ることとなった。この新しい方向性に添って、もはや教理省の二つの文書に向き合うような、無益な議論をする必要はないと判断した。したがって、最初に書かれたままの草稿の内容をそのまま刊行するのがよいと考えた次第である。

しかしながら、本書のなかで二つの文書の内容が無視されていると結論づけるのは誤りである。いかなる意味で、いかなる形のもとで、この二つの文書は事実上、本書のなかで活かされているのか、説明を要とするだろう。まず、一九九七年九月に第一版が出版された『宗教的多元主義にもとづくキリスト教神学の構築に向けて』という作品が、一九九八年の六月初旬に教皇庁教理省による調査の対象になった、ということを考慮に入れなければならない。約三年にわたってつづいたこの調査の期間中、著者は絶えず教理省による質問に答えつづけなければならなかった。それが、いかに耐えがたい重荷であったとしても、この長い苦闘の過程をとおして、いくつかの見解を修正し、概念を明瞭にし、思考表現の曖昧さを避け、いくつかの重要な問題について、よりじっくりと考える機会が与えられた。この長い日々に書かれた三つのかなり長い論文――このうちの二つはイタリア語と英語で出版されている――は、序論ですでに言及しておいたように、何度も再考し、何度も書き直すことを余儀なくされた長期の査問のすべての内訳を証ししている。この三つの論文は、教理省によって公式に表明されたものに対してではなく――聖省に対しては書面をもって公に言及されたものはない――さまざまな言語によって出版された本の紹介や研究のなかで、神学者によって提起された問いに応えたものであったが、この三つの論文の中身は教理省に対しても、問題を提起した神学者たちにも、両方に対する応えを含んでいることは明らかである。神学者も教理省も、しばしば同じ問題点を指摘し、同じような疑問と懸念を抱くのは当然であろう。神学者に明瞭に答えることによって、こうした論文は明らかに教理省をも念頭に入れて書かれることになった。『宗教的多元主義にもとづくキリスト教神学の構築に向けて』に含まれている思想の再考と訂正の長く続いた過程は、さまざまな質問に言及しながら、ほぼ三年間ずっとつづいていたと言わなければならない。

本書は前書と比較すると、長くつづいた議論の光のなかで思索を明瞭にできたこと、前書のなかでまったくないわけではなかった曖昧ないくつかの点を避けることができたこと、キリスト教啓示と伝統のなかでのいくつかの確証に関する基盤固めを強力にすることができたこと、いくつかの教義の神学的な根拠づけにおいて欠如していたと思われる諸点をめぐって一層詳細な説明を提供できたこと、などの利点を持っている、という想いが著者の心のなかにはある。すべてこれらのことは、事実上、より多くの読者層に開かれており、司牧の充実に向けられた内容となるように意図的に結び合わされていたし、そうでなければならなかった。

それでは、本書は、教理省からの最近の二つの文書の内容とどのように関係があるのであろうか。神とカトリック信仰の教義を確固として宣言する二つの文書のすべてを、制限なしに受け容れるのは当然のことである。この内容に関して異なる背景においては、異なる主張が可能であるとしても、信仰の内容に関しては意見を異にするということはあり得ない。さらに、信仰が一つであるにもかかわらず、信仰へのアプローチの異なる視点とそれが表現される異なる背景ゆえに、信仰の異なった理解の仕方が成り立つこともまた可能である。

教理省の二つの文書は、聖書、公会議文書、教会の公式な宣言などの抜粋をもとにした教義的見地から信仰に近づいてゆく。このアプローチの仕方は、一方で合法的であるが、必ずしも排他的である必要はない。他の視点は、本書で「三位一体の神、とりわけ聖霊を中心に据えたキリスト論」と呼ばれる視点を発展させてきたものである。この展望は、一方で御父との関係を、もう一方で聖霊との関係を強調するという利点を持っている。そしてこの関係は、イエス・キリストの秘義に本来備わっている固有の特質である。歴史全体にわたって神が人類と出会うのは、同時にこの三位一体的な働きにおいてであり、そうして最終的にはキリスト論的なものとして現われてくるであろう。このアプローチはまた、事実としての宗教的多元主義に関する、具体的な現実への明確な言及を宣言しながら、なおかつ帰納法と演繹法を連結させてゆくこととなる。これを背景にした神学の任務は、現代世界を特徴づけている宗教的多元主義が、人類に対する神の一つの救いの計画のなかで肯定的な意義を持っているのかどうか、すなわち、人類の普遍的な救い主であるイエス・キリストに対するキリスト教の信仰の立場が、諸宗教の信奉者の救いの秘義において、他宗教の伝統の肯定的な役割の確証と相容れるものかどうかを問うことにある。

本書で主張するいずれの立場も、二つの文書で表明された主張にかなってはいないのか、あるいは、これらの主張を異なる仕方で説明するものではないのか、ということを決して見過ごしてはならない。しかし、その説明の多様性を明確にするに際して、教義を表明するためには異なる方法があることを正当化すると思われるいくつかの理由を示す必要がある。一定の努力が本書ではなされ、それによって、以前、教皇庁からの査問対象とされた前書が時として与えた誤解を解き、解釈の間違いを糾すことができた。多様性が信仰の内容における相違を意味するのではなく、同じ信仰が異なる状況のなかでは異なる理解の仕方を生み出すことになるのは言うまでもない。この多様性は、キリストの啓示と教会の教義的な権威に対する建設的忠誠の精神のなかで提案される。

こうした新しい地平が教会の活きた伝統に深く根差し、その上にあらゆる神学的な解釈の成果が積み重ねられてゆくことを意味し、現在もその動きは変わらない。筆者が「質的飛躍」と呼んだこの提案が、今日でさえ教会の権威の公式の教えのなかに新しい地平を開くものとなるように、筆者は長い年月をかけて意を注いだ。筆者は教会の公式の教えが硬直した固定的な境界を定め、神学的な探究が境界を超えて飛躍することを禁ずるべきではない、という確信を持っている。教会の教えが、神への信仰が何であるのかを権威にもとづいて決定し、歴史全体にわたって人類に段階的に開示され、この最終的なひとときに、キリストよって「十全に啓示された」という言い尽くしがたい神の秘義に関して神学者が思索し熟考する指針を描き、それに沿って神学を展開してゆけるようにすることが重要であると、筆者は確信している。

この成果は、筆者が「包括的多元主義」(inclusive pluralism) と呼ぶもので、「多元主義的な立場の神学者」による多元主義的なパラダイム (the pluralistic paradigm of the “pluralist theologians”) とはいかなる共通点も持たないものであり、それはキリスト教信仰と教義とが、普遍的な救い主としてイエス・キリストの唯一性への信仰の確信と、人類への神の計画のなかで諸宗教の伝統の持つ肯定的な役割と意義の神学的な理解を、いかに結びつけてゆくかを示すことにある。筆者は、もう一度ここで自分の努力による労作を神学分野の同僚の配慮および教会の教義的な権威の判断のもとに委ねる。

キリスト者が他宗教の伝統と出合い、対話を遂行してゆくにあたって、キリスト教の独自性を誠実に保ってゆくべきことは、あまりにも当然のことである。もしも、一人ひとりがいだく宗教的な確信に中身がなく、不安定さが伴うのならば、対話そのものが成立しないからである。しかしながら、キリスト教の独自性への誠意ある確信は、人類に対する神の永遠の計画のなかで、神御自身によって他宗教に託されたいかなる肯定的な意義が先験的に拒否されるという排他的な宣言に組する必要はない。神の自己開示または救いの手段の独占的な所有を主張するようなキリスト理解や、キリスト教についての絶対的で排他的な宣言は、キリスト教のメッセージとキリスト教のイメージを歪めるとともに、矛盾を引き起こすものである。私たちにとって、かけがえのない神（唯一の神）は「三位一体の神」に他ならない。神の内的ないのちを特徴づける、この三位格のあいだの独自な方法での交流は、御父と御子と聖霊とが啓示および救いにおいて、人類と出会うための一貫した計画のうちで働いている。宗教の複数性は、したがって、愛と交流である唯一の神において、その決定的な源を見い出す。

いよいよ最後の締めくくりとなるが、この本を終えるにあたり、ここで、もう一度、筆者自身の確信を表明しておきたい。教会共同体が、他者に対して心無い排他的な評価を暗にほのめかすようなキリスト教信仰の表現の仕方を表明することを慎むためにも、教会自身がその本来の願望を心に保ちながら、教会自身のいのちの再創造を主張し、救いの対話において神の慈しみにもとづくアプローチを実践し、成熟してゆくものとなることを、筆者は信じて疑わず、深く確信している。もはや、護教的な姿勢は逆効果を生み出すことにもつながる。言わば、「偏狭な相貌」を持つ信仰を現わすことにもなりかねない。筆者は、今日、もはや充分であると思われている以上に、よりいっそう開かれた探究方法および姿勢が、神学的に裏づけられるのならば、キリスト教信仰の信憑性は、いっそう高まり、キリスト者自身がキリスト教信仰のメッセージの根底に、信仰理解の斬新な広さと深さとを発見することにつながると確信している次第である。

訳者あとがき

ジャック・デュプイの『キリスト教と諸宗教』が翻訳出版されることになった。私たち二人にとってこの作業は甚だ無謀だったかもしれない。しかし私たちはこの方を日本に紹介したかったのである。

私たちがデュプイに関心を持ったのは、二〇〇〇年初頭、「The Tablet」誌上においてである。当時、私たちはケンブリッジに創設されたばかりの嘉悦教育文化センターに勤務していた。そこに滞在していた学生たちと時々、多文化社会、多宗教社会の在り方について話し合っていたが、彼らの関心は文化、宗教の優位性を競うのでなく、共存、対話、協力をする中でよりよき世界を目指すことであった。

デュプイはキリスト教と諸宗教の関係を、「一つの真の宗教」と「その他の宗教」という形では見ていない。むしろ神と人間の総体を共に構築していくことの大切さを強調している。こうして神の人類救済の計画が、私たちの想像をはるかに超えるほどに美しく味わい深いものであることに気づかされると言っている。

デュプイは一九二三年ベルギーに生まれる。一八歳でイエズス会入会、七年後にインドに派遣され、三六年間当地にとどまり、現地の人たちと生活を共にする。さまざまな宗教の信仰者とも交流を深める。難民キャンプにも赴き、民族問題の複雑さを目の当たりにし、救済支援活動にも参加していた。彼の友人ジェラルド・オコーリンズ（イエズス会士）は、北インドにあったイエズス会神学校がデリーに引っ越すことになった時、デュプイはその間二千キロの距離を旧式のスクーターで走り切ったと語っている。インドの美しい景色、インドの空気、深く暖かい人間性、インドの人びととの交流は彼にとっていかに愛すべきものであったかを物語る。後日、彼は「インドでのさまざまな体験はなにものにも代えがたい神様からの贈り物であった」と言っている。彼の友人たちは、「デュプイの神学は、書物から抜き出されたのではなく、主にインドでの体験が起点となっている」と言っている。

第二ヴァティカン公会議は、公会議史上初めてキリスト教と諸宗教の問題を真剣に協議し、いくつかの公式文書にそれらを残しているが、そこに次の一節がある。「人類の民族的、宗教的伝統に含まれているみ言葉の種を喜びと尊敬をもって見出すよう努めねばならない。真摯な対話をとおして諸国民の間に、寛大な神がどれ程の贈り物を与えたかを発見するであろう」。

公会議後の諸宗教の神学に目を移すと、活発な議論が広範囲に展開されていることに気づかされる。本書第三章の中にその概略が紹介されている。デュプイによると諸宗教の神学にとって本質的問題は、神の人類救済計画の中でのイエス・キリストの出来事の唯一性を主張することと、他宗教の持つ人間救済の価値を肯定すること、この両者を両立させるところにあるという。この問題はキリスト論を中心に展開されることであり、彼は三位一体的キリスト論を展開しつつこの両立を主張する。この問題については、本書第四章から七章において論じられている。

デュプイは人類を救う神の行為は限りなく豊かであり、世の初めからみ言葉をとおして聖霊のうちに世の終わりまで継続される。イエス・キリストの出来事も人間を救う父と子と聖霊の三位の神の共同作業である。この作業は人間の持つすべての限界を凌駕するものであり、あらゆるところへ浸透し、具体的状況にいる一人ひとりにまで届くのである。諸宗教は神の尊い救いの働きの場として存在しているのであり、宗教の複数性はしたがって、愛と交流である唯一の神のなかにその決定的な源を見出し、人間の救いはこの愛と交流からあふれ出るものなのであるとデュプイは確信している。

本書の出版にあたり、まず初めに教友社をご紹介下さり、推薦文を賜りました森一弘司教様に心から御礼申し上げます。試訳中にご指導くださいました増田祐志神父様、このお二人と私たちの橋渡しをして下さった深水正勝神父様、最後に監修の労を担って下さった阿部仲麻呂神父様、出版に関するご苦労をすべて引き受けて下さった教友社の阿部川直樹様に厚く御礼申し上げます。

二〇一八年四月ご復活の主日

自省を込めて

越知　健

越知　倫子

●監修者による手引

解説① 諸宗教対話について――「諸宗教の神学」の理念と諸宗教対話の実践（阿部仲麻呂）

ジャック・デュプイ師の掲げている「対決から対話へ」という、諸宗教に対するキリスト教側の姿勢について理解を容易にするために、参考となる阿部による講演録を以下に収載しよう。

はじめに

以前、日本カトリック司教協議会諸宗教部門委員会の際に、フランコ・ソットコルノラ師から「春の研修会において諸宗教対話という主題で話すように」との依頼を受けた。諸宗教対話にかかわっているとは言え、筆者のもともとの専門は、四世紀のギリシア教父とりわけナジアンゾスのグレゴリオスの三位一体論理解や神学方法論である。こうした研究分野は教父学と結びつくものであり、一見すると、諸宗教対話とは縁がなさそうに見えることだろう。

しかし、古代の教父たちの信仰表現を研究すると、「人間には神とつながる可能性がある」という事実が浮かびあがる。つまり「神と人間との親密な関わりの可能性」という根本的な視座があらゆる人間に共通して具わっていることを教父たちが確信していた。すべての人の救い、つまり神との関わりの深まりあるいは親密な一致というメッセージが教父たちの思想の核心となっている。諸宗教対話も、あらゆる人間の尊厳を大切にしつつともに生きようとする真の関わりを目指す。そのように「真の関わり」を重んじるという意味では、諸宗教対話の視座と教父思想とがつながる。ここでは、諸宗教対話を主題として研究するキリスト教神学の一分野としての「諸宗教の神学」に関して実践的な側面もまじえて説明する。最近の神学研究の動向を紹介しつつも、ローマ・カトリック教会が重視しているポイントを中心にして考察を行う。

Ⅰ 「諸宗教の神学」と諸宗教対話の理念

1 第二ヴァティカン公会議の意義

現在のキリスト教の歩みを決定づけた第二ヴァティカン公会議（一九六二―六五年）において、キリスト者たちの生活の原点とは何かが明らかに確認された。つまり、まず第一に、イエスと十二使徒たちとの共同生活および宣教旅行の歩みを新約聖書を深く読み込むことにおいて理解し、そのような原点を確認することが最優先された。そして、キリスト者たちが自分たちの原点を確認した後で、第二として、イエスとの深いつながりの感覚を現実の社会のなかで具体化してゆくことが目指された。つまり、社会の状況に対して自らを開いて積極的に関わってゆくという現代化の動き、対話の始まりを決して忘れることができない。言わば、「原点回帰」と「現代社会への開き」という二つの方向性を同時に深める道筋を作ったことが第二ヴァティカン公会議の画期的な成果だった。だから、相対的にさまざまな価値観が広がっているような世のなかの動きにおいて、キリスト者にとっては、そのような社会状況から逃げないで真正面から向き合ってゆくことが必要不可欠となってきた。キリスト者一人ひとりが社会に向かって自分の心を開くこと、ひいては教会共同体の生活努力を内輪で閉じ込めるよりも一般社会に向けて歩みよってゆくことが急務となったのである。

教会とは、神の愛の体現としてのイエス・キリストに信頼して生きる集まりである。そして教会は、イエスと出会って新たな人生を歩み始めた十二人の弟子たちによる証しの積み重ねを受け継いで後世に至るまで伝えつづける役目を負う。イエス・キリストとの関わりの経験あるいは記憶を大切に受け留めて生きることがキリスト者一人ひとりの尊い役割である。しかもイエスとのつながりを実感することから湧き起こる「よろこび」を周囲の人びとにも分かち合うことが要請される。自分たちの共同体のなかに閉じこもることなく、むしろ世のなかを照らし温める光として開かれて生きることが大切にされ始めたのが第二ヴァティカン公会議以降の教会の歩みである。キリスト者が生きる際に、社会への開きという要素が必ず存在している。「世の光」として生きるキリスト者個々人そして教会共同体全体の歩みが第二ヴァティカン公会議において奨励された。このダイナミックな動きが出てきたことは、まさに画期的だった。相手のもとへ出かけてゆく。自分の殻から出て相手のもとへと向かって開かれてゆくこと。神が人間へと向かって近づいたように。「神の大接近」としての受肉のイエスという事態、絶えず旅しながら多くの人と関わって隣人となったイエスの生き方を受け継ぐのがキリスト者である。

2　対話の序列的図式

ところで、「対話」の問題を考える際に、ローマ・カトリック教会は順序をつけて考える。まずキリスト者の共同体内部の対話が最初に扱われるべき課題となる。つまりキリスト者の共同体のなかにおいても、さまざまなグループがあるので、諸宗教とキリスト教の対話より前に、立場の異なるキリスト者同士が一致してゆくエキュメニズムが優先されることになる。まずキリスト教諸教派同士のエキュメニズムを推進することに重点が置かれ、次に一神教の立場同士としてのユダヤ教とキリスト教とイスラム教との対話が喚起され、そのうえで、ようやく諸宗教とキリスト教との対話が扱われてゆく。その後で、とりたてて神を信じていない無神論の立場の方々とキリスト教との対話の動きが始まる。――このように、同心円状に対話の順序が発展する。一応、「神とのつながりの深いグループ」から「神とのつながりの浅いグループ」へと対話の動きが順序よく拡散するような構造が設定されている。だから「諸宗教対話」という主題を考えるときに、「諸宗教対話」だけが特別な課題として浮き上がるわけではないことを理解することが前提となる。

イエス・キリストとの関わりによる救いを考える際に、歴史的にイエスに近いグループなのか、イエスから遠いグループなのか、という序列が登場せざるを得ないという立場を、少なくともカトリック教会は堅持している。ということは、諸宗教対話だけを切り離して取り扱っては対話の筋道を誤ることになる。まず何よりも教会共同体内の生活が豊かになる必要があるし、キリスト教諸教派のエキュメニズムが盛り上がることが欠かせない。さらには、一神教同士の親睦も促進しつつ、諸宗教との協調も増してゆき、無神論の立場の方々との交流も手がけなければならない。つまり、さまざまなレヴェルの対話を連動させてひとつながりの有機的な協力体制を推進することが大切となる。この有機的連動性という対話の総合的な流れが第二ヴァティカン公会議以降のカトリック教会の公的立場である。

3　現代の進歩的神学者の見解

しかし、現代の神学者たちは、いま述べたような序列的対話図式でよいのだろうか、という疑問を投げかけている。つまり、第二ヴァティカン公会議以降の序列的な対話観は、イエス・キリストによる救いを中心として、「カトリック教会共同体の団結→エキュメニズムの促進→一神教同士の協力→諸宗教対話の推進→無神論の方々との協力」という一連の序列で物事を説明してゆく図式において固定化されており、結局はカトリック教会の立場にあらゆる人びとが向かわないとならぬ、という方向性が暗に示される。この図式は確かに、キリスト者としてカトリック教会に所属している人にとっては、自明であり、容易に納得できるものなのかもしれない。

しかし、他の立場の方々の目で眺めれば、異なった応えが出てくる。カトリック教会が設定している立場が、一般社会では通用しない場合もあり得る。現代の神学者たちは、あらゆる立場の人びとを説得する図式を考えようと躍起になるあまり、従来のカトリック教会内での固定的な図式を採用しないことも出てきている。そうなると、教会内部の図式に従うのか、一般社会の図式におもねるのか、どうするのか、という非常に困難な問題の前に神学者たちが立たされるという状況が現に在るということがわかる。仏教などをはじめとする他宗教の方々は、第二ヴァティカン公会議以降の序列的な対話図式を眺めたときに、おそらく納得できないだろう。仏教の立場で言えば、仏の悟りの道を生きることがあらゆる人びとの中心的な人生軸となっているのであり、仏教の動きが基準となって他の宗教の人も仏教に協力することで存在意義を付与されることになるからである。仏教の人びとにとって、同心円上の対話序列の中心に来るのは、仏の悟りである。キリスト教の人びとにとって、同心円上の対話序列の中心に来るのはイエス・キリストによる救いなのだが、仏教の人びととの場合は異なった図式をいだいている。各宗教は自分たちの立場を基準にして対話を理解しようとするのが、当たり前である。仏教をはじめとして他の宗教の立場から眺めると、キリスト教の序列的対話図式は容認しがたいものとなる。イエスと弟子たちの深いつながりを中心として、そこから物事を序列的に理解し、説明しようとする第二ヴァティカン公会議以降のカトリック教会の立場を他の宗教の立場に立つ人びとに、どのように説明すればよいのかが、未解決の課題として残されている。

4　対話の際の困難

ここで、対話を推進する際に、一番難しい問題を考えておこう。自分たちの信じているものを優先すると、他の宗教の人びとが矛盾を感じて納得してくれないという現実が厳然として在る。しかし、それと同時に、本当に深い信仰生活を生きている人は、宗教を超えて多くの人びとに影響を与えるものであるのも事実である。例えば教皇ヨハネ二三世や教皇ヨハネ・パウロ二世の生き方が挙げられる。宗教を超えて、立場を超えて、多くの人びとの心を勝ち取る教皇たち。本物の信仰者の姿が誰に対しても強烈な印象を与えるという事実は動かしようがない。

対話を頭脳の能力だけで図式的に論じてゆくと必ず矛盾に陥る。ちょうど、第二ヴァティカン公会議における序列的な対話観の理論的枠組みを作った神学者をはじめとして、その図式の見直しを目論む現代の進歩的神学者たちの議論に見受けられるように。しかし、本当に深い対話は、自らの信じている立場を大切にして祈りを深める者同士の呼応関係において成り立つものではないだろうか。キリスト者の場合、祈りの生活を真摯に生き抜くときに、その姿そのものが雄弁な証しとなり得る。信仰を生き抜くキリスト者の歩みこそが、多くの人びとを勇気づける「世の光」としての尊い生き方となる。現代の聖なる教皇たちの生き方のように。

諸宗教対話を理屈だけで考えてゆこうとすれば、必ず失敗すると言える。自らが祈りのなかで神との深いつながりを実感しているときに、本当の諸宗教対話が成り立つ。一番理想的な対話のかたちは、相手に理論を押し付けることよりも、自分で生きて経験して、そのよろこびを自然体で表現して、その当たり前の姿勢が多くの人びとの気持ちを動かす場合にのみ有効となる。言わば、作戦を一切立てずに、ひたすら真摯に生きることのみが対話を生み出す動きとなる。

キリスト者一人ひとりは、たしかに努力しているが、なかなか深い祈りの境地に到達することができないというのも偽らざる現実である。信仰者としての実践ということは難しいという現状が厳然として在る。やはり、何か中途半端に生きてしまう自分が居る。人間的な都合や理屈で考えてしまい、神にまかせきれない、というしがない現実に突き当たらざるを得ない。そして、社会の動きに合わせて、手っ取り早い解決を図るような妥協が、哀しいかな、生活のなかで幾度も繰り返される。神に対する深い信頼感よりも、まず自分が生き残ることだけに執着する現実主義が私たちをがんじがらめにする。お金がないと生きてゆけないとか、どういう方法で物事を解決すれば一番楽かとか、目に見える事柄だけに意識が向かう場合が多い。キリスト者にも焦りがある。

5 「諸宗教の神学」

「諸宗教の神学」を考える際に、心に銘記すべきことは、「諸宗教の神学」という発想自体がキリスト教の立場から提出されたものであるという点である。仏教や他の宗教に属する人びとには、「諸宗教の神学」という発想自体がない。キリスト者たちが、自らが信じている神による救いのよろこびを他の人に伝えようとして、どのようにしたら他の人びとがイエス・キリストと関わることができるのかを学問的に考える必要性を感じたがゆえに「諸宗教の神学」を作り出した。他の人びとの救いを心配するあまり、何とかしなければという問題意識を伴って「諸宗教の神学」が生み出された。だから、キリスト教の枠内で始まった研究分野なのである。世界全体を眺めた場合、さまざまな宗教が同時に存在しているし、混在している。しかも、神や仏を信じない人びとさえもいる。多様な立場が存在している。その混沌とした状況のなかで、どのようにキリスト教の価値を確認するのか、が「諸宗教の神学」の研究の主要テーマとなった。自分たちが信じているものの価値を、いま一度確認したいという切実な問題意識が第二ヴァティカン公会議以降の「諸宗教の神学」の研究の歩みを決定づけた。だから、信じているということを、明らかにするために「諸宗教の神学」が登場している。他の立場、仏教とか神道など、異なる宗教の立場に立つ人びとから「諸宗教の神学」を眺めたときに、「諸宗教の神学？　それは、キリスト教のグループが自分たちの立場を守るべく興している研究分野である」と考えがちである。だから、仏教の人びとから眺めれば、キリスト教的な立場を布教するための学問として「諸宗教の神学」は見えてしまう。

ところで、「諸宗教の神学」が強調する二つのポイントがある。――第一として、「イエス・キリストこそがかけがえのない救い主である。イエス・キリストをとおさなければ誰も救われることができない」という命題がある（唯一の救い主イエス、ヨハ14・16、使4・12）。イエス・キリストのかけがえのない価値を強調することに主眼が置かれた命題である。第二として、「すべての人が神によって救われる。あらゆる人が神から大切に招かれている」という命題がある（神の普遍的救済意志、一テモ2・4―5）。すべての人の救いの可能性を確信して生きてゆこうという呼びかけである。ローマ・カトリック教会は、「イエス・キリストのかけがえのない救い主としての価値」と「あらゆる人の救い」という二つの要点を強調して堅持する。こうした二点を学問的に説明して証明することが神学者に課された仕事である。

二つのポイントは、ある意味では、両極端の状況が同時に成り立つという現実を物語っている。イエス・キリストと出会って、つながりを保たなければ人は救われない、イエスの御名を信仰宣言して教会共同体に所属して生きなければ救われない。そして、どんな人であっても、神から招かれている、神の前で受け容れられている、救われてゆく、ということでイエス・キリストを知らなかったとしても真剣に自分の務めを誠実に果たして生きる人は救われるし、無神論の立場に立っていたとしても真実を求める意向が心の根底に在るがゆえに含蓄的な意味で神の招きに応えていることになる。すると、イエス・キリストをとおさなければ救われないという発想と、誰でも救われるという発想とが、まったく逆のように見える考え方が同時に成り立ってしまっているという、きわめて特異な状況がある。このように、矛盾する要点を同時に認める立場が第二ヴァティカン公会議以降のローマ・カトリック教会の思想的根底に息づいている。この二つの局面をどのように理解するかで、さまざまな神学的立場が生じる。さまざまな神学的立場の代表的なタイプは、だいたい三つに集約される。第一に「排他主義的な立場」、第二に「包括的主義的な立場」、そして第三に「多元主義的な立場」である。一九八三年に英国の宗教哲学者のレイスが『キリスト者と宗教的多元主義――諸宗教の神学の三つの類型』のなかで示している。

イエスのことを意識して、信仰宣言をとおして口でイエスの名前を告白して、毎日の生活のなかでイエスの生き方に倣うことをつづけなければ救われない、他の宗教をとおしての救いは不充分なものでしかないのだという立場を強調するのが「排他主義」である。キリスト教の立場の価値だけを追求しようという見解に極端に陥ると不寛容な「排他主義」になる。

しかし逆に第三の立場の場合、すべての人が救われるという見解が強調される。神がすべての人を見捨てるはずがない、イエスの名前を直接叫ばなくても、どんな人にも救われる可能性があるという立場である。見えないかたちで、神が、あらゆる人の救いを配慮する。人間は、ひたすら神にまかせればよいので、自分では特に努力せずとも何とかなる。この極端な立場も登場する。そうすると、特にイエス・キリストの名を意識しなくとも、救いの可能性があるということで、キリスト教の核心としてのイエス・キリストの存在意義が抜け落ちかねない。この立場が「多元主義」である。

第二ヴァティカン公会議以降、今日に至るまでのローマ・カトリック教会は二つのポイントを認めながらも、両方の立場のバランスを保つことに絶妙なまでに努めてきた。第二の立場つまり「包括主義」を掲げることで、両極端の立場の均衡をうまく図ったのがカトリック教会の特徴である。ただし、問題もある。二つに引き裂かれる真逆の局面のバランスを保つので、常に難しい舵取りとなる。学問の発展だけを進歩的に考えようとする神学者たちにとって、第二ヴァティカン公会議の決議結果は中途半端な妥協にしか見えない。一方、信仰深い伝統主義者たち、祈りに没頭して信仰の立場を保持する管理的牧者たちにとっては、イエス・キリストのみで充分であり、他の宗教や学問的な進歩主義などは無用の長物として邪魔に感じる。信仰主義の立場の人びとから見ると、世俗的で妥協的な教会の進み具合に対して中途半端は許せない。このように、非常に難しい問題をはらんでいるのが第二ヴァティカン公会議以降のカトリック教会の内部事情である。

「排他主義」・「包括主義」・「多元主義」という三区分は、非常に図式的である。頭で考えて作り出したような図式だからである。結局は、理屈でしかない。だから、諸宗教の神学というものは常に頭で考えて、物事を図式的に割り切って描きだすという限界をもつ。いくら議論しても結論が出ない。研究者によってさまざまな立場が出てくる。二〇世紀から今日に至るまで、あまりにも多様な見解が提出されており、百花繚乱の趣を呈している。限りなく多元主義に傾く研究者もいれば、逆に、限りなく排他主義を固守する司牧者もいる。さまざまな考え方が混ざり合う。神学者によって意見が異なる。しかし、ローマ・カトリック教会の公の立場としては、「包括主義」が重視される。皆で協力して、バランスを保って何とか進んでゆこう、という視点である。さまざまなポイントを大切にする。そうすると、教会の公の立場と神学者たちのさまざまな立場とがぶつかり合う場合も出てくる。神学説の混在という現状が信徒たちを混乱に陥れる。どの説を頼りにすればよいのか、わからなくなってしまうからである。

解説者自身、「諸宗教の神学」を上智大学公開学習センター神学講座にて講じていて、九五人ほどの学生たちの前で話したときに、非常に苦労した。停年退職してから学びに来る叔父さんたちもいたし、主婦業の毎日を経てから勉強の大切さに目覚めた方々もいた。批判精神に燃えた無宗教の立場の青年もおり、祈りが大好きで聖書を深く読み込んでいるプロテスタントのキリスト者もいた。というわけで、さまざまな立場の方々が講義を受けに来ていた。それぞれの人びとを満足させることは難しい。ローマ・カトリック教会の公式見解を主張すれば、他の立場の方々から批判が飛んでくる。さまざまな立場の方々におもねって話をすれば、伝統主義的で祈りが好きな方々から非難が投げかけられる。結局、どこに重点を置いても、皆を満足させることができない。それゆえ、「諸宗教の神学」の講義は大変である。熱心に信仰生活を過ごしておられるローマ・カトリック信徒の方々には、複雑に発展する神学研究の図式を説明すると、かえって躓きとなる場合もある。

講義をとおして発見したことは、最終的には、イエス・キリストの生き方そのものを証しして倣っているキリスト者たちの生活の深さを基準にしないと駄目ではないか、ということである。イエスのことを深く理解して生きることが一番大切となる。それを黙々と社会のなかでこなすことが重要なのではなかろうか。それができていれば、その人をとおして対話が広がるはずである。結局は、教皇ヨハネ二三世や教皇ヨハネ・パウロ二世の生き方、証しの姿がイメージとして浮かぶ。やはり、自分でイエス・キリストと出会わないと意味がない。その出会いのよろこびを感じて生きることが必要になる。芯のとおった生き方が定まらないと、対話が成り立たない。そして他の人に影響をおよぼすことができない。芯のとおった生き方が定まらないと、むなしい理論だけで終わりかねない。「諸宗教の神学」を深めるときに一番大事なことは、まず聖書を読んで、イエスがどのように生きたのかを学び、イエスの生き方の姿勢を確認することである。イエス・キリストは、二千年前のイスラエルの社会風潮のなかで、苦労を重ねながら人びととの出会いを経験し、次第に視野を広げていった。人間としてのイエスの生き方、その意識がどのような歩みをたどったのかを人間論的な視座で眺めると、イエスも成長したのではないか、と言うことができる。神が本当に人間を大切にする、人間に接近して、そばに近寄って人間そのものとしての人生を身に受けて生きてくださったという信仰上の出来事。受肉。イエスとして、人間そのものとして生きてくださった神の深い愛情の結晶化。——そのように考えてるときに、イエスの生き方そのものが「成長する人間の姿」を示している。

イエス御自身もさまざまな人びとと出会うことによって、当初はイスラエルの伝統的な立場に立ちながらも次第に他民族の立場も理解するようになっていったのだろう。イスラエルの伝統的な立場では、神の恵みは、まずイスラエル民族に対して注がれることが順序として先に設定されていた。その後で、イスラエル民族の活動をとおして、他の民族も神の救いにあずかるという動きが出てくる。言わば、救いの順序が厳然として在った。そのようなイスラエル民族の発想のなかでイエスも生きていた。ところが、最終的にイエスは、全世界に行ってすべての人に福音を伝えなさいという命令を弟子たちに残した。つまり、世界に向かって広がりゆく動きが出てくる。まずイスラエル民族が救われなければいけないという立場から、次第に、すべての人によい知らせを告げ知らせなさいという世界規模の立場へと深まるわけで、イエスの視野の広がりが新約聖書のなかに描かれる。

パウロの場合も、イエスと同様である。パウロも、はじめは、ファリサイ派の一派として聖書を深く読み、イスラエル社会のなかで生活を深めた。しかし最終的には、復活後のイエス・キリストとの特別な出会いをとおして、その後、世界に向けて宣教活動を広げた。世界に向かって活動する姿勢。イスラエルの狭い地域で充足するだけではなく、そこから地中海を経てギリシア・ローマへと活動の幅を広げた。キリストにおいて、すべての人がつながりを深めるのであり、人間として豊かな生き方に入ってゆく。万人の、キリストにおける平等性の立場をパウロが打ち出した。奴隷も金持ちも、女性も男性も、子供も大人も、あらゆる違いに関係なく、「キリスト者である」という視点が出てくるのであり、皆が共通の尊い人間として家族化する。巨視的な立場が生じた。

このように、聖書から学べることは、「狭さから広がりへ」と巨視的な視座が生ずるというダイナミズムである。諸宗教対話の原点とは、イエスやパウロの生き方をとおして、すでに始まっている。だから、私たちキリスト者が聖書を深く読んで、黙想して、生きるときに、イエスとかパウロの姿に倣わざるを得ない。その生き方を深く学ぶことになる。聖書を深く読めば読むほど、イエスやパウロと同じ道へと踏み出すべく駆り立てられる。

Ⅱ　生活のなかでの諸宗教対話の実践

今まで、ローマ・カトリック教会の立場を眺めてから、その原点にある聖書の発想を、とくに新約聖書を手がかりにして紹介した。次に、具体体に、生活のなかで諸宗教対話をどのように深めつつ生きてゆけばよいのかを考えてみたい。

これまで眺めたことは、キリスト者の立場から見た諸宗教対話の理解の仕方だった。だから、同じことを他の宗教者たちに要求できない。同じように話したとしても、当然のことながら、理解してもらえない場合が出てくる。それでは、いったいどのようにしたらよいのだろうか。その問題を、これから考えてゆく。生活のなかで、どのように対話を深めることができるのか、という課題に取り組む。

1　彼方からの声を聴くこと

先に、ポイントをまとめよう。キリスト者が自分たちの信仰を深めながらも、他の宗教に所属する方々と対話してゆくときに、参考となるヒントについて。まず、一つ目として、「彼方からの声を聴くこと」が挙げられる。キリスト者にとっては、「神からの声を聴くこと」である。聖書を深く読んで、黙想すれば、そのメッセージの深みから神の呼びかけを聴くことができる。聖書に書かれた文字をとおして、その奥底に在る神からの呼びかけが心に響いてくる。聖書の黙想、深い祈り、それらをとおして自分の意識をはるかに超えるところからの呼びかけを必ず聴くことになる。自分の声を聴くのではなくて、彼方からの呼びかけを聴くことが肝要となる。私たちは気をつけないと、自分の自己満足とか、自分のやり方で事実を捻じ曲げて解釈したり、いつでも「自分」ということが、つまり「エゴイズム」ということが出てくる危険にさらされる。エゴイズムを、なるべく抑えながら、自分を無にして、虚心になって、彼方からの声を聴くことが、まず必要になる。それができるときに、他の宗教の人たちに対して、それぞれの人間が抱えている弱さをありのままに受け取ることもできるようになり、心に寛大さとゆとりが生じてくる。他の人の心の底で働いている神の愛のわざ、つまり聖霊のわざを聴きとることが肝要だろう。聖書を読むと同時に、相手と出会うことによって、相手の生き方からその人の良さを学ぶことでその人の心の奥に活きている神の愛の働きを受け取ることを心がけたい。

２　成長段階に応じて付き合う神を経験すること

二つ目として、三位一体の神の経験とは、実は、成長段階に応じて付き合う神がいるという現実である。キリスト者が自分たちの立場を確認しながらも他の立場の人たちと関わるには、やはりキリスト者固有の立場を生きる必要がある。言うまでもなく、キリスト者にとっての神は、三位一体の神である。キリスト者は、三位一体の神と深く出会ってはじめてキリスト者らしく生きることができる。キリスト者が他の立場の人たちと対話するときにも、相手の立場を尊重しつつも自分たちが信じていることを説明したうえで、対話することが必要となる。三位一体の神と言うと、何か理屈っぽく思えてくるかもしれない。しかし、その言葉の奥にある深い経験を確認することがキリスト者に課される。とくに四世紀のギリシア教父たちが書き残した講話記録や手紙類を読むと、親のように慈しみ深い神の姿がイメージされている。親のように慈しみ深い神が子供を教育するかのように人間の成長段階に応じて、しっかりと付き合うという譬えで神と人間との関わりが描かれる。神が、もし御自分のすべてを人間に対して一挙に与え尽くしたとしたら、人間が破裂してしまう。あまりにも恵みが大きすぎるので、有限な人間が神の恵みをそのまま受け取ったとしたらパンクしてしまうからである。だから、神は人間に働きかける際に、人間の成長の度合いに応じて付き合い方を変えながら導く。それが、御父・御子・聖霊という順序をとおしての関わり方となる。人間が成熟する段階に応じて神は御自分を現わす。付き合い方を工夫する。だから、三位一体の神とは、人間の成長を願って配慮する慈しみの姿として現われる。

私たちの日常生活に当てはめて理解するとわかりやすい。もしも、私たちが幼い子供に語りかけるときには難しい言葉や理論を一切捨てて、ひたすら子供の立場に立って、同じ目線になるようにしゃがんで子供の肩に手を置きながら穏やかな言葉で物語るだろう。その子供にとっては、身振り手振りで励ましてくれる相手が必要であるから、難しい言葉や理屈よりもむしろそばにいてくれることが大事になる。理屈を使わないコミュニケーションが子供には必要である。しかし子供が成長するにしたがって、例えば子供が青年になったときには、いっしょにお酒を飲みながら語り合うことも出てくる。お酒の力を借りながら本音で語り合う。幼い子供にはお酒を飲ませるわけにはゆかないが、青年と話すときにはお酒が必要となる。相手の成長の度合いに応じて、うまく調整して付き合う。年老いた相手に対しては、いっしょにお茶を飲みながら、のんびりと語り合うことになる。ともかく、相手に応じて付き合い方があるということで、成長の状況に応じた関わり方がある。

3　愛情をこめて生きること

三つ目として、キリスト者は、常に自分たちが信じていることを確認する必要がある。ゆるぎない信仰心や祈りの気持ちが大事になる。それと同時に、相手を深く想いやるゆとりも必要となる。他者に対する思いやり。自分の立場を確認することと、相手に合わせるということは、まったく逆のように思えるが、両方必要である。教皇ヨハネ・パウロ二世の生き方を眺めれば、よくわかる。彼は常に独りで深く祈った。自分で祈って、神とのつながりを深めてから、そのことを人には隠して大っぴらには見せないのだが、相手に対しては心をオープンに開いて関わってゆく。相手のそばで、相手を支える。自分の信じていることを相手に強制することなく、相手に寄り添って、相手が信じている宗教の祈りをいっしょに唱える。そういう思いやりが教皇ヨハネ・パウロ二世にはあった。独りで祈るときは、聖書の内容を深く黙想しながら祈るが、他の宗教の相手といっしょにいるときは相手の立場を理解して生きる。相手を尊敬して生きるときにこそ、自分の信念が活き活きと生きてくる。逆のように見えるが、愛情深さこそが二つの動きを結びつける。神への深い愛と人間にたいする深い愛情とは、決して矛盾しない。両方が同時に保たれる。諸宗教対話というときに、私たちは自分の信仰に燃えて生きる必要がある。同時に、相手の信じていることを決して否定してはいけない。むしろ、ありのままの相手に愛情を注ぐことこそが大事になる。一番大事なことは、神への愛と人間への愛情、という両方である。愛情とは、結局、簡単なことである。神を大切にする人は人をも大切にする。人を理解して受け容れてゆける人は神をも大切にする。愛情を自然体で生きてゆけば、神と人の両方を本当に活かすことになる。もしも、私たちが人に対して八つ当たりしてイライラしていれば、そのときに神のことを愛してはいない。一方、神のことを本当に大切にして祈っていないときには、人を受け容れることができない。

4　立場が異なっていても協力できるということ

人間には好き嫌いがある。自分が気に食わない相手というものは、必ずいる。現実問題として。嫌な相手といっしょに仕事をすることは大変である。しかし嫌いであっても仕事をいっしょにすることはできる。嫌であっても、感情的には合わなくても、その人といっしょに仕事を分かち合って協力することができる。異なっていて苦しいけれども、その苦しみを抱えながらも、ひとつの仕事を行うことができる。人間には、可能性がある。会話をするときに、どうしても意見が食い違うことがある。それにもかかわらず、いっしょに生きることができる。それが、人間の可能性だと言えよう。

こういうことが身近なところに、さまざまなかたちで転がっている。修道院とか、教会とか、さまざまな場所でさまざまな人といっしょに私たちは生きているが、どう頑張っても認めてもらえない相手がいる場合もある。その人のそばに行くと気分がイライラする、その人の動きを見ていると思わず叩きたくなるということがある。これは、完全には解決できない。いつでも、人間は弱さを抱えながら、人とぶつかり合いながらしか生きてゆくことができない。信徒の家庭でも、同様の問題がある。奥さんから見ると、夫のことが嫌でたまらない、夫婦のぶつかり合いの場合に普通の人間関係よりも激しい愛憎が渦巻く。しかし、嫌であったとしても、ともに生きて乗り越えることも人間にはできる。可能性がある。人間的な感情や気分を超えて、相手を立てながら生きることができる。異なっている者同士が協力するからこそ、多様な利益が生じる可能性がある。これが四つ目のポイントである。

5　人間的な思惑から解放されること

五つ目のポイントに移ろう。いまこそ、真実に目覚めることが必要である。私たちが必ず自分の意見とか考え方を抱いている。しかし、それだけで物事を判断すると、必ず失敗する。神に祈りを捧げても何も変わらないから、人間的な努力だけで解決しようという強引さが人間を閉塞状況へと追いやる。しかし私たちは、どうしても結果がすぐに見えることに向かう。人間的な能力だけで割り切ってしまうという弱さを抱えている。例えば、一〇年、二〇年先にはどうなるのかを計画しながら財源を蓄えて物質的な豊かさのみを求めて考えてゆくのは虚しいものである。自分の考えの奴隷になる、ひとつの考え方に縛られて、それしか考えられなくなることに気をつけないといけない。自分で計算しすぎない。相手の状況を受け容れて、ともに生きることが急務である。自分の立場で物事を割り切ることは、相手の立場を無視することにつながる。自分の考え方の奴隷になり下がってしまうとき、人は物事の真実を見ることができない。むしろ相手を受け容れて、相手を育てることが私たちには必要となる。結局は、相手に対する愛情がないと、まっとうには生きてゆけない。

真実に目覚める。――そのポイントは、仏教の立場でもある。悟りともつながりがある。イエスが神の想いや愛情のみにこだわって生き抜いたように、私たちも無心になって生きるときに、自分の思惑や考えから解放されて生きるときに、その境地は仏教における悟りとも関連してくる。そうすると、キリスト者が本当に相手に対する愛情を深めて生きているときに、自分の小さな理想や思惑から解放されて相手に開かれてゆくときに、仏教の方々との連携も可能となる。キリスト者として真摯に生きてゆけば、仏教の人びとが求めている道とも結びついてゆける。キリスト者として生きることと、他宗教の人を尊重すること、それらは矛盾することなく連続している。

これまで眺めてきた五つのポイントを、単なる理屈として終わらせることなく、むしろ生活のなかで深く味わうことが大事なのだろう。〔「かけはし諸宗教対話委員会」年次研修会、京都・宇治カルメル会、二〇〇八年三月六日より〕

解説② 原書と原著者について——あまりにも気高き信仰者としてのゆるぎなき一徹さ（阿部仲麻呂）

Ⅰ　本書について

本書の原版は Jacques Dupuis, S.J., *Il cristianesimo e le religioni: Dallo scontro all'incontro*, Edizioni Queriniana, Brescia, 2001. であり、翌年に英語版である Jacques Dupuis, S.J., Phillip Berryman (trans.), *Christianity and the Religions: From Confrontation to Dialogue*, Orbis Books, Maryknoll, NY and Darton, Longman and Todd Ltd. London, 2002. も刊行された。

今回の邦訳は英語版からなされている。まず越知健氏と越知倫子氏が共同で邦訳を作成し、そのファイルをもとにして、彼らの尊い作業の跡をなるべく活かすように心がけたうえで、監修者が原文（イタリア語と英語）と照合しつつ適宜修正を施した。しかし、教義神学および教父神学の視点から見て、どうしても根本的に見直さなければならない場合には訳文を全面的に改訂してある。デュプイ師の文体は、句読点のない文章を長々と書き連らねるような難解さを備えている。それゆえに監修者の独断により、日本の読者にとって読みやすいように①段落分けを施し、②長文を意味内容で区切って短文に仕立て直し、③必要に応じて小見出しを付けた。つまり、越知さんたちは、デュプイ師の文体をそのまま活かすかたちで、長文の書き連らなりまでをも忠実に反映するような邦訳を完成させていたが、監修者が文体を大幅に改変させた。

本書はデュプイ師の「遺言」である。つまり、彼の最期の著作であり、人生の思索の集大成である。本書はローマ・カトリック教会の伝統に則った「キリスト者」としての信仰の立場に即して執筆されている。それゆえに、アジア圏とりわけ東アジア地域の日本の社会状況において生きる人びとの目には「特定のキリスト教の立場を解説する研究書」として映ることだろう。しかし、デュプイ師は、ヨーロッパ文化圏域の生活状況のなかで、そこには決して埋もれることなく、でき得るかぎりアジア圏域の人びとの宗教性にも目を向ける誠意ある研究を志した。

Ⅱ　デュプイ師をめぐって——恩師であるデュプイ師への尊敬と追想

1　デュプイ師の人となり

ジャック・デュプイ師（一九二三—二〇〇四年）ほどにまっすぐな人を、これまで見たことはない。彼が、あまりにも気高き信仰者としてのゆるぎなき一徹さを生き抜いたからである。頑固一徹、背筋のシャンと張った端正で品のある老紳士。峻厳なる威厳をたたえた容姿でありながらも、まるで無邪気なる子どものように好奇心に満ちたまなざしで物事の意義を突き詰めて理解してゆこうとする自由闊達さが、妙に印象に残っている。こぶしを振り上げて、威勢よく、強烈なまでに歯切れよく鋭敏なる言葉を繰り出すローマ教皇庁立グレゴリアン大学の名物教授の名講義には世界各地から馳せ参じた数多くの学生たちが一様に魅了されており、巨大な階段教室で行われる彼の講座は常に満席で、立ち見の聴講生やもぐりの一般市民もいたほどであり、講義の参加者が所狭しと犇めき合う有様であった。しかも、席を確保するために、それぞれの学生は講義開始の四〇分前から教室の出入り口に列をなしており、各々が席取りへの意欲を燃やしていた。

イエズス会司祭でもあるジャック・デュプイ師はベルギー出身の神学者である。彼は一九四八年から一九八四年にかけて三六年間にわたってインドで宣教師としての活躍をするなかで、当地のイエズス会神学院の教義神学教授として活躍したばかりではなく、他にもヒンドゥー教や仏教の根底に潜む宗教性の研究やキリスト教と諸宗教の比較研究にも力を尽くした。そして、英語版の『キリスト者の信仰――カトリック教会の教義文書資料集』（*The Christian Faith: In the Doctrinal Documents of the Catholic Church*）を監修し、その名著はまたたくまに版を重ねてベストセラーとなり、世界中のあらゆる神学生たちの勉学の支えとなった。その後、ローマに招かれてグレゴリアン大学で教義神学や基礎神学の教鞭を執るかたわら、権威ある神学分野の学術誌としての『グレゴリアーヌム』誌の編集長としても辣腕をふるった。デュプイ師は「諸宗教の神学」の大家として知られているが、もともとは教義神学（救済論、キリスト論）や教父思想の専門家であった。

2　デュプイ師に対する尊敬と追想

監修者の私事になるのではあるが、デュプイ師の名前を初めて知ったのは一九九一年であった。監修者が、大学の文学部哲学科在籍時代にマイスター・エックハルトのドイツ語説教における「たましいの閃光」についての哲学論文を門脇佳吉師のもとで書いていたときに、さまざまな文献にあたるうちに、デュプイ師による「諸宗教の神学」に関する論考 The Christological Debate in the context of Religious Plurality, in: *Current Dialogue* 19 (1991), pp.18-24.（後日、以下の邦訳が刊行された。ジャック・デュピュイ（岩本潤一訳）「キリスト論と諸宗教における救いの神学」［『神学ダイジェスト』第七四号、上智大学神学会、一九九三年夏、五〇―六一頁所載］）を熟読したのであった。

その後、監修者が海外留学した際に、デュプイ師からは、直接、ローマの教皇庁立グレゴリアン大学にて、一九九七年一〇月から一九九九年六月に至る二年間、学問研究の深まりのうえでも人間的な成長のうえでも、大変御世話になった。いまから二〇年前のことである（同時期に門脇師も客員教授としてローマに滞在し、「日本の諸宗教の修行論」の講義を展開した）。そういう意味で、恩師との出会いのちょうど二〇年後に本書を刊行することができたのは、感慨もひとしおである。この邦訳書を、いまは亡き恩師のたましいに対して心より捧げたい。

とくに、一九九七年から一九九八年にかけてデュプイ師は大規模な主著『宗教的多元主義にもとづくキリスト教神学の構築に向けて』（*Toward a Christian Theology of Religious Pluralism*, Orbis Book, Maryknoll, New York, 1997.）を完成させており、その本をテクストとして用いた講義「宗教的多元主義の神学とイエス・キリストの救い」を展開しており、まさに思想的な絶頂期を迎えていた（なお、デュプイ師の本の書評としては、増田祐志「ジャック・デュプイ著『宗教的多元主義のキリスト教神学に向けて』」［『カトリック研究』第六八号、上智大学神学会、一九九九年、一九五―二〇二頁所載］を参照のこと）。デュプイ師はローマ・カトリック教会の伝統と教皇の導きに忠実にもとづきつつも、現代世界の状況に即した神学的表現を工夫していた。彼の著作で引用される先行研究のほとんどが古代教父やローマ・カトリック教会の立場の神学者の思想が多く、しかも第二ヴァティカン公会議の公文書にももとづいた考察を重視していたことは、まぎれもない事実である。

ところが、師は、一九九八年から一九九九年にかけて、教皇庁教理省からのたびたびの召喚を受けて厳しい査問にさらされた（詳しくは、William R. Burrows (ed.), *Jacques Dupuis Faces the Inquisition, Two Essays by Jacques Dupuis on Dominus Iesus and the Roman Investigation of his Work*, Pickwick Publications, 2012. を参照のこと）。キリストによる救いの唯一性を堅持する教皇庁の立場から見ると、諸宗教の存在意義をも強調するデュプイ師の寛容な対話的所論はキリストによる救いの価値を弱めかねない危険性があるとの嫌疑がかけられた。講義や出版活動も差し止めとなった。栄華を極めたひとりの思想家の凋落。そのあまりにも劇的な落差の現実を、目の当たりに見ながら、それでも尊敬の念はいささかも揺らぐことがなかった。なぜならば、彼が、あまりにも気高き信仰者としてのゆるぎなき一徹さを生き抜いたからである。その気迫には圧倒されるばかりで、まさに生粋の学究の姿の何たるかを学んだ。

彼の栄光の日々と苦悩の日々の両者を間近で眺めつつも、実はそれらのことどもはどうでもよかった。むしろ監修者はデュプイ師の人間性に心惹かれており、いくたびもグレゴリアン大学構内の二階の回廊を恩師とともに散策した。気難しい顔をしながら、それでも温厚に、丁寧に言葉をつむぎつつ、ゆったりと鷹揚に一歩一歩進む恩師の独特な道行きのリズムをいまも懐かしく想い出す。とくに教皇庁からの査問のさなかの落ち込みの状況で、ともに散策したおりには、「私は常に誠実に信仰者としての生活をつづけており、アジアでの宣教にも努め、客観的な学問研究を心がけてきたのであり、教会への忠実な奉仕を目指しているのに、なぜ、晩年になって誤解されてしまったのか、まことに哀しい」と語っておられた。「先生は、学生を誠実に支え、教会の教えに忠実な、本物の神学者です」と、拙いイタリア語で申し述べたことを、まるで昨日のことのように懐かしく想い出す。

インドのイエズス会神学院でも教えていたデュプイ師をはじめとしてアジア圏域で活躍していた神学者たちが教皇庁から「進歩主義的な思想家」とみなされて召喚され、著作類の内容の修正を迫られるという事態が多発したのが一九九〇年代後半であった。進歩主義的とみなされた神学者のほとんどが、イエス・キリストによる救いを現代人の感性や知性に容易に膾炙するように表現し直す工夫を積み重ねていた。インドのイエズス会司祭であるアントニー・デ・メロ師（一九三一―八七年）も死後だいぶ経ってから一九九八年六月二四日に教皇庁教理省からの通達によって著作類が流通差し留めとなったりもした（彼が仏教やヒンドゥー教や中国の諸思潮の登場人物を用いた「たとえ話」を展開して、キリスト者のための黙想のヒントとしたので、教皇庁は「シンクレティズム」［宗教混合］として危険視した）。たしかに、新たな試みは多分に実験的な色合いが強く、神学教育を充分に受けていない者も多い現場でそのまま公表することには危険性があった。神学的な考察の深め方を理解していない信徒が多い現場で、いきなり専門的な話題の神学的考察が公表されれば思想的な混乱が生ずる場合があるからである（伝統的に受け継がれてきたものの見方をそのまま鵜呑みにする信徒がいる場合、いきなり新たな表現方法が混入すれば、何を信じればよいのかわからなくなる）。しかし、急進的とみなされる神学者による熱意と誠意は正統な信仰者としての態度によって貫かれている。これまではイエス・キリストと無縁だった一般人に対しても福音を伝えようとして、一般的な学問や哲学の思考法を最大限に活用しつつ新たな表現方法を模索していたからである（キリストを知らないままの相手に対して、何とかしてキリストを伝えようという動機のもとで思想表現上の実験を試みたからである）。

Ⅲ　デュプイ師の苦闘――ヨーロッパでの誤解を乗り越える日々

1　キリスト教社会の歴史的背景とデュプイ師の立ち位置

本書を熟読してゆくと、おのずと気づかされることであるが、キリスト教の立場と諸宗教の立場との関係性の解き明かしに関してデュプイ師がだいぶ苦心しているという状況がひしひしと伝わってくる。つまり、彼は、それぞれの諸宗教の立場を生きているあらゆる相手に心を開きながらも、自分の所属する組織の立場を護ろうとして絶えず苦慮しているように見える。かなり遠慮して、まるでゆっくりと車のブレキーをかけるようにして慎重な運転を心がけているようである。遠まわしで、オブラートにくるむような案配で真実を幾重にもつつみこんで複雑な物言いを繰り返す理由は、教皇庁や思想的な論敵たちからの批判を巧みにかわすためだったのだろう。しかも、なるべくローマ・カトリック教会に所属している神学者や聖書学者たちの研究成果に依拠して自説を補強すべく努めている（少なくとも百人以上の先達の思想を参照して引用するように心がけている）。もちろん、必要に応じて英国国教会やプロテスタント諸派の神学者や聖書学者たちの所説をも参照して採り入れてはいるが、基本的にはローマ・カトリック教会内の言説に集中して考察を発展させようと志している。

そのような苦闘が生じてくるのは、ヨーロッパ地域のキリスト教の状況が特殊であることに起因する。ヨーロッパの思想空間は、古代ローマ帝国の流れにおける四世紀の状況を引きずって発展してきている文化圏の枠組みのなかに広がっている。四世紀に、コンスタンティヌス大帝がキリスト教を事実上公認してからというもの、キリストを信じるのが社会的に当たり前であるとされる社会が連綿とつづいてきた。約千七百年にわたって。こういう背景のなかで生きているキリスト者たちが神学を発展させてきたのである。彼らにとってはキリスト教的な価値観しか存在していない。他の宗教が存在するなどということは、考えも及ばないほどなのである（もちろん、高度な教養を身につけた知識人は世界の諸宗教についても理解しようとするが、庶民は諸宗教をエキゾチックな趣味の世界のコレクションにする場合が多い）。

東アジア圏域の私たちの立場からすれば、まことに驚くべきことなのではあるが、ヨーロッパではキリスト教のみが真の宗教なのであり、他宗教が存在することなどはあり得ないという発想が、いまだに根強い。デュプイ師はキリスト教と諸宗教とを比較検討するような「諸宗教の神学」を提唱した先駆者ではあるが、その尊い対話の努力そのものがヨーロッパでは奇異な試みに映りやすい。ヨーロッパの神学者たちからすれば、キリスト教だけで充分なのであり、なぜ諸宗教を引き合いに出して学ぶ必要があるのだろうか、という痛烈な想いがぬぐえない。ということは、ヨーロッパでキリスト教中心主義の価値観で生きている神学者たちから見れば、デュプイ師は余計なことを始めた裏切り者のように見えてしまう。

では、なぜ、デュプイ師が諸宗教との対話を志しているのかと言えば、彼が若いころからインドでの宣教活動を経験していたからである。多文化・多宗教のインド社会で、デュプイ師は当地の神学生たちの教育に携わっていたのである。彼はインドでヒンドゥー教や仏教などの関係者と出会いつつも古典的な聖典を丁寧に研究することで、キリスト教とは異なる宗教性の存在意義を理解し、キリスト教のメッセージとも共通する方向性をも発見したのである。インドでの宣教師生活そのものが、デュプイ師にとっての諸宗教対話の現実となったのである。しかし、日本の文化圏の立場から言えば、デュプイ師の諸宗教理解は、それでもまだまだヨーロッパ寄りであり、中庸を保っているという意味では「おとなしい思想」にしかすぎない（日本人の目から見ればデュプイ師の諸宗教理解は皮相的でさえある）。

2　教理省宣言『主イエス』をめぐるヨーロッパのキリスト教理解とアジアのキリスト教理解の温度差

ところで、デュプイ師も本書の「あとがき」のなかで言及している教理省宣言『主イエス』(*Dominus Iesus* 二〇〇〇年八月六日、御変容の祝日—正式名称は以下のとおり。Congregatio pro Doctrina Fidei Declaratio, *De Iesu Christi atque Ecclesiae unicitate et universalitate salvifica "Dominus Jesus"*, Die 6 mensis Augusti MM. 邦語版は、教皇庁教理省宣言『主イエス』和田幹男訳、カトリック中央協議会、二〇〇六年)についても、ここで少しばかり解説を加えておきたい。この教理省宣言は、「エキュメニズム」(キリスト教諸教会一致推進運動)および「諸宗教対話」の推進者たちの視点からは問題視されており、識者から批判されている公文書である。「主イエス・キリストは唯一絶対で普遍的な救いの仲介者であり、ローマ・カトリック教会こそがそれをあかしする」という内容だったからである。これはローマ・カトリック教会にとっては自明の理であるが、それ以外の立場の人びとにとっては独断的な主張として映った。しかし、この文書が書かれたのは、ローマ・カトリック教会以外の諸教会を誹謗するためでも、諸宗教を攻撃するためでもない。むしろ、「ローマ・カトリック教会内の信仰姿勢を再確認すること」、つまり教会内部のキリスト者に対して生きる指標を明確に示すことが目標とされている。

しかし、二〇〇〇年当時に、教皇庁の真意を理解せず、やみくもに批判する動きが続出した。欧米の新聞や週刊誌などは、まるでスキャンダルであるかのように「教皇庁の保守的頑迷さ」を責め立て、日本でも毎日新聞が、「カトリック教会が排他性を完全にぬぐいさることはできなかった」と書いている(井上卓弥「ニュースキー二〇〇〇」『毎日新聞』二〇〇〇年一二月三一日所載)。英国国教会もプロテスタント諸教派も『主イエス』はローマ・カトリック絶対主義をカトリック以外の諸教会や諸宗教に対して強要する文書であると受け留めた。しかもローマ・カトリック教会内部の神学者たちでさえ、この文書が諸宗教対話の推進を妨げ、開かれた教会の理想に水をさす悲しい結果を招いたのではないか、と危惧している。

ところが、教理省宣言の真意を探ってみると、いま述べたようなさまざまな批判は杞憂にすぎないことがわかる。教皇ヨハネ・パウロ二世自身が以下のように述べているからである(二〇〇〇年一〇月一日、昼の祈り)。——「文書は、キリスト教の重要な原則を明確に示しており、対話を妨げるものでないばかりか、その基盤を明らかにしています。なぜなら、基盤を伴わない対話は、空虚な言葉の交換に終わってしまうだけだからです。私たちが、御父のみ顔を垣間見させてくださる御独り子としてのキリストへの信仰を言い表わすことは、他宗教を見下げるような尊大さではなく、キリストが、何の功績もない私たちに御自身を現わしてくださったことを喜びとともに認識することなのです。私の願いは、私の心に残るこの宣言文が、多くの誤解を受けはしましたが、結果的には、真理の明示という役割を果たし、同時に対話を開いていくことです」(『カトリック新聞』二〇〇〇年一〇月一五日号所載)。さらに、アンジェロ・アマート師(現列聖省長官)やフランコ・ソットコルノラ師（熊本・真命山諸宗教対話センター所長）や岡田武夫大司教（東京大司教区長）も同趣旨の見解を表明していた（Angelo Amato, "«Dalla Tertio Millennio Adveniente» alla «Dominus Iesus» — Riflessioni su alcune line di sviluppo cristologico-trinitario", in *Salesianum* 62, LAS, Roma, 2000, pp.645-665. フランコ・ソットコルノラ「論評」カトリック中央協議会福音宣教研究室ホームページ「ドミヌス・イエスス解説コーナー」二〇〇二年所載。岡田武夫「新世紀インタビュー、教会——二十一世紀への挑戦」『家庭の友』二〇〇一年一月号、サンパウロ、二―九頁所載）。

しかしながら、やはり教皇庁の表現は、いまだに役所的な紋切型の無味乾燥さから抜け出せていない。信仰告白は、「イエス・キリストこそが唯一絶対で普遍的な救い主である」という、単なる論理的命題に集約し切れるものではないからである。アジア地域の地方教会の視点で読めば、なかなか心に響かない紙上の命題にすぎないとも言える。しかし、ヨーロッパでしか生活したことのない神学者や指導者にとって、彼らの文章表現は多少保守的なものであり、非欧州文化圏の事情への無知ゆえに、異質な思考法によって創り出されたアジア圏の神学を断罪することがあったとしても、私たちは彼らのヨーロッパ中心主義的な表現の奥底に潜む真意に目を向ける必要がある。何よりも大事なことは、教導職（教会制度組織を運営する教皇や司教たちの教え導く際の権威）への信頼である。『主イエス』には表現上としては至らない点があったにせよ、文書を読む私たちも、いま一度、どうして融通のきかない文章表現がなされたのかを問い、その真意を現実生活に活かすにはどのようにしたらよいのかを熟考すべきである。

監修者が二〇年前にローマで研究していて肌で感じたことであるが、教皇庁勤務の欧米人職員の大部分は、アジア地域の生活状況や諸宗教に関しては無知であるという事実がある。またローマで学ぶ欧米人の神学生や修道女や信徒たちも東洋文化に関しては幼稚な知識しか持ち合わせないまま過ごしている。彼らの一部は無知なままで教皇庁に就職する。彼らにとっては、アジアの現状はまったく理解しがたい。むしろ、ヨーロッパのキリスト者はアジアなどには興味を示さず（とくにイタリアでは日本は「極東」と呼ばれており、地の果ての伝説的な国であるかのような雰囲気を漂わせている）、眼中になく、いまだに欧州中心主義的な発想で物事を判断している。この環境で教理省宣言『主イエス』が作成された。当然のことながら、論理的命題を強調し、前面に押し出すような表現となり、地域差や生活状況の多様性が一切捨象されている。

教理省宣言『主イエス』の作成に携わった、当時のヨゼフ・ラッツィンガー枢機卿（現在の名誉教皇ベネディクト一六世）は、もともと「聖アウグスティヌスの教会論における神の民と神の家」（一九五三年）を書いて神学博士号を取得し、さらには教授資格論文「ボナヴェントゥラの救済史神学」（一九五七年）も書き、フランシスコ会思潮にも造詣が深く、とかくトマス主義を絶対視していたカトリック教会の神学の在り方を歴史神学の観点から是正することでバランスをとった。同時に、中世以来のフィオーレのヨアキムに代表されるような極端なスピリチュアリズムの危険性をも熟知しており、信仰の視座にもとづきつつも理性を重視するトマスの哲学的な神学を有効に用いて異端的な諸思想の短所を修正しつつ解釈した。つまり形式主義的な神学にとらわれない学問的な開放性をもつと同時に、教会の神学的な伝統遺産を護るという絶妙なバランス感覚が枢機卿の神学研究姿勢に潜んでいる。その姿勢は、科学主義優位の立場に立つ神学者たちの急進的な研究の仕方に対しては歯止めをかけることにつながる。枢機卿は宗教的多元主義の神学を全面的に危険視しているわけではなく、イエス・キリストを他宗教の創始者と同等の人間的次元に置いて相対化しようとする宗教哲学的な見解（イギリスのジョン・ヒックなどの見解）の一部に再考を促しているにすぎない。なお、参考になる諸論考は以下のとおりである。P・F・オダナヒュー「一宣教師『主イエス』を読む」（『福音宣教』七月号、オリエンス宗教研究所、二〇〇一年、一一―一九頁所載）。和田幹男によるウェブ・サイト上のコメント「教理省宣言『ドミヌス・イエズス』の理解を深めるために」（http://mikio.wada.catholic.ne.jp/DJESUS-G.html）。和田幹男によるウェブ・サイト上のコメント「教理省宣言『ドミヌス・イエズス』概説」（http://mikio.wada.catholic.ne.jp/DJESUS-N.html）。

Ⅳ　本書刊行の経緯

1　刊行にいたるまでの歩み

たしか二〇〇七年のことだったとおもう。親しくしているイエズス会の増田祐志師のはからいで、デュプイ師を尊敬するとともに「諸宗教対話の神学」の名著を日本に紹介せんとする意欲に燃える越知健さんと倫子さんと初めて面会の機会を得た（御茶ノ水・東京ガーデンパレスにて）。その懇談の席上で、本書の監修役を仰せつかった。越知さんたちの熱意に感銘を受けると同時に、恩師のデュプイ師への感謝を表明するためにも快諾したのだった。当時、諸宗教対話に貢献されていた白柳誠一枢機卿の後押しもあり、諸宗教の神学の名著を日本社会に紹介する責任の重さを実感させられた。そのときから、約一〇年以上が経った（白柳枢機卿は帰天し、その後、越知さんたちの後見役は森一弘司教に引き継がれた）。情けないことに、監修作業を終えたのは二〇一六年一二月二一日であった。二〇〇七年の時点で越知さんたちが翻訳を終えていたのに対して、監修作業は難渋を極めた（言い訳になるが、恩師の著書を完璧に邦訳するという使命感と重荷に圧倒されたことと、阿部の博士論文作成や公開審査の時期が重なったことが、監修作業の遅れの主要因となった）。

本書を初めて読んだときに、とくに第一〇章が心に響いた。なぜならば一九九九年の「世界諸宗教者平和祈祷集会」に招聘されて、監修者も参列したからである（教皇庁諸宗教対話評議会事務次官だった尻枝正行師の配慮による。なお、阿部による教皇庁世界諸宗教者対話集会全体会議における発表は以下のとおりである。――“Joy”, “Prayer”, and “Thanks”: The foundations of all person’s way of life [*Alle Soglie del Terzo Millenio; La Collaborazione tra le Diverse Religioni*, Vatican, 24-29 October 1999], 26 October.)。教皇ヨハネ・パウロ二世の呼びかけで一九八六年にアシジで始まった貴重な祈祷集会は、その後も毎年開催される運びとなり、現在に至っている。「祈り」に焦点を合わせるときに、宗教者の協力は一番容易に実現する。その感慨を、帰国後に『福音宣教』誌（オリエンス宗教研究所）に載せてもらい監修者の本格的な執筆活動が始まった（阿部仲麻呂「教皇庁主催　諸宗教の集い」〔『福音宣教』三月号、オリエンス宗教研究所、二〇〇〇年、二八―三三頁所載〕。他に、阿部「世界諸宗教平和集会に参加して」〔『カトリック生活』一月号、ドン・ボスコ社、二〇〇〇年、三〇―三一頁所載〕。そして、阿部「主イエスへの祈り――距離と共生」〔『福音宣教』七月号、オリエンス宗教研究所、二〇〇一年、二〇―二九頁所載〕も参照のこと）。

デュプイ師の原著は二〇〇一年にイタリアで刊行されており、二〇〇二年には英語版が公表されたが、まさに越知さんたちは日夜心血を注いで翻訳作業を順調にこなした。彼らは本書の価値にいち早く気づいて、一刻も早く日本の同胞たちにも「諸宗教対話の重要性」を訴えたかったのだろう。しかし約一〇年も待たせたことを、ここで正直に記して、深くおわびしたい。そして、デュプイ師の著書を読んだ越知さんたちの最初の想いが一五年の歳月を経て、いまここに、ようやく結実したことを心から慶びたい。

２　諸宗教対話に関わるなかで

これも私事になるが、二〇〇六年にフランコ・ソットコルノラ師からの招きで真命山・諸宗教対話センター関連の講演や研修に携わったことから、その後も京都の大塚喜直司教からの依頼により二〇〇七年から二〇一〇年まで日本カトリック司教協議会の諸宗教部門委員をも仰せつかった（大塚司教もソットコルノラ師も髙見三明大司教の指導のもとで諸宗教対話に尽力するカトリック中央協議会の関係者であった）。この委員会では、園田善昭師やマリア・デ・ジョルジ女史とともに『諸宗教対話――公文書資料と解説』（カトリック中央協議会、二〇〇六年）を作成した（拙稿は「カトリック教会における『諸宗教対話』と『諸宗教の神学』の概要」一四六―一六五頁、である）。

そして、以前から親身になって指導していただいている仏教学の泰斗の末木文美士先生からの招きによって二〇〇八年から二〇一四年まで、京都の国際日本文化研究センターの共同研究員として仏教研究プロジェクトにも携わった（一七世紀の批判的キリシタン文献としての不干斎ハビアン『妙貞問答』の思想史的な研究と註釈・現代語訳の作業）。つまり、監修者にとっては、本書の翻訳監修作業と同時に、諸宗教対話の最前線の仕事をこなすという多事多忙なる日々が在った。苦労も多かったが、恵まれた毎日であった。再び機会が与えられるならば、いずれ、また諸宗教対話の仕事にも本格的に向き合ってみたい。ともかく今年で研究生活三〇周年を迎えて新たなる境地に立とうと努めている監修者にとって、本書の刊行には深い思い入れがあり、感慨もひとしおである。ようやくにして、さまざまな方々との尊い約束を果たせたからである。

最後に、本書の刊行に向けて力を尽くしてくださった森一弘司教をはじめとして、編集の具体的実務や出版責任を担われた教友社のスタッフにも深く感謝申し上げる次第である。

二〇一七年六月一日（木）　聖ユスティノス殉教者の記念日に、琵琶湖畔にて

監修者註釈（人名および事項解説）（全一二一項目）

●序論

（監修者註1）**「排他主義」**（exclusivism）――諸宗教を分析して三つの区分（排他主義・包括主義・多元主義）で理解する方法論は、英国の宗教哲学者のアラン・レイスによる（Alan Race, *Christians and Religious Pluralism, Patterns in the Christian Theology of Religions*, SCM Press, London, 1983.）。このレイスによる宗教の三区分の図式を受け継いで研究を発展させたのがジョン・ヒックであった。

まず、第一の類型としての「排他主義」とは、ひとつの道だけが真理だと断じる立場のこと。通常は、自分の所属する団体の立場のみを正統なものと見なして、他の団体をよりも優位な位置づけで理解する立場のことである。

デュプイは排他主義の立場を「教会中心主義」としても理解している。自分たちの共同体内の正統性だけを強調する場合に選択される立場である。排他主義は、他に「宗教的排他主義」（religious exclusivism）と言い換えることもできる。例えば、プロテスタント教会の神学者のカール・バルトなどが、この立場の代表的な思想家である（信仰の由緒正しさにこだわる立場である）。他に、ブルンナー、クレーマー、ニュービギン、北森嘉蔵なども同様の立場である。

（監修者註2）**「包括主義」**（inclusivism）――第二の類型としての「包括主義」とは、他の宗教の存在価値を容認するが、しかし自らの属する宗教の立場を優位に置く立場である。その立場に立つ場合、他の宗教は部分的には正しいとされるが、全体としては間違い得るとされる。あるいは、他の宗教は不充分な状態に留まっているとされ、完全ではないとされる。通常は、自分の所属する団体の立場の中心性を確保しながらも、他の団体を同心円状に関連づけて全体を包括するかたちで理解する立場のことである。

デュプイは包括主義の立場を「キリスト中心主義」としても理解している。包括主義は、ローマ・カトリック教会の公的な立場であると同時に、同教会のほとんどの神学者が立脚している立場でもある。包括主義は、他に「宗教的包括主義」（religious inclusivism）と言い換えることもできる。例えば、この立場の代表的な思想家としては、ラーナーや教皇聖ヨハネ・パウロ二世やハンス・ウルフ・フォン・バルタザールやガーヴィン・デコスタ、ハインリヒ・デュモリン、門脇佳吉、小野寺功などがいる。パニカーも同様の立場を採るが、きわめて多元主義に近づいている。

（監修者註3）**聖トマス・アクィナス**――一二二五－一二七四年。一三世紀のスコラ学を完成させた中世盛期のローマ・カトリック教会の代表的キリスト教神学者。ドミニコ会司祭。『神学大全』を執筆することで、カトリック信仰の立場を明確に体系化してまとめあげた。同時に『対異教徒大全』も記し、他宗教（ユダヤ教、イスラム教）とキリスト教信仰との関係性を明確化させることにも尽力した。

（監修者註4）**「多元主義」**（pluralism）——第三の類型としての「多元主義」とは、さまざまな宗教の多様性を同時に容認する立場である。さまざまな宗教の同等性にこだわり、同じ社会において平等な立場で共存することを認める発想である。通常は、自分の所属する団体と他の団体との対等な関わりを目指し、特定の立場を決して絶対化しない相対主義的な理解を前提とする立場のことである。

デュプイは多元主義を「神中心主義」としても理解している。デュプイから見れば、キリストの生き方は「神中心的なもの」であった。なぜならば、福音書で描かれているキリストのふるまいは、すべて御父のみむねに沿って生きるという意味で「神中心的な姿勢」によって貫かれていたからである。つまり、キリストは自分と弟子たちの共同体を決して優越的な視点で特別視することがなかった（排他主義に陥らなかった）。そして、キリストは、あらゆる人を自分に引き寄せてキリストという軸に沿って序列づけたり、秩序化することもなかった（包括主義を相手に強制することもなかった）。こうして、キリストは常に自己正当化したりせず、自己絶対視の立場にも陥ることなく、謙虚に自分を虚しくして神と隣人とに仕える生き方を選んでいた（自己相対化していた）ことがわかる。

多元主義は、他に「宗教的多元主義」（religious pluralism）と言い換えることもできる。例えば、この立場の代表的な思想家としては、英国国教会に所属しているジョン・ヒックなどがいる。実は、一五世紀のニコラウス・クザーヌス枢機卿も『諸信仰のあいだの平和』（*De Pace Fidei*）のなかで多元主義的な寛容を説いた。他に、トレルチ、ホッキング、トインビー、ティリッヒ、カブ、W・C・スミスも同様の立場に立っている。

（監修者註5）**カール・バルト**（Karl Barth）——一八八六—一九六八年。スイスのプロテスタント教会の代表的な神学者。「神のことばの神学」を体系化しつつも具体的な生活実践の深まりのなかで人びとに関わった。新正統主義神学を大成し、改革派教会の牧師として活躍すると同時にミュンスター大学やバーゼル大学でも神学教授としての仕事を成し遂げた。その後、ナチス・ドイツ政権に賛同するドイツ福音主義教会に対抗する意図をもって、独自の「告白教会」を立ち上げ、一九三八年に「バルメン宣言」を公表した。

（監修者註6）**カール・ラーナー**（Karl Rahner）——一九〇四—八四年。ドイツ出身のローマ・カトリック教会の神学者。イエズス会司祭。兄のフーゴー・ラーナーに支えられて古代教父学に関する知識を備えつつも、哲学および神学の広範囲にわたる分野の著作をも多数公刊した。ミュンヘン大学では哲学教授を、ミュンスター大学やインスブルック大学では神学教授を務めた。二〇世紀最大の神学者と目されており、多数の著作を公刊した。本書と関連性のある「諸宗教の神学」の視点でのラーナーの思想理解の研究書としては、高柳俊一『カール・ラーナー研究』南窓社、一九九三年、一二〇—一四五頁が秀れている。

（監修者註7）**クロード・ジェフレ**（Claude Geffre）——一九二六—二〇一七年。ローマ・カトリック教会の神学者。ドミニコ会司祭。パリ・カトリック大学で「解釈学」や「宗教の神学」の講座の教授を務めた。エルサレム聖書学院および考古学研究院の院長も務めた。他にブリュッセルやフリブールやアトランタやキンサシャやオタワの各大学でも客員教授として神学を講じた。

（監修者註8）**「諸宗教の神学」**（theology of the religions）——「諸宗教の神学」とは、諸宗教の立場の人びとがどのようにキリストによる救いに関連するかを集中的に考察するキリスト教神学の一分野である。

（監修者註9）**「パラダイム」**（Paradigm）——パラダイム転換（Paradigm Shift パラダイム・シフト）によって成り立った「新たな枠組み」のこと。「パラダイム」とは「新たな枠組み」という意味があるが、他に「模範」・「範型」・「ものの見方」・「ものの捉え方」・「認識の規範」・「範」という多彩な意味もある。「パラダイム・シフト」とは、その当時は当たり前と考えられたことが革命的に変化することを指す（例として、「天動説」から「地動説」への移行が挙げられる）。米国の科学哲学者トーマス・クーン（Thomas Samuel Kuhn 一九二二—一九六年）が一九六二年に『科学革命の構造』（*The Structure of Scientific Revolutions*, The University of Chicago Press, Chicago）という著書のなかで初めて提唱した発想である。もともとは自然科学の枠組みだけに適用される概念であったが、他の研究者たちが勝手に社会科学にも応用したため、大風呂敷を広げたかのような曖昧な概念として利用される結果となり、多くの誤解を生み出した。そこで、クーンは一九七〇年に自著の内容を大幅に改訂した。邦訳は、中山茂訳『科学革命の構造』みすず書房、一九七一年、である。第3章の本文の内容も参照のこと。

●第1章

（監修者註10）**ドナルド・シニア**（Donald Senior）——一九四〇年、米国生まれ。ローマ・カトリック教会の新約聖書学者。御受難修道会司祭。シカゴのカトリック・テオロジカル・ユニオン（CTU）の総長を務めた。米国とカナダの神学校協会の会長職や教皇庁聖書委員会委員も務めた。ユダヤ教とイスラム教とキリスト教との関係性を深めるための対話にも尽力した。The Bible Today の編集や全二二巻の新約聖書解説シリーズ本の共同編集にも携わった。

（監修者註11）**キャロル・スタルミュラー**（Carroll Stuhlmueller）——一九二三—一九九四年。ローマ・カトリック教会に所属する米国の聖書学者。御受難修道会司祭。もともとは旧約聖書学が専門であったが、必要性に応じて新約聖書学をも講じた。米国を始めとして世界各地で教えた。

（監修者註12）**ジョヴァンニ・オダッソ**（Giovanni Odasso）——ローマ・カトリック教会の聖書学者。ローマの聖ボナヴェントゥラ（Seraphicum）大学の聖書釈義学および聖書神学の教授の他に教皇庁立ラテラン大学では正典論などを教え、教皇庁立アンセルモ典礼研究所では聖書神学やヘブライ語および宗教論を教えている。

（監修者註13）**「神の国」**――イエス・キリストが伝えたメッセージの中核は「神の国」の現実であった。神の慈しみに満ちた配慮（神の王的な支配）が実現することを「神の国」と呼ぶ。「神の国」は「神によるおとりしきり」と訳したほうが適切だろう（山浦玄嗣の訳業にもとづく――『ケセン語訳新約聖書1―4』イー・ピックス出版、二〇〇二―四年。『ガリラヤのイェシュー　日本語訳新約聖書四福音書』イー・ピックス出版、二〇一一年）。第8章の本文の内容も参照。

（監修者註14）**ヨアヒム・エレミアス**（Joachim Jeremias）――一九〇〇―一九七九年。ドイツ出身のルター派プロテスタント教会の新約聖書学者。長年、ゲッティンゲン大学教授を務めた。王立オランダ藝術科学アカデミー会員。

（監修者註15）**ルシエン・ルグラン**（Lucien Pierre Marie Joseph Legrand）――一九二六年―現在。パリ外国宣教会司祭。長年、インドで宣教活動を展開しており、バンガロール神学大学にて聖書学と宗教史の教授を務めている他、アジア地域の数々の神学院でも客員教授の仕事を請け負った。教皇庁聖書委員会委員も務めた。

（監修者註16）**宋泉盛**（ソン・チョアンセン Son Choan-seng）一九二九年生まれの台湾出身のアメリカ国籍の神学者である。カリフォルニアのバークレーにある太平洋学院（Pacific School of Relision; PSR）にて神学とアジア文化を教えた。カリフォルニアのメソジスト派プロテスタント教会でも牧会活動を展開する。アメリカ合衆国などで多数の本が刊行され、アジアの神学者の著作として世界的に幅広く読まれている。

（監修者註17）**ベルナルド・ストックル**（Bernard Stoeckle）――一九二九―二〇〇九年。ローマ・カトリック教会の社会倫理学者。ベネディクト会司祭。フライブルク大学で倫理神学や社会倫理の教授を務め、総長も歴任した。

●第2章

（監修者註18）**テルトゥリアヌス**（Quintus Septimius Florens Tertullianus）――一六〇年頃―二二〇年頃。北アフリカ出身の古代ラテン教父である。もともとは法学や哲学を修めた知識人であったが、キリスト者としての生き方に改宗してからは教会の法規や神学用語の確定に尽力した。現代にいたるまでの教会組織の法的規定や神学的概念の土台を据えた人物として尊敬を受けている。しかし、晩年は厳格なキリスト教の立場を選び、カトリック教会（西方教会）から出て、異端的なモンタノス派に帰依した。「不条理（非合理）なるがゆえに我は信ずる」（Credo quia absurdum）、「キリスト者（殉教者）の血は教会共同体が育つための種子である」（Semen est sanguis christianorum !: *Apologeticum* 50, 13.）などという名言を多数遺しているが、それらの格言は時代とともに誇張されたもので、実際にはテルトゥリアヌスが直接的に述べようとした事柄からはかけ離れてしまっている。

（監修者註19）**ジャン・ダニエルー枢機卿**（Cardinal Jean Danielou 一九〇五―一九七四年）――イエズス会の神学者。古代ギリシア教父思想、特にニュッサのグレゴリオスを始めとするエペクタシス（鶴首待望―前のめりに絶えず進歩しようと情熱をもって努力を積み重ねつつも神の到来を待つ積極的な信仰生活の姿勢）論が専門だった。信仰者として成熟する人間の秘義について深く考察した。庶民層に対して、牧者としてもすぐれた導きを成し遂げた。社会的に差別され弱い立場に置かれた女性たちの支援中に急死した。

（監修者註20）**アンリ・ド・リュバック枢機卿**（Cardinal Henri de Lubac）――一八九六―一九九一年。フランスのローマ・カトリック教会の立場のイエズス会の神学者であった。第二ヴァティカン公会議に影響を大きな与えた。古代教父学のみならず、仏教思想の研究にも踏み込んだ。古代の教会の歩み方から学んで、初期のキリスト者の生き方の要諦を取り戻し、現在の人間の生き方の刷新を試みることが教会の真の在り方である、と強調した。

（監修者註21）**ピエール・テイヤール・ド・シャルダン**（Pierre Teilhard de Chardin）――一八八一―一九五五年。フランスのローマ・カトリック教会の立場の古生物学者・地質学者・思想家である。イエズス会司祭。パリ・カトリック大学で教授を務めた。上長から思想的に問題があると判断されてフランスから追放されるかたちで中国に渡り、地質学と考古学の研究に従事した。中国で執筆した、一九三九年の『現象としての人間』（*Le Phénomène Humain*）でキリスト教的な立場の独自の進化論（ティヤールはA［アルファ］からΩ［オメガ＝宇宙的キリスト（Christ Cosmique）］へと宇宙的で霊的な進化を遂げる救いの壮大なる歴史の展開を強調する）を提唱したことが、二〇世紀のキリスト教界に多大なる影響をおよぼした。しかし、テイヤールの説は実証できないとされて、自然科学分野の研究者たちからは批判を浴びた。ところが、思想的には人間の存在の究極的な方向性を理解させる独創性を備えた発想として受容された。中国滞在時に北京原人を発見したことでも知られる。日本軍の中国進出・支配から逃れて旅をつづけたが、第二次世界大戦終結後はヨーロッパに戻される。しかし、教皇庁やイエズス会本部で危険視されたテイヤールは米国に移動させられ、ニューヨークを拠点にしつつ、アフリカにも通ってアウストラロピテクスの研究をつづけた。

（監修者註22）**ブレーズ・パスカル**――一六二三―六二年。フランスの哲学者・自然科学者（近代物理学の開拓者）・数学者・神学者である。ジャンセニズムの立場に立つポール・ロワイヤル修道院運動の中核を担った思想家でもあった。

なお「ジャンセニズム」について補足する。ベルギーおよびオランダやフランスにおける「ジャンセニズム」（ヤンセニズム、ヤンセン主義）とは、以下の経緯で発展した。オランダのイープルの司教コルネリウス・ヤンセン（一五八五―一六三八年）が一六三七年に唱えた考え方である。彼はアウグスティヌス主義者として、人間の罪深さと神の恩恵の偉大さを強調し、半ペラギウス的な傾向をもつイエズス会の立場を批判した。ヤンセンは敬虔深さと厳格さを特徴とする禁欲的な祈りの日々を送る信仰生活の道を提唱し、この世に価値を認めず、もっぱら天国へと想いを馳せ、予定説の発想に傾いた立場を強調した。ヤンセンの死後、一六四〇年に著書『アウグスティヌス』が公刊され、物議をかもし、教皇ウルバヌス八世（在位一六二三―四四年）によって禁書処分を受けた。ヴェルサイユの近郊にあった女子シトー会大修道院ポール・ロワイヤルがヤンセニズムの牙城となり、敬虔な修道女たちを中心として、その協力者の信徒たちも頻繁に出入りしつつ黙想会を開催し、イエズス会の論敵としてのパスカルも影響を受けた。パスカルは匿名で『田舎人への手紙』（一六五六―五七年）を刊行し、イエズス会批判を繰り広げた。イエズス会はルイ一四世の援助をとりつけて、ジャンセニズムを弾圧し、一七一三年にポール・ロワイヤルは閉鎖された。

（監修者註23）**ライモン・パニカー**（Raimon Paniker 一九一八―二〇一〇年）――インド人のヒンドゥー教の父とスペイン人のローマ・カトリック教会の信徒の母のあいだに生まれた神学者・哲学者。オプス・デイの司祭であったが司祭職を辞し、一九八四年にマリア・ゴンザレス＝ハバ（María González-Haba）と結婚した。一九六六年にオプス・デイから退会したあとで、インドの諸大学や米国のハーヴァード大学などで哲学教授として活躍した。パニカーの思想は、対話・多元主義・比較哲学の手法に貫かれていた。とくに、インドにおける宗教性としてのヒンドゥー教や仏教や心霊運動とキリスト教とを比較する研究を深めた。

（監修者註24）**「成就の理論」**（fulfillment theory）→この解説の第5章71番の「成就の神学」（fulfillment theology）を参照のこと。

（監修者註25）**ポール・ニッター**（Paul Knitter）――一九三九年から存命中の米国のローマ・カトリック教会の立場の神学者でありイエズス会司祭でもあるニッターは教皇庁立グレゴリアン大学やマールブルク大学で研究を深めたが（カール・ラーナーの指導を受けた）、その時期に第二ヴァティカン公会議を経験し、キリスト教以外の人びとに対して開かれる生き方を目指すようになり、宗教的多元主義および諸宗教対話の神学の先駆者としての道を進んだ。聖ザビエル大学やユニオン神学校などで教授を務めた。

（監修者註26）**モリエ**（H. Maurier）――情報が少ない。聖書内における諸宗教の存在意義について考察する論考を発表している研究者である。

（監修者註27）**教皇パウロ六世**――第二六二代目の教皇。ヨハネ二三世の後を継いで、第二ヴァティカン公会議の閉幕まで責任をもって任務を遂行した。なお、教皇パウロ六世の前任者は教皇聖ヨハネ二三世である（第二六一代目の教皇）。ヨハネ二三世は第二ヴァティカン公会議の開催を宣言し、教会の刷新に尽力した。

（監修者註28）**教皇聖ヨハネ・パウロ二世**――第二六四代目の教皇。二〇一一年五月一日に列福され、その後二〇一四年四月二七日に列聖された。その平和観、苦しみの意義への洞察、独自の哲学と神学、他宗教との協調関係、日本への敬意などは特筆に値する。なお、教皇ヨハネ・パウロ二世は一九八一年に来日した。ポーランド出身の教皇の本名はカロル・ヴォイティワ（一九二〇―二〇〇五年）であり、詩人・学問研究者・実践的社会活動家として名高い。教皇在位は一九七八年一〇月一六日から二〇〇五年四月二日であり、その歴史的役割は第二ヴァティカン公会議を正しく解釈し、その決定を適切に実施し、その遺産を次世代の教会に伝えたことである。教皇は教会以外の立場の人びとと積極的な対話を心がけ、同時に教会内のキリスト者たちを励ましながら、彼らの聖性を高めるべく促した。そして、わけへだてのない寛大な姿勢であらゆる人を連携させる家族的な共生の実践を推進した。さらに教皇は、人格の尊厳の強調、共産主義との対決、自由主義諸国における価値相対化への警告、ラテン・アメリカ地域における民主化推進、聖座外交の活性化、福音宣教の再試行、教導職の遂行、エキュメニズムおよび諸宗教対話の推進という偉業を成し遂げた。しかし、教皇は信仰の人として謙虚に自らの病（パーキンソン病）を受けとめて老衰の痛みのなかで死を迎えた。「神のいつくしみ」への揺るぎない信頼を保ちながら。年老いて、すべてを奪われる状況においてさえ、終始笑顔を絶やさずに相手に自らを開いて関わろうと努めた愛情深いふるまいの気高さは世界中の人びとに強烈な印象を与え、今なお至上の輝きを放っている。

●第3章

（監修者註29）**ヘンドリック・クラメル**（Hendrik Kraemer）――一八八八―一九六五年。オランダ改革派教会の信徒の神学者・言語学者。ライデン大学にて「宗教史」と「現象学」の教授職を務めた。インドネシアで宣教師としての活動をした時期もあり、当地でイスラム教の研究もつづけた。オランダではエキュメニカル運動に挺身し、キリスト教平和会議の一員としても活躍した。

（監修者註30）**エルンスト・トレルチ**（Ernst Troeltsch）――一八六五―一九二三年。ドイツのプロテスタント神学者であり、宗教哲学者として活躍した。ゲッティンゲン大学・ボン大学・ハイデルベルク大学・ベルリン大学などで組織神学や哲学の教授を務めた。プロイセン文部省次官としても重要な役割を果たした。

（監修者註31）**アーノルド・トインビー**（Arnold Joseph Toynbee）――一八八九―一九七五年。英国の歴史学者。キングス・カレッジ・ロンドンで歴史学の教授を務めた。イスラム教や仏教についての関心があり、諸文明の意義を徹底的に考えぬいた。日本文化にも興味を示し、来日している。『歴史の研究』全二五巻を公刊した。

（監修者註32）**エミール・ブルンナー**（Emil Brunner）――一八八九―一九六六年。スイスのプロテスタント教会（改革派）の神学者。チューリヒ大学神学部で「組織神学」や「実践神学」を教え、総長も務めた。カール・バルトに協力して弁証法神学の流れを創ったが、ブルンナーは新正統主義の立場に立脚した。その後プリンストン大学でも教授を務め、一九五三年から五五年にかけて来日し国際基督教大学（ICU）で客員教授として活躍した。

（監修者註33）**ネトランド**（H. A. Netland）――聖書にみられるさまざまな民族同士の関係性を研究するローマ・カトリック教会の研究者である。

（監修者註34）**クラーク**（A. D. Clark）――新約聖書と諸宗教との関係性を研究するローマ・カトリック教会の研究者である。

（監修者註35）**ウィンター**（B. M. Winter）――情報が少ない。聖書内における諸宗教の存在意義について考察する論考を発表している研究者である。

（監修者註36）**ストラーレン**（H. van Straelem）――情報が少ない。聖書内における諸宗教の存在意義について考察する論考を発表している研究者である。

（監修者註37）**パウル・ティリッヒ**（Paul Johannes Tillich）――一八八六―一九六五年。ドイツ出身のプロテスタント教会の立場の神学者。カール・バルトと並んで二〇世紀最大の組織神学者・宗教哲学者・宗教社会学者・美術史学者として著名である。ベルリン大学を拠点に研究活動を遂行していたが、ナチス・ドイツ政権からの迫害を受けて亡命し、米国に帰化した。ユニオン神学校やハーヴァード大学で教授を務めた。応答、究極的関心、存在することへの勇気、などの独創的な神学の視点を定着させた。

（監修者註38）**ジョン・B・カブ**（John B. Cobb, Jr.）――一九二五年にメソジスト派プロテスタント教会の牧師の子として生まれた。神戸や広島で学び、一九四〇年に米国に定住し、プロセス哲学やプロセス神学（process theology）の思想潮流の影響を受けた。哲学者・神学者・仏教研究者・環境倫理学者・環境学者。プロセス神学を発展させた。米国のクレアモント大学大学院名誉教授、プロセス研究所共同所長。多数の著作は諸宗教の神学の分野でも多大なる影響を与えている。Cobb, John B. Jr. *A Christian Natural Theology, Based on the Thought of Alfred North Whitehead.* (Philadelphia, PA: Westminster Press. 1965.［邦訳『キリスト教的自然神学』新教出版社、一九七八年］). Cobb, John B. Jr. *Beyond Dialogue: Toward a Mutual Transformation of Christianity and Buddhism.* (Philadelphia, PA: Fortress, 1982.［邦訳『対話を超えて』延原時行訳、行路社、一九八五年］). Cobb, John B. Jr., *Is It Too Late a Theology of Ecology* (Denton, TX: Environmental Ethics Book 1972, Revised: 1994.［邦訳『今からではもう遅すぎるか？――環境問題とキリスト教』郷義孝訳、ヨルダン社、一九九九年］). Daly, Herman, and John B. Cobb, Jr. *For the Common Good : Redirecting the Economy Toward Community, the Environment, and a Sustainable Future.* (Boston, MA: Beacon Press 1989, Revised and Expanded 1994). *Matters of Life and Death.* (Westminster, UK: John Knox Press. 1991［邦訳『生きる

権利　死ぬ権利』延原時行訳、日本キリスト教団出版局、二〇〇〇年」). Cobb, John B. Jr. *The Earthist Challenge to Economism: A Theological Critique of the World Bank.* (Basingstoke, UK: Palgrave Macmillan,1999). Cobb, John B. Jr. and Ignacio Castuera, eds. *For Our Common Home: Process- Relational Responses to Laudato Si'.* Claremont, CA: Process Century Press, 2015. 他多数。

（監修者註39）**シュバート・オグデン**（S. M. Ogden）――米国のプロセス神学者。世界の動きを流動的な生成変化として理解し、生成することそのもの（プロセス）が神の働きであると考えた。

（監修者註40）**ジョン・ヒック**――一九二二―二〇一二年。イギリスの宗教哲学者・神学者。米国のクレアモント大学大学院名誉教授であり、英国のバーミンガム大学でも教授を務めた。福音主義の立場から宗教的多元主義の立場へと研究の方向性を転換させた。

（監修者註41）**リヨンの聖エイレナイオス司教**（Εἰρηναῖος）――一三〇年頃―二〇〇年。キリスト教の神学者。ギリシア教父。救済史の意義を強調し、成熟する信仰者の前向きな姿勢を見守る神の教育的配慮の偉大さを確認する神学を提唱した。現代においても、神学の入門書や教科書の冒頭部に登場する基礎的な神学の土台となる思想を構築した。

（監修者註42）**アロイシャス・ピエリス**（Aloysius Pieris）――一九三四年、スリランカ出身の神学者。ローマ・カトリック教会の立場であり、イエズス会司祭である。米国のユニオン神学校でも教えた。ピエリスは、異なった地域・文化・宗教において生きる人びとが一致して全人類が家族となるために「相互共生」が重要であることを強調する（Aloysius Pieris, "Interreligious Dialogue and Theology of Religions, an Asian Paradigm", in: *Horizons* 20/1, 1993, pp.106-114.）。

（監修者註43）**モラリ**（C. Morari）――情報が少ない。聖書内における諸宗教の存在意義について考察する論考を発表している研究者である。

（監修者註44）**フェリックス・ウィルフレッド**（Felix Wilfred）――一九四八年生まれ。インドのタミルで生まれ、ローマやパリで研究した。ローマ・カトリック教会の立場の解放の神学者である。マドラス大学で異文化間の神学や宗教的多元主義神学を教え、フランクフルト大学、ミュンスター大学、ナイメーヘン大学、アテネオ・デ・マニラ大学、ボストン大学などで客員教授を務めた。ラッツィンガー枢機卿が教皇庁教理省長官の時代に、彼のもとで国際神学者委員会の委員を務めた。現在はマドラス大学学長やインドのアジア異文化研究センター（ACCS）所長を務めており、マニラの東アジア司牧研究所（EAPI）やインド工科大学法学倫理委員会委員やダブリンのトリニティ・カレッジでも客員教員の仕事もこなす。

（監修者註45）**ミヒャエル・A・バーンズ**（Michael A. Barnes）――英国出身のローマ・カトリック教会の立場の仏教学者・ヒンドゥー教学者・諸宗教間対話研究者。イエズス会司祭。ロンドン大学ヒースロップ校大学院教授、神学研究科長。もともとはインド古典学の研究をしていた。とくにシャンカラの思想とパーリ語が専門である。教皇庁立グレゴリアン大学で仏教学の客員教授を務めた。

（監修者註46）**ジョゼフ・オーガスティン・ディ＝ノイヤ大司教**（Joseph Augustine DiNoia）――一九四三年、アメリカ合衆国出身のローマ・カトリック教会の立場のドミニコ会員の神学者。イエール大学で研究し、諸宗教対話の専門家として活躍した。一九九七年から二〇〇二年まで教皇庁国際神学者委員会委員を務めた。二〇一三年からは教皇庁教理省および典礼秘跡省の事務次官を兼務する。彼は、ワシントンDCの教皇ヨハネ・パウロ二世記念文化センターの異文化交流フォーラムの創設にも携わり、理事を務めた。

（監修者註47）**ジェームズ・L・フレデリックス**（James L. Fredericks）――アメリカ合衆国出身の諸宗教対話研究者・仏教学者。サンフランシスコ教区司祭。ロヨラ・メリーマウント大学神学部ベラルミノ校リベラルアーツ学群名誉教授。中国・日本・インド・イラン・ヨーロッパでも教えた。とくに、フルブライト留学制度によって日本の京都に滞在して龍谷大学で仏教研究を行った。

（監修者註48）**「低いキリスト論」**（low Christology）と**「高いキリスト論」**（high Christology）――歴史上のイエスの活躍を眺めることから救い主（キリスト）としての存在意義を徐々に理解してゆく方向性のキリスト研究の道行き（史的イエスの研究）を「低いキリスト論」と呼ぶ。「低いキリスト論」は「下からのキリスト論」とも呼ばれ、自然的な位相から眺めたキリスト理解の方向性を指す。つまり、地面から天空へとゆっくりと上昇してゆく方向性の探究の仕方を指す。ペトロ・ネメシェギは「上昇的なキリスト論」と呼んでいる（「近現代のカトリック神学者のキリスト論」水垣渉・小高毅編『キリスト論論争史』日本基督教団出版局、二〇〇三年、三六三―四四〇頁）。こうした観方は一八世紀以降の人間的な次元に則っているキリスト理解の方向性である。それは人間の理性的な能力を最大限に活用して聖書を理解する方向性である。人間の自然的なものの観方にもとづいて、目に見える世界を客観的に分析し、現状を把握することを重視するので、目に見えない精神的な世界に関しては、意見をさしはさむことがない。人間的な動機の見直し、従来の教会組織体制からの解放、理性にもとづく信仰理解が特長となっている。とくに、近世から近代を経て現代に至る西欧の自然科学・文藝復興運動（ルネッサンス）・啓蒙主義的理神論などの動向に支えられて「下からの神学」も発展した。「下からのキリスト論」は使徒言行録のキリスト理解を根拠にしている（2・32、2・36）。歴史的には古代のアンティオケイア学派の神学をとおして今日まで受け継がれた。

それに対して、全知全能の神の次元の神聖な前提を踏まえて、神のもとから人間のもとへとへりくだった救い主（キリスト）としてのイエスの輝き（栄光―圧倒的な神の愛の臨在）に注目する研究の道行き（信仰の視点で眺めたキリストの研究）を「高いキリスト論」と呼ぶ。「高いキリスト論」は「上からのキリスト論」とも呼ばれており、超自然的な位相から眺めたキリスト理解の方向性を指す。ペトロ・ネメシェギは「下降線的なキリスト論」と呼んでいる（前掲論文）。こうした視点は一八世紀以前の伝統的なキリスト理解の方向性である。それは信仰を土台としながら理性を活用して聖書を理解する方向性である。神による超自然的な啓示を自覚することにおいては信仰的な認識が深まるにせよ、そのような人間の理性的な理解力をはるかに超える方向性からの光を受容する謙虚さ（敬虔さ）を備えている神学的な道行きを「上からの」という術語で示している。信仰の優位性を常に自覚して展開される神学の歩みが「上からの神学」と呼ばれている。「上からの神学」の方法論にもとづいてキリストを研究する場合に「上からのキリスト論」が成り立つ。とくに、古代末期のアウグスティヌスや中世後期から近世にかけて活躍したルターが代表者である。「上からのキリスト論」はヨハネ福音書のキリスト理解を根拠としている（1・14）。歴史的には、古代のアレクサンドレイア学派の神学をとおして今日にまで受け継がれている。

（監修者註49）**ガーヴィン・デコスタ**（Gavin D'Costa ゲイヴィン・ダコスタとも表記する）――一九五八年に、ケニアのナイロビで生まれた。ローマ・カトリック教会の立場の信徒の神学者である。英国やローマで神学の研究を行い、現在はバーミンガム大学や教皇庁立グレゴリアン大学客員教授などを務める。ジョン・ヒックのもとで宗教的多元主義の神学を研究しつつも、ローマ・カトリック教会の信仰の立場をも尊重しており、バランスをとって物事を冷静に分析する独自の「三位一体論的キリスト中心主義の神学」を提唱している。なお、日本では、以下の本が邦訳されている。G・デコスタ編（森本あんり訳）『キリスト教は他宗教をどう考えるか――ポスト多元主義の宗教と神学』教文館、一九九七年。

（監修者註50）**「ケリュグマ」**（κήρυγμα）――新約聖書で用いられる術語である。通常のギリシア語としては、物事を告げ知らせる者が「告知する内容」のこと。キリスト教の立場の用い方としては、「信仰上のメッセージ」、「使信」、「福音を伝えること」、「告白」、「信仰告白」、「告白定式」（信条のもとになる告白定式）、「信仰宣言」、「キリスト教的な信仰箇条」、「宣教定式」など多様な邦訳が可能であるが、すべての意味内容を同時に含んでいるので、多様な意味合いの全体を一挙に訳しきることは難しい。それゆえに、定訳は、ない。カール・バルトを始めとする新正統主義神学者たちは「福音の宣教」として理解する。「宣教内容」とも訳せる。教会共同体による「福音の証言」あるいは「キリストを証しすること」としても理解できる。

（監修者註51）**「キリスト一元主義」**（Christmonism）――神の啓示はキリストをとおしてのみ実現し、他の方法は一切あり得ない、という立場のこと。つまり、神が人類に対して御自分の意志を明確に示しつつ働きかけるときに、キリストをとおしてのみ自己啓示する（御自分を啓き示す）、と主張する立場を指す。カール・バルトの発想である。換言すれば、人間はキリストをとおしてのみ神を理解することができ、他の方法では神を理解することができない、という発想である。

（監修者註52）**ニッシオティス**（N. A. Nissiotis）――東方教会（ギリシア正教会）と西方教会（ローマ・カトリック教会）との比較研究や協調の可能性について研究している神学の専門家である。

●第4章

（監修者註53）**オスカー・クルマン**（Oscar Cullmann）――一九〇二―一九九九年。スイスのルター派プロテスタント教会の新約聖書学者であるとともに初期キリスト教史学研究者である。「救済史」神学を提唱した。ストラスブール大学教授を務め、その後はバーゼル大学の「教会史」講座やパリ大学プロテスタント神学部の「新約学」講座の教授も兼任した。ルドルフ・ブルトマンによる新約聖書の実存論的解釈を斥け、救済史学派の新約聖書理解を推進した。ルター派プロテスタント教会とローマ・カトリック教会との対話を目指すエキュメニカル運動に身を捧げた。

（監修者註54）**ユルゲン・モルトマン**（Jürgen Moltmann）――一九二六年から現在にいたるまで存命中。ナチス・ドイツの徴兵制度によって一七歳で第二次世界大戦に従軍させられ、悲惨な戦場においてキリストの十字架と復活の秘義に「希望」を見い出す経験を経て、戦後は神学の研鑽に打ち込み、「希望の神学」の潮流を創り出した。その後、ブレーメンのヴァッサーホルストで牧師として奉仕活動に徹する。ヴッパータール神学大学やボン大学やチュービンゲン大学などで組織神学を教え、多数の著作を精力的に公刊している。とくに『希望の神学』（一九六四年）はモルトマンの神学の核心をまとめた名著として世界的に読まれている。そして『十字架につけられた神』（一九七二年）もキリスト論および救済論および三位一体論理解の新局面を切り拓いた古典的な名著として今日も影響力をもつ。モルトマンは「社会的な三位一体論」や「環境的な視野における宇宙的三位一体論」をも提唱し、絶えず独創的な神学の潮流を生み出す二〇世紀から二一世紀にかけての最大の神学者のひとりである。なおモルトマンの妻ヴェンデルもフェミニズム神学の代表的な専門家として著名である。

（監修者註55）**ヴォルフハルト・パンネンベルク**（Wolfhart Pannenberg）――一九二八―二〇一四年。ドイツのルター派プロテスタント教会の神学者。彼自身は「組織神学者」を名乗っていた。ハイデルベルクの聖ペトロ教会の牧師を務めた。ヴッパータール神学大学では同僚のモルトマンと親交を結んだ。マインツ大学、ミュンヘン大学でも教授として活躍し、さらにはシカゴ大学やハーヴァード大学でも客員教授として「組織神学」を講じた。モルトマンの希望の神学の潮流の影響を受けつつ、独自の「歴史神学」を構築した。主著は『キリスト論綱要』（一九六四年）や『組織神学』全三巻（一九八八―一九九三年）などである。歴史的な人物としてのイエスの内に潜む神性に注目するという「下からのキリスト論」の方法論を究めた。同時に、従来は信仰の視点から解釈されがちだったイエスの復活の出来事を歴史的な事実として解釈する方向性を示した。

（監修者註56）**ハンス・ウルフ・フォン・バルタザール**（Hans Urs von Balthasar）――一九〇五―一九八八年。スイス出身のローマ・カトリック教会の神学者、司祭。もともとはイエズス会司祭として神学教育に挺身していたが、スイスの教区司祭に転じた。代表作は『神学的美学』（一九六一－六九年）である。藝術的な感性を活かして、神の働きの奥深さを考察した。黙想指導者としても活躍した。

（監修者註57）**ロッソ**（A. Rosso）――情報が少ない。聖書内における諸宗教の存在意義について考察する論考を発表している研究者である。

（監修者註58）**ミルチャ・エリアーデ**（Mircea Eliade）――一九〇七―一九八六年。ルーマニア出身の宗教学者・宗教史学者・民俗学者・作家。インドのカルカッタ大学で研究した。その後、ブカレスト大学で教鞭をとりつつも、小説『マイトレイ』も執筆してベストセラー作家としての地位を築いた。第二次世界大戦後は、パリに拠点を移して研究に専念した。宗教学者のヨアヒム・ワッハからの招きでシカゴ大学神学部宗教史学科で教授に就任し、世界的な影響を与える研究を公刊した。シャーマニズム、ヨーガ、神話の研究が著名である。没後、シカゴ大学内に「ミルチャ・エリアーデ記念宗教史講座」（Mircea Eliade Distinguished Service Professor of the History of Religions）が設立された。

（監修者註59）**グリフィス**（Bede Griffiths）――情報が少ない。聖書内における諸宗教の存在意義について考察する論考を発表している研究者である。

（監修者註60）**ノルベルト・ローフィンク**（Norbert Lohfink）――旧約聖書学の研究者としてモーセ五書研究などを手がけている。

（監修者註61）**エーリッヒ・ゼンガー**（Erich Zenger）――一九三九年から現在にいたるまで存命中。ドイツ出身のローマ・カトリック教会の旧約聖書学者。ユダヤ教とキリスト教の対話に尽力している。詩篇研究の第一人者である。一九八八―一九九一年、ドイツのカトリック旧約聖書協会の会長を務めた。エイヒシュタット大学やミュンスター大学で教授を務めた。他に、ベルリン大学、ボーフム大学、ボン大学、ブリクセン大学、ダブリン大学、アイヒシュタット大学、エッセン大学、フランクフルト大学、フライブルク大学、ゲッティンゲン大学、グラーツ大学、ハイデルベルク大学、ザルツブルク大学、テュービンゲン大学、ウィーン大学、ウェルツブルク大学などでも客員教授を務めた。

（監修者註62）**「ロゴス」**（λόγος）――古代ギリシア社会では、一般的に「ロゴス」は非人格的な要素としての「規範」・「法」・「論理」・「意味」・「学説」・「概念」・「根拠」・「言葉」・「理性」・「真理」などの多義的な術語として理解された。そして古代ギリシア社会での最初の本格的な哲学者としてのヘラクレイトスによればロゴスには物事の「原理」や万物の「根源」という意味が付与された。その後のストア派哲学では、ロゴスは「神の論理」・「自然本性」・「運命」と同義語とされた。さらにキリスト教の立場が強くなるにつれて、ロゴスは人格的な要素として理解され、あらゆるもののいのちの源としての「御子キリスト」そのものを指し示す術語であると理解された（ヨハ１・１）。ヨハネ福音書では「御子キリスト」は活ける智慧として、あらゆる人にとっての生き方の根源的な規範として理解されている。キリスト者によって、ロゴスが「血の通った愛情深さ」としても理解されるようになった。

●第5章

（監修者註63）**エイヴリー・ロバート・ダレス枢機卿**（Cardinal Avery Robert Dulles）――一九一八―二〇〇八年。米国のニューヨーク出身のローマ・カトリック教会の立場の神学者。イエズス会司祭の身分のまま、それまでの学問的奉仕が認められて名誉職としての枢機卿に格上げされた（高齢で枢機卿に任命されたので、司教叙階は受けず、したがって教皇選挙の際の参加権はなかった）。ウッドストック・カレッジで神学教授を務めた。他に、教皇庁立グレゴリアン大学、ユニオン神学校、プリンストン神学校、ボストン・カレッジ、オックスフォード大学、ノートルダム大学、ルーヴァン・カトリック大学、イェール大学、などでも客員教授を務めた。教会論や啓示論の諸問題をはじめとする七百以上にもおよぶ神学的な論考とともに二五冊以上の神学書を公刊した。アメリカ・カトリック神学会の会長を務めるとともに教皇庁立国際神学者委員会委員やルター派とローマ・カトリック教会との対話委員会の委員としても活躍した。

（監修者註64）**ウォルバート・ブールマン**（Walbert Bühlman）――一九一六―二〇〇七年。スイス出身のローマ・カトリック教会の立場の神学者。ウォルバート・ブールマン（佐倉洋訳）『選ばれざる人びと――自己民族中心主義と普遍主義について』サンパウロ、二〇〇四年、が代表作である。ブールマンはカプチン・フランシスコ会修道士で宣教学の専門家であり、タンザニアでの宣教活動に従事したこともある。彼の研究テーマは「選ばれる」ことである。「選ばれる」ことは、特定の人の特権ではない。すべての人への希望を意味する。「すべての民が『神のもの』であり、すべての人が『選ばれた人』」（前掲書、五頁）なのだから。神の慈しみは万人をつつみこむ。本書は四部構成で書かれている。第一部は「選ばれた民の由来」、第二部は「選ばれた民の自己像」、第三部は「諸民族の自己像」、第四部は「民族についての新しい考え方。実は、全四部の内容には、それぞれの視点がありながらも、うまくまとまっている。つまり、聖書・歴史・比較宗教・神学という分野の最新の知識を総動員しながらも共通して「選び」の真の意味だけを論じる。自己中心的な視点から解放されること。自分の共同体のことだけを考えて優越感に浸るのではなく、あらゆる人びとを受け容れながら関わり合ってともに歩む度量の深さ（普遍性）が教会にも求められている。しかし、正義感あふれる枠組み重視主義者になりさがる危険は誰にもある。律法学者しかり、異端裁判官しかり。実に、第二ヴァティカン公会議の開催を宣言して現在の教会を方向づけた寛容さの権化としての教皇ヨハネ二三世は若い頃、心の狭い査問官から危険思想家扱いされて神学教授職を剥奪されかかった、というエピソードも記されている。

（監修者註65）**クルアーン**——イスラム教の聖典。現在の日本では以下の解釈書が最新で充実した内容となっている。中田考監修、黎明イスラーム学術・文化振興会編、松山洋平・中田香織・下村佳州紀翻訳『日亜対訳クルアーン——付訳解と正統十読誦注解』作品社、二〇一四年。なお、以下の研究書はクルアーンのイスラーム法的な解釈書として優れている。松山洋平『イスラーム神学』作品社、二〇一六年。

（監修者註66）**ロージャー・アーナルデス**（RogerAntoine Arnaldez）——一九一一—二〇〇六年。フランスのイスラム学者。哲学博士、文学博士。ボルドー大学、リヨン大学、パリ第四大学などでイスラム学や文明史の講座を受け持った。ベルギー王立アカデミーのメンバーでもあった。

（監修者註67）**ムハンマド**——五七〇年頃—六三二年。ムハンマド・イブン＝アブドゥッラーフ・イブン＝アブドゥルムッタリブ（محمد بن عبد الله بن عبد المطلب Muḥammad ibn ʿAbd Allāh ibn ʿAbd al-Muṭṭalib）が正式名であり、「アブドゥルムッタリブの息子アブドゥッラーフの息子ムハンマド」という意味である。「ムハンマド」（محمد Muhammad）は「より一層、誉め讃えられるべき者」という尊称である。イスラームの最高指導者とされる。アラビア半島ヒジャーズ地方の都メッカを治めていたクライシュ族出身のハーシム家に所属していた。ムハンマドは、イスラームの人びとからは、ムーサー（モーセ）とイーサー（イエス）の後を引き継ぐ最終的で最高の「預言者」とされ、「使徒」（ラスール）としても尊敬される。

（監修者註68）**ロベルト・チャールズ・ザナー**（Robert Charles Zaehner）——一九一三—一九七四年。英国の東洋学者・比較宗教学者・宗教史学者。東方の諸宗教の比較研究をつづけた。オックスフォード大学教授としてゾロアスター教やヒンドゥー教やイスラム教の神秘経験の研究や比較思想的な総合化を試みた。意識の進化の意義についても考察した。一九四六年にローマ・カトリック教会に帰依。

（監修者註69）**聖アウグスティヌス司教**（Aurelius Augustinus）——三五四—四三〇年。北アフリカ出身の西方教会（ローマ・カトリック教会）の神学者。北アフリカの第一の都市カルタゴに次ぐ第二の都市ヒッポの司教。ラテン教父。『告白録』、『三位一体論』、『神の国』、『キリスト教の教え』、『真の宗教』、『詩篇講解』など、重要な神学書を多数遺した。神の恩寵に支えられてこそ、人間は自由意志の能力を発揮して正しい方向へと歩むことができるようになる、という独自の倫理的な視点を確立した（人間の自由意志のみで事足りると考えたペラギウスとの論争を経て、聖アウグスティヌスの恩寵論が完成した）。他に、迫害を受けて棄教した司祭たちが、後日反省して教会に戻った場合に所定の手続きと償いを果たしてから司祭の職務に復帰して秘跡の効力も有効となるという寛容な理解の仕方を奨励した（棄教した司祭が、後日、教会に戻っても、彼の行う秘跡のわざは無効であると主張したドナトゥスとの論争を経て、聖アウグスティヌスの教会論や秘跡理解が深まった）。

（監修者註70）**聖アンブロジウス司教**（Ambrosius）——三四〇頃—三九七年。古代ローマ帝国のミラノの司教・神学者。ギリシア教父とラテン教父の橋渡し役を果たした。もともとはミラノの執政官であったが、誠実な人柄を評価されて、キリスト者たちからミラノ司教の後継者として推挙された。ミサの儀式書や秘跡論に関する著作を多数遺した。名説教者としても数多くの民衆の心を動かし、信仰生活を深める支えとして信頼を勝ち得ていた。聖アウグスティヌスも聖アンブロジウス司教の説教を聴いて心を揺さぶられて回心の歩みをたどった。ギリシア教父のバシレイオスやナジアンゾスのグレゴリオスの神学思想をローマ帝国内の信徒たちに伝えたのは聖アンブロジウスであり、彼はまたアレクサンドレイアのフィロンやオリゲネスの聖書解釈の方法論をも西方（ラテン）教会に定着させた。

（監修者註71）**「成就の神学」**（fulfillment theology）——「置換神学」（replacement theology）あるいは「履行主義」または「置き換え主義」、「超配置主義」（supersessionism）あるいは「優越的置換主義」とも呼ばれる神学上の考え方である。神から選ばれた民としての「イスラエル」（旧いイスラエル）の使命が終わり、キリスト者の教会が「新しいイスラエル」として取って代わるという立場のこと。この神学上の発想をとおして、信仰者の立場は常に成熟して発展するという意味でも理解できる。この解説の第2章の二四項のように「成就の理論」（fulfillment theory）とも呼ばれる。

●第6章

（監修者註72）**「位格的」**——人間の場合は「ペルソナ＝人格」（かけがえのないその人らしさ）として理解されることが、神の場合は「ペルソナ＝位格」（かけがえのない神らしさ）として理解される。ラテン語で言う神の「ペルソナ」（persona）は、ギリシア語の「プロソーポン」（πρόσωπον）の訳語であった。しかし「プロソーポン」を訳語として用いる場合に、ギリシア語としてのもともとのイメージとして「顔」とか「役柄」という意味があるので、三位一体の神を表現する際に誤解が生ずることになる。サヴェリオス主義などが、異端的な解釈として、三位一体の神を説明するときに「一人三役」という発想を提示した（唯一の神が、あるときは御父としての仮面をつけて現われ、あるときは御子の仮面をつけて現われ、あるときは聖霊の仮面をつけて現われるので、結局は神の唯一性が保たれる、という説明の仕方がなされた）。しかし、神が唯一であるだけなのであれば、御父と御子と聖霊の独自性が確保できなくなる。そこで、「自立した存在」（自立存在、自存者）という意味をもつ「ヒュポスタシス」（υπόστασις）をペルソナのもとの言葉として確認する作業が、三八一年の第一コンスタンティノポリス公会議の際に遂行された。教父たちにとって、神とは、一つの実体（ουσία ウーシア）かつ三つの自存者（三位一体の神）として理解された。

（監修者註73）**ピエロ・ロッサノ司教**（Mons Piero Rossano）——一九九一―二〇一六年。イタリアのローマ・カトリック教会の立場の神学者。哲学的人間論の研究や諸宗教対話の神学の発展に尽くし、教皇庁のさまざまな部署の委員を務めた。

（監修者註74）**レイモンド・エドワード・ブラウン**（Raymond Edward Brown）——一九二八―九八年。米国のローマ・カトリック教会の立場の聖書学者であり、ヨハネ福音書研究の専門家である。ニューヨークのプロテスタント・ユニオン神学校の名誉教授であるが、在職中はローマ・カトリック教会の立場でありながらも初めて終身在職権を得たほど名高い名講義を披露した。邦訳されている著書は以下のとおりである裏辻洋二訳『聖書についての101の質問と答え』女子パウロ会、一九九五年。生熊秀夫訳『降誕物語におけるキリスト——マタイ2章・ルカ2章に関する小論集』女子パウロ会、一九九六年。生熊秀夫訳『十字架につけられたキリスト——福音書の受難物語』一九九七年。佐久間勤訳『キリストの復活——福音書は何を語るか』一九九七年。佐久間勤訳『キリストは近づいている——待降節の福音（マタイ1章・ルカ1章）』女子パウロ会、一九九七年。石川康輔監訳『旅する教会——使徒たちが遺した共同体』ドン・ボスコ社、一九九八年。古里慶史郎訳『イエスの自己理解、弟子たちのイエス理解——新約聖書キリスト論入門』サンパウロ、二〇〇四年。湯浅俊治監訳・田中昇訳『ヨハネ共同体の神学とその史的変遷——イエスに愛された弟子の共同体の軌跡』教友社、二〇〇八年。湯浅俊治監訳・田中昇訳『解説「ヨハネの福音書・ヨハネの手紙」』教友社、二〇〇八年。

（監修者註75）**シャビエル・レオン＝デュフール**（Xavier Leon-Dufour）——一九一二―二〇〇七年。フランスのローマ・カトリック教会の立場の聖書学者。イエズス会司祭。『聖書思想事典』を完成させ、学識豊かな人物として、ローマ・カトリック教会における聖書研究の道筋を整えた。

（監修者註76）**ルドルフ・シュナッケンブルク**（Rudolf Shunackenburg）——一九一四―二〇〇二年。ドイツ出身のローマ・カトリック教会の立場の新約聖書学者。教区司祭。ヨハネ福音書研究で目覚ましい業績を遺した。教皇庁国際神学者委員会の委員も務めた。教皇ベネディクト一六世がラッツィンガー枢機卿だったときに、深い信頼を受けた。ミュンヘン大学やヴェルツブルク大学の新約聖書学教授を務めた。

（監修者註77）**ジャック・デュポン**（Jacques Dupont）——フランスのローマ・カトリック教会の立場の神学者、ベネディクト会司祭。

（監修者註78）**アンドレ・フォイレ**（André Feuillet）

――一九〇九―一九九八年。フランス出身のローマ・カトリック教会の立場の聖書学者で、サン・スルピス司祭会所属の司祭。二五冊の著書と二七五以上の論文を公表した。

（監修者註79）**クロード・マリー＝エミール・ボイマール**（Claude［修道名Marie-Émile］Boismard）――一九一六―二〇〇四年。フランス出身のローマ・カトリック教会の立場の新約聖書学者。ドミニコ会司祭。とくにヨハネ黙示録の研究で著名である。フライブルク大学やエルサレム聖書学院の教授を務めた。

（監修者註80）**モラ**（D. Mollat）――ローマ・カトリック教会の立場の聖書学者。イエズス会司祭。パウロの神学の専門家である。

（監修者註81）**イーヴ・ラガン**（Y. Raguin）――一九一二―一九九八年。フランス出身のローマ・カトリック教会の立場の霊性神学者・東西神秘霊性研究者・黙想指導者。イエズス会司祭。宣教師として台北でも活躍した。

（監修者註82）**「種子的ロゴス」**（Logos Spermatikos／Semina Verbi）――聖ユスティノスが『護教論』のなかで用いた概念である。彼は、イエス・キリストこそが「神のことば」としての「真のロゴス」であると考えた。ギリシア哲学における真理としてのロゴスの意味合いを、ユスティノスが「イエス・キリスト」に限定して定義づけたことで、キリスト教独自のロゴス論が形成された。ユスティノスにとっては、キリスト教信仰の立場こそが真理であり、それ以前のギリシア哲学はキリスト教の準備段階として位置づけられた。つまりキリストの到来以前のギリシア文化における哲学の役割は、キリストに向けてあらゆる人の生き方を理性的に正しく導くことにあるとされていた。それでは、なぜキリスト到来以前のギリシア哲学が人間を信仰の立場へと導く準備をすることになるかと言えば、ギリシア哲学の内に「真理のことば」が種子のように潜むからである。まだまだ完全なロゴスの姿ではないにせよ、ギリシア哲学の内には真理の萌芽が確かにある。

（監修者註83）**聖ユスティノス殉教者**――キリスト教の最初期の哲学者であり神学者である教父ユスティノス（一〇〇年頃―一六五年頃）は「十全なる智慧」の探究を目指していた。言うまでもなく、ユスティノスは「ロゴスの普遍性」を強調し、「十全なロゴス」つまり「受肉したロゴス・キリスト」の働きが世界中におよぶことを初めて理論化したことにより最初期の神学者と目されている。現存するユスティノスの真筆の写本としては『第一弁明』・『第二弁明』・『ユダヤ人トリュフォンとの対話』がある。

（監修者註84）**アレクサンドレイアの聖クレメンス**（Titus Flavius Clemens）――一五〇頃―二一五年頃。もともとはアテナイで生まれたが、アレクサンドレイアで活躍したギリシア教父である。アレクサンドレイア学派神学の重要な理論的土台を築いた。ディダスカレイオンという名称の学院を創設し、神学研究の基礎を据えた。オリゲネスもクレメンスから教えを受けた。クレメンスによって「教育者としての神」のイメージが強調され、あらゆる人間は神の導きと見守りに支えられて成長するという発想が鮮明に表明された。

（監修者註85）**アレクサンドレイアのフィロン**（Philon Alexandrinus）――紀元前二〇から三〇頃―紀元後四〇から四五年。ユダヤ人の哲学者。ユダヤの聖書の読解とギリシア語での翻訳や註解を橋渡しする貴重な学問的貢献を成した。ギリシア哲学と聖書とを調和させる役割を果たしたが、その業績は、アレクサンドレイアのキリスト者たちによる初期キリスト教神学の形成の際の支えとなった。とくに、聖書の比喩的解釈を創唱するとともに、ギリシア哲学を背景とする「ロゴス」をユダヤ教的な信仰の視点から眺めた「神のことば」として理解する方向性を示したことはアレクサンドレイア学派神学の方法論として受け継がれた。

（監修者註86）**カエサレイアの聖エウセビオス司教**（Εὐσέβιος）――二六〇頃―三三九年。ギリシア教父のひとりであり、教会共同体の牧者、聖書釈義学者であるとともに歴史家でもあった。『教会史』は古代教会の動向を詳細にまとめている。

●第7章

（監修者註87）**「十字架上のケノーシス」**（kenosis 自己捧与）――フィリピ2・7に登場する「十字架上のキリストのケノーシス」の姿は、通常、自己卑下・自己謙卑・自己無化・自己空化・自己空無化・自己絶無化・絶対謙虚・まったきへりくだり、など多彩な邦訳がなされている。監修者は「自己捧与」という訳語を二〇〇九年以降提唱している。なぜならば、キリストのへりくだりは単なる自己卑下などではなく、むしろ他者へと心開かれた愛を動機とする積極的な関わりの姿勢に他ならないから、自分のすべてを相手に捧げ尽くして相手を豊かに活かすという体当たりの自己贈与のダイナミズムを意味しているからである。

（監修者註88）**ゲオルグ・ヴィルヘルム・フリードリッヒ・ヘーゲル**（Georg Wilhelm Friedrich Hegel）――一七七〇―一八三一年。ドイツの哲学者。観念論哲学を大成させ、あらゆる学問分野を横断する巨大な体系を残した。近代から現代へと洗練される哲学の橋渡し役として活躍した。

（監修者註89）**アドルフ・ゲッシュ**（Adolphe Gesche）――一九二八―二〇〇三年。ベルギーのブリュッセル出身のローマ・カトリック教会の立場の神学者で、教区司祭。ルーヴァン・カトリック大学にて教義学を教えた。一九九二年から二〇〇二年にかけて教皇庁国際神学者委員会の委員を務めた。ベルギー王立アカデミーの会員でもあった。

（監修者註90）**ピエール・グルロ**（Pierre Grelot）――一九一七―二〇〇九年。フランス出身のローマ・カトリック教会の立場の聖書釈義学者。オルレアン教区司祭。フランス司教協議会の委員として神学顧問の仕事を務めた。パリ・カトリック大学教授の仕事もこなした。一九七二年から一九八三年までは教皇庁聖書委員会委員も務めた。

（監修者註91）**ラインホルト・ベルンハルト**（Reinhold Bernhardt）――一九五七年生まれのドイツのプロテスタ

ント教会の立場の神学者である。哲学的な神学をもとにして諸宗教の神学の研究をつづける。バーゼル大学教授やさまざまな研究機関での客員教授を務めており、エキュメニカル研究所所長でもある。

（監修者註92）**カール＝ヨゼフ・クッシュ**（Karl-Josef Kusch）――ローマ・カトリック教会の立場の神学者であり、エキュメニズムや諸宗教対話の基礎づくりに貢献している。

（監修者註93）**ニコラウス・クザーヌス枢機卿**（Nicolaus Cusanus）――ドイツ出身のローマ・カトリック教会の神学者、教会法学者、人文学者・写本蒐集家。一四〇一―一四六三年。教皇代理および教皇特使として、各地に派遣され、さまざまな立場のキリスト者の調停役を務めた。ブリクセンの大司教。「対立物の一致」や「智ある無知」などの独創的な発想を多数考案した。広大な邸宅に独自の地下書庫を所有しており、ヨーロッパの中世末期において異端視されていたマイスター・エックハルトの写本を多数保存し、後世に伝える役目も果たした。

（監修者註94）**エドワルド・スキレベークス**（Edward Schillebeeckx）――一九一四―二〇〇九年。ベルギー出身で、オランダのラドバウド大学で神学教授職を務めたドミニコ会司祭である。第二ヴァティカン公会議では教会論や教会論や秘跡論の考察をとおして多大なる影響を与えた。

（監修者註95）**クリスティヤン・デュコック**（Christian Duquoc）――一九二六―二〇〇八年。フランスのローマ・カトリック教会の立場の神学者、ドミニコ会司祭。リヨン・カトリック大学の教授として活躍した。エキュメニカルな教会論を目指してさまざまな著作を公刊した。邦訳された研究書としては、クリスティヤン・デュコック（竹下節子訳）『自由人イエス――もう一つのキリスト論』ドン・ボスコ社、二〇〇九年、がある（原著は二〇〇三年刊）。

（監修者註96）**経綸**（オイコノミア οἰκονομία, [oikonomia, oikonomeia, economia or economy]）――キリスト教神学の意味としては、「神の導き」、「摂理」、「神の計画」（The Divine Plan）のこと。神のみむねが実現すること。政治経済の一般的な意味としては、国を秩序立てて治めること。ギリシア語の「オイコス」には「家」という意味があり、そこから「オイコノミア」という言葉が派生して出来上がった。「オイコノミア」には、一家の運営・経済的な家計という意味があり、英語の「エコノミー」という言葉の成立につながる。神の働きには、超歴史的な次元での「神内のテオロギア」（神の内部的な在り方としての、御父と御子と聖霊の一致と交わり）と歴史的な次元での「救いのオイコノミア」（外に向かって開かれてゆく救いの営み―創造のわざ・歴史における神の自己啓示・終末のときの愛の充満）とがある。「オイコノミア」は、神の計画が現実の社会のほうへと開かれて全人類を導く方向性へと拡大する様子を説明するときの神学用語である。この神の働きの二様の区別を初めて試みたのが四世紀の教父カエサレイアのエウセビオスであった。その後も六世紀の擬ディオニュシオス・アレオパギテースにも同様の視点が受け継がれ、その流れは一三世紀のトマス・アクィナスにも影響をおよぼした。なお、二〇世紀のカール・ラーナーも三位一体論の研究の際に同様の視点を採り入れた。

（監修者註97）**イヴ・コンガール枢機卿**（Cardinal Yves Marie-Joseph Congar）――一九〇四―一九九五年。フランスのローマ・カトリック教会の立場の神学者、ドミニコ会司祭。一九九四年に枢機卿に叙せられた。第二ヴァティカン公会議以前から「新神学」と呼ばれる新たなる神学の潮流を創り出し、第二ヴァティカン公会議の際は顧問神学者として多大なる影響を与えた。とくに教会論および聖霊論の研究は著名である。若い頃には、信徒の哲学者ジャック・マリタンやドミニコ会の恩師レジナルド・ガリグー＝ラグランジュの思想的な影響を受けた。一九四七年から五六年にかけて教皇庁から神学教育や研究活動を制限された。しかし一九六〇年に教皇ヨハネ二三世に招聘されて、第二ヴァティカン公会議準備神学委員会に所属した。一九六九年から八五年にかけて、教皇庁国際神学者委員会の委員も務めた。

（監修者註98）**パーウェル・エヴドキーモフ**（ルーマニア語やフランスのでの表記の場合はPaul Evdokimovとなり、ロシア語表記の場合はПавел Николаевич Евдокимовであり、発音をアルファベット方式に音写するとPavel Nikolayevich Evdokimovとなる）――一九〇一―七〇年。ロシアで生まれ、フランスに亡命してフランス語で著述活動をしたロシア正教会の信徒の身分の神学者であり、哲学者である。ロシア革命によって帝国が崩壊したのを機に亡命した。常に難民の境遇に関心を示し、プロテスタント系の友人が携わっていた「難民を収容する国際運動委員会」に協力してユダヤ人のいのちを守るためのレジスタンス活動も展開したために逮捕され、拘禁されたが、フランスの司法の責任者だった兄の尽力で釈放された。フランス国内に設立された聖セルギイ神学院にて「西方における正教」や「倫理神学」の教授を務めた。最初の妻と死別し、一九五四年に坂井友子と再婚した。日本では『ロシア思想におけるキリスト』（初版一九六一年）が邦訳された（古谷功訳、あかし書房、一九八四年）。第二ヴァティカン公会議の第三会期に聖セルギイ神学院の責任者として参列した。

（監修者註99）**ウラディミール・ロースキー**（ロシア語表記はВладимир Николаевич Лосскийであり、フランス語表記はVladimir Losskyである）――一九〇三―一九五八年。ロシア出身の神学者で、フランスに亡命した。パリのディオニシイ学院で教義学の教授を務めた。著作の邦語訳として以下の本が著名である。宮本久雄訳『キリスト教東方の神秘思想』勁草書房、一九八六年（原著は一九七六年）。

（監修者註100）**マーク・ハイム**（S. Mark Heim）――米国のプロテスタント教会のバプティスト派の牧師かつ神学者である。アンダヴァー・ニュートン神学大学で神学や宗教的多元主義思想を教え、ニューハンプシャー教会での活動も展開する。

（監修者註101）**キース・ウォード**（Keith Ward）――一九三八年生まれの哲学者・神学者。英国国教会の司祭。英国王立アカデミーの会員であり、オックスフォード大学教授としても著名である。比較神学を専門とし、科学と宗教の比較研究を行う。

（監修者註102）**ペギー・スターキー**（Peggy Starkey）──米国のノースカロライナのメレディス・カレッジの宗教学担当の教授。代表作は『アガペー──世界の諸宗教の真理性をはかるためのキリスト者の基準』（一九八五年）。

（監修者註103）**エドウィン・アーサー・バート**（Edwin Arthur Burtt）──一八九二－一九八九年。米国の宗教哲学者であり、コーネル大学で教授職を務めた。仏教研究においても業績を残した。

（監修者註104）**ウパニシャッド**──ヒンドゥー的な生き方の聖典であるヴェーダと関わりのある二百以上の書物群を指す。つまりバラモン教の聖典である四つのヴェーダ（リグ・ヴェーダ、サーマ・ヴェーダ、アジュル・ヴェーダ、アタルヴァ・ヴェーダ）の末尾に収められるのがウパニシャッドである。紀元前一〇〇〇年から紀元前五〇〇年のあいだの後期ヴェーダ時代の文献である。「奥義の書」あるいは「秘められた教え」と呼ばれる。ウパニシャッドとは「間近に座る」という意味であり、師のそばに弟子が座って奥義を受け継いだことに由来する名称である。ブラフマン（宇宙我）とアートマン（個人我）との一致を説く、いわゆる「梵我一如」の立場が強調される。バラモン教の祭司たちが儀式を形式的に型どおり行うことにこだわって、人間の内面の修練を忘却した状況に対して、心の内側の鍛錬と真理の探究に邁進した人びとが瞑想を根拠とした奥深い生活を目指してウパニシャッドの思想を洗練させた。瞑想をとおして梵我一如の境地にいたることで、輪廻の業を解脱できるようになる。このウパニシャッドの潮流からジャイナ教や仏教も生じている。

●第8章

（監修者註105）**ティモテウス・ザペレーナ**（Timotheus Zapelena）──スペイン出身のイエズス会司祭で教皇庁立グレゴリアン大学教授を務めた。彼は一九五〇年代に教会論の専門家として活躍した。『キリストの教会』（*De Ecclesia Christi* 一九四〇年）という作品が代表作である。

（監修者註106）**ヨン・ソブリノ**（Jon Sobrino）──一九三八年、バスク系でスペインのバルセロナ出身。イエズス会司祭。ローマ・カトリック教会の神学者。一九五八年からエルサルバドルに派遣され、神学教育に携わり、「解放の神学」を発展させた。二〇〇七年三月に教皇庁教理省から通達が届き、キリスト理解の仕方の見直しを迫られた。ソブリノはキリストを理解する際に人間性にのみこだわりすぎており、神性を充分に考慮していないという誹りを受けた。

（監修者註107）**カルタゴの聖キプリアヌス**（Thascius Caecilius Cyprianus）──三世紀初頭から二五八年まで生きたとされるが、詳細は不明である。カルタゴ（北アフリカ）の司教であり、殉教者である。教会の存在価値を考察したが、思想家というよりは具体的な実践に賭ける牧者であった。ラテン教父のひとりとして数えられている。

（監修者註108）**ルスペの聖フルゲンティウス**（St. Fulgentius of Ruspe）――四六七―五三三年。ローマ帝国の政治が不安定になっていた時期に北アフリカの貴族の子息として誕生し、後日、ルスペの司教に任じられた。アウグスティヌスの友人であった。

（監修者註109）**教皇ボニファティウス八世**（Bonifatius XIII）――一二三五年頃―一三〇三年（在位一二九四―一三〇三年の第一九三代教皇）。本名はBenedetto Caetaniである。ローマ近郊のアナーニの貴族の家系に生まれた。前任者の第一九二代教皇ケレスティヌス五世を退位に追い込み（当時、教皇が生前退位することは異例の出来事だった）、後を引き継いだ。学術活動に力を入れ、数多くの藝術家を支えたが、専横ぶりを発揮し、イタリア国内やフランス王フィリップ四世（端麗王）との衝突を招いた。晩年はフランス王から幽閉されて憤死した（アナーニ事件）。なお、教皇ボニファティウス八世は「聖年」の伝統を一三〇〇年に創始した。「聖年」という発想は、もともとは旧約聖書における「ヨベルの年」の伝統（レビ25・8―10、「ヨベル」とは雄羊の角のことであり、その角で造った角笛を鳴らして「神の恵みの年」の到来を告知する）を引き継いでおり、①神の慈しみが現に実現すること、②失われた嗣業の土地を取り戻すこと、③奴隷状態に貶められていた家族を取り戻すこと、が敢行され、こうして五〇年ごとの社会システムの根本的な見直しが実現する。社会システムの根本的な見直し、とは社会的な共同体の回心のひとときであると同時に、社会のなかで抑圧されている同胞を救済する具体的な隣人愛のわざと連続する。その際「ヨベルの年」の敢行をとおして、加害者は行き過ぎた自己中心性と無慈悲な姿勢を悔い改める機会を得る。一方、被害者たちは最低限の生活の安定を回復する機会を得ることで加害者への恨みの意識から解放される。まさに「ヨベルの年」は加害者にも被害者にも等しく立ち直りの機会を与えるという意味で、万人の救いを実現する神の恵みの年として機能した。

（監修者註110）**ジャン・リガル**（Jean Rigal）――一九二九年生まれ。フランスのカトリック神学者で「教会論」の専門家として多数の著作を公刊している。

（監修者註111）**ヘンリー・E・マニング枢機卿**（Cardinal Henry Edward Manning）――一八〇八―一八九二年。ローマ・カトリック教会の枢機卿であり、英国のウェストミンスター大司教を務めた。もともとは英国国教会に所属していたが、ローマ・カトリック教会に転会した。英国の庶民の教育や社会的支援に尽力した。教会の社会的な役割を考察することで、レオ一三世教皇による本格的な社会正義についての教説である公文書『レールム・ノヴァールム』（Rerum Novarum）の成立に多大な影響を与えた。

（監修者註112）**ジェローム・P・テイセン**（Jerrome P. Theisen）――一九三〇―九五年。アメリカ合衆国のウィスコンシン州生まれ。ローマ・カトリック教会の典礼神学者。ベネディクト会司祭。トリエント公会議時代の典礼に関する研究を行った。教皇庁立聖アンセルモ典礼研究所で教えた。ローマのベネディクト修道院の大修道院長を歴任した。

●第9章

（監修者註113）**ジョン・A・T・ロビンソン**（John Arthur Thomas Robinson）――一九一九―一九八三年。英国国教会ウォールウィックの主教。ケンブリッジ大学トリニティ・カレッジの教授や学長を歴任した新約聖書学者である。自由主義神学の旗手として著名であった。

（監修者註114）**「他花受精」**（cross-fertilization）――もともとは他花受粉あるいは異花受精もしくは異花交配という生物学上の事柄を指した。意味合いが幅広い分野にも適用されて、次第に「異なった思想や文化の交流」を指すようになった。なお、花粉が同じ花の柱頭につくことで受精する仕組みを「自家受粉」と呼び、花粉が別の花の柱頭につくことで受精する仕組みを「他花受粉」と呼ぶ。自家受粉は花粉を遠くまで運搬する労力が省かれるので確実性があるが、遺伝上は狭い品種内の交配しか成立せずに弱い生命体で留まるという欠点もある。他花受粉は風による後押し（風媒）や動物への付着をとおして花粉を遠くに運搬してもらうことで他の花の柱頭に受精するので生き残りにリスクが伴い、多量の花粉を飛ばす労力が必要となるし、虫や動物を引き寄せるための蜜や花弁を発達させる労力も伴うが、遠くの花に受精することができれば遺伝上の多様性を実現する強靭な生命体に発展出来るという長所もある。

●第10章

（監修者註115）**マルチェロ・ザーゴ大司教**（Marcello Zago）――一九三二―二〇〇一年。もともとは一九五九年から六六年までタイやラオスで宣教師として活躍し、仏教研究をつづけた。その後、グレゴリアン大学で宣教学博士号を取得した。一九七一年から七四年にかけて再びラオスやカンボジアで宣教活動を展開し、仏教とキリスト教の対話センターを設立した。カナダでも教え、一九八六年一〇月二七日の「アシジ世界平和祈祷集会」の準備や実務の責任者としても活躍した。一九九八―二〇〇一年にかけて、福音宣教省（Congregazione per l'Evangelizzazione dei Popoli）の秘書（事務次官）も務めた。なお以下の文献も参照のこと。――河合隼雄、ヨゼフ・ピタウ『聖地アッシジの対話　聖フランチェスコと明恵上人』藤原書店、二〇〇五年。アンドレア・リッカルディ『対話が世界を変える　聖エジディオ共同体』春風社、二〇〇六年。

（監修者註116）**スーラ・アル＝ファーティハ**（Surat Al-Fatihah）――イスラム教の聖典であるクルアーンの冒頭部に記されているのが「スーラ・アル＝ファーティハ」もしくは「開端章」である。この祈りの文言は、神への感謝と讃美に満たされた呼びかけである。ちょうど、たとえると、キリスト者が「主の祈り」を唱えるのと似ている。最近の解釈としての『クルアーン』では「開端章」は以下のように描かれている。――「第1章　開端――マッカ垂示　慈悲あまねく慈悲深きアッラーの御名において（1・1）。称賛はアッラーに帰す、諸世界の主に（1・2）。慈悲あまねく慈悲深き御方（1・3）、裁きの日の主催者に（1・4）。あなたにこそわれらは仕え、あなたにこそ助けを求める（1・5）。これらを真っすぐな道に導き給え（1・6）、あなたが恩寵を垂れ給う者たち(つまり)御怒りを被らず、迷ってもいない者たちの道に（1・7）、（中田考監修、黎明イスラーム学術・文化振興会編、松山洋平・中田香織・下村佳州紀翻訳『日亜対訳クルアーン――付訳解と正統十読誦注解』作品社、二〇一四年、二九頁）。

（監修者註117）**ナジアンゾスの聖グレゴリオス**――三二九―三八九年。古代から東西の教会において「神学者」あるいは「詩人」と呼びならわされて尊敬されているギリシア教父。カッパドキア三教父のひとり。四世紀に、御父と御子と聖霊の関係性について考察し、第一コンスタンティノポリス公会議（三八一年）の際は議長を務め、三位一体論の成立に貢献した。雄弁な説教(神学講話)や秘義的な詩(詩華集）を多数遺した。

（監修者註118）**バガヴァッド・ギーター**（Bhagavadgītā 婆伽梵歌）――「神の歌」という意味をもつ七百行の韻文詩によって構成されているヒンドゥー教の聖典である。壮大なる神々の事績をつづった叙事詩『マハーバーラタ』全一八巻（プーナ批判版六・二三―四〇）に収録されている。紀元前五世紀から紀元前二世紀のあいだに成立したとされる。宇宙全体を司るヴィシュヌ神が人間として地上に降りた姿としてのクリシュナがアジュルナ王子と対話する場面がつづられている。この王子はバーラタ族の王位継承をめぐる殺し合いに苦悩している。クリシュナと一体となり、ヴィシュヌ神の奥義を究め、自我を捨て去り、生まれてからのダルマ（義務）を受け留めて修行することで日常生活を解脱の境地にまで深まることを悦びとし、その際に決して見返りを求めようとしない純粋なふるまいが重要となる。

●結論

（監修者註119）**「確固とした土台に根差した宗教的多元主義」**（Religious Pluralism in Principle）――「宗教的多元主義」の立場だと、相対主義に陥る危険性が常につきまとっている。どの宗教も同等とされてしまう視点が「宗教的多元主義」なので、その立場を堅持する場合はキリスト教の立場の独自性が見失われることにつながる。そこで、デュプイは「確固とした土台に根差した」という形容詞をつけることで、従来の「宗教的多元主義」を新たな立場として組み替えようと志している。この発想はデュプイ独自の神学的な表現であり、新たなパラダイムの提示となっている。

（監修者註120）**「不釣り合いな相互補完」**（Mutual Asymmetrical Complementarity）――この言い回しもデュプイ独自の発想にもとづく。つまり、キリスト教の立場と他の宗教の立場とが相互補完する際に、キリスト教の立場の優位性を確保するための新たな立場を強調する。もしも、キリスト教と他宗教の立場を同等であると見なせば、相対主義に陥ることになり、キリスト教の独自性を確保することが困難になる。しかし「不釣り合いな」という形容詞を付けることで、キリスト教の立場の優位性を確保することができる。なお、阿部の友人の朴正煥師（イエズス会）は彼の修士論文にて「非対称的補完性」と訳した。

（監修者註121）**「質的跳躍」**（A Qualitative Leap）——この言い回しもまた、デュプイ独自の発想にもとづく。キリスト教信仰の立場が、諸宗教の立場と質的に異なる独自性を備えるという視点を確保するために「質的跳躍」という物言いを設定した。活ける神のほうからの語りかけ（啓示）の視点を出発点とするキリスト教信仰の立場にとって、人間的視点とは異質の次元が備わっているからである。

こうして「確固とした土台に根差した宗教的多元主義」・「不釣り合いな相互補完」・「質的跳躍」という三つの独特な発想を眺めるときに、本書の「結論」において、デュプイが教皇庁教理省の問いかけに対して敏感に反応するとともに賢明に対処しようと努めることが、明らかに見て取れる。

（監修者註釈の作成　阿部仲麻呂）

1998年に、上記の主著が問題視され、教皇庁教理省から召喚されてヨゼフ・ラッツィンガー枢機卿から長期間にわたる査問（32か月）を受けるが、最終的にローマ・カトリック教会への忠誠の意を示すことで教皇ヨハネ・パウロ2世によって「先駆的な業績」が正式に評価されて赦免された（75－78歳）。

2000年、人生最期の著作として、一般読者向けの『キリスト教と諸宗教』（本書）の草稿を完成させ、2001－2004年にかけて各国語訳が刊行された（77－81歳）。
同僚たちの厚意によって企画された司祭叙階50周年の祝賀会から約1か月後の2004年12月28日、ローマ（Roma）にて人生の幕を閉じた（81歳）。

［主著］

L'Esprit de L'Homme, Étude sur L'Anthropologie Religieuse D'Origène, Desclée de Brouwer, 1967.

Jacques Dupuis and Josef Neuner (eds.), *The Christian Faith, in the Doctrinal Documents of the Catholic Church*, Alba House, New York, 1973.

Jesus Christ and His Spirit, Theological Publications in India, Bangalore, 1977.

＊*Jésus-Christ â la recontre des religions*, Desclée, Paris, 1989.

Introduzione alla cristologia, Edizioni Piemme S.p.A., Casale Monferrato, 1993.

Who Do You Say I Am? Introduction to Christology, Orbis Books, Maryknoll, New York, 1994.

＊*Toward a Christian Theology of Religious Pluralism*, Orbis Books, Maryknoll, New York, 1997.

＊*Il cristianesimo e le religioni: Dallo scontro all'incontro*, Edizioni Queriniana, Brescia, 2001.

諸宗教の神学に関する三部作には「＊」印を付してある。

リスト教と日本の深層』（オリエンス宗教研究所、2011年）、㉒『妙貞問答を読む』（法蔵館、2014年）、㉓『比較思想から見た日本仏教』（山喜房、2015年）、㉔『徹底比較　仏教とキリスト教』（大法輪閣、2016年）、他多数。

［訳書］㉕『カトリック教会のカテキズム要約［コンペンディウム］』（カトリック中央協議会、2010年）。

著者　ジャック・デュプイ（Jacques DUPUIS, S.J., 1923-2004）

略歴
1923年12月5日、ベルギー・ブラバンド州ユパイユ（Huppaye）にて生まれる。

1941年、カトリック・イエズス会に入会し養成を受け始める（18歳）。

1948－51年、インド・コルコタの聖ザビエル・カレッジで教鞭を執りつつもヒンドゥー教の奥義の研究に踏み込む（25－28歳）。この時期から諸宗教対話の視点で神学を研究する方向性が定まる。

1954年11月21日にカトリック司祭叙階（31歳）後に、1955－57年にかけコルコタの小教区にて司牧経験を積んだ（32－34歳）。1957－59年にかけて、ローマ教皇庁立グレゴリアン大学にて研鑽を積み、「アレクサンドレイアのオリゲネスにおける宗教的人間論」に関する学位論文を仕上げ、神学博士号を取得し（34－36歳）てから、インドに帰還した。

宣教師としてのインドとの関わりは、1948－1984年に至る約36年にわたった（25－61歳）。とくに、クルセオンのイエズス会聖マリア神学大学（この大学は1971年にデリーに移転し、ヴィジャージョーティ神学大学と改称された）にて教義神学や諸宗教対話の教授を務めるとともに、1977年に『ヴィジャージョーティ神学研究年報』誌（*Vidyaijyoti Journal of Theological Reflection*）を創刊し、1984年まで編集長として学術的な活躍を展開した。なお、デュプイはインド司教協議会（CBCI）の神学顧問やアジア司教協議会（FABC）の助言協力者も務めた。

インドで数多くの研究論文を公表するかたわら、1973年（50歳）、Josef Neunerと協力して『キリスト者の信仰――カトリック教会の教義公文書資料集』（*The Christian Faith, in the Doctrinal Documents of the Catholic Church*）を刊行し、現在に至るまで7版を重ねるベストセラーとなっている。

1984年にローマ教皇庁立グレゴリアン大学神学部に招聘され、1998年まで教義神学教授（キリスト論、基礎神学、救済論、諸宗教の神学）や権威ある『グレゴリアーヌム』誌（*Gregorianum*）編集長を務めた（61－75歳）。

1985－1995年、ローマ教皇庁諸宗教対話評議会顧問を務め、諸宗教対話の最前線でも指導的な役割を果たしつつ活躍した（62－72歳）。

1997年、代表的な主著としての『宗教的多元主義にもとづくキリスト教神学の構築に向けて』を刊行した（74歳）。

監修　阿部 仲麻呂（Nakamaro ABE）

略歴

1968年東京都出身。1982年受洗、1990年カトリック・サレジオ会入会、1997年司祭叙階。

上智大学文学部哲学科卒業後、サレジオ学院高等学校講師・カテキスタを経て、上智大学神学部卒業。同大学院を経て教皇庁立グレゴリアン大学院神学部基礎神学専攻学科修士課程修了。2009年、上智大学大学院神学研究科博士後期課程組織神学専攻修了後、神学博士号を取得（専攻；基礎神学、教義神学［三位一体論］、教父思想、日本近代哲学、美学）。

現在、日本カトリック神学会理事（2004年－）、日本宣教学会常任理事（2013年－）、日本カトリック教育学会常任理事（2019年－）。東京カトリック神学院教授、福岡カトリック神学院、上智大学、桜美林大学、サレジオ修練院などの兼任講師。

2003年から2009年まで、福岡サン・スルピス大神学院および東京カトリック神学院の哲学・神学課程でも教えた（両校は、2009年から合併し日本カトリック神学院と改称された）。2009年から2019年までは日本カトリック神学院で教えた（2019年からは福岡と東京のカトリック神学院として個別の歩みが始まった）。2007年から2010年まで日本カトリック司教協議会諸宗教部門委員、2008年から2014年まで国際日本文化研究センター研究員（末木文美士による仏教研究プロジェクト）、2008年から2014年まで公共哲学京都フォーラムにて講演を行い、コメンテーターも務めた（金泰昌による東アジア思想プロジェクト）。2017年から小倉紀蔵による京都大学の東アジア思想共同研究に招かれ参与した。2018年から19年まで日本カトリック司教協議会プラクイト・デオ特別検討委員会委員を務めた。2010年から今日に至るまで全国約400箇所以上で信徒の信仰講座や諸教区・諸修道会司祭の黙想指導に携わる。2012年から2014年までサレジオ神学院養成担当学務主任。上長の命令で1987年から研究生活に入り34周年を迎えている。

［博士論文］「日本における『神の自己無化』理解の現状と展望」（岩島忠彦・宮本久雄・黒住真・竹内修一による指導、上智大学、2008年）。

［主要著書］①『信仰の美學』（春風社、2005年）、②『神さまにつつまれて』（オリエンス宗教研究所、2007年）、③『使徒信条を詠む』（教友社、2014年、2021年再版）、他多数。

［主要共著］④『新カトリック大事典』第Ⅲ巻（研究社、2002年）、⑤『宗教と文化』（ノートルダム清心女子大学、2005年）、⑥『近代日本のキリスト者たち』（パピルスあい、2006年）、⑦『諸宗教対話』（カトリック中央協議会、2006年）、⑧『時の流れを超えて』（教友社、2006年）、⑨ Chi-I, *Pararse a contemplar. Manual de espiritualidad del budismo Tendai*, Sigueme, Salamanca, 2007.（智顗［ホアン・マシア＋阿部仲麻呂解説・翻訳］『天台小止観スペイン語訳』シグエメ社、2007年）、⑩『フランシスカン研究　フランシスコ会学派〈下〉』（聖母の騎士社、2007年）、⑪『キリスト教信仰と現代社会』（サンパウロ、2008年）、⑫『賛美に生きる人間』（教友社、2008年）、⑬『講座哲学』第13巻（岩波書店、2008年）、⑭『新カトリック大事典』第Ⅳ巻（研究社、2009年）、⑮『カトリック教会の諸宗教対話の手引き』（カトリック中央協議会、2009年）、⑯『公共する人間５　新井奥邃』（東京大学出版会、2010年）、⑰『死と再生』（日本キリスト教団出版局、2010年）、⑱『韓日哲学対話（모색 씨알 철학과 공공철학의 대화）』（シアル研究所、2010年）、⑲『公共する人間１　伊藤仁斎』（東京大学出版会、2011年）、⑳『危機と霊性』（日本キリスト教団出版局、2011年）、㉑『キ

翻訳者

越知　健（おち・たけし）

1939年生まれ。上智大学文学部哲学科大学院卒（1962年）
ストラスブール大学神学部博士課程修了（1970年）
宗教学学位取得

越知 倫子（おち・ともこ）

1945年生まれ。
上智大学文学修士 教職経験後、ボランティアで個人学習指導を介し、傾聴生活30数年。本書翻訳にあたっては、ジャック・デュプイの諸宗教神学についての講演を聴きながら、その根底には信仰の根源的問い、「神とはどんな存在なのか」への深い言及があることに気づかされたのが端緒である。現在は、人はどんなに違っても「いつの日かあらゆる人に真理の息吹が与えられていることに気づくことになる」という教皇フランシスコの言葉を心に留めている。

キリスト教と諸宗教──対決から対話へ──

発行日………2018年 4月30日 初版
　　　　　　2021年10月30日 再版

著　者………ジャック・デュプイ
訳　者………越知健・越知倫子
監修者………阿部仲麻呂
発行者………阿部川直樹
発行所………有限会社 教友社
　　　　　　275-0017 千葉県習志野市藤崎6-15-14
　　　　　　TEL047(403)4818　FAX047(403)4819
　　　　　　URL http://www.kyoyusha.com
印刷所………モリモト印刷株式会社

ISBN978-4-907991-43-2 C3016　Printed in Japan